U0129177

善惡皆天理

宋明儒者對善惡本體義蘊之探討

許朝陽　著

文史哲學集成
文史哲出版社印行

國家圖書館出版品預行編目資料

善惡皆天理：宋明儒者對善惡本體義蘊之探討 /
許朝陽著.-- 初版 -- 臺北市：文史哲,民 103.04
　頁；公分（文史哲學集成；653）
　參考書目：頁
　ISBN 978-986-314-177-8（平裝）

1.宋明理學　2.善惡

125　　　　　　　　　　　　　　103008228

文史哲學集成　653

善惡皆天理
宋明儒者對善惡本體義蘊之探討

著　　者：許　　　朝　　　陽
出 版 者：文　史　哲　出　版　社
　　　　　http://www.lapen.com.tw
　　　　　e-mail：lapen@ms74.hinet.net
登記證字號：行政院新聞局版臺業字五三三七號
發 行 人：彭　　　正　　　雄
發 行 所：文　史　哲　出　版　社
印 刷 者：文　史　哲　出　版　社
　　　　　臺北市羅斯福路一段七十二巷四號
　　　　　郵政劃撥帳號：一六一八〇一七五
　　　　　電話886-2-23511028・傳真886-2-23965656

實價新臺幣六二〇元

中華民國一〇三年（2014）四月初版

自　序

謹以此書，獻給
先師　王金凌先生（1949-2012）在天之靈

　　依照天臺宗智者大師的說法，一念具足三千大千世界，無明即是法性。然而，他在《淨土十疑論》中也承認「具縛凡夫，惡業厚重，一切煩惱，一毫未斷。」依密教更形象的說法，十法界即是一大曼荼羅，一切眾生、一切色塵、一切音聲，一一皆是毗盧遮那佛三昧、羯磨、陀羅尼之示現。然而，弘法大師也承認眾生之心性低劣者，甚至如異生羝羊，隨緣流轉。這說明聖凡境界，雖說本地不隔，但因迷悟之別，現實中總有所隔。迷者以為有我，悟者本來無生。由隔而入不隔之境，終須工夫修證。

　　佛家講迷悟，儒家則講善惡。佛教可以因第一義諦而說諸法體空、平等寂滅、無佛無魔，但儒家的道德形上學講天命不已、講創造流行，在善的宇宙發生過程中，何以竟生出惡，也許就不太好講。這問題在佛教稱為「迷真起妄」，並以為是「難可了知」的問題。牟宗三先生則以為並不難講，但仍有講的限度。因為惡來自感性，但感性從何而來則是不能再問的。證諸理學文獻，確實如此。理學家一般將惡歸咎

於氣，但氣從何來，是否由理所生，則往往語多曖昧。對此解釋，筆者常感意猶未盡，未能釋然。於研讀儒家文獻之際，無論《中庸》「致中和，天地位焉，萬物育焉。」或《易傳》「大哉乾元，萬物資始。」乃至於宋明儒學理論、以及牟先生的相關詮釋，筆者雖為其形上境界之莊嚴美善而感動，但依此美善之創生流行何以有惡，則總感不解。這問題如同在基督宗教之中，世界乃至善之上帝所創造，何以竟存在著罪惡苦難？我曾就相關問題請教校內神父，神父語我這是信仰問題，不是學術問題。當下我以為這只是遁辭，但隨著本書草成、即將付梓，我漸漸覺得神父所說確有深義；神父的意思，也許就是佛教所謂「唯證乃知」吧。

　　本書寫作過程中，部分章節已發表於學術期刊或學術會議，部分章節亦獲得國科會（今科技部）計畫及輔仁大學校內計畫之補助，略述如下：

　　緒論的部分內容曾以〈儒家對「惡」的解釋〉為名，發表於「第十二屆生命實踐學術研討會」（華梵大學中文系主辦，2013 年 10 月 26 日）。

　　第一章〈濂溪《太極圖說》論「惡」之發生〉發表於「第七屆海峽兩岸周易學術研討會」（山東大學易學與中國古代哲學研究中心主辦，2013 年 8 月 16-18 日），修改後刊登於北京師範大學《周易文化研究》第五輯，2013 年 12 月。

　　第二章〈掛搭與相袞：朱子的理氣型態及其對「惡」的處理〉（NSC100-2410-H-030-037-），發表於「2012 東亞儒學國際學術研討會」（上海師範大學哲學學院、國際儒學院主辦，2012 年 9 月 15-16 日，原題〈朱熹理氣論中「善惡同

源」的問題〉），修改後 2013 年 12 月經審查通過，預定刊登於《東華漢學》第十九期（2014 年 6 月），承該刊同意，慨允由本書先行收錄。

第六章〈論五峯「同體異用」與「心以成性」：朱子疑義所呈顯的問題意義〉（NSC101-2410-H-030-070-），刊登於《輔仁國文學報》第 37 期，2013 年 10 月。

第七章〈告子對比下的孟子「義」之可能義蘊〉，發表於「第九屆先秦兩漢學術研討會」（西北師範大學主辦，2011 年 8 月 3-4 日），修改後刊登於《淡江中文學報》第 28 期，2013 年 6 月。

第八章〈陽明兩種良知型態對惡的處理〉，發表於「第十屆先秦兩漢學術研討會」（輔仁大學主辦，2013 年 5 月 4-5 日），修改後刊登於山東大學《周易研究》2013 年第 4 期。

第九章〈「調適上遂」或「不能歸一」：論龍溪的無知無物〉（NSC-102-2410-H-030-062-），發表於「明清儒學的類型與流變學術研討會」（中央大學明清研究中心主辦，2013 年 10 月 24-25 日）。

其中，第二章、第六章、第九章分別得到國科會計畫 100、101、102 年度之補助，第八章則得到輔仁大學 100 學年校內計畫補助，在此一併誌謝。為使銜接順暢，本書對上述文章的標題或內容仍進行了小部分的調整改寫。為示敬意與統一，本書提及宋明儒者處，概以《宋元學案》、《明儒學案》的稱謂為原則。

法不孤起，仗緣乃生。有賴師長家人的善因緣，本書乃得以問世。先師　王金凌先生不拘門戶，對我提攜栽培，我

永遠感謝老師，也希望我沒有辜負老師的期望。我也要感謝曾指導我碩士論文的岑溢成老師，岑老師舉重若輕、條理分明的學術風格，對我有莫大的啓迪之功。我更要感謝父母生長養育之恩、以及岳父岳母的護持關心，還有內人小女的包容，感謝他們所構築的有情世界，讓我的生命潤澤而充實。最後，當然也要感謝輔仁大學中文系師友們對我多年的愛護。

許朝陽謹識於輔仁大學中文系

善惡皆天理：
宋明儒者對善惡本體義蘊之探討

目　　次

自　序……………………………………………………………1

緒論：善惡之原………………………………………………11

　一、「即生言性」脈絡下對實然之惡的承認………11

　二、「盡理爲性」脈絡下對超越之善的
　　　肯定及其衍生的理論難題………………………19

　三、本書研究進路與架構……………………………27

壹、惡之來源…………………………………………………38

　第一章　濂溪《太極圖說》論「惡」之發生………38

　一、前　言……………………………………………38

　二、《太極圖說》的道德形上學理論架構………45

　三、《太極圖說》論「惡」的發生…………………52

　　（一）由天道觀或宇宙論的觀點論「惡」…52

　　（二）由道德形上學的觀點論「惡」………54

　四、結　論……………………………………………67

第二章　掛搭與相衮： 朱子的理氣型態及其
對「惡」的處理 ···70
一、理氣論的形成：對「惡」經驗事實的正視···70
（一）對「惡」的正視··································70
（二）惡的發生：「氣的衮來衮去」與
「理氣相衮」·································74
二、理在「氣的活動」中的參與型態·················78
（一）絕對地不活動：存有而不參與·········78
（二）「消極參與」與「積極參與」·········85
三、事物善惡皆有理···89
四、惡亦不可不謂之性······································96
（一）理氣相衮與性體情用·······················96
（二）《大乘起信論》「真妄和合」的
哲學模型······································102
五、結　論··107
第三章　橫渠之氣學向度及其論惡之由來·············109
一、氣本論在理學脈絡中的定位·····················109
二、橫渠氣學的理本與氣本理解向度··············117
三、橫渠對「惡之來源」的解釋······················127
（一）理氣二元：氣質之性，君子有
弗性者焉······································127
（二）理氣一元：愛惡之情同出於太虛·····131
四、結　論··134
第四章　離氣無理：氣學對理學之反動及其
論人性中的惡·····································136

一、對「本然之性，超乎形氣之外」的批判⋯⋯136

　（一）朱子責佛教 ⋯⋯⋯⋯⋯⋯⋯⋯ 136

　（二）氣學家責朱子 ⋯⋯⋯⋯⋯⋯ 141

二、氣學之「性有善惡論」對現實之惡的承認·149

三、氣學之「性善論」釋惡之來源 ⋯⋯⋯ 156

　（一）先天型 ⋯⋯⋯⋯⋯⋯⋯⋯⋯ 156

　（二）後天型 ⋯⋯⋯⋯⋯⋯⋯⋯⋯ 175

四、結　論 ⋯⋯⋯⋯⋯⋯⋯⋯⋯⋯⋯ 181

第五章　明道的一本圓境及其對惡之解釋 ⋯⋯ 184

一、「一本」的境界義與本體義 ⋯⋯⋯⋯ 184

二、「詭譎相即」與「道德創生」的儒家圓教 190

三、善惡皆天理：理之「然」與「所以然」義 195

四、生之謂性：循其性而不失，是所謂道 ⋯⋯ 201

五、理有善惡：是氣稟有然也 ⋯⋯⋯⋯ 207

六、結　論 ⋯⋯⋯⋯⋯⋯⋯⋯⋯⋯⋯ 214

第六章　論五峯「同體異用」與「心以成性」：

朱子疑義所呈顯的問題意義 ⋯⋯⋯⋯⋯⋯ 220

一、朱子疑義的問題意義 ⋯⋯⋯⋯⋯⋯ 220

　（一）理欲同體與性無善惡 ⋯⋯⋯⋯ 220

　（二）本心、習心之檢別 ⋯⋯⋯⋯⋯ 226

二、由一元本體論論「同體異用」、

　「性無善惡」⋯⋯⋯⋯⋯⋯⋯⋯⋯⋯ 228

三、理氣二元格局對「同體異用」、

　「性無善惡」的質疑 ⋯⋯⋯⋯⋯⋯⋯ 236

四、「形著」貞定良知之有效性 ⋯⋯⋯⋯ 245

五、結　論 ………………………………………252

貳、善的本體論難題 ………………………………257

第七章　告子對比下的孟子「義」之可能義蘊 ………257

一、模糊的告子「仁內」 …………………………257

二、「仁內義外」在孟子思想中的痕跡 ………261

三、孟子論禮的態度衍生「義內」兩種型態 …267

四、朱子、陽明對告子「義外」理解的
歷史分化 …………………………………………275

五、結　論 ………………………………………281

第八章　陽明良知學的兩種型態及其對惡的處理 …285

一、由「本體／工夫」論二種致良知理論系統 …285

二、良知體用的兩種意義 …………………………291

（一）由心性論意義言「本體即工夫」 …291

（二）由存有意義言「本體即現象」 ……294

三、惡之來源 ………………………………………300

（一）蔽於氣稟 …………………………………300

（二）本體異化 …………………………………305

四、結　論 ………………………………………313

第九章　「調適上遂」或「不能歸一」：
論龍溪的無知無物 …………………………………317

一、良知學之遞進 …………………………………317

（一）由「義內」到「無待於外」的
理論圓足 …………………………………317

（二）由「無待於外」到「無是無非」 …323

二、良知學的第一義與第二義 …………………326

（一）仁義內在與義襲外在 …………………… 326

（二）知是知非與無是無非 …………………… 330

三、良知的發用：格物與無物 ………………… 335

（一）心外無物 ………………………………… 335

（二）無物之物 ………………………………… 339

四、「無善無惡」的兩層意義 ………………… 346

五、結　論 …………………………………… 353

第十章　濂溪而後我重來：熊十力哲學所突顯的

儒學本體論之難題 ………………………………… 358

一、踵繼理學的近代典範：熊十力與其本體論 … 358

二、熊氏「翕闢成變」、「體用不二」之

思想要旨 …………………………………… 367

三、能、習之辨及坤陰之迷闇失主 …………… 377

四、染淨同依：本覺思想的本體論難題 ……… 387

五、「不二論」在「實說型態」中的困難 …… 393

總結：本體（境界）一元，現象二元 ……………… 403

徵引書目 ………………………………………………… 420

緒論：善惡之原

一、「即生言性」脈絡下對實然之惡的承認

　　清儒戴東原（1724-1777）於《孟子字義疏證》指出，古人以血氣心知言性，未以理義言性：「古人言性，但以氣稟言，未嘗明言理義爲性，蓋不待言而可知也。……後儒見孟子言性，則曰理義，則曰仁義禮智，不得其說，遂於氣稟之外增一理義之性，歸之孟子矣。」[1]以氣稟之外，別有理義之性，東原以爲來自宋儒，宋儒之說又來自釋老：

> 　　自宋以來，謂「理得於天而具於心」，既以爲人所同得，故於智愚之不齊歸諸氣稟，而敬肆邪正概以實其理欲之說。老氏之「抱一」「無欲」，釋氏之「常惺惺」，彼所指者，曰「真宰」，曰「真空」，而以理字便爲聖學。既以理爲得於天，故又創理氣之說，譬之「二物渾淪」；於理極其形容，指之曰「淨潔空闊」；不過就老、莊、釋氏所謂「真宰」、「真空」者轉之以夫理，就老、莊、釋氏之言轉而爲《六經》、孔、

　　　孟之言。[2]

依宋儒慣說，人之所同得者謂之「理」，智愚之不齊則歸之於「氣稟」；理者潔淨空闊，氣化世界則現象紛然。依東原考察，以氣稟之外，別有共同之天理，此係佛老之說而非儒家本色。這個觀點其實較早也見於顏習齋（1635-1704）所言。習齋以為，天命之性即氣質之性，以形氣之外別有性理，乃是得之釋老：「故僕妄論宋儒，謂是集漢、晉、釋、老之大成者則可，謂是堯、舜、周、孔之正派則不可。」[3]顏、戴所言基本上是經驗人性論的觀點，由於形上本體超越經驗之外，不可驗證，經驗之性才是可感知者。

　　至於經驗人性論、氣稟言性的理解正當性，阮芸臺（1764-1849）《性命古訓》曾加考證，以為「生之謂性」乃是先秦言性的老傳統：

> 古性命之訓雖多，而大指相同，……〈召誥〉所謂命，即天命也。若子初生，即祿命福極也。哲與愚，吉與凶，歷年長短，皆命也。哲愚授於天為命，受於人為性，君子祈命而節性，盡性而知命。故《孟子・盡心》亦謂耳目口鼻四肢為性也。性中有味、色、聲、臭、安佚之欲，是故必當節之。古人但言節性，不言復性也。[4]

依此理解，授於天為命，受於人為性，性與命基本上指的是

2　同前註，頁 11-12。
3　〔清〕顏元著，王星賢，張芥塵，郭征點校：《顏元集》（北京：中華書局，2009 年），頁 48。
4　〔清〕阮元撰，鄧經元點校：《揅經室集》（北京：中華書局，1993 年），頁 211。

人所接受、所表現的生命現象。所以對《左傳・成公十三年》
「民受天地之中以生，所謂命也。是以有動作威儀之則，以
定命也。」芸臺即釋曰：

> 此「中」乃陰陽剛柔之中，即性也，即所謂命也。「性」
> 字從心，即血氣心知也。有血氣，無心知，非性也。
> 有心知，無血氣，非性也。血氣心知皆天所命，人所
> 受也。人既有血氣心知之性，……故聖人作禮樂以節
> 之，修道以教之，因其動作以為威儀。威儀所以定
> 命，……是以周以前聖經古訓，皆言勤威儀以保定性
> 命，未聞李習之之說，以寂照通明為性也。[5]

芸臺指出，在「即生言性」的語言脈絡中，性即是血氣心知
等生命現象，為了保定此生命現象，聖人乃以禮樂規範之節
度之，使其有合現之表現。如果「即生言性」是思想的老傳
統，這與唐代李翺《復性書》所謂「寂然不動，廣大清明，
照乎天地，感而遂通天下」的超越之性，顯然有極大的差異。
基於漢學家「以語言學的觀點解決思想史問題」的立場，阮
元將此超越之性的思想來源歸於釋老。[6]

　　如芸臺所指出，「商、周人言性命者，祇之於容貌最近
之地，所謂威儀也。」[7]人類對於世界的認識，必然建立在對
經驗現象的觀察，然後加以歸納、解釋；故而必在生而有之、
實然現象的基礎上，乃能進言抽象稟賦之質。因此，阮芸臺

---

5 同前註，頁 217。
6 阮芸臺：「若以性本光明，受情之昏，必去情而始復性，此李習之惑於釋、
　老之說也。」同前註，頁 226。
7 同前註，頁 217。

《性命古訓》、傅斯年《性命古訓辨証》皆指出文字發展過程中，先有「生」字，後造「性」字；[8]大抵反映了此一認識過程。《尚書·召誥》「節性，惟日其邁。」《詩·大雅·卷阿》「俾爾彌爾性，百神爾主矣。爾受命長矣，茀祿爾康矣。」等文獻也說明春秋之際性、命互用，基本上皆指生命現象而言。[9]此一「即生言性」的用法仍延續見於戰國文獻。如《莊子·庚桑楚》「性者，生之質也。」及《莊子·馬蹄》「齕草飲水，翹足而陸，此馬之真性也。」以及《孟子》所載告子「生之謂性」甚至《呂氏春秋·恃君》「凡人之性，爪牙不足以自守衛，肌膚不足以扞寒暑，筋骨不足以從利辟害，勇敢不足以卻猛禁悍，然且猶裁萬物，制禽獸，服狡蟲，寒暑燥溼弗能害，不唯先有其備，而以群聚邪。」[10]等「性」字文義，皆是以生命本然實然現象言性。即便《大戴禮記·本命》「分於道謂之命，形於一謂之性，化於陰陽，象形而發謂之生，化窮數盡謂之死。故命者，性之終也，則必有終也。」[11]側重的也是自然生命，乃有始終生死之說。

　　生物現象即為人所受之性，所受之性的表現有善有惡，

8　阮元：「性字本從『心』從『生』，商、周古人造此字即已諧聲，聲亦意也。」《揅經室集》，頁 230。傅斯年：「統計之結果，識得獨立之性字為先秦遺文所無，先秦遺文中皆用生字為之。至於生字之含義，在金文及《詩》、《書》中，並無後人所謂『性』之一義，而皆屬於生之本義。後人所謂性者，其字義自《論語》始有之，然猶去生本義為近。至《孟子》，此一新義始充分發展。」《性命古訓辨証》，頁 3。
9　《揅經室集》，頁 214-215。
10　許維遹：《呂氏春秋集釋》（北京：中華書局，2010 年），頁 544。
11　〔清〕王聘珍撰，王文錦點校：《大戴禮記·解詁》（北京：中華書局，1983 年），頁 250-251。

爲使此性長久延續、以祈永命，乃有敬德修身、度性節性之
舉。準此，從現象來看，性的表現必然善惡夾雜；基於血氣
心知等生物本能，甚而歸結出好利惡害、[12]乃至性惡之結論，
如《荀子‧性惡》「人之性惡，其善者僞也。」即是考察人
性「好利疾惡」現象之總結。[13]然而，人生而或有好利疾惡、
耳目之欲，但依道德氣質之差異，善惡之行爲表現仍有程度
之區別，因此，仍可得到「人性有善有惡」或「有性善，有
性不善」之結論。例如《論衡‧本性》載「周人世碩以爲『人
性有善有惡，舉人之善性，養而致之則善長；惡性，養而致
之則惡長。』如此，則情性各有陰陽，善惡在所養焉。……
宓子賤、漆雕開、公孫尼子之徒，亦論情性，與世子相出入，
皆言性有善有惡。」[14]《孟子‧告子上 6》亦載戰國所流行的
人性論三種，分別爲告子的「性無善無不善也。」及兩種不
知名的「性可以爲善，可以爲不善」、「有性善，有性不善」，
即表在經驗觀察之下，人性或受環境影響、或因氣質決定而
有善惡差異。

　　承此「以生言性」之傳統，漢儒基本上亦多主張性有善
有惡、或善惡混雜之說。董仲舒（179 B.C.-104B.C.）《春秋

---

12 《韓非子‧難二》：「好利惡害，夫人之所有也。」《韓非子‧制分》：
　　「而好惡者，上之所制也，民者好利祿而惡刑罰。」陳奇猷校注：《韓
　　非子集釋》（臺北：華正書局，1987 年），頁 840、1141。
13 《荀子‧性惡》：「人之性惡，其善者僞也。今人之性，生而有好利焉，
　　順是，故爭奪生而辭讓亡焉；生而有疾惡焉，順是，故殘賊生而忠信亡
　　焉；生而有耳目之欲，有好聲色焉，順是，故淫亂生而禮義文理亡焉。」
　　〔清〕王先謙撰，沈嘯寰、王星賢點校：《荀子集解》（北京：中華書
　　局，1988 年），頁 434。
14 黃暉撰：《論衡校釋》（北京：中華書局，1990 年），頁 132-133。

繁露・深察名號》即指出，從「生之自然之資謂之性」的經驗角度而言，「善」並不符合人性的經驗表現。[15]從經驗事實而言，人既然有「惡」的行為表現，人性中必然含有「惡」的成份，否則無由為惡。因此，董仲舒乃有「仁貪之氣，兩在於身」[16]的結論。由於人具仁貪兩性，善的行為必然是經由後天教化，將此善性引發實現而得之，故而董仲舒又有「性比於禾，善比於米。米出禾中，而禾未可全為米也。善出性中，而性未可全為善也。」[17]的結論，「性」在此遂亦有潛在能力之意。故而劉向亦謂：「性，生而然者也，在於身而不發。情，接於物而然者也，形〔出〕於外。」[18]由實然之

15　《春秋繁露・深察名號》：「今世闇於性，言之者不同，胡不試反性之名。性之名非生與？如其生之自然之資謂之性。性者質也。詰性之質於善之名，能中之與？既不能中矣，而尚謂之質善，何哉？性之名不得離質。離質如毛，則非性已，不可不察也。」蘇輿撰，鍾哲點校：《春秋繁露義證》（北京：中華書局，1992年），頁291-292。

16　《春秋繁露・深察名號》：「栣眾惡於內，弗使得發於外者，心也。故心之為名栣也。人之受氣苟無惡者，心何栣哉？吾以心之名，得人之誠。人之誠，有貪有仁。仁貪之氣，兩在於身。身之名，取諸天。天兩有陰陽之施，身亦兩有貪仁之性。天有陰陽禁，身有情欲栣，與天道一也。」同前註，頁293-296。《春秋繁露・實性》又謂：「今按聖人言語中本無性善名，而有善人吾不得見之矣，使萬民之性皆已能善，善人者何為不見也。」同前註，頁311。即說明因惡多善少的經驗事實，進而質疑性善論之可信度。

17　《春秋繁露・深察名號》：「察實以為名，無教之時，性何遽若是。故性比於禾，善比於米。米出禾中，而禾未可全為米也。善出性中，而性未可全為善也。善與米，人之所繼天而成於外，非在天所為之內也。天之所為，有所至而止。止之內謂之天性，止之外謂之人事。事在性外，而性不得不成德。」同前註，頁296-294。用「潛能」來理解「性」，類似的譬喻還有：「性如繭如卵。卵待覆而成雛，繭待繅而為絲，性待教而為善。此之謂真天。天生民性有善質，而未能善，於是為之立王以善之，此天意也。」同前註，頁300-302。

18　《論衡・本性》引文。《論衡校釋》，頁140-141。

情有善惡，逆推回去，合理推論潛在之性也應兼具善惡。

人性之中善惡兼備之論點，亦見於揚雄（53B.C.-18）、班固（32-92）。《法言·修身》曰：「人之性也，善惡混。修其善則爲善，修其惡則爲惡人。氣也者，所以適善惡之馬與？」[19]擴充人性中善的部分即成善，反之則爲惡。而揚雄「氣也者，所以適善惡之馬」，可謂朱子理氣論人馬喻之原型。《白虎通》雖主人具仁義禮智信五常之性，但也承認人是情性陰陽的綜合，《白虎通·情性》曰：「性者陽之施，情者陰之化也。人稟陰陽氣而生，故內懷五性六情。情者，靜也。性者，生也。此人所稟六氣以生者也。故《鉤命訣》曰：『情生于陰，欲以時念也。性生于陽，以就理也。陽氣者仁，陰氣者貪，故情有利欲，性有仁也。』」[20]這可說仍是董仲舒「仁貪兩性」的延續。從《白虎通》「性，生也。」王充（27-104）：「性本自然，善惡有質。」以及荀悅（148-209）：「或問性命。曰：『生之謂性，形神是也。』」[21]等幾種說法綜而觀之，「即生言性」可以說也是漢代論人性的主流思潮。

綜上所述，在生而有之、實然現象的基礎上觀察人性，必然得出人性善惡混、具仁貪兩氣之結論。人性善惡兼具是因爲稟氣而生，因稟氣厚薄的差異，因而有善惡能力高下之別。準此，如要證成性善論，僅訴諸實然現象的考察，其說

---

19 汪榮寶撰，陳仲夫點校，《法言義疏》（北京：中華書局，1987），頁85。
20 〔清〕陳立撰，吳則虞點校：《白虎通義疏證》（北京：中華書局，1994年），頁381。
21 〔漢〕荀悅撰，〔明〕黃省曾注，孫啟治校補：《申鑒注校補》（北京：中華書局，2012年），頁195。

服力必然有所不足。孟子雖然也說「乃若其情」則可以爲善，但孟子言善之呈露，如「乍見孺子將入於井」、「見其生，不忍見其死」，「見」的在場條件仍是關鍵因素。齊宣王以羊易牛，對羊不能發出惻隱之心，原因即在於「見牛未見羊」。因見與不見，良知善性或有呈露與否之別，但未呈露之際，良知豈無在焉？是故，宋代以來儒者喜以動而無動、靜而無靜言理言性，以保證此善性超越於生滅動靜現象之上。這其實就是未發已發的問題，王陽明以鐘聲爲譬，所謂「未扣時原是驚天動地，既扣時也只是寂天寞地。」[22]即是一代表性說法。爲了保證人性爲善，必然在實然現象之外，逆顯一超越之善性。而由於此善性超越於經驗動靜生滅，必然會有「隨緣赴感靡不周，而恒處此菩提座」的傾向；又爲了保證此善爲本然、惡爲後天外在，亦必然會走向「妄念成生滅，真如不變遷」的格局。這種「然／所以然」格局，不僅存在佛教之中，也很容易讓人聯想及多瑪斯（Thomas Aquinas, 1224-1274）論證上帝存在的「五路論證法」；[23]牟宗三也指出儒家「天命流行」地位等同西方上帝之身份。由於思想問

22　〔明〕王守仁撰，吳光、錢明、董平、姚延福編校：《王陽明全集》（上海：世紀出版集團、上海古籍出版社，2006 年），頁 115。

23　例如第三路論證即是以「不生不滅」者保證生滅者的存在：「因爲我們發現有些東西有生有滅，可見這些東西有可能存在也有可能不存在……所以，不是所有的物都是可能存在的物，在萬物中應該有一個必然存在的物；……所以，應該承認有一物，他本身就是必然存在的物，其存在必然性之原因不是來自別處，而且他是其他物之存在必然性的原因，大家都稱說這一物就是天主。」多瑪斯・阿奎那原著，陳家華、周克勤翻譯：《神學大全》（臺南：碧岳學社、中華道明會，2008 年）第一冊，頁 28-30。

題已非實然現象之考察，而在所以然者之論證，對「性」的理解當然隨之而異。如徐復觀所指出，因思想內容之變化，語文原義亦可能隨之轉變。[24]顏習齋、阮芸臺、戴東原對理學家雜入釋老、援儒入釋之評，從語義上說明了「即生言性」乃是思想史傳統，也說明了理學式對善的本體的理解，乃是思想史的發展結果。儘管他們未必認同這種思想發展，但不可否認此發展確有理論上的需要，但也有隨之而來的理論難題。

二、「盡理為性」脈絡下對超越之善的肯定及其衍生的理論難題

承前所述，先秦漢代流行的人性論，基本上是一種即生言性的自然人性論。識者指出，郭店楚簡《性自命出》的出土，更證明了先秦儒學主流的人性論，「其哲學的思考基本上是『以氣論性』而不是以理為性的進路。」[25]而「性自命

---

24 傅斯年：「語言學的觀點之外，又有歷史的觀點，兩者同其重要。用語言學的觀點所以識性命諸字之原，用歷史的觀點所以疏歷來之變。思想非靜止之物，靜止則無思想已耳。」氏著：〈引語〉，《性命古訓辨正》（桂林：廣西師範大學，2006 年），頁 5。徐復觀亦曰：「幾十年來，中國有些治思想史的人，主張採用『以語言學的觀點，解釋一個思想史的問題的方法』。其根據係來自西方少數人以為『哲學乃語言之副產品』的一偏之論，以與我國乾嘉學派末流相結托。……傅斯年的《性命古訓辯證》，因為他當時在學術界中所佔的權力性的地位，正可以作為這一派的典範著作。但夷考其實，這不僅忽略了由原義到某一思想成立時，其內容已有時的發展演變；更忽略了同一個名詞，在同一個時代，也常由不同的思想而賦與以不同的內容。」氏著：《中國人性論史》（臺北：臺灣商務印書館，1994 年），頁 1-2。傅先生雖然同意歷史的觀點有其重要性，但徐先生顯然以為傅作忽略了思想內容的變化性，因思想之變化，語義亦有隨之改變的可能性。

25 陳來：「郭店楚簡重要的意義之一，就是證明了先秦早期儒學對「人性

出,命自天降」句中,性既然是喜怒哀樂之氣,天命當然亦是指自然氣化而言。[26]在元氣論中,萬物稟氣而生,氣有陰陽,人性亦有善惡,善惡行為的可能,在陰陽之氣似乎得到根據。不過,元氣論的理論困難在於,如果人性善惡皆受命於氣,賢愚善惡皆是氣化所決定,那麼道德實踐的動力與目的何在,就值得懷疑了。緣此問題,學者亦指出,在自然人性論之外,另有一逆氣言性之思路,謂之「即心言性」或「由本心論本性」。此即牟宗三所謂:「孟子即心言性,心性合一,開出人之普遍的道德心性當身之性以為人之所以為人,所以道德的存在,所以能發展其道德人格而至於成聖成賢(人人皆可以為堯舜),之先天的超越根據。」[27]馮達文亦謂:

問題的主流看法,並不是性善論,或者說還沒有形成性善論的觀念。郭店楚簡《性自命出》等篇的人性說,⋯⋯認為天所賦予的是性,而性即是天生的好惡,就是人的內在的喜怒哀樂之氣;喜怒哀樂之氣表現於外,便是,情合於中節便是道。這種以生之自然者為性的看法,還是接近於自然人性論,其哲學的思考基本上是『以氣論性』而不是以理為性的進路。」氏著:《竹帛《五行》與簡帛研究》(北京:生活‧讀書‧新知三聯書店,2009 年),頁 76-77。又說:「『以氣論性』『以好惡論性』(『以情論性』)『以生論生』(『以自然論性』)是七十子及其後學的人性論的主要思想。這與孟子以後至宋明發展至極的『以理論性』『以生之當然論性』是很不同的,也是原始儒學人性說的特點。」前揭書,頁 91-92。

26 郭齊勇:「這裏,『自命出』、『自天降』的『性』與『情』,既被看做『喜怒哀樂之氣』,然則『天命』即是『氣稟』。⋯⋯『天命』既指自然氣化,『性情』則為喜怒哀樂,亦為自然發生的。」馮達文、郭齊勇主編:《新編中國哲學史》(北京:人民出版社,2004 年),頁 82。

27 牟宗三:《才性與玄理》(臺北:臺灣學生書局,1989 年),頁 29。唐君毅也有「即心言性善」的說法:「所謂即心言性善,乃就心之直接感應,以指證此心之性之善。此謂心之直接感應,乃不同彼自然的生物本能,或今所謂生理上之需要衝動之反應者。」唐君毅:《中國哲學原論‧原性篇》,頁 38。

「把外顯示（已發）的『情』（感性心）安立於『本心』且將『本心』內在為『本性』，又把『善』的這種『本性』看做是生而有之的即先驗的，就使『善』之為『性』獲得了絕對的意義。」[28]可以視為「即心言性」的補充。

除了即心言性、以明道德善性內在於我，另有以客觀宇宙之理，與吾人性命不二、天道人道相貫通的思路。這種「天命下貫」的說法，使吾人善性具有本體論的根據，與《性自命出》自然人性的說法有所不同：「在《性自命出》把『情』視為『天性』的時候，它使孔子開創的儒學轉向了自然主義；而在《中庸》把『中』、『中和』、『中庸』等價值信念視為『天命之性』的時候，却使原先在孔子那裏僅屬於主體的道德理想的追求獲得了存在論的支撐而進一步被強化了。」[29]這種天道人道相貫通的思路，如果更強化其客觀的變化之道，則發展為《易傳》「以陰陽言性命」的說法，徐復觀所言：「所以《易傳》言道，外在的意義較重；其好處為重知識，重事功。」[30]準此，唐君毅謂《中庸》為「即誠言性」，謂《易傳》為「即成言性」、「即道言性」。[31]並指出，《易傳》之言成之者性，言各正性命，盡性至命，固與中庸為相類之思想形態；[32]然而，《中庸》重點在率性盡性，以歸於

28 馮達文、郭齊勇主編：《新編中國哲學史》，頁95。
29 同前註，頁89。
30 徐復觀：《中國人性論史》（臺北：臺灣商務印書館，1994年），頁217。
31 唐君毅：「今觀中庸之言性，……以重申孟子性善之旨，而以一真實之誠，為成己成物之性德，以通人之自然生命、天地萬物之生命、與心知之明，以為一者。」氏著：《中國哲學原論·原性篇》，頁77。
32 唐君毅：「至中庸之連天命以論性之思想之特色，亦即在視此性為一人之自求其德行之一不已，而必自成其德之性，是即一必歸於『成』之性

上達天道；《易傳》則側重於「客觀的仰觀俯察一變化之道之瀰淪天地」，雖同爲合內外、徹上下之圓教，但上下內外之先後輕重，仍有差異。[33]丁四新也指出，《易傳》開出了「從『氣化流行』論道德性命」的路向，並進一步將「天命」展現爲「宇宙由太極、陰陽、四時之生生化化」，這是與《中庸》不同之處。[34]

　　不過，牟宗三則從天命、天道的下貫，將《易傳》、《中庸》歸爲一路，稱之爲「宇宙論的進路」（Cosmological approach）；至於孟子一路，則稱爲「道德的進路」（Moral approach）。並以爲，第一路是從天命、天道的傳統觀開始，而以《中庸》「天命之謂性」爲結，這是繞到外面而立論的。同時，《中庸》、《易傳》對於性的規定，雖被賦予道德的函義，但並不能說就是「道德的善」，因爲道德的善不能從天命、天道講，必須直就道德說道德。[35]《中庸》、《易傳》一路的「天命之性」，必然要透過「道德性」來了解，充分

命。故人之盡性，即能完成天之所命，以至於命也。是又見易傳之言成者之者性，言各正性命，盡性至命，正爲與中庸相類之思想形態也。」氏著：《中國哲學原論・原性篇》（臺北：臺灣學生書局，1989年），頁88。

33　同前註，頁537。

34　丁四新：「《易傳》明確認定，萬物的本性，由氣化所給定。氣化流行的主導力量爲乾陽。乾陽以『生』爲德，『生』即體現爲『仁』，故在正常情況下人物所稟之『性』當爲善性。《易傳》由此而把儒家之『仁』的價值觀與氣化流行的『生生』聯繫起來，使『仁』的價值獲得了宇宙論的支撐。」馮達文、郭齊勇主編：《新編中國哲學史》，142。並指出：「與《中庸》比較，《中庸》並未確指『天命』是什麼，卻稱『天命之謂性』，難免費解。《易傳》把『天命』展現爲宇宙由太極、陰陽、四時之生生化化，這在農業社會視野下是很可接受的。」同前書，頁143。

35　牟宗三：《中國哲學的特質》（臺北：臺灣學生書局，1990年），頁67-68。

實現道德心，才可了解天的創造真幾。[36]準此，天命下貫而呈現為「理與心合一」；心具有仁義禮智四端，則為「即心言性」。兩系合而言之，其發展脈絡是：

> 逆氣而言，則在於「氣」之上逆顯一「理」。此理與心合一，指點一心靈世界，而以心靈之理性所代表之「真實創造性」為「性」。此性乃宋儒所說之「天地之性」，或「義理之性」，而以孔子之仁，孟子之心性，大學之明德，中庸之中與誠，程、朱之理與性，象山之心，陽明之良知，蕺山之意，以實之。[37]

從自然氣化的角度，其實也可以講出「天命之謂性」、「一陰一陽之謂道」的類似格局，也可以講出一個宇宙的創造根源。例如周濂溪《太極圖說》「無極、太極、陰陽、五行、四時」的宇宙論模型，較諸《呂氏春秋》、《禮記》、《淮南子》的圖式，其實並無太大差別，學者甚至指出以「渾淪一氣」解釋「無極」的可行性。[38]但如依氣化宇宙論的脈絡，

---

36 同前註，頁 72。
37 牟宗三：《才性與玄理》，頁 1。
38 陳郁夫：「……當天地未形之時，可以說它是『無』，相當於《乾鑿度》的『太易』或〈太極圖〉的『無極』；當天地成象有質之後，相當於〈太極圖〉『二氣』『五行』交感而生萬物的過程。……筆者認為這種解說雖然通俗，但切合濂溪的本旨。只是有一點必須加以釐清，不可把『無極』看成『生天地』的一『物』，宇宙間只是『渾淪』，只是一『氣』。」氏著：《周敦頤》（臺北：東大圖書公司，1990 年），頁 41。劉又銘亦謂：「〈太極圖說〉首句，有個可能的異文寫作『自無極而為太極』。而〈圖說〉又有『太極本無也』、『無極之真』二語。看來『無極』也很可能是個名詞……。我們如果把『無極』看作無始以來『元氣』的一個相對靜止或穩定的狀態，而把『太極』看作『元氣』在某個時候突然開始活動的狀態；那麼接下來，從『太極元氣』的概念來說明它的『動而生陽……靜而生陰……分陰分陽……二氣交感，化生萬物……』說不

則人之智愚剛柔、善惡賢聖，便皆是氣化使然；稟氣是被命定者，萬物只是順氣而生，順氣而行，無異承認事物生而有精粗善惡的合理性。[39]於是，牟先生依濂溪《通書》的思路，將「無極」理解爲「自然神化之道體」，道之一、理之一妙萬物而爲其體，而萬物裏受之，成其自己之性。此「性」乃是通於理的超越之性，不是剛柔氣質之性。[40]準此，「逆氣顯理」的理論，與「氣化宇宙論」差別便在於：

> 然而在儒家，根據天命、天道下貫而為性，這一老傳統，而說的「天命之為性」，卻不是只就氣化委下來而說的「性」。這個性當然是偏重「道」方面說的，偏重「天命流行之體」、創造真幾方面說的。此是道邊事、神邊事、不是氣邊事。此是道之一、神之一，而不是氣之多。[41]

定會是個更自然更合理的脈絡；……。」氏著：〈宋明清氣本論研究的若干問題〉，楊儒賓、祝平次編：《儒家的氣論與工夫論》（臺北：國立臺灣大學出版中心，2012 年），頁 216-217。

39 李明輝便指出，如將「道德之惡」、「自然之惡」一概歸諸氣，「將陷於決定論（determinism）、乃至命定論（fatalism）底觀點；而這將使道德責任及道德工夫完全失去意義。因爲在這種情形況下，我們勢必要承認有些人是天生的惡人，有些人是天生的善人、乃至聖人。」氏著：〈朱子論惡之根源〉，鍾彩鈞主編：《國際朱子學會議論文集》（臺北：中央研究院中國文哲研究所籌備處，1993 年），頁 564。

40 牟宗三：《心體與性體（一）》（臺：正中書局，1989 年），頁 355、359-360。

41 牟先生說：「結構之性，類不同之性，可否也講出一個宇宙論的根源？當然可以。此就是陰陽五行之氣化。天命流行，乾道變化，不離陰陽五行，可也不就是陰陽五行。如果只從陰陽五行之氣化來說結構之性，則結構之性似乎也可以說是『天命之謂性』。莊子知北遊篇所謂『性命非汝有，是天地之委順也』，似乎就是只從天地氣化來說委順之性，這也似乎就是『天命之謂性』了。然而在儒家，根據天命、天道下貫而爲性，

相較於氣化宇宙論，在氣化結構之上，另突顯其「天命不已」
的創造真幾，牟先生稱之「本體宇宙論」；[42]而所謂「天命」
具體地說，即「整個宇宙後面有一個命令在那裡指揮。那相
等於西方上帝的身份。」[43]

從「道德實踐如何可能」的角度來說，逆氣顯理、本體
宇宙論固然突顯了道德主體或善的根源；但反過來講，如果
天命流行、創造真幾意謂著「整個宇宙後面有一個命令在那
裡指揮。」甚至「那相等於西方上帝的身份」，那麼本體宇
宙論、道德的形上學必然也將面臨基督宗教「至善，即天主，
是否是惡的原因」[44]的問題。若然，則上帝便同為善惡因，
如多瑪斯《神學大全》所載：「……船之平安得救與危險的
原因完全相同。可是天主卻是萬物平安得救的原因。所以，
祂也是一切喪亡和惡的原因。」[45]由於宋明儒學講本體，必
然帶著創生意味；如牟先生所言，其身份如同西方上帝。那
麼，宋明儒學必然也要面對此一問題：「這樣一位神的超凡
力量之高揚，與他創造出來並且支配的世界之不完美，如何

這一老傳統，而說的『天命之為性』，卻不是只就氣化委下來而說的『性』。」
牟宗三：《中國哲學的特質》，頁64-65。

42 牟宗三：「中國人的傳統從『生』講存在，所以沒有像西方那樣分別講
本體論與宇宙論，它是本體宇宙論合而為一地講，成本體宇宙論。這是
動態的講法。」牟宗三講，盧雪崑整理：《四因說講演錄》（臺北：鵝
湖出版社，1997年），頁117。

43 同前註，頁37。牟先生亦說：「我們剛才說，在西方存在是交待給上帝，
是通過上帝，是通過上帝這個觀念。中國的『天』這個觀念也是負責萬
物的存在，所謂『天道生化』。」氏著：《中國哲學十九講》（臺北：
臺灣學生書局，1989年），頁75。

44 多瑪斯・阿奎那原著，陳家華、周克勤翻譯：《神學大全》第二冊，頁
70。

45 《神學大全》第二冊，頁70。

可能一貫相連不矛盾？」[46]印度婆羅門教中也存在此問題：
「做爲宇宙最高原理，而且具有唯一無二、妙樂、智慧、無
極（無限）等特質的梵我，爲什麼會（怎麼可能）創造出包
括生命體在內的、有缺陷、有差別、受侷限、受苦難、無常
變化的宇宙萬物呢？」[47]真常心佛教亦然，如《圓覺經》所
言：「世尊！若諸衆生本來成佛，何故復有一切無明？若諸
無明衆生本有，何因緣故，如來復說本來成佛？十方異生本
成佛道，後起無明，一切如來何時復生一切煩惱？」[48]

「用氣爲性」、「盡理言性」兩個脈絡加以比對，略同
於佛教妄心、真心之說。這兩個脈絡各自所面對的困難，借
用印順的說法是：

> 以妄心（相當於攝論師的『阿黎耶識』）為主體的，
> 有漏法的產生，很容易說明，而清淨寄於其中，從虛
> 妄而轉成清淨（轉依），就比較困難了。以真心（相
> 當於地論師的「法性」）為主體的，無漏法的生起，
> 很容易明白，而雜染覆淨而不染，及依真起妄，又似
> 乎困難了些。[49]

對於佛教兼說真妄，方東美迴護之以爲乃兼有自說法身與教
戒衆人之意，一方面則肯定儒家言性情一貫是善，乃爲究竟
境界：

---

46 〔德〕韋伯著，康樂，簡惠美譯：《宗教社會學》（桂林：廣西師範大
　　學出版社，2005 年），頁 176。
47 楊惠南：《印度哲學史》（臺北：東大圖書公司，1995 年），頁 75。
48 〔唐〕佛陀多羅譯：《大方廣圓覺修多羅了義經》，《大正藏》第十七
　　冊，頁 915b。
49 印順：《攝大乘論講記》（臺北：正聞出版社，1988 年），頁 140-141。

真正儒家（荀卿已非純儒）言性情一貫是善，固不以性情對舉分善惡也。……道器二元理氣兩橛之說宋儒初有是過，後乃澈悟其非，……大抵孔孟說性情，只揭出哲人清淨心地原與天道不隔，繼善成性，率之以行，即能履中蹈和，崇本達道，故有先天而天弗違，後天而奉天時，及盡心知性知天之妙境，其意非必為一般庸流設教也。（孔孟純是高明博厚之哲學家，非宗教家。）釋迦則身兼二職：一面證立聖智境界，揭出真如清淨本原，以成佛性；一面發見世俗昏妄念動，指出惑障迷途，懸為禁戒。一以意成自己法身；一以教戒眾人袪惑。[50]

方先生之說並不完全正確，佛教固然兼講清淨本原、昏妄念動，理學家其實也想透過理氣論以解釋此問題。只不過，如方先生所言，理氣論很容易有「道器二元理氣兩橛」之過。但如果不透過理氣兩橛的方式，在性情一貫之下，又如何解釋惡之來源或惡之歧出？對此問題，儒家能否有合理的解釋呢？

三、本書研究進路與架構

承前所述，善固為當然之則，惡卻也是不可否認之實然。如果我們承認本體乃是絕對唯一、而且絕對至善，那麼無論本體的活動型態如何，惡之由來應該都是一個很具挑戰性的問題。對於道德本體或善的超越根據，發揮最極致者莫過於

---

50 方東美：〈與熊子貞先生論佛學書〉，《中國大乘佛學》（臺北：黎明文化公司，1984年），頁665。

宋明儒者。學界對於宋明理學的研究，亦集中於本體的活動型態、理學的分系、實踐工夫與境界等課題。然而，對於惡之由來此一問題，則少見相關討論。若論及此課題，較具代表性的解釋方式是：或效孟子「非才之罪」謂惡非本有、無形上之實體；[51]或歸咎於耳目口鼻、後天的氣性感性；[52]或以「詭譎相即」圓教義含攝之。但如牟先生所言，如果道德的本體「相等於西方上帝的身份」、甚至是命令者（天命不已、天命之謂性），則此本體是否要為惡的存在負責呢？若然，這道德的本體豈不是有內在善惡的矛盾嗎？

對於惡的種類，萊布尼茲（Gottfried Wilhelm Leibniz，1646-1716）將之區分為「形上惡、物理（形體）惡、倫理（道德）惡」，此分類大抵為西方倫理學之原則。依萊布尼茲，這幾種惡的定義是：「形而上學的惡在於純然的不完美性，形體的惡在於痛苦，道德的惡在於罪。雖然形體的惡和道德的惡並非必然，但它們藉助永恒真理卻是可能發生的。」[53]萊氏對於形上惡又解說如下：「然而，人們必須更多地考慮已經提及的思辨的和形而上學的種種困難，它們涉及到惡的原

---

51 周群振：「須知『惡』與『善』之對稱，只能限於形式上的一層面而觀，或者說只是為著語言描述的方便而立，絕不可謂有彼此相等的實質義。此其原因，是在善之為善，必然有心之實體以為之主，而惡則不能說有為之主宰的實體之心義。」氏著：《儒學探源》（臺北：鵝湖出版社，1986年），頁183。

52 例如傅武光〈朱子對於惡的來源的說明〉：「惡的來源既與氣稟有關，而氣稟又與生俱來，則似是惡也與生俱來。其實絕不如此。惡只是有生以後流出來的。」氏著：《中國思想史論集》（臺北：文津出版社，1990年），頁195。

53 〔德〕萊布尼茲著，朱雁冰譯，《神義學》（北京：生活‧讀書‧新知三聯書店，2007年），頁120。

因。惡從何而來？……既然有上帝，何以有惡？若說無上帝，何以有善？……將一切存在都追溯到上帝那裏的我們應從那裏去尋找原因呢？」[54]萊氏以爲永恒真理既是善的原因，也是惡的本源所在，不過「惡之形式上的東西並沒有動力點（point d'efficiente），因爲它處在 —— 我們將看到的 —— 缺失（privation）之中，即處在動力因沒有引發的東西之中。因此，經院哲學家們往往說惡是欠缺的（d'efficiente）。」[55]形上惡之如何可能，乃是一相當困難之問題，如萊氏所指出，神學家乃是以「缺乏」來解釋之。

「缺乏說」在新柏拉圖主義的代表普羅提諾（Plotinus, 204-269）學說中即可見之。普氏以「太一」爲宇宙最高存在，萬物都由此本體流出，依次流出存在、理智、理念、靈魂、有機體、形體、質料等。但由於普羅提諾同時以「至善」（the good）定義「太一」（the one），在此一元論的格局中，爲了說明惡的來源，普氏提出其「缺乏說」。普氏以爲，太一流溢，如同陽光放射，離太一較近者，即觀念界；離太一較遠者，即感官界。因此，如同陰影是來自光的缺乏，惡也是來自善（至善太一）的缺乏。這種「缺乏說」後來也影響了奧古斯丁（Aurelius Augustine, 354-430）的學說，成爲奧古斯丁對抗摩尼教善惡二元論的理論來源。影響所及，聖多瑪斯《神學大全》、《駁異大全》[56]在討論從至善的天主，何

---

54 同前註，頁119。
55 同前註，頁120。
56 《駁異大全》共分四卷：《論真原》、《論萬物》、《論萬事》、《論奧理》。其中，《論萬事》對惡之由來論曰：「善惡兩類的具體事物，在自然界，是積極實有的事物；例如人物，動作，習慣，能力，等等。

以產生惡的存在時，亦採用了「善的缺乏」作為解釋。

　　對於儒家人性論中的惡，學界論及這個問題時，缺乏說可說有重大的啓示，也是學界對此問題的主要解決方法。1957年陳榮捷撰有 *The Neo-Confucian Solution of the Problem of Evil*（新儒家對惡底問題的解答）一文，雖考察了先秦漢唐以至宋代儒學對惡的相關討論，但該文旨在解答「轉惡成善」的可能性，而不在惡的根源與由來。陳先生指出孟子論惡的由來，大抵歸咎於「失其本心」(losing the originally good mind)、「自暴自棄」(self-destruction and self abandonment)、「失其養」(lack of nourishment)、「弗思」(lack of thought)等。從他反覆使用 "lose"、"lack"等詞可知其立論主要建立於「缺乏說」。[57]在性善論的脈絡下，基本上「惡」並不存在形上根據，這觀點也見於稍後儒學理論中對惡的相關討論。如周群振所言：「在此，人們或許要問：世間之惡，果何自來？則先須知得惡之為物，並無超越地主之之道或元之可言，……起因則在於人對善的道體之未能堅持而一貫，便留下間隙任惡滋生也。」[58]既然不存在形上根據，就只能視為善的缺乏。因此，黃維潤即以奧古斯丁「惡乃善之缺乏」

但只用抽象語法，專指的惡性，不是積極現有的事物，而是事物對於善良目的缺乏了應有的關係：關係的缺乏，不是積極的實有事物。例如說『盲』字，具體指盲人，這裡的盲人是積極實有的一個人；但抽象所指的『無目』，是眼睛視力的缺乏，不是實有某物，而是實無某物，……。」聖多瑪斯·阿奎那著，呂穆迪譯述：《論萬事》（臺北：臺灣商務印書館，2010年），頁38-39。

57 Wing-Tsit Chan, *The Neo-Confucian Solution of the Problem of Evil*,《中央研究院歷史語言研究所集刊》第28本，頁775，1957年5月。

58 周群振：〈儒家圓極的教旨與體態抒義〉，收入《當代新儒學論文集》（臺北：文津出版社，1991年），頁14。

類比朱熹的氣稟蔽隔說，並以爲「惡乃依附善而爲『理』
── 順理爲善，逆理則爲善。不可言有一離善獨存之惡理。」
[59]此外，黃秋韻亦言：「在傳統中國儒學中，『天道』除了
是至善的本體以外，也是人性的根源，因爲天道至善，故受
之於天的『人性』亦善，……所以，無論是在『天道觀』或
『人性論』上，都不可能從中找到『惡』所據以存在的形上
基礎的。[60]」就孟子本人對惡的解釋而言，缺乏說或可類比
之，如《告子‧上 2》孟子以水之過顙在山，「其勢則然」
以喻之；而這使爲不善之「勢」，也就是外於良知善性的異
質力量使然。至於此異於良知善性之外來障蔽，具體來說，
（1）可以說是耳目口鼻之欲。如《告子‧上 15》孟子謂「耳
目之官不思，而蔽於物，物交物，則引之而已矣。」《盡心
下‧24》亦稱耳目口鼻「君子不謂性也。」（2）蔽又來自於
後天習性，如《告子‧上 7》：「富歲，弟子多賴；凶歲，
弟子多暴，非天之降才爾殊也，其所以陷溺其心者然也。」
其後，王陽明所謂「多暴多賴，習氣易以移人。」典故在此。
陽明又謂：「夫惡念者，習氣也；善念者，本性也；本性爲
習氣所汩者，由於志之不立也。」顯然以惡之來源，在於習
氣。然而，如果我們再進一步追問，使良知缺乏、障蔽的異
質性力量從何而來？則缺乏說恐怕就不能說是令人滿意的答
案。也因此，蔡元培以爲孟子將惡歸咎於欲，欲乃是「善之

59 黃維潤：《中西哲學論惡之比較研究》，頁 86。輔仁大學哲學研究所博
  士論文，1984 年。
60 黃秋韻：《先秦儒家道德基礎之研究 ── 兼論「惡」的問題》，頁 152。
  輔仁大學哲學研究所博士論文，2001 年。

消極」，「然於其起源，一無所論究，亦其學說之缺點也。」
[61]

但缺乏說之外，學界也很難看到更好的解釋。其間困難，如同奧古斯丁謂惡乃是源於最初天使的墮落，至於天使何以墮落，奧氏只能沉默以對。[62]即便康德（Immanuel Kant, 1724-1804）也以為惡在吾人道德理性之中是無法解釋的：

> ……即這種趨惡的傾向，其理性上的起源依然是我們所無法探究的，因為它本身必須被歸咎於我們，從而那所有準則的最高根據又會要求假定一個惡的準則。惡本來能只能產生自道德上的惡；然而原初的稟賦畢竟是一種向善的稟賦。這樣，對於我們而言，就不存在可理解的根據來說明我們道德上的惡最初可能是從哪裏來的。[63]

康德甚至以為，從時間發生來說，惡之來源乃是不可理解的。依《聖經》，在人類進入世界之前，惡已經透過魔鬼（或精靈）而存在，既然如此，所有惡的最初開端，就不是我們所能理解的了。[64]也因此，李明輝以為依孟子傳統，要為惡負責的，「還是道德主體本身；因為它本來有能力主宰感性官能，卻放棄其權柄，致使感性官能不受節制而流於惡。」[65]

---

61 蔡元培：《中國倫理學史》（北京：東方出版社，1996年），頁17。
62 釋性廣：〈有關惡之形上論述的比較 —— 西方哲學、神學與佛教哲學論「惡」之問題〉，《玄奘佛學研究》第二期，2005年1月，頁249。
63 〔德〕康德：《純然理性界限內的宗教》，李秋零主編：《康德著作全集(6)》（北京：中國人民大學出版社，2007年），頁43。
64 同前註，頁44。
65 李明輝：〈朱子論惡之根源〉，鍾彩鈞主編：《國際朱子學會議論文集》，頁557。

　　然而，若從本體論角度再進一步追問：感性從何而來？本體如爲至善，何以道德主體仍有受限於感性之可能？這問題就不太好回答。鑑於惡之來源的問題之困難性，韋伯（Max Weber, 1864-1920）則以爲，世界上的不完美，對一神教而言，有其神義論的困難；而解決之道，韋伯以爲一是二元論，一則是佛教的業報論：

> 對於世界之不完美的問題加以系統性地深思熟慮的解決之道，除了預定論之外，另外只有兩種宗教觀。第一種是二元論（Dualismus），……不義、不正、罪 —— 換言之，引發神義論問題的所有因素，皆因偉大而良善之神的光明潔淨與相反面黑暗的獨立勢力 —— 與不淨的種種，被視同為一 —— 相接觸後，變得混濁不明所產生的結果。[66]

又說：

> 神義論問題在形式上得到最為完整的解決要算是印度的「業」的教義 —— 所謂靈魂輪迴信仰 —— 的獨特成果。……古代佛教完全貫徹了此種思想之最究極的推論，甚至連「靈魂」的概念也整個被排除了出去：所剩的不過是與「我」（Ich）之妄想相聯結而關聯於業報機制的的各個善或惡的行為（Handlungen）。[67]

在討論惡之來源的問題上，韋伯的說法頗有啓發之意義。因爲，宋明理學家雖然都承認天人本無二，但在處理惡的問題

---

66 〔德〕韋伯著，康樂，簡惠美譯：《宗教社會學》（桂林：廣西師範大學出版社，2005 年），頁 182。
67 同前註，頁 183-184。

上，不可避免仍須借助理氣二元的格局。至於二元格局最明顯者，莫過於朱子理氣論。然而，既借助二元格局，就有違天人一貫之旨；甚至由於強調理本氣末，對於現實人性有忽視壓抑之病，故而朱子理氣論在後世乃遭到反動者修正，尤以氣本論者為然。儘管氣本論者試圖將二元格局導向理在氣中、即理即氣，但由於氣具善惡，如此一來又可能走向人性兼具善惡，這又有違孔孟性善之旨。即便氣學家中持性善論者，一氣流行，既然是善，也很難說明惡的由來，只能由氣之動靜聚散論善惡之發生。但這等於說，要使惡不發生，就能回到氣有動靜聚散之前，這又有違氣本論肯定現實動靜生滅現象之原意。針對上述問題，本書首章論周濂溪《太極圖說》中惡之發生，說明在善的本體活動創造之下，惡之發生的問題困難性。如果善不善皆自同一本體出，則不但必須回答何以本體至善，竟有惡之歧出？同時，本體也就有超越善惡、非善非惡之可能。本體活動而有善惡分，透過最後一章熊十力哲學的對照，更可見其理論困難。由於一元論要兼為善惡根源有善惡同源之病，故而朱子必嚴分理氣乃能合理釋之。因此，本書次之以朱子理氣的掛搭、相袞型態討論二元格局對惡之解釋是否可能。但朱子理氣論反遭後世氣本論者質疑有佛教格局之弊，故而第三章接續討論張橫渠兼具理氣論、氣本論之理解可能，及其理論對後世氣學開展的啟發意義。第四章則在橫渠之後，進一步討論氣學家對理學的反動，及對惡的問題之處理。

　　繼上述四章之後，第五、六章要討論的是明道、五峯由一元論型態所表現出來的「圓教」意義。如韋伯所言，原始

佛教的業報論是對神義論問題最完整的解決。這是因為佛教的業報論乃是建立在「有業報而無造（受）業者」的緣起空義上，即便真常心系言如來藏心有宇宙創生本體之姿態，仍不能違此緣起空義。因此，無明、法性俱不能以實體看待，所以能言無明法性詭譎相即。然而，明道的一本圓教雖有「天下善惡皆天理」之言，但並不具這種因緣起空義而有的詭譎相即之義。即便由契入本體的境界而言，固然也可說一體同化、善惡相即，但這種由本體迴向的方式其實近於華嚴圓教的真心迴轉。即便華嚴宗依《大乘起信論》講宇宙發生過程，真如因無明風動而隨緣造作，也仍無法解釋無明究竟從何而來。不過，佛教終究可虛化本體之創生義，儒家則何可如此？由本章討論可知，明道雖言一本，但論及惡之由來，終仍要回到二元格局。此外，五峯言「天理人欲同體異同」，朱子頗疑其有「性無善惡」之嫌。識者雖藉海德格「存有解蔽」之理論，說明因本體之自我解蔽，使人欲皆合於天理。這其實就是「心以成性」或「形著」之說。然而，吾人藉由本體解蔽以保證吾人行為合理，但如何保證我所體會的本體解蔽必然不謬呢？如果不能合理解釋此問題，則無怪朱子對五峯「心以成性」之說亦有所疑慮。甚至，五峯嘗試對惡之由來有所說明時，其實也還是回到理氣二元格局。

　　前面六章的討論側重於惡之來源與本體論如何解釋等問題。第七、八、九章要討論的則是善的本體在孟子學與心學系統中的發展與差異。如前所述，孟子言惡乃外力扭曲，「非才之罪」。而孟子雖言良知不學不慮，其實仍重視客觀禮法規範，但在心學發展過程中，可見得心學論「義內」有逐步

將客觀規範收攝於一心的傾向。同時，陽明又喜言良知無物不有、爲造化精靈、無一物在良知之外，則良知在道德本體，又另有存有本體之意義。既爲存有本體，惡就只能說是本體的異化使然。本體至善而有異化爲惡之可能，其實也就是佛教「自性清淨而有染污」的問題。此外，孟子講良知發用，其實仍有「見」與「未見」的問題，觀「見孺子入井」、「見牛未見羊」即可知。但如依此說，就可能依在場經驗之有無，良知亦時有時無。因此，理學或心學家乃在生滅動靜現象之上，成立無動無靜、不生不滅之道德本體，以保障本體始終都在，無所謂已發未發。但良知本體既然無動無靜、超越現象，也很容易朝向無善無惡、非善非惡發展。依龍溪「無物之物」、「不於一法起分別」等說法，良知就不需要在場條件；但孟子言良知擴充之原意，乃是由「在場對象」推恩至「未在場對象」，這與龍溪「去對象化的對象」顯然有所差別。

最後，終章殿之以熊十力「體用不二」說，如此安排有幾個意義：第一，熊氏自謂「濂溪而後我重來」，[68]熊氏思想某種意義上可謂現代之理學。本書以濂溪居首章，終之以熊十力，亦有首尾呼應之意。第二，熊氏以「翕闢成變」說明宇宙發生，其中闢爲陽明、爲乾，翕爲陰闇，爲坤，這等於承認本體之中具有迷闇之勢能，這恰好是對本書首章周濂溪「五性感動而善惡分」、「誠無爲，幾善惡」之回應。第三，識者謂熊氏《新唯識書》近於佛教真常心之說，鑑諸熊十力、呂澂二人性覺、性寂之辨，以及日本批判佛教對如來

---

68 熊十力：「數荊湖過客，濂溪而後我重來。」引見郭齊勇：《天地間一個讀書人 —— 熊十力傳》（臺北：業強出版社，1994 年），頁 35。

藏思想的無情批判，則真常心系「依真起妄」、「自性清淨心而有染污」等問題，必然也是理學所當面對的問題。此外，依熊呂之辨，或者批判佛教的說法，性覺或本覺思想要解決「自性清淨心而有染污」的問題，一是否定真常心的合理性，二是虛化真常心的創造性，亦即是說，回到本性空寂的立場。然而，儒家根本不可能虛說本體的創造意義，佛教的那一套解決方式，也就不適用於儒家。這使得儒家本體論在惡的問題上難有善解。底下即依上述架構，逐次進入細部的討論。

壹、惡之來源

第一章　濂溪《太極圖說》
論「惡」之發生

一、前　言

　　《周易》一書，自漢武帝置五經博士以來，經學傳統上被視爲儒門典籍。[1]根據《四庫全書總目提要》的說法，《周易》在先秦漢代的發展，從太卜遺法、禨祥、造化等派別來

1　經學式的論述，皆肯定儒家在《周易》詮釋中的權威性，如《史記‧孔子世家》載《周易》編訂與孔子的關係曰：「孔子晚而喜《易》，序《彖》、《繫》、《象》、《說卦》、《文言》。讀《易》，韋編三絕。」〔漢〕司馬遷撰：《史記》（北京：中華書局，1963 年），卷 47，頁 1937。不過，〈孔子世家〉中的「序」有「序列編纂」的意義，孔子便有可能只是編者而非作者。《漢書‧藝文志》則進一步肯定了孔子在《易傳》中的作者身分：「孔氏爲之《彖》、《象》、《繫辭》、《文言》、《序卦》之屬十篇。」〔漢〕班固撰：《漢書》（北京：中華書局，1964 年），卷 30，頁 1704。《隋書‧經籍志》「周公又作爻辭，孔子爲《彖》、《象》、《繫辭》、《文言》、《序卦》、《說卦》、《雜卦》，而子夏爲之傳。」的說法大抵承襲自《史》、《漢》之說。〔唐〕魏徵等撰：《隋書》（北京：中華書局，1982 年），卷 32，頁 912。

看，仍保有卜筮預測的特點；至於「王弼盡黜象數，說以老莊。一變而胡瑗、程子，始闡明儒理。」則說明《周易》思想多面向的詮釋可能；也說明在宋代之後，《周易》儒門色彩始漸顯著，乃至成為理學建構的文獻依據。部分學者則以為，理學式的《周易》，才是儒門易學的正宗。持此觀點之最具代表性者，厥為牟宗三先生。[2]其高足范良光本此觀點，開演而成《易傳的道德的形上學》之作，其中「易之本義」一節，對此旨論述甚詳，頗收提綱挈領之效，茲引之以為「易學道德的形上學」之概要。范曰：

> 易教含義深遠，本可自不同之路數而悟入。今據十翼之傳展示其存有論，此蓋為論易之正宗。……其中所表達者正是一道德的創造的存有論。此存有論有一特殊精神，即，是依儒家道德主體而展開與證成，對天地萬物之存在予以一根源的說明，且證立其形而上的必然性。所謂必然性者，是依道德實理超越的決定而規定的，故即是當然而不容已，定然而不可移者；所謂形而上的意義，亦是依道德主體的無限性（實體的無限性）證立萬物的無限道德價值與意義。統而一之，道德創造的存有論即是一道德的形上學。[3]

---

2 牟宗三說：「《易傳》成一套玄思，代表孔門義理，這是確定的。為什麼說十翼之傳是孔門義理？這表示十翼之玄異是儒家的玄思，儒家的玄思與道家的玄思不同，不是同一個系統。」氏著：《周易哲學演講錄》（上海：華東師範大學，2004 年），頁 3。至於孔門義理的具體內容，如牟先生所言，「這個義理是什麼義理呢？就是道德的形而上學。這個義理屬於道德的形上學的義理，它的義理規模就在乾象裏面。」前揭書，頁 21。

3 范良光：《易傳的道德的形上學》（臺北：臺灣商務印書館，1990 年），頁 1。

又說：

> 此一形上學之規模，如實言之，即：依道德主體開立
> 之道德自覺之道德界，同時即是普萬物而為言的形上
> 境界（亦即宗教境界），此即儒家體用不二義下道德
> 界與存在界兩界合一之圓教系統。圓教者，即依道德
> 主體下開道德界與存在界，證立兩界合一而有形而上
> 之必然性，以至充實飽滿、通而不隔，此之謂一本圓
> 盈之教。[4]

「易學道德的形上學」簡言之，即透過易學概念，以解釋價
值根源（善的由來）、宇宙根源；由於價值根源、宇宙根源
不二，乃能達致成己成物、天道性命貫通之旨。《易傳》的
道德形上學，又常與《中庸》相提並論，如方東美即透過吾
人對於乾元創造權力、及坤元生養能力的分享稟受，以說明
「參贊天地之化育」之理。[5]這樣的觀點，若要尋其哲學史上

---

4 范良光：〈自序〉，《易傳的道德的形上學》，頁1。
5 方東美：「而這個創造的程序有其根原，那便是宇宙的創造權力。這創造
　權力分為兩項：在天謂之『乾天』，宇宙萬都是它創造出來的。但是萬物
　創生之後，不能聽其自然而自生自滅，還要發揮『坤元』的力量。……於
　是這麼一個創造權力的『乾元』，和代表生養萬物的『坤元』。那是生力
　瀰滿，充沛在整個宇宙之中。這個宇宙就稱成為一個 "Realm of Continuous
　Creation"，我經常稱之為 "Realm of Creative Creativity"。（創化法界之創
　化性域）於是萬物創生，其中有一精神價值特別高者，就是大類。人類與
　天地可以合德。所謂人與天地合德，就是乾元的創造權力，人可以分享；
　坤元生養萬物的權力，人也同樣可以稟受。所以，從這一點看起來，人類
　是什麼呢？他是 "Co-Creator with heaven and earth"（參贊天地之化
　育）。……所以人類最高的精神文化，可以在周易的哲學裏，有一個系統
　的說明。」氏著：《新儒家哲學十八講》（臺北：黎明文化事業公司，1989
　年），頁122。

的依據，當以周濂溪《易通書》爲嚆矢。[6]亦即是說，理學家
以《易傳》、《中庸》等文獻建構了一套道德的形上學，而
牟宗三等學者接受了理學式的理解，乃有以道德的形上學爲
「易學正宗」的結論。

　　依范說，儒家道德的形上學的特殊精神在於「依儒家道
德主體而展開與證成，對天地萬物之存在予以一根源的說
明」，以及「依道德主體下開道德界與存在界，證立兩界合
一而有形而上之必然性。」歸納而言，（1）由形下而形上，
天地萬物之存在根源在於道德本體。（2）由形上而形下，道
德界與存在界兩界合一，通而不隔、體用不二。如果道德的
形上學是一種「聖人氣象」的話，因主觀的精神修養，自我
的經驗活動得以道德理性化，此推論可謂順遂合理。因爲自
聖人境界而言，動容周旋莫不條暢合理，當如《乾·文言》
所言：「與天地合其德，與日月合其明，與四時合其序，與
鬼神合其吉凶。先天而天弗違，後天而奉天時。」亦如《中
庸》所言，能成己成物、贊天地之化育、可以與天地參。

　　這種聖人境界，大人之德，係因仁心遍覆，澤潤萬物，
而能體萬物而不遺，亦即以主觀仁心含攝客觀萬物，那麼這
種純粹的道德理性化的精神境界，理應僅止於主觀的精神境

---

6 如牟宗三謂：「中庸、易傳代表的一路不從仁義內在的道德心講，而是從
　天命、天道的下貫講。這一思路的開始已與孟子的不同，但是它的終結可
　與孟子一路的終結相會合。它可以稱爲『宇宙論的進路』（Cosmological
　approach）。」氏著：《中國哲學的特質》（臺北：臺灣學生書局，1990
　年），頁 59。牟先生又謂：「中庸從『誠』講，誠就是易傳的乾元。所
　以，當年周濂溪就是以『誠』合釋乾彖的乾元。這是傳統儒家的思路。」
　氏著：《四因說演講錄》（臺北：鵝湖出版社，1997 年），頁 23。

界。歷史上儘管有孔曾思孟、周張二程……等聖哲輩出，仍不能否定歷史發展中種種不合理事實之存在；故而客觀現象中的不如理處，必不能因主觀精神的理性化，即謂其不存在。然而，無論《易》《庸》或宋明理學，「道德的形上學」都並不止於聖人境界，還是一種對客觀存在根源解釋的本體宇宙論。例如陳淳（1159-1223）《北溪字義》所言：

> 夫子繫易曰：「一陰一陽之謂道，繼之者善也，成之者性也。」所以一陰一陽之理者為道，此是統說箇太極之本體。繼之者為善，乃是就其間說：造化流行，生育賦予，更無別物，只是箇善而已。此是太極之動而陽時。所謂善者，以實理言，即道之方行者也。道到成此者為性，是說人物受得此善底道理去，各成箇性耳，是太極之靜而陰時。[7]

依陳淳的說法，造化流行，只是箇善；人所受之性，也只是箇善。既然如此，人性之中，又如何生出惡之經驗事實呢？綜上所述，「天命之性」的說法儘管能安立吾人道德行為的超越依據，但順著天命之性、順著乾道變化而來的善惡雜處的經驗事實，必然也將導致某些理論上的困難。因為：（1）從境界層面而言，吾人主觀的精神境界，並不必然保證客觀世界的如理而行。[8]（2）再進一步從本體層面言之，如果經

7　〔宋〕陳淳著，熊國禎、高流水點校：《北溪字義》（北京：中華書局，2011年），頁8。
8　佛教也有所謂的「隨其心淨則國土淨」、「十方三世一心中得」的類似說法，在主客不二、體用不二的理論中，主觀經驗即是客觀現象。但是一旦離於此神秘經驗，或者對未獲此神秘經驗的旁人而言，客觀世界仍未見其為合理化。

驗現象係源自形上本體，而形上本體又具道德方向、價值意義，則道德世界、存在世界當存在體用不二的關係。既然本體有其應然合理的方向（即「天命」），則源自此本體的現實經驗中的違理者、不如理者，又從何而來？又如何可能？

　　根據黃百家的說法，孔孟之後，性道微言的復興，端賴周濂溪、二程、張橫渠等大儒的出現，聖學乃能大昌。[9]由於周濂溪之學乃是結合《易傳》、《中庸》而成，故而在文獻的詮釋取材上，濂溪所代表的是透過《易》《庸》等文獻揭櫫了性命之學的義蘊。這樣的理解取向，《易傳》在道德的形上學的建構上，因而更具有重大的意義。[10]天道、乾元、誠體、太極等不同的指稱，代表的既是道德本體，也是存有本體。然而，如前所述，順著乾元或太極本體而來，經驗事實卻未必順理。方東美甚至以為，《太極圖說》由無極而太極、而為五行化生男女萬物，乃是一種「『流出說』的退化程序」、是「宇宙發生的墮落過程」。[11]方先生借用普羅提

9　黃百家的說法是：「孔孟而後，漢儒止有傳經之學，性道微言之絕久矣。元公崛起，二程嗣之，又復橫渠諸大儒輩出，聖學大昌。故安定、徂徠卓乎有儒者之矩範，然僅可謂有開之必先，若論闡發心性義理之精微，端數元公之破暗也。」〈濂溪學案·上〉，《宋元學案》卷 11。沈善洪主編：《黃宗羲全集》（杭州：浙江古籍出版社，2005 年）第三冊，頁 589。

10　牟宗三以為，宋明理學中，「先秦儒家是由《論》《孟》發展至《中庸》與《易傳》，而北宋諸儒則是直接由《中庸》《易傳》之圓滿頂峰開始漸漸向後返，返至于《論》《孟》。」氏著：《心體與性體（一）》（臺北：正中書局，1989 年），頁 42。

11　方東美曰：「從無極氣化而成太極、太極形化而成五行、五行質化而男女、男女再質化而成萬物。這樣宇宙的發生墮落過程中，人類如何產生的？人類從他所處的地位看起來，他是在陰陽二氣之下，也還在金木水火土五行之下。」氏著：《新儒家哲學十八講》，頁 124。

諾（Plotinus,204-269）的「流出說」以喻《太極圖說》曰：

> 假定我們拿西方的哲學來比類，勉強可以與希臘末期
> Plotinus 所講的 "The theory of Emanation"（萬物流出
> 說）來譬喻。Plotinus 的「太一」（Absolute One）（像
> 是太極圖的「無極」），其所含藏的內容可以自然流
> 行溢散下來，而所溢散下來的，顯然不是周易的創
> 造。它是 "Devolution"（退化），而不是 "Evolution"
> （進化）。[12]

又曰：

> 照太極圖說，不管是陽動而靜，或是陰靜而動，都是
> 從乾元坤元一貫承襲下來，所謂繼善成性是無有不
> 善。而照朱子所說，這樣子一傳下來，這個理就墮落
> 了成為氣，氣再墮落了成為五行；而後在氣裏面，在
> 五行裏面，除掉善之外，還夾雜了惡。[13]

對此道德、存在兩界合一所隱含的問題，其實牟先生亦已意
識及之，指出「乾道變化，各正性命」也可能是氣化的性命
（按：氣化即未必如理）：

> 「乾道變化，各正性命」，此語字面的意思是：在乾
> 道變化底過程中，萬物（各個體）皆各得正定其性命。
> 此語本身並不表示所正定的各個體之性命即是以理
> 言的性命，亦可能是以氣言的性命。但首先不管是以
> 理言的性命，抑還是以氣言的性命，此總是從「乾道

---

12 同前註，頁 123。
13 同前註，頁 133。

變化」說下來，此即是性命之本體宇宙論的說明。[14]
但牟先生卻採用一種「存而不論」的態度而說：

> 然則此所正之「性命」是以理言的性命，還是以氣言
> 的性命？濂溪之贊語只表示易道是「性命之源」，未
> 表示此性命即是以理言的性命。然通極于「體」而言
> 性命，衡之以儒家之道德意識，此性命不會是以氣言
> 的性命，歷來亦無人作如此理會者。是故必是正面
> 的、超越面的、以理言的性命。當然以氣言的性命，
> 于個體之成時，亦自然帶在氣之凝結處。[15]

以理言、或以氣言的性命，都應是源自「乾道變化」，都是
同一本體。可是，「以氣言」的性命，未必純然爲善；「乾道
變化」如爲道德本體，又要如何解釋善惡雜染的氣性現象呢？

二、《太極圖說》的道德形上學理論架構

濂溪之學主要見於《通書》及《太極圖說》，由於《太
極圖》曾被懷疑源自道教方士修煉之術，《太極圖說》中「無
極而太極」的思想又似與儒家不合，故而歷來除了對此圖式
的正當性不能無疑之外，連帶《太極圖說》的純粹性也遭到
質疑。關於《太極圖》的由來，學者整理歸納爲三種說法：
一是因襲說，二是自創說，三是加工改造說。[16]如果從《太

---

14 牟宗三：《心體與性體（一）》，頁33。
15 同前註，頁34。
16 梁紹輝指出：「因襲說認爲《太極說》完全出自陳摶的《先天圖》，朱
　震首倡其說。自創說認爲《太極圖》是周敦頤一手自創，並無師承，朱
　熹首倡其說。加工改造說則認爲周敦頤的《太極圖》並非自創，是有淵

極圖》的圖式來源，或者「無極」一詞的文獻出處，《太極圖說》固然不無道家傾向之疑；但就學術史而言，從文獻辨偽的角度，以考察《太極圖》是否源出道家，乃清初學者的著力處；宋代對於《太極圖》的相關爭議，主要還是在無極、太極之辯，以及《太極圖說》與《通書》的關係。[17]故而淳熙十四年（1187）至十六年（1189）兩年之間，朱子即與陸象山辯無極太極。[18]同時，朱子將《太極圖說》與《通書》視爲相表裏之作、甚至經傳的關係；透過《通書》以理解《太極圖說》，「無極」當然也就不是道家式的概念。對於《太極圖》或《太極圖說》理學地位，朱子可以說是最持正面肯

源的；亦非因襲，是通過改造和加工的，黃宗炎、毛奇齡力主其說。」氏著：《周敦頤評傳》（南京：南京大學出版社，1994年），頁103。

17 鄭吉雄指出，自朱熹表彰《太極圖》之後，歷時數百年的辯論，可分爲七個主題。這七個主題中，雖然朱熹也涉及《太極圖》、《太極圖說》版本的問題，但對他意義最重大的，其實還是在朱、陸無極、太極之辯。氏著：〈周敦頤《太極圖》及其相關詮釋問題〉，《易圖象與易詮釋》（上海：華東師範大學出版社，2007年），頁177-178。

18 陸象山〈與陶贊仲〉：「《太極圖說》，乃梭山兄辯其非，大抵言無極而太極是老氏之學，與《周子通書》不類。《通書》言太極不言無極，《易大傳》亦只言太極不言無極。若於太極上加無極二字，乃是蔽於老氏之學。又其《圖說》本見於朱子發附錄。朱子發明言陳希夷太極圖傳在周茂叔，遂以傳二程，則其來歷爲老氏之學明矣。《周子通書》與二程言論，絕不見無極二字，以此知三公蓋已皆知無極之說爲非矣。」〔宋〕陸九淵著，鍾哲點校：《陸九淵集》（北京：中華書局，2008年），頁192。又，陸象山〈辯太極圖說書〉：「《太極圖說》與《通書》不類，疑非周子所爲；不然，則或是其學未成時所作；不然，則或是傳他人之文，後人不辨也。蓋《通書·理性命章》，言：『中焉止矣。二氣五行，化生萬物，五殊二實，二本則一。』曰『一』、曰『中』，即太極也，未嘗于其上加無極字。〈動靜章〉言五行、陰陽、太極，亦無無極之文。假令《太極圖說》是其所傳，或其少時所作，則作《通書》時，不言無極，蓋已知其說之非矣。」《宋元學案》卷58，《黃宗羲全集》第五冊，頁292。

定態度者。朱子對於《太極圖說》哲學地位的推崇，具體表現於：一是於乾道五年（1169）重新校定《通書》，將《太極圖說》置於書前。二是於淳熙二年（1175）與呂祖謙編訂《近思錄》，將《太極圖說解》置於《近思錄》卷首。[19]內容上朱子也將之視爲《通書》相表裏，如淳熙六年（1179）的〈再定太極通書後序〉曰：「蓋先生之學之奧，其可以象告者，莫備於〈太極〉之一圖。若《通書》之言，蓋皆所以發明其蘊，而〈誠〉、〈動靜〉、〈理〉、〈性命〉等章尤爲著。」[20]這幾乎是將《通書》視爲《太極圖說》的註解。

　　關於《太極圖說》與《通書》兩者的思想關係，歷來已有歧見，朱子雖以兩者互爲表裏，黃宗炎、陸象山、黃百家則以兩者思想不類。[21]時至今日，《太極圖》的思想歸屬、儒道關涉，學術界的看法雖仍見紛歧，但經整理歸納，可發現以《太極圖》爲儒家文獻可謂多數學者共識，[22]甚至《太

---

19 朱子對《太極圖說》的推崇，從他與呂祖謙合輯的《近思錄》中，《太極圖說》居首卷首章，於其心目中之地位可見一斑。此外，呂祖謙於《後思錄·後序》亦言：「近思錄既成，或首卷陰陽變化性命之說，大抵非始學者之事。祖謙竊嘗與聞次緝之意。後出晚進於義理之本原，雖未容驟語。苟茫然不識其梗槩，則亦何所底止？」依朱、呂二人，對道體的理解，乃是爲學至爲梗槩之事，《太極圖說》又居〈道體〉卷之首，更顯其地位之重要性。陳榮捷：《近思錄詳註集評》（臺北：臺灣學生書局，1999年），頁577。

20 《晦庵先生朱文公文集》卷76。《朱子全書》第二十四冊，頁3652。

21 黃百家：「陸所疑謂非周子之作，蓋周子之《通書》固純白無瑕，不若《圖說》之儒非儒、老非老、釋非釋也，況《通書》與二程，俱未嘗言及無極，此實足徵矣。」《宋元學案》卷12，《黃宗羲全集》第三冊，頁630-631。

22 對於《太極圖》的思想歸屬、與儒道交涉的關係，鄭吉雄將學術界的觀點略分爲四：一是認爲周敦頤此圖與儒學、易學無關，屈萬里爲代表。二是認爲周子之學有自己的創造，不可誤認其與佛道思想有瓜葛，朱伯

極圖》與《通書》也常見相提並論，以爲兩者具有某種體用
表裏關係，[23]其中當又以牟先生的發揮最爲全面徹底。如果
我們同意概念的形式不足以決定其內容，文獻的授受源流便
不足以決定其學術方向；[24]那麼置諸圖式的來源問題不論，
以理學角度審視《太極圖說》，則濂溪此說，當如牟先生所
言，不過借圖抒意，所寄之意，全在《通書》。以《通書》

崑、李申、林忠軍、吾妻重二爲代表。三是認爲《太極圖》以儒家思想
爲主，兼取釋、道思想，范壽康、張立文、荻原擴、戶部丰三郎爲代表。
四則是強調儒、道二家有其异法，牟宗三爲代表。氏著：〈周敦頤《太
極圖》及其相關詮釋問題〉，《易圖象與易詮釋》，頁 200-204。

23 如唐君毅謂：「此周濂溪之學之言神，乃本在易傳，言誠，則本在中庸。
誠爲體，神爲用；則以中庸爲體，易爲用。」氏著：《中國哲學原論・
原教篇》（臺北：臺灣學生書局，2004 年），頁 70-71。勞思光亦云：
「此理論之骨幹即表現於『太極圖說』中，而許多問題之發揮論斷又見
『通書』。」氏著：《新編中國哲學史（三上）》（臺北：三民書局，
1990），頁 97。陳郁夫亦曰：「……〈太極圖〉與〈太極圖說〉是濂溪
形上學完整的作品，〈通書〉四十章雖義理精要，大體卻是解釋〈太極
圖〉及〈太極圖說〉的作品。」又說：「〈太極圖說〉由天道下貫人道，……
〈通書〉則反過來，由人道上達天道，『誠』是天人會合點，是人道，
也是天道。」氏著：《周敦頤》（臺北：東大圖書公司，1990 年），頁
35、49。梁紹輝亦以爲：「周敦頤的宇宙論是富有開創性的見解，……
周敦頤的這些理論，集中表現在他的《太極圖》和《太極圖說》的前一
部分，以及《通書》的《動靜十六》、《理性命第二十二》諸章。」氏
著：《周敦頤評傳》，頁 128。不過，特別的是，方東美對《太極圖說》
的評價不高，連帶以爲：「說『通書』是『太極圖』及『太極圖說』最
好的註解，拿『通書』去附會解釋『太極極圖』。這樣一來，本來是很
好的哲學文獻又被朱子的註蹧踏掉了。」氏著：《新儒家哲學十八講》，
頁 127。

24 此如黃宗羲所言：「使其學而果是乎，則陳摶、壽涯亦周子之老聃、萇
弘也；使其學而果非乎，即取二氏而諄諄然辯之，則范縝之〈神滅〉、
傅奕之〈昌言〉，無與乎聖學之明晦也。」《宋元學案》卷 12，《黃宗
羲全集》第三冊，頁 636。

爲本而解《太極圖說》，乃合於濂溪的義理系統。[25]

　　綜上所述，以《通書》解《太極圖說》、以誠體解太極，則《太極圖說》可說是一種以《易傳》思想爲基礎，所建構的道德化的宇宙論。但這種道德化的宇宙論，或者道德的形上學，其實有一個未易說明的轉折處，亦即一切現象既源自天道誠體所生，則經驗界悖理之事如何可能？在《近思錄・道體》的章節安排中，繼《太極圖說》後，即「誠無爲，幾善惡」章。天道誠體，如何動而有善有惡？這該如何解釋？爲說明濂溪的宇宙論，茲引《太極圖說》如下（段落編號爲筆者所加）：

> （1）無極而太極。（2）太極動而生陽，動極而靜，靜而生陰。靜極復動。一動一靜，互爲其根；分陰分陽，兩儀立焉。（3）陽變陰合，而生水、火、木、金、土。五氣順布，四時行焉。五行，一陰陽也；陰陽，一太極也；太極，本無極也。五行之生也，各一其性。（4）無極之真，二五之精，妙合而凝。「乾道成男，坤道成女」，二氣交感，化生萬物。（5）萬物生生，而變化無窮焉。惟人也，得其秀而最靈。（6）形既生矣，神發知矣，五性感動，而善惡分，萬事出矣。（7）聖人定之以中正仁義而主靜，立人

---

25 牟先生說：「依此，《太極圖》可能源自于道教，而『圖說』則斷然是濂溪之思想。自儒家義理言，此圖並無多大價值，即無此圖，《圖說》之義理仍可獨立被理解。要者在《圖說》之思想。濂溪之藉圖以寄意，其所寄之意固甚嚴整，而亦全本于《通書》，……此即示此圖對于《圖說》義理上並無抒意上之必然關係，亦無理解上之必然關係。」氏著：《心體與性體（一）》，頁408-409。

極焉。故聖人「與天地合其德，日月合其明，四時合其序，鬼神合其吉凶」。（8）君子修之吉，小人悖之凶。（9）故曰：「立天之道，曰陰與陽；立地之道，曰柔與剛；立人之道，曰仁與義。」又曰：「原始反終，故知死生之說。」大哉易也，斯其至矣！[26]

依上述編號分段，其要意當大抵爲（1）無極而太極、（2）分陰分陽，兩儀立焉、（3）陽變陰合，五行生焉、（4）二氣交感，化生萬物、（5）萬物生生，人最秀靈、（6）五性感動，而善惡分、（7）聖人立人極焉、（8）君子修吉、小人悖凶、（9）結論：人與天地參。

　　牟先生以爲，《太極圖說》基本上是依《通書》的〈動靜〉、〈理性命〉、〈道學〉、〈聖學〉等章而寫成。[27]依其觀點，《太極圖說》與《通書》兩者的思想語脈皆近，兩者的差異只在「無極而太極，太極動而生陽」兩句，蓋《通書》未有此觀念。依牟先生的理解，太極是實體詞，也就是誠體本身。無極是狀詞，用以說明太極的無聲無臭、無形無狀、無方所、無定體、一無所有、寂感一如。[28]依此說解，《通書·誠上第一》以「純粹至善」說明誠體的體性及其流行過程，則無極太極當然也是純粹至善，爲一有道德意義、價值方向之本體。漢儒雖亦以太極陰陽五行建構其宇宙論，

26　〔宋〕周濂溪：《周濂溪集》（上海：商務印書館，1936 年）卷 1，頁 2。
27　牟先生說：「此《圖說》全文，無論思理或語脈，皆同于《通書》，大體是根據〈動靜〉章、〈理性命〉章、〈道〉章、〈聖學〉章而寫成。……依此觀之，《圖說》義理骨幹不外此四章，不可謂非濂溪之手筆也。」氏著：《心體與性體（一）》，頁 358。
28　同前註。

但其宇宙論未必具有價值方向,而是對氣化現象的敘述,[29]故而濂溪的宇宙論或天道論便突出了道德形上學的意義,而有別於氣化宇宙論。兩相對照之下,《太極圖說》所欲說明者,(1)是萬物本體原無所限定、寂然不動,但又是純粹至善的價值根源。(2)至(5)所說明者則是太極或誠體感而遂通,分為陰陽,判為五行,乃至化生萬物,其中人於萬物最為秀靈。由於乾健坤順,乾主創造、坤主保聚,太極流行妙用,仍以乾元賅括坤元。太極、或乾元、誠體乃是純粹至善之道德本體,故其流行乃是道德的創造。然而,經驗事實畢竟並非全然為善,所以(6)指出因經驗形質的差異,五性感動而有善惡分。(7)(8)則延續(6),說明為了去惡修善,乃定之以中仁義之道;趨善與否,厥別為君子小人。(9)則總結人可與天地參,參贊之關鍵在於「原始反終」,契悟(道德的)本體。天地造化流行,皆是有價值目的之道德創造;人得秀靈之氣,能契合此道德意識,故得與天地參。得與天地參,乃因其能逆覺契悟此本體,故總結之以三才之道,及

---

29 如《淮南子·天文訓》所描述的宇宙發生過程便是一種氣化流行:「道始於虛霩,虛霩生宇宙,宇宙生氣。氣有涯垠,清陽者薄靡而為天,重濁者凝滯而為地。清妙之合專易,重濁之凝竭難,故天先成而地後定。天地之襲精為陰陽,陰陽之專精為四時,四時之散精為萬物。」劉文典:《淮南鴻烈集解》(北京:中華書局,2006 年),頁 79-80。從〈原道訓〉「夫太上之道,生萬物而不有,成化像而弗宰。跂行喙息,蠉飛蠕動,待而後生,莫之知德;待之後死,莫之能怨。」(頁 3-4)「是故天下之事,不可為也,因其自然而推之。」(頁 10)等話語來看,「道」對萬物並不具備規定性的價值方向。王充《論衡·物勢》亦以氣化流行,乃是自然無目的之現象:「夫天不能故生人,則其生萬物,亦不能故也。天地合氣,物偶自生矣。」黃暉:《論衡校釋》(北京:中華書局,1990 年),頁 146。

「原始反終」語。

三、《太極圖說》論「惡」的發生

（一）由天道觀或宇宙論的觀點論「惡」

　　然而，《太極圖說》這套太極陰陽五行萬物、五性感動善惡分、爲善去惡以立人之人道的理論架構，未必全無可商之處。從本體宇宙論或道德的形上學而言，最大的問題當在於：天道規範之下，「惡」從何來？其發生如何可能？這問題可分二種立場來討論，一是把《太極圖說》單純視爲不具價值取向的宇宙論或天道論，一則是以《太極圖說》之太極爲具有道德取向的創造本體。這二種立場的理論難題不太一樣，前者的問題是，在天道造化中，善惡都是被決定者，都是宇宙秩序的一部分，這就很難成立善的超越性、普遍性根據。後者的問題則是，如果一切現象都是道德本體的創生作用，依某種道德目的而成立，則經驗現實中的惡該如何解釋？同時，依道德形上本體的流行作用，而造作出「惡」，這如何可能？

　　就第一種立場而言，黃宗炎（1616-1686）曾逐條辨析《太極圖說》而作《太極圖辯》，指出依「五行之生也，各一其性」、「五性感動而善惡分」之說，善惡之性是先天被決定者，這就類於「有性善，有性不善」之說；而「聖人定之以中正仁義」則暗示了仁義定之於外，這便近於告子義外之說。

[30]如前面所述，如果我們以太極流行乃是一道德的創生作用，人的氣稟雖有昏濁之差異，卻皆稟有太極之理或誠體，則《太極圖說》並無告子義外之疑。但如果我們不把《太極圖說》、《通書》二者合觀，而只將《太極圖說》單純視爲一宇宙論，那麼五性之說確實就有「性有善惡」之嫌。此外，關於「五性感動而善惡分」之說，勞先生亦指出《太極圖說》的問題在於其中並未提及「心性」觀念，[31]由二氣之交感乃至萬物之生，都只是一宇宙論意義之描述，[32]所涉及者只是「是如此」之問題，而非「應如此」之問題；同時以太極爲萬有之根本，萬有皆是爲太極所決定者，其中不應有選擇或未定項可言：

> 用簡明語言說，如「太極」爲萬有之根本，則萬有皆爲「太極」所決定；陰陽五行亦然，其「變合」亦然，則無論下推至何層次，皆不應有「選擇」可說，由此

---

30 黃宗炎《太極圖辯》：「五性之說，大異乎夫子所云『繼之者善，成之者性』，子思『天命之謂性』，孟子『道性善』之旨矣。……謂性有善惡，而仁義待乎聖人之所定，此告子『杞柳桮棬』之說也。」《宋元學案》卷12，《黃宗羲全集》第三冊，頁630。

31 勞先生說：「濂溪在『太極圖說』中未提出『心性』觀念，但說五行『各一其性』，又有『五性感動而善惡分』之說；此『性』字既就『五行』說，顯是後來張程諸人所言之『氣質之性』。」氏著：《新編中國哲學史（三上）》，頁115。

32 即便就宇宙論而言，黃宗炎也指出五行與陰陽的關係不夠明確：「曰：『陽變陰合，而生水火木金土，五氣順布，四時行焉』，夫四時之序，陰陽之運耳。陰陽既合，萬物齊生，豈有先生水火木金土自爲一截，待水火木金土之氣布而後四時得行乎？若然，則是又以五行生陰陽，先生質而後生氣也。」《宋元學案》卷12，《黃宗羲全集》第三冊，頁629。無獨有偶，勞思光也曾提出類似的質疑：「至於『陰陽』何以能生『五行』，則周氏之說只有『陽變陰合』四字，並無確切解釋。」氏著：《新編中國哲學史（三上）》，頁104。

> 亦無「標準」可說，只是一套「實然」而已。故周氏
> 本來說法，則「五性感動」亦不能生出「善惡」問題；
> 至多只能說，由五氣而萬物，萬物各有不同。此「不
> 同」仍只是一描述語，不能含有「應該」或「不應該」
> 之意。[33]

依勞先生之觀點，《太極圖說》代表的是一種「天道觀」，
所說明的是宇宙生化客觀實然的現象，「五行各一其性」中
的「才性」或「氣質」都是天道所生，都應是被決定者，其
間沒有未定項之可能，所以不能開出價值意義，這是一個嚴
重的哲學問題：

> 依「天道觀」之基本斷定而論，似本無「未定項」可
> 說；然即周氏本人立說時，仍不能不預認某種「未定
> 項」，以使其價值論成為可能。此是一真正哲學問題，
> 周氏並未提供解答，且根本亦未面對此嚴重問題。[34]

《太極圖說》中太極陰陽五行乃是存有語詞，要轉為規範性
語詞，有其困難。濂溪理論中的形上本體具有規範意義者，
由天道說至道德心者，當為《通書》中的「誠」。換言之，
依勞先生的理解，衡諸《通書》，《太極圖說》似為未臻成
熟之作。

（二）由道德形上學的觀點論「惡」

就第二種立場而言，如果把《太極圖說》、《通書》兩
者合而觀之，那麼「太極」就不只是存有語詞，也具有規範

---

33 勞思光：《新編中國哲學史（三上）》，頁 107-108。
34 同前註，頁 113。

性的意義；「性」也就未必只是才性或氣質之性，另具有本然超越之善性的意義。然而，純粹的至善本體，固可證明吾人道德行為的內在來源，但卻不易說明何以依此至善本體，其流行竟不能純然為善，而有善惡雜染的現象世界。對此，唐君毅亦曾質疑曰：

> 何以依一至善之道而生人物，會有互賊其生與種種惡事？此為依上述之至善之義，作直線推論，所不能說明者。此為宇宙間之一大弔詭，亦可動人之悲憫、大疑惑，而覺其不可解者。[35]

如唐先生所言，對此問題，直線方式難以有所說明，故而唐先生僅「就此所生之人物之惡之發生之所依，加以敘述。」關於這個問題，理學中常見的說法是將惡歸於氣質的蔽隔，馮友蘭《中國哲學史》中對《太極圖說》的敘述，可以說扼要地解釋了這個說法：

> 此以人為萬物之靈，稟太極之理，具五行之性。太極之理，為『純粹至善』，故人之性亦本來是善。此人性之本然，即所謂誠。……至於惡之來源，……人性本善。但其發動於行事，則未必皆能合乎中。若使發而不合乎中，則此不合乎中者，即是惡也。[36]

他又說：

> 陽為剛，陰為柔，人稟陰陽之氣，故性亦有剛柔。剛

---

35 唐君毅：《中國哲學原論·原教篇》，頁 58。
36 馮友蘭：《中國哲學史》（上海：華東師範大學出版社，2000 年），頁 212-213。

柔失當，以及『五性感動』之不合中者，皆是惡。[37]
太極之理純粹至善，人稟太極之理，故人性本善。然而，人
雖稟太極之理，又稟陰陽之氣，因而於剛柔善惡之間，不免
有所偏差而不能得中。這大抵是綜合了《通書》〈誠上第一〉、
〈師第七〉的理解。用這種方式說解善、惡的由來，其實也
就是張載「天地之性」、「氣質之性」的格局，也是朱子解
釋此問題的方式。不過，以太極爲道德形上本體的前提下，
依本體的活動與否，牟宗三又進一步對《太極圖說》區分出
「存有而不活動」、「即存有即活動」二種本體形態的差異，
並以朱子屬「存有而不活動」而不切濂溪之旨。「存有而不
活動」的形態下，作用者是氣；「即存有即活動」則是理。

1.理氣二元：由氣的蔽隔、實現論惡之由來

　　《通書》言「誠無爲，幾善惡。」《太極圖說》則謂「五
性感動而善惡分。」蔡季通以爲既曰無爲，何以又有善惡？
兩說恐有矛盾。對此，朱子的回答是：「人性不能不動」，
基本上是將「動而善惡分」歸咎於氣稟、感性層的活動，至
於誠體的角色則是「寂然不動」。[38] 不過，依朱子《太極圖

---

37 同前註，頁 213。

38 《朱子語類》卷 94：「或舉季通語：『《通書》「誠無爲，幾善惡」與
　《太極》「惟人也得其秀而最靈；形既生矣，神發知矣，五性感動而善
　惡分」，二說似乎相背。既曰「無爲」矣，如何又卻有善惡之幾？恐是
　周子失照管處。』如何？曰：當『寂然不動』時，便是『誠無爲』；有
　感而況動，即有善惡。幾是動處。大凡人性不能不動，但要頓放得是。
　於其所動處頓放得是時，便是『德：愛曰仁，宜曰義』；頓放得不是時，
　便一切反是。人性豈有不動？但須於中分得天理人欲，方是。」《朱子
　全書》第十七冊，頁 3151。類似觀點，也見於朱子與萬人傑（字正淳）
　之討論：「人傑問：『季通說：「『誠無爲，幾善惡。德：愛曰仁』一
　段，周子亦有照管不到處。既曰『誠無爲』，則其下未可便著『善、惡』

說解》對「五性感動而善惡分」的解釋，太極則或有動與不動兩種可能：

> 此言眾人具動靜之理，而常失之於動也。蓋人物之生，莫不有太極之道焉。然陰陽五行，氣質交運，而人之所稟獨得其秀，故其心為最靈，而有以不失其性之全，所謂天地之心，而人之極也。然形生於陰，神發於陽，五常之性，感物而動，而陽善、陰惡，又以類分，而五性之殊，散為萬事。蓋二氣五行，化生萬物，其在人者又如此。自非聖人全體太極有以定之，則欲動情勝，利害相攻，人極不立，而違禽獸不遠矣。[39]

朱子的「五性」並非單純指氣質的金木水火土而言，而是指「仁義禮智信」透過「金木水火木」所表現出來者，也就是「五常之性」。所以《朱子語類》卷94記載門人問曰：「『五行之生，各一其性。五性感動而善惡分。』此『性』字是兼氣稟言之否？」朱子回答：「性離氣稟不得。有氣稟，性方存在裡面；無氣稟，性便無所寄搭了。稟得氣清者，性便在清氣之中，這清氣不隔蔽那善；稟得氣濁者，性在濁氣之中，為濁氣所蔽。『五行之生，各一其性』，這又隨物各具去了。」[40]這段文字說明對「性」或「理」而言，具有兩種意義。從「無氣稟，性便無所寄搭了」而言，氣是性的實現原理；從「性在濁氣之中，為濁氣所蔽」而言，氣又是限制原理。太

字。」如何？』曰：『正淳如何看？』人傑曰：『若既誠而無為，則恐未有惡。若學者之心，其幾安得無惡？』」《朱子全書》第十七冊，頁3151。

39 《太極圖說解》，《朱子全書》第十三冊，頁74。

40 《朱子語類》卷94，《朱子全書》第十七冊，頁3134。

極或誠體若爲活動者，則氣爲限制者；太極或誠體若爲不活
動，只是被實現，那麼氣則是實現者。

　　從限制說而言，誠體有動，動而爲善；至於惡則非誠體
本身的表現，而是來自外在力量。如朱子的門人趙致道所言：

> 善惡雖相對，當分賓主。天理人欲雖分派，必省宗孽。
> 自誠之動而之善，則如木之自本而幹，自幹而末，上
> 下相達，則道心之發見，天理之流行，此心之本主，
> 而誠之正宗也。其或旁榮側秀，若寄生疣贅者，此雖
> 亦誠之動，而人心之發見，私欲之流行，所謂惡也。
> 非心之固有，蓋客寓也，非誠之正宗，蓋庶孽也。……
> 若以善惡爲東西相，彼此角立，則天理人欲同出一
> 源，未發之前，已具兩端，所謂天命之性，亦甚汙雜
> 矣，此胡氏『同體異用』之意也。[41]

趙致道以爲，誠體之動，因私欲之流行而有惡；如同木之旁
榮側秀，寄生疣贅。這是誠體在外力扭曲下使然，並非誠體
自性。

　　爲了表明「惡」是歧出，而非本心的合理發用，趙致道
另以圖示意，[42]強調善惡地位不可爲「東西相，彼此角立」。
這段文字中，趙致道用了「賓主、宗孽、本末、旁榮側秀、
寄生疣贅、客寓」等譬喻說明惡的地位，但這些譬喻所代表
的觀點其實並不一致。「賓主、寄生疣贅、客寓」暗示惡是

41　《周濂溪集》卷 5，頁 85。依曹端《通書述解》所載，此段話則爲朱子
　　本人所言，參〔明〕曹端著，王秉倫點校：《曹端集》（北京：中華書
　　局，2003 年）卷 2，頁 35。
42　該圖見於《周濂溪集》卷 5，頁 84。

外來的、與善是異質的；
「宗孽、本末、旁榮側秀」
則說明惡雖是善的扭曲、
歧出，終亦源自於善。但
無論何者，都預設了外來
的異質力量，這就有理、
氣二元本體之嫌。其理論
困難，如勞思光所言：

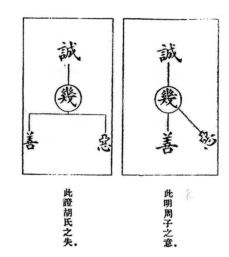

此證胡氏之失.　　此明周子之意.

> 若依朱說，則「太
> 極」是「理」，而
>
> 由陰陽至萬物，乃是「氣」之領域；於是可說：由萬
> 物所稟之「氣」不同，故「理」在萬物中之「實現」
> 有難有易；此處似乎可以生出一價值判斷。……但依
> 朱說，則「理」本身是「天地之性」，而萬有皆不是
> 外於此「天地之性」者；於是，倘說「理」有「實現
> 自身」之目的性，則此目的性即當貫串於萬有中；萬
> 有皆被「理」決定，即不能阻礙「理」之實現。倘又
> 不然，而說「理」可以實現，可以不實現，……「理」
> 本身便不再是「萬有之根本」，因陰陽五行之氣又可以
> 不服從「理」，則「太極圖說」中之一套宇宙論結構，
> 又與此不合矣。[43]

勞氏所謂氣能阻礙理之實現，即朱子所謂「理弱氣強」。此
外，一理萬殊，既要表現於紛紜的現象之中，又要不改其純

---

43 勞思光：《新編中國哲學史（三上）》，頁108。

粹之善，要滿足這二方面要求，在二元格局中，另一個辦法是：將理視為被實現者，而氣則是實際的實現者。稟氣清者實現得好，謂之善；稟氣濁者實現得不好，謂之惡。這也就是《朱子語類》卷1所謂：「若理，則只是個淨潔空闊底世界，無形跡，他卻不會造作；氣則能醞釀凝聚生物也。但有此氣，則理便在其中。」[44]也就是牟先生所謂「存有而不活動」。朱子《太極圖說解》謂：「蓋太極者，本然之妙也；動靜者，所乘之機也。太極，形而上之道也；陰陽，形而下之器也。」依朱子說法，「太極者，本然之妙也；動靜者，所乘之機也」原作「太極為體、動靜為用」，後覺其義理有病而改之。[45]牟先生依此斷定朱子此一「直線之分解思考」達到的是「太極不能動」的結論：

> 此一直線之分解思考之清楚割截自然形成「太極不能

___

44 《朱子語類》卷1：「然以意度之，則疑此氣是依傍這理行。及此氣之聚，則理亦在焉。蓋氣則能凝結造作，理卻無情意，無計度，無造作。只此氣凝聚處，理便在其中。且如天地間人物草木禽獸，其生也，莫不有種，定不會無種子白地生出一個物事，這個都是氣。若理，則只是個淨潔空闊底世界，無形跡，他卻不會造作；氣則能醞釀凝聚生物也。但有此氣，則理便在其中。」《朱子全書》第十四冊，頁116。

45 朱熹〈答楊子直書〉：「熹向以太極為體、動靜為用，其言固有病，後已改之曰：『太極者，本然之妙也；動靜者，所乘之機也』，此則庶幾近之。」《晦庵先生朱文公文集》卷45，《朱子全書》第二十二冊，頁2072。又，《朱子語類》載黃榦對「動靜者，所乘之機」闡述曰：「蓋太極是理，形而上者；陰陽是氣，形而下者。然理無形，而氣卻有迹。氣既有動靜，則所載之理亦安得謂之無動靜！」又舉《通書·動靜篇》云：「『動而無靜，靜而無動，物也；動而無動，靜而無靜，神也。動而無動，靜而無靜，非不動不靜也。物則不通，神妙萬物。』動靜者，所乘之機也。」這些話得到朱子的肯定曰：「某向來分別得這般所在。今心力短，便是這般所在都說不到。」《朱子語類》卷5，《朱子全書》第十四冊，頁218。

動」之結論。此結論之出現亦可說是很邏輯的。此直線的分解思考之清楚割截所確定的「但理」是超越的靜態的所以然，而不是超越的動態的所以然。此靜態的所以然之形上之理只擺在那裡，只擺在氣後面而規律之以為其超越的所以然，而實際在生者化者變者動者俱是氣。而超越的所以然之形上之理却並無創生妙運之神用。此是朱子之思路也。[46]

由於太極本體不能動，動靜便是因氣而來，太極與動靜便是一種「曲折的統屬關係」。牟先生說：

故嚴格言之，無論動用靜用皆直接是氣之用，而不能說是太極之用，只能說是統馭於太極下的用。若以一般體用義言之，只能說氣是體，動靜二相（二機）是其用，而不能說太極是體，動靜二相（二機）是其用；而如果要說是太極之用，則只因太極是其超越的，亦靜態的所以然之理，故皆統屬于太極而為太極所主耳。[47]

牟先生以為，直線分解的思考，使得朱子所理解的太極，成為抽象的「只是理」，而道與太極遂不可為誠體。[48]準此，牟先生提出「曲線地體會」[49]或「本體論的妙用義」[50]的說法

---

46 牟宗三：《心體與性體（一）》，頁369-370。
47 同前註，頁372。
48 同前註，頁369。
49 牟先生說：「「『動而無動、靜而無靜』中之動靜字是用曲線地表誠體之自身，是對于誠體自身之曲線地體會，……。」又說：「若問此『動而無動、靜而無靜』之誠體之神用何以必露動相乃至靜相，此則不是直線思考所可能解答者。」同前註，頁360-361。
50 牟先生的說法是：「又，『太極動而生陽』，或『靜而生陰』，亦不可

以糾朱子之失。

2.全神是氣：由理的作用論惡之由來

惡的現象乃經驗層之存在事實，依前述趙致道的說法，「此雖亦誠之動，而人心之發見，私欲之流行，所謂惡也。」這是把惡的現象歸咎於人心、私欲之流行；儘管其終極本體也是誠體，但卻是誠體在受到扭曲的情形下所導致，這種說法其實也就是明道所謂「清濁雖不同，然不可以濁者不爲水也。」[51]如果宇宙只有唯一、且爲至善之本體，則其發用流行，無論如何都不能有惡之出現，如朱子與萬人傑的另一段對話爲例：

> 正淳問：「性善，大抵程氏說善惡處，說得『善』字重，『惡』字輕。」曰：「『善固性也，惡亦不可不謂之性也』，此是氣質之性。蓋理之與氣雖同，畢竟先有此理而後有此氣。」又問郭氏《性圖》。曰：「『性善』字且做在上，其下不當同以『善、惡』對出於下。不得已時，『善』字下再寫一『善』，卻傍出一『惡』字，倒著，以見惡只是反於善。且如此，猶自可說。」正淳謂：「自不當寫出來。」曰：「然。」[52]

理的活動當爲善，所以惡的現象乃是傍出者，故而前述趙致道以爲善惡不當爲彼此角立、爲東西相。朱子亦以爲依至善

表面地徒順其字面之次序而空頭地視爲外在之直線的宇宙演化而解之。……此種動而生陽或靜而生陰，其實毋寧是本體論的妙用義，而不是直線的宇宙論的演生義。」同前註，頁362。

51 《河南程氏遺書》卷1，〔宋〕程顥、程頤著，王孝魚點校：《二程集》（北京：中華書局，2006），頁11。

52 《朱子語類》卷95，《朱子全書》第十七冊，頁3196。

本體所成的現象，只能是善，故而善惡不能對舉，對出於下。猶有進者，由於理爲至善，其活動流行亦當全然爲善，所以萬正淳更直接指出「（惡）自不當寫出來」，說明惡的發生是不合理的。爲了維護理的純粹至善，朱子乃有「太極不活動」式的思考。

另一方面，由於濂溪《太極圖說》的理論模式乃是「即存有即活動」，朱子「存有而不活動」與之固未全然相應，但「即存有即活動」的模式亦另有其理論困難，即：（1）由於太極或理爲活動者，勢必得爲惡之發生負責。（2）即便我們仍將惡之來源歸咎於氣，但在全神是氣、理氣相融爲一的前提下，另一可能的情形是：善惡現象皆是理氣相混之後的結果，逆推回去，太極本體就可能是超越善惡、非善非惡。從「太極能活動」的角度來理解「太極動而生陽，靜而生陰」，牟先生曲線式的解說是這樣的：

> 太極、誠體之神之動而生陽，靜而生陰，或張而有動，弛而有靜，是成全地生，成全地有。在誠體之神順物感應之具體妙用中，它順迹上之該動該靜其自身不能不相應而起縐縐，此即小詞家所謂「吹縐一池春水」也。一池春水本是動而無動靜而無靜的。然而春風一起，則不能不應之而起縐縐。這活靈的春水相應風吹便成全了那些如此如此之縐縐。這些縐縐雖是應風而起，卻也是其自身之所起。因其爲其自身之所起，所以也可以說爲其自身之所具——此之謂因起而具。……縐縐不礙春水活靈之一，而活靈之一，也不礙其爲縐縐之多，兩者相即相融而多姿多采。但是，

　　　　必須這是活靈之水始可。若是一塊平平的木板或大理
　　　　石，則雖有風吹，也不能應之而起縐縐。這平平的木
　　　　板或大理石，只能說它是定靜之一，而不能說它是動
　　　　而無動靜而無靜之活靈之一。定靜之一是不能說動而
　　　　生陽的，但活靈之一却可以說。活靈之一即象徵所謂
　　　　神而不是氣，那縐縐之多即象徵所謂氣（事、迹）而
　　　　不是神——此是分解地說。若圓融地說，則全神是氣，
　　　　全氣是神，相即相融，永永為一。[53]

牟先生「吹縐一池春水」之喻很容易讓人聯想到《大乘起信
論》「如大海水，因風波動，水相風相不相捨離，而水非動
性，若風止滅，動相則滅，濕性不壞故。」[54]的說法，但《大
乘起信論》水波喻是爲了說明「依如來藏故有生滅心」，生
滅心雖依如來藏而有，但終究如水波之動靜相，乃是虛妄，
並無實體。這個比喻在牟先生的改寫下，成爲全迹在神、全
神是迹、寂感一如的本體創造妙用義，「在具體的感應中以
見其爲具體的神用，然雖神也，而不能不有迹。自迹而觀之，
則動是動，靜是靜，乃陰陽氣邊事；但自神之自體而觀之，
則動而無動靜而無靜，不失其虛靈之純一，仍是神而不是氣
也。」[55]

　　從「動而無動相、靜而無靜相」的角度來看，牟先生對
道德的形上學的神體流行妙用，固然說解精闢；然而，一個

53　牟宗三：《心體與性體（一）》，頁 365-366。
54　〔印〕馬鳴菩薩造，〔梁〕真諦譯：《大乘起信論》。《大正藏》第三
　　十二冊，頁 576b。
55　牟宗三：《心體與性體（一）》，頁 361。

令人猶豫之處是，如果我們把「動靜」改易爲「善惡」，就會發現當年蔡季通、趙致道耿耿不安的問題，在牟先生即存有即活動的縱貫系統中，其實仍未解決。依牟先生即存有即活動的本體觀，本體必然要具體地流行作用，有體必有用：「思雖以無思爲本，然不能停滯于無思。而無思亦非是槁木與死灰。……有體必有用，故曰：『思通、用也。』」[56]然而，本體動而無動相，靜而無靜相，動靜是氣、是跡，而動靜之氣或跡卻又是隨著本體的流行作用所帶出者：

> 但感而遂通之神用不能不帶著事。因帶著事之迹而顯動相或靜相，此亦是動有。此動有是太極誠體動而生陽，靜而生陰之動有，此固已是氣，但亦不是朱子所意謂之只是「動而陽」之「動有」。[57]

如果說神用必然要帶著事、帶著迹，那麼可以說本體自身固然無相無形無跡可言，然其作用卻會留下形跡，陽動陰靜即是本體作用所留之跡：

> 天道誠體實有能生能化之神用，然其生無生相，其化無化相，故只是一神用，而無方所、無形跡，故亦曰寂感真幾也。而一落在氣上，則有跡矣。就其能生能化之神用言，亦曰道德的創造之真幾，一切德皆從此出。[58]

此本體是道德創造本體，一切德、一切善固皆從此出，但經驗界之事實卻並不全然爲善，則惡從何而來呢？牟先生如是

---

56 同前註，頁 340。
57 同前註，頁 378。
58 同前註，頁 345。

解釋曰：

> 幾之動，若順寂體、（誠體）而來，則純善而無惡。
> 一念不本于寂體，則陷于邪而為惡。[59]

又說：

> ……然吾人之感于物而動，其動之幾、尅就幾之為幾
> 之本身言，則不能無差異之分化，即不能保其必純
> 一，故有或善或惡之分歧也。其動之幾純承誠體而動
> 者為善，以不為感性（物欲）所左右故，純是順應超
> 越之誠體而動故。若不順應誠體而動，而為感性所左
> 右，則即為惡。此處所言之「幾」即後來所謂「念」也。
> （陽明所謂隨軀殼起念，劉蕺山嚴分意與念之念。）[60]

然而，如果一切都是本體的作用流行，一切動靜善惡相便皆
是本體的實現過程中，在「氣」所留下的痕跡，那麼，要為
「惡」負責的，豈不便是天道本體嗎？但這個結果，無論如
何是理學家無法接受的。換個角度說，天道本體必然寂感一
如、即體即用、水與縐縠、永遠相融，則「惡」是否也屬縐
縠的其中之一？[61]易言之，由於經驗現象皆是理氣相混、理

---

59 同前註，頁 340-341。
60 同前註，頁 332。
61 馬一浮曾以「一心二門」釋張載「心統性情」：「要知《起信論》一心
二門，方是橫渠本旨。性是心真如門，情是心生滅門。心體即真如，離
心無別有性，故曰唯一真如。然真如離言說相，『才說性時，便已不是
性了』。」虞萬里校點：《馬一浮集（一）》（杭州：浙江古籍出版社、
浙江教育出版社，1996 年），頁 560。又謂：「依《起信論》一心二門，
性是心真如門，情是心生滅門，乃有覺不覺二義。隨順真如，元無不覺，
即是性其情；隨順不覺，即是情其性。真如離言說相，故明道云：『纔
說性時便已不是性了。』」（頁 571）依此理解，經驗界的善惡相，便
是因不覺而起的水波（縐縠）；逆推上去，心體本性則為非善非惡，恰

在氣中穿過（天地之性在氣質中過）的結果，則無論經驗界的善或惡，都「不可不謂之性」。但反過來說，由於經驗現象都不等於本體的如實呈現，因而性或理也就「不可以善惡辨」（胡五峯語），但如此一來，也就回到朱子、趙致道等人所反對的「天理人欲同體異用」、「善惡角立為東西相」的局面。

四、結　論

《通書・誠幾德第三》：「誠，無為。幾，善惡。」朱子的注語是：「實理自然，何為之有！即『太極』也。幾者，動之微，善惡之所由分也。蓋動於人心之微，則天理固當發見，而人欲亦萌乎其間矣。此陰陽之象也。」[62]《通書》言「幾」，當原自《繫辭》。《繫辭・上十》曰：「易無思也，無為也，寂然不動，感而遂通天下之故。非天下之至神，其孰能與於此。夫易，聖人之所以極深而研幾也。」《繫辭・下八》亦曰：「知幾其神乎！……幾者，動之微，吉凶之先見也者。君子見幾而作，不俟終日。」從這兩處來看，「幾」原指事物顯明之前、微露的苗頭；透過易道，聖人得以見微知著、掌握事物變化之幾先，故而《繫辭》謂「通天下之志」、「知微知彰、知柔知剛」。

從心性論的角度來看，可以把「誠」視為心體未與經驗事物接觸之際，一旦接觸後，因誠體發露，得以知善知惡。

為朱子所反對之說法。
62 朱熹：《通書注》。《朱子全書》第十三冊，頁100。

就此而言，「幾，善惡」可理解爲「事物未顯之先，即能知善知惡、分辨善惡」。例如羅念菴（1504-1564）〈答陳明水〉：「『幾善惡』者，言惟幾故能辨善惡，猶云非幾即惡焉耳。必常戒懼，常能寂然，而後不逐於動，是乃所謂研幾也。」[63]或王船山（1619-1692）《思問錄內篇》：「『幾善惡』，言當于幾而審善惡也。無爲而誠不息，幾動而善惡必審，立于無窮，應于未著，不疾而速，不行而至矣，神也。」[64]羅、王就分別理解爲「辨善惡」及「審善惡」。順此誠體，自然能好善惡惡；反之，如把握不住，則流於人欲之惡矣。據此角度而言，「誠」負責的是「知善知惡」，而不需對「惡」的由來作解釋。從心性論而言，「知善知惡」心性本體的把握乃至爲關鍵者，故而黃宗羲評濂溪學曰：「周子之學以誠爲本，從寂然不動處握誠之本，故曰『主靜立極』。本立道生，千變萬化皆從此出。」[65]

　　然而，如果誠體不僅爲心性本體，更是宇宙創生本體，亦即所謂「道德的形上學」，那麼誠體就必須爲「惡」的發生作一說明。以「氣」爲蔽隔者，固可將「惡」歸咎於氣的偏差，卻有二重本體之嫌；以氣爲實現者，固可保障本體的純粹至善，但在此思路之下，本體甚至失去創生妙運的功能，成爲靜態之理。以「理」爲作用者、實現者，本體雖有流行造化之功，但也就應爲一切現象的存在負責。本體無動靜，動靜相是太極、誠體、或理於其流行中，在氣所帶出來的流

63　徐儒宗編校：《羅洪先集》（南京：鳳凰出版社，2007年），頁202。
64　《船山全書》第十二冊（長沙：嶽麓書社，1998年），頁403。
65　《宋元學案》卷12，《黃宗羲全集》第三冊，頁636。

行之跡。但據此推論，一切善惡事實是否也可以說俱是理的
流行所成？如此一來，這本體還能謂其爲純粹至善嗎？即便
我們仍要謂之純粹至善，此「善」之意義必然超越了單純的
道德意義，而有佛教「善惡雖殊，本性無二，無二之性名爲
實性，於實性中，不染善惡，此名圓滿報身佛。」[66]的意味。
陽明、龍溪以無善無惡論良知心體，可謂此脈絡之思想發展
（詳見本書第八、九章）。然而，從本體論而言，不可避免
仍有善之本體同爲「善不善因」的問題（詳見本書終章）。
爲保障本體超越至善，又要兼顧經驗實然之惡，朱子嚴分理
氣，其於理論不得不謂煞費苦心。

---

66 〔元〕宗寶編：《六祖大師法寶壇經・懺悔第六》，《大正藏》第四十
八冊，頁 354c。

第二章　掛搭與相衰：
朱子的理氣型態及其對「惡」的處理

一、理氣論的形成：對「惡」經驗事實的正視

（一）對「惡」的正視

　　牟宗三先生曾依本體的活動與否，將宋明理學分判為「即存有即活動」、「存有而不活動」二種型態。[1]所謂「存有而不活動」，可以藉牟先生對朱子「陰陽氣也，所以一陰一陽者道也」的解釋做說明：

> 此靜態的所以然之形上之理只擺在那裡，只擺在氣後面而規律之以為其超越的所以然，而實際在生者化者變動者俱是氣。而超越的所以然之形上理卻並無創生妙運之神用。此是朱子之思路也。在此思路下，太

1　牟先生曰：「依前章宋明儒之分系，對于道體性體之體會只有兩種：（一）、體會為即活動即存有。（二）、體會為只存有而不活動。」氏著：《心體與性體（一）》（臺北：正中書局，1989），頁 61。又說：「即活動即存有之縱貫系統乃是上承先秦儒家之大宗。……伊川朱子『只存有而不活動』之橫攝系統是此大宗之歧出，或亦可說是此大動脈中之一『靜』。」前揭書，頁 414。

　　極不能動，理不能動。[2]

所謂「不活動」意謂者變動者、創生者皆是氣，理只是靜態
地存在，只作爲氣在變動創生過程中所依的規律。因此，朱
子被判屬後者的「橫攝系統」；因對「道體不透」，故於成
德之教亦爲歧出轉向。[3]牟先生分系理論的學術價值固無可
疑，不過，即使朱子的本體真爲「存有而不活動」，又基於
何種問題意識，使他非將本體理解爲「不活動」不可？從他
屢次徵引明道「論性不論氣，不備；論氣不論性，不明，二
之則不是。」的情形來看，[4]也許朱子的理氣論突出的是他對
「惡」此一經驗事實之在意。如其所言：

　　　　且如只說個仁義禮智是性，世間卻有生出來便無狀
　　　　底，是如何？只是氣裏如此。若不論那氣，這道理便
　　　　不周匝，所以不備。若只論氣裏，這個善，這個惡，
　　　　卻不論那一原處只是這個道理，又卻不明。[5]

2　同前註，頁 370。
3　牟先生以爲伊川朱子的歧出與轉向在於：一是將知識問題與成德問題混雜
　　在一起講，二是將超越之理與後天之心對列對驗，成德之教遂成他律道
　　德，本體的活動與否同時表現在理氣論與心性論。同前註，頁 50-51。
4　《朱子語類》中徵引明道「論性不論氣，不備。」集中見於卷 4、卷 59、
　　卷 124。所謂「不備」之處，當如卷 4 所言：「既是此理，如何得惡！所
　　謂惡者，卻是氣也。孟子之論，盡是說性善。至有不善，說是陷溺，是說
　　其初無不善，後來方有不善耳。若如此，卻似『論性不論氣』，有些不備。
　　卻得程氏說出氣質來接一接，便接得有首尾，一齊圓備了。」〔宋〕朱熹，
　　《朱子全書》（上海：上海古籍出版社，合肥：安徽教育出版社，2002
　　年）第十四冊，頁 193。及卷 59：「蓋本然之性，只是至善。然不以氣質
　　而論之，則莫知其有昏明開塞，剛柔強弱，故有所不備。」《朱子全書》
　　第十六冊，頁 1889。準此，「論氣」才能對「惡」之經驗事實加以正視
　　並說明之。
5　《朱子語類》卷 4，《朱子全書》第十四冊，頁 200。

基於這段話，可以推論朱子背後的問題意識也許是：既然惡的存在乃是不容否定的經驗事實，那麼經驗現象就必然不是理的全體流行、全幅展現。活動者必須為活動的結果負責，而「理」應當是純善無惡的。然而，「繼善成性」過程中，竟然偏差導致惡的產生，這一問題，借用印度哲學來說便是：「做為宇宙最高原理，而且具有唯一無二、妙樂、智慧、無極（無限）等特質的梵我，為什麼會（怎麼可能）創造出包括生命體在內的、有缺陷、有差別、受侷限、受苦難、無常變化的宇宙萬物呢？」[6]

　　同時，如果以善惡皆來自同一本體，便意味著經驗界的善惡現象，皆是本體在流行過程中所留下之跡。於是，此一本體遂超然於善惡之上，非單純可以「善」界定之，這就是

6　楊惠南：《印度哲學史》（臺北：東大圖書公司，1995 年），頁 75。萊布尼茲（Gottfried Wilhelm Leibniz，1646-1716）將惡區分為「形上惡、物理（形體）惡、倫理（道德）惡」。依萊布尼茲，這幾種惡的定義是：「形而上學的惡在於純然的不完美性，形體的惡在於痛苦，道德的惡在於罪。雖然形體的惡和道德的惡並非必然，但它們藉助永恒真理卻是可能發生的。」〔德〕萊布尼茲著，朱雁冰譯：《神義學》（北京：生活‧讀書‧新知三聯書店，2007 年），頁 120。萊氏對於形上惡又解說如下：「然而，人們必須更多地考慮已經提及的思辨的和形而上學的種種困難，它們涉及到惡的原因。惡從何而來？……既然有上帝，何以有惡？若說無上帝，何以有善？……將一切存在都追溯到上帝那裏的我們應從那裏去尋找原因呢？」（頁 119）萊氏以為永恒真理既是善的原因，也是惡的本源所在，不過「惡之形式上的東西並沒有動力點（point d'efficiente），因為它處在──我們將看到的──缺失（privation）之中，即處在動力因沒有引發的東西之中。因此，經院哲學家們往往說惡是欠缺的（d'efficiente）。」（頁 120）依此說法，物理惡或倫理惡都是順著形上惡而來的結果。朱子依氣稟清濁厚薄，而說萬物之不齊、乃至心性之明暗善惡，其思路與之有相近之處；而在本體宇宙論中的格局下，理學的倫理惡不能離於形上惡而言，本文所集中討論者亦屬形上層面。

朱子所反對的「善惡同體」、「性無善惡」的觀點：「遂成有兩性：本然者是一性，善惡相對者又是一性。他只說本然者是性，善惡相對者不是性，豈有此理！」[7]再進一步說，朱子反對的理由是：「若善底非本然之性，卻那處得這善來？」[8]爲了使道德善法有其本源，必然要維護本體爲純粹至善之性。但改寫朱子的話，可以反過來問：若善底是本然之性，惡又從何而來？因此，這一「惡」的事實必不能由「理」、而只能由「氣」來負責交代。惡的發生，不是源於形上的至善本體，而是歧出於形下的經驗過程。於是，就形成理不造作、氣有造作；理不生滅、氣有生滅，理氣不離不雜的格局。將經驗現象之「惡」，歸咎於氣稟的蔽隔，[9]惡的來源似乎得到了合理的解釋，[10]故而朱子稱此理氣、性氣二分格局「極有功於聖門」。[11]

7　《朱子語類》卷 101，《朱子全書》第十七冊，頁 3393。

8　同前註，頁 3394。

9　朱子以「蔽隔」論惡的代表性說法如：「問：『氣質有昏濁不同，則天命之性有偏全否？』曰：『非有偏全。謂如日月之光，若在露地，則盡見之；若在蔀屋之下，有所蔽塞，有見有不見。昏濁者是氣昏濁了，故自蔽塞，如在蔀屋之下。然在人則蔽塞有可通之理；至於禽獸，亦是此性，只被他形體所拘，生得蔽隔之甚，無可通處。』」《朱子語類》卷 4，《朱子全書》第十四冊，頁 185。又如：「性離氣稟不得。有氣稟，性方存在裡面；無氣稟，性便無所寄搭了。稟得氣清者，性便在清氣之中，這清氣不隔蔽那善；稟得氣濁者，性在濁氣之中，爲濁氣所蔽。」《朱子語類》卷 94，《朱子全書》第十七冊，頁 3134。

10　傅武光：〈朱子對於惡的來源的說明〉即謂：「因氣稟蔽塞心性之故，心所發的情，不能中節，流爲人欲。這就是惡的來源。」氏著：《中國思想史論集》（臺北：文津出版社，1990 年），頁 194。

11　朱子論「氣質之說」曰：「此起于張程。某以爲極有功於聖門，有補於後學，讀之使人深有感於張程，前此未曾有人說到此。」《朱子語類》卷 4，《朱子全書》第十四冊，頁 199。

（二）惡的發生：「氣的衰來衰去」與「理氣相衰」

　　承前所述，一方面透過氣的蔽隔，合理說明了經驗之惡的來源；一方面藉由理不活動，維持理的純粹至善。這套說法既論性又論氣，同時回答了善、惡的根源，但又不至落入性無善惡、善惡同體的局面，似乎是個不失善巧的說法。然而，如再仔細推敲，這樣的處理方式恐怕仍有商榷餘地。（1）從「理不活動」的層面而言，理氣近似二元，處於靜態的「掛搭」關係。[12]在掛搭關係中，惡的由來如依朱子所說：「人所稟之氣，雖皆是天地之正氣，但衰來衰去，便有昏明厚薄之異。蓋氣是有形之物。才是有形之物，便自有美有惡也。」[13]如果惡的發生是來自於氣的「衰來衰去」，那麼要消弭惡的現象，便意味著必須使氣不再「衰來衰去」，乃能使理全幅呈現。這樣的結果，不啻意味著抽離現實生活世界，乃能進入潔靜空闊、純粹之理的世界。但這結果顯然迥異於儒家肯定日常人倫之旨，反而近於朱子所駁斥的佛家「毀人倫，去四大」、「把世事為幻妄」。（2）儘管朱子承認惡之事實，但仍肯定天下事物乃天理之實現，只不過實現過程中未盡如理。在掛搭的關係中，經驗現象皆是理氣相合所成，天下事物皆有理，枯槁瓦礫亦有理，皆是「氣對理的實現」。善固然是由於氣的依理實現，然而惡呢？這莫非意味著，惡的事物，也是「惡之理」（儘管是形式之理）的實現？於是，即

12　朱子謂：「然理又非別為一物，即存乎是氣之中；無是氣，則是理亦無掛搭處。」《朱子語類》卷1，《朱子全書》第十四冊，頁115。
13　同前註，頁197。

便理不活動，是否形式上仍可能理具善惡？

（3）從氣的「衰來衰去」，固然說明了善的實現、惡的發生。但學者亦指出，朱子理的未必即為不活動。[14]考察文獻，從理的角度，朱子確也肯定氣質之性「要亦不可不謂之性」。亦即是說，天下事物皆是理的實現，只不過在實現過程中遭到扭曲或污染，是打折扣的實現。「善固性也，然惡亦不可不謂之性也。」語出明道，[15]朱子釋之曰：「天命之性，非氣質則無所寓。然人之氣稟有清濁偏正之殊，故天命之正，亦有淺深厚薄之異，要亦不可不謂之性。舊見病翁云：『伊川言氣質之性，正猶佛書所謂水中鹽味，色裡膠清。』」[16]這是說，氣質之性是「理與氣」混雜的結果，[17]雖說雜了人欲，但終究有理在其中，故曰「不可不謂之性」。有別於理

---

14 如向世陵便說：「朱熹理本論的基礎構造便是『理生氣』，儘管他始終沒有也不可能講清楚理如何產生氣，但既要『生』，則不可能靜止不動則是無疑的。」氏著：《理氣性心之間－宋明理學的分系與四系》（長沙：湖南大學出版社，2006 年），頁 265。

15 〔宋〕程顥、程頤著，王孝魚點校：《二程集》（北京：中華書局，2006年），頁 10。

16 《朱子語類》卷 4，《朱子全書》第十四冊，頁 196。

17 這也就是朱子所謂「天地之性從氣質裏穿過」的意思：「氣質之性，便只是天地之性。只是這個天地之性卻從那裡過。好底性如水，氣質之性如殺些醬與鹽，便是一般滋味。」《朱子語類》卷 4，《朱子全書》第十四冊，頁 197。橫渠所謂「氣質之性」未必就道德意義而言，也指「剛柔、緩急、有才與不才」的材質意義。朱子則將之理解為「氣質中的性」，或者天地之性在氣質裏邊濾過，故雜染了特殊的顏色。橫渠：「人之剛柔、緩急、有才與不才，氣之偏也。」〔宋〕張載著，章錫琛點校，《張載集》（北京：中華書局，2006 年），頁 23。橫渠所謂的「天地之性」，朱子或稱之為「天命之性」、「義理之性」。橫渠的「氣質之性」係延續「生之謂性」一路下來的氣性、才性之意義，是就氣質之殊質而說的一種自然之性。

只是掛搭、氣「衮來衮去」，我們可以把這種型態名之曰「理氣相衮」或「性氣相衮」。「天地之性在氣質中過」表現在心性論爲「性體情用」，只不過這個「情用」不是理自身，而是理氣相衮的結果。儘管朱子把惡片面歸於氣裏，[18]但既然吾人經驗所及，皆是氣質之性（天地之性在氣質中過），善惡自然也就都是「在氣質中過的結果」。那麼在理氣相衮、善惡雜染的經驗界，要逆推回理或性自身必爲純粹至善，其論證就有討論的空間。

　　回顧儒家對惡的解釋，「蔽隔」可以說是老傳統。孟子「過顙在山」（《告子・上 2》）、「若夫爲不善，非才之罪也。」（《告子・上 6》）即將惡歸咎於外力扭曲。若不考量本體論問題，蔽隔說頗能說明理氣的異質性；但如放在本體論中，萬物皆應是源於同一本體，何以同一本體而生出蔽隔，問題就較爲複雜。爲了保證本體必然純淨至善，又必須面對現實世界的惡，朱子即依掛搭、相衮二說，迂迴地說明理氣二者「不離不雜」的關係。無獨有偶，以理氣的存有、活動做爲現象發生原因，恰有二種對應的哲學模型可供比較說明：一是氣的動靜平衡被打破，理不活動、氣活動：印度數論派（Sāṃkhya）神我、自性之說可爲代表。二是理活動，但爲氣所干擾：《大乘起信論》無明風動，造成真如動而萬象現，「一心開二門」之說可爲代表。爲說明「理跨在氣上」、

18　「既是氣裏惡，便也牽引得那性不好。蓋性只是搭附在氣裏上，既是氣裏不好，便和那性壞了。所以說濁亦不可不謂之水。水本是清，卻因人撓之，故濁也。」《朱子語類》卷 95，《朱子全書》第十七冊，頁 3195。

「氣依傍理而行」，朱子曾有所謂「人馬喻」[19]。數論派亦主張「神我」（pruṣa，或譯爲純粹精神）與「自性」（prakṛti，或譯爲原初物質）結合而創生萬物；這裏的二元不是狹義的善、惡，而是指「非作者」與「作者」。經驗萬物的產生是因爲自性（作者）與神我（非作者）結合後，自性中「三德」（音譯：薩埵、羅闍、多磨；意譯：喜、憂、闇）的平衡狀態被打破所致。自性造作而神我不動，兩者的關係爲盲人跛人合，一如朱子的人跨馬。至於《大乘起信論》，則依一心二門、真妄和合說明染淨萬法，這就有性氣相袞、理從氣中過的味道。不過，依《大乘起信論》，真如境界乃是「染法淨法皆悉相待，無有自相」可說，這說明了真妄和合、性氣相袞格局中，向上逆推是有「超越善惡」、「無善無惡」的可能。

　　綜上所述，既要維持本體爲至善，又要合理解釋惡之由來，於是朱子的理有「不活動」的傾向。理不活動，現象的發生便來自於氣的活動，這便意味著惡的消解有待氣不再活動，等於脫離經驗，超拔於形上界。然而，現象既爲理氣相合而成，即便理不活動、氣依傍理而活動，但這仍可能推論出「惡也有惡的形式之理」。另一方面，如果我們接受朱子「性氣相袞」型態中，理仍有活動、爲善惡因的可能，那麼

---

19 其實早在西漢，揚雄就曾使用過「人馬喻」以說明善惡行爲的由來。《法言・修身》：「人之性也，善惡混。修其善則爲善人，修其惡則爲惡人。氣也者，所以適善惡之馬也與？」〔晉〕李軌注云：「御氣爲人，若御馬涉道，由通衢則迅利，適惡路則驚蹇。」此說近於朱子人馬喻，可惜《法言》對人馬的動靜關係，沒有進一步的發揮。汪榮寶撰，陳仲夫點校，《法言義疏》（北京：中華書局，1987年），頁85。

理就要為善惡現象負責，逆推上去，理就不一定純粹至善，反而有可能回到朱子所反對的「性無善惡」或「同體異用」的情形。本章以下即依此二種型態論述之。

二、理在「氣的活動」中的參與型態

（一）絕對地不活動：存有而不參與

只要是一元本體論，便不能避免「本體如何生出差別對立的現象」此一問題。周濂溪《太極圖說》可謂理學最具代表性的本體宇宙論模式，依《太極圖說》的宇宙論模型，「太極動而生陽，靜而生陰」，二氣五行，皆應源自一理。但依太極神體，何以竟導致「五性感動而善惡分」？這部分《太極圖說》顯缺回應。而在一元本體論中，這幾乎也是無法回答的問題，如朱子所言：

> 問：「自太極一動而為陰陽，以至於為五行，為萬物，無有不善。在人則才動便差，是如何？」曰：「造化亦有差處，如冬熱夏寒，所生人物有厚薄，有善惡。不知自甚處差將來，便沒理會了。」[20]

「造化亦有差處」意指自然之惡的可能性，因稟氣有厚薄，人物亦有善惡差別。至於惡的發生，則「不知自甚處差將來」，這個回答暗示了問題的棘手。儘管此問題難以回答，但必然不能由理來負責。在萬物創生中，為了保證理的至善，創生的活動，便交於氣來負責，理則無造作。如《朱子語類》所載：

---

20 《朱子語類》卷 94，《朱子全書》第十七冊，頁 3128。

> 蓋氣，則能凝結造作。理却無情意，無計度，無造作。
> 只此氣凝聚處，理便在其中。且如天地間，人物草木
> 禽獸，其生也莫不有種，定不會無種子，白地生出一
> 個物事，這箇都是氣。[21]

至於氣活動而產生萬物的具體過程則是：

> 天地初間只是陰陽之氣，這一個氣運行，磨來磨去，
> 磨得急了，便拶許多查滓，裏面無處出，便結成個地
> 在中央。氣之清者，便為天，為日月，為星辰，只在
> 外，常周環運轉。[22]

天地由氣的運行所成，但氣終究不是終極本體，未有天地之
前，朱子仍以為「畢竟也只是理」、「有理，便有氣流行」：

> 問：「昨謂未有天地之先，畢竟是先有理，如何？」
> 曰：「未有天地之先，畢竟也只是理。有此理便有此
> 天地，若無此理，便亦無天地，無人無物，都無該載
> 了。有理，便有氣流行，發育萬物。」曰：「發育是
> 理發育之否？」曰：「有此理，便有此氣流行發育。
> 理無形體。」曰：「所謂體者，是強名否？」曰：「是。」
> 曰：「理無極，氣有極否？」曰：「論其極，將那處
> 做極？」[23]

---

21 《朱子語類》卷1，《朱子全書》第十四冊，頁116。
22 同前註，頁119。
23 同前註，頁 114。其他類似的話如：「問：『有是理便有是氣，似不可
　　分先後？』曰：『要之，也先有理。只不可說是今日有是理，明日卻有
　　是氣；也須有先後。且如萬一山河大地都陷了，畢竟理卻只在這裡。』」
　　（頁 116）以及：「徐問：『天地未判時，下面許多都已有否？』曰：
　　『只是都有此理，天地生物千萬年，古今只不離許多物。』」（頁116）

儘管「有理，便有氣流行」，但實際發育萬物，仍由氣實現完成之。天地萬物，美醜善惡，高低大小，這些不齊的現象，朱子以爲只能由氣負責，氣雖然由理所生，理卻不對氣的活動結果負責。於是，就形成了「氣強理弱」、「理管他不得」的說法：

> 又問：「若氣如此，理不如此，則是理與氣相離。」
> 曰：「氣雖是理之所生，然既生出，則理管他不得。
> 如這理寓於氣了，日用間運用都由這個氣，只是氣強
> 理弱。譬如大禮赦文，一時將稅都放了相似，有那村
> 知縣硬自捉縛須要他納，緣被他近了，更自叫上面不
> 應，便見得那氣粗而理微。又如父子，若子不肖，父
> 亦管他不得。聖人所以立教，正是要救這些子。」[24]

此外，朱子又說：「人所稟之氣，雖皆是天地之正氣，但袞來袞去，便有昏明厚薄之異。蓋氣是有形之物。才是有形之物，便自有美有惡也。」[25]以及「二氣五行，始何嘗不正。只袞來袞去，便有不正。」[26]德性之優劣，遂由五行稟氣之偏重決定之。[27]於是，由理生氣、氣生萬物的模型便是：至

24　《朱子語類》卷 4，《朱子全書》第十四冊，頁 200。
25　同前註，頁 197。
26　同前註。
27　朱子：「人性雖同，稟氣不能無偏重。有得木氣重者，則惻隱之心常多，而羞惡、辭遜、是非之心爲其所塞而不發；有得金氣重者，則羞惡之心常多，而惻隱、辭遜、是非之心爲其所塞而不發。水火亦然。唯陰陽合德，五性全備，然後中正而爲聖人也。」同前註，頁 205。順著氣稟之美惡，因稟賦不齊對的蔽塞，而引出德性的善惡觀念，是宋明儒常見的說法。不過，氣之美惡與德性善惡仍有概念上之差異，對此，勞思光曾批評之曰：「若謂『人』在『氣』一面，『得其秀而最靈』則此仍是一描述；此種『秀而最靈』之氣，不過爲『氣』化生萬物之許多狀態中一

善之理生出至善之氣，氣衮來衮去，乃有美惡之差別。如此一來，《太極圖說》的宇宙模型就會成為一個頗尷尬的局面：太極之理，本來至善；生出氣後，有子不肖；氣強理弱，遂有善惡。換句話說，《太極圖說》的模型最後不是「繼善成性」、「天命流行」的道德化理想世界，而是經驗世界「理管他不得」的不肖現實局面。

現象未必如理，所以朱子不能同意理氣即體即用的說法，〈答楊子直書〉即以太極動靜為體用關係乃屬「有病」，[28]後改之為「本然之妙、所乘之機」，也就是所謂「理搭在陰陽上，如人跨馬相似。」[29]所謂「所乘之機」的意思是：

> 問「動靜者，所乘之機」。曰：「太極理也，動靜氣也。氣行則理亦行，二者常相依而未嘗相離也。太極猶人，動靜猶馬；馬所以載人，人所以乘馬。馬之一出一入，人亦與之一出一入。蓋一動一靜，而太極之妙未嘗不在焉。此所謂『所乘之機』，無極、二五所以『妙合而凝』也。」[30]

以本體現象為體用關係，其病何在？在於現象乃善惡雜染，

狀態，何以由此能引出『善惡』之觀念？」氏著：《新編中國哲學史（三上）》（臺北：三民書局，1990年），頁106。

28 朱子〈答楊子直書〉：「熹向以太極為體、動靜為用，其言固有病，後已改之曰：『太極者，本然之妙也；動靜者，所乘之機也』，此則庶幾近之。」《晦庵先生朱文公文集》卷45，《朱子全書》第二十二冊，頁2072。

29 「陽動陰靜，非太極動靜，只是理有動靜。理不可見，因陰陽而後知。理搭在陰陽上，如人跨馬相似。才生五行，便被氣質拘定，各為一物，亦各有一性，而太極無不在也。」《朱子語類》卷94，《朱子全書》第十七冊，頁3126。

30 同前註，頁3128-3129。

如以太極陰陽爲體用關係，無異暗示本體有動有靜。在心性論上就可能發而爲善，也可能發而爲惡，不免有「善惡同體異用」之嫌，故而朱子謂體用之說「其言固有病」。

　　綜上所述，朱子對理氣的界定是：「若理，則只是個淨潔空闊底世界，無形迹，他却不會造作。氣則能醞釀凝聚生物也。」[31]理淨潔空闊，造作由氣來負責。於是，「惡」便來自氣的磨來磨去、袞來袞去，這便意味著惡乃是緣於氣的厚薄清濁失去了中正平衡的狀態。[32]合理推論，善的回復，就意味著回到氣未受干擾、未袞動分別之初。亦即朱子所謂：「性便是理，氣便是氣，是未分別說。」[33]也就是說，回到理氣袞合之前，獨立自存的狀態，惡自然不再現起。從「理不爲惡之事實負責」之立場來看，朱子的理氣論與二元論的數論派（當然朱子未必即是二元論者[34]），其氣質有其相近

---

31 《朱子語類》卷 1，《朱子全書》第十四冊，頁 116。
32 例如馮友蘭便對周濂溪《太極圖說》「五性感動而善惡分」做如是理解：「陽爲剛，陰爲柔，人稟陰陽之氣，故性亦有剛柔。剛柔失當，以及『五性感動』之不合中者，皆是惡。」這是以陰陽剛柔、五行之氣的失衡、不合中做爲惡的由來。氏著：《中國哲學史》（上海：華東師範大學出版社，2000 年），頁 213。
33 「性即氣，氣即性，它這且是袞說；性便是理，氣便是氣，是未分別說。其實理無氣，亦無所附。」《朱子語類》卷 4，《朱子全書》第十四冊，頁 201。這裏的「袞說」意指理氣相袞相合，「未分別說」則應指理自理、氣自氣，兩者尚未分化袞合的狀態（分了之後，因理氣之袞合而有萬物）。
34 關於朱子的理氣論，學界存在著一元論與二元論不同的理解，陳來指出一元論仍是較普遍的看法：「以朱熹的理氣觀爲理在氣先的理一元論，是學術界長期以來比較普遍的看法。然而，不僅也有學者主張朱熹的哲學是二元論，而且，在對理在氣先思想的具體把握方面也有很大的差別，例如，如有的學者強調在朱熹哲學中理對於氣是邏輯上而不是時間上在先的關係，而在斷定朱熹哲學中理在時間上先於氣的學者中則更有提出

之處。例如朱子解釋理氣關係時，有所謂的「人馬喻」；無獨有偶，數論也有「跛盲人」之說。數論派以跛人喻精神性的神我，能知見但不能行動；以盲人喻物質的自性，能行動卻不能看路，是以神我自性兩者相合「如跛盲人合，由義生世間」。[35]朱子的理無情意、無計度、無造作，造作凝聚生物則交由氣負責，格局相類。

依數論派，神我與自性結合乃產生宇宙萬有，在這過程中，神我只是一「見者」（darzana）、「旁觀者」，無為無作，不起指導作用。[36]現象發生中，真正的作者是自性；而

朱熹是講理能生氣的。」陳來，《朱子哲學研究》（上海：華東師範大學出版社，2000），頁 75。如果對朱子的理氣論強化其一元傾向的話，拙意以為當有兩種可能發展，一是朝向羅整菴、王浚川等氣學型態，一則是周、張、明道、五峰等「一本圓教」型態。羅整菴「理氣為一物」，或王浚川「氣載乎理，理出於氣」，是取消理的超越性，而將理向下統一於氣，理只是氣化流行所呈現的條理；如果只強調朱子論理的「掛搭」之義，確有這種可能。但朱子雖說「天以陰陽五行化生萬物，氣以成形」，仍說「理亦賦焉，猶命令也。」（《中庸章句》）這說明朱子仍以理具有統御氣的作用為然。因此，朱子當仍有「理統御氣」之傾向，只不過因經驗現實之氣不隨，乃有理弱氣強等近似理氣二元之論。劉述先〈朱熹的思想究竟是一元論或二元論？〉將朱子理論區分兩個層次：「形上構成的二元、功能實踐的一元」，見《中國文哲研究集刊》創刊號，頁 182-192，1991 年。拙見則以為，也許「本體的一元、現象的二元」要為貼切。但一元本體，如何向下竟開出二元，這無論如何是很難說明的。

35 該偈原文是：「我見求三德，自性為獨存，如跛盲人合，由義生世間。」〔陳〕真諦譯：《金七十論》，《大正藏》第五十四冊，頁 1250b。姚衛群的新譯是：「神我（與自性結合）是為了注視（自性），自性（與神我結合）是為了獨存。二者的結合就如同跛者與盲者（的結合）一樣。（世界的）創造由此產生。」姚衛群：《古印度六派哲學經典》（北京：商務印書館，2003 年），頁 155。

36 S.Radhakrishnan 指出：「神我不與自性發生關係。神我只是目睹者，孤獨、疏離、消極的旁觀者。」S.Radhakrishnan, *Indian Philoshophy*, Oxford University Press, 1996, vol.2, p.283.

解脫的涅槃因也是自性，使自性獨立於神我之外，解脫境界即是「獨存」，使自性的三德[37]歸於平衡，回到未顯的狀態。如《提婆菩薩釋楞伽經中外道小乘涅槃論》載數論派（僧佉論）之涅槃因曰：「第十四外道僧佉論師說：二十五諦自性因生諸眾生是涅槃因。自性是常……是故論中說：隨何等何等性修行二十五諦。如實知從自性生，還入自性，能離一切生死得涅槃，如是從自性生一切眾生。是故外道僧佉說：自性是常能生諸法，是涅槃因。」[38]在此理論中，神我是一切宇宙過程中的旁觀者，「如遊丐或苦行者，孤獨漠然，不參與到村民忙碌的耕作中，自我作為旁觀者，也不參與到三德的活動中。」[39]因為旁觀，所以是見者、非作者，這是真正的、絕對的「存有而不活動」。「神我孤獨漠然、自性能生諸法」，與「理管氣不得、氣凝結造作」的情形似乎相類；然而，數論派以氣的動靜為善不善因的格局恐怕不會是朱子心目中最終的哲學模型。其因安在？

　　依數論派，諸法發生中，神我唯一的作用是與自性相遇，使自性打破三德的平衡而生萬法。自性生萬法的過程中，神

---

37 所謂「三德」，根據《數論頌》是：「喜憂闇為體，照造縛為事，更互伏依生，雙起三德法。」真諦解釋曰：「喜為薩埵體，羅闍憂為體，闇癡多磨體，是現三體相。照造縛為事者，是三德何所作？初能作光照，次則作生起，後能作繫縛。是三德家事，更互伏依生雙起三德法者。」〔陳〕真諦譯：《金七十論》，《大正藏》第五十四冊，頁 1247c。準此，三德即是薩埵（sattva）、羅闍（rajas）、多磨（tamas），其屬性分別是喜、憂、闇，有照明、活動、抑制的作用。

38 〔印〕婆藪造，〔後魏〕菩提流支譯：《提婆菩薩釋楞伽經中外道小乘涅槃論》，《大正藏》第三十二冊，頁 157c。

39 《喬荼波陀注》，引自吳學國：《存在・自我・神性：印度哲學與宗教思想研究》（北京：中國社會科學出版社，2006 年），頁 442。

我只是漠然旁觀，不僅不活動，也不參與；這可以說是「絕對地不活動」型態。要使自性三德恢復平衡，得到解脫，只能求神我自性兩不相逢，各自獨立，自性三德即能回歸平衡未顯。但依朱子，「理未嘗離乎氣」[40]、「人之所以生，理與氣合而已」[41]，理必須內在實現於一切事物之中。同時，「有是物則有是理與氣，故有性之名；若無是物，則不見理之所寓。」[42]則又說明一切現象都是理氣相合，理必然要參與內在現象之中。對比之下，理的參與現象，就突顯了朱子的理氣論與數論派「不活動」的型態有所差異。於是，數論派的神我可以稱為「存有而不參與」，既然不參與活動，當然也就無所謂活不活動。至於朱子的理，既要超越而不受污染，又要內在寓於現象之中，相較下可以稱為「參與而不活動」。但既然參與了，是否能完全不為惡的發生負責任，就仍可再議。同時，從一元論「理生氣」、「理為氣之主」的角度來說，理也不是沒有活動的可能。因此，其參與型態，當可再區分為「消極參與」與「積極參與」兩義。

（二）「消極參與」與「積極參與」

從「氣是依傍這理行」[43]、「陰陽五行錯綜不失條緒，便是理。若氣不結聚時，理亦無所附著。」[44]而言，理似乎是被遵循、被表現的原則，而這也是一般將「理」理解為不

---

40 《朱子語類》卷1，《朱子全書》第十四冊，頁115。
41 《朱子語類》卷4，《朱子全書》第十四冊，頁194。
42 《朱子語類》卷60，《朱子全書》第十六冊，頁1942。
43 《朱子語類》卷1，《朱子全書》第十四冊，頁116。
44 同前註，頁116。

活動的原因。在不活動的狀態下，理只是「掛搭」在氣之上：

> 或問：「必有是理，然後有是氣，如何？」曰：「此
> 本無先後之可言。然必欲推其所從來，則須說先有是
> 理。然理又非別為一物，即存乎是氣之中；無是氣，
> 則是理亦無掛搭處。」[45]

由於理只是掛搭在氣之上，於是這種理在氣之上之先，就只
是一種邏輯的先在[46]、形而上的先在[47]。但由於經驗現象皆是
理氣的結合，皆是氣依傍某種理所成之生化，這可以稱為「理
的消極參與」。

朱子雖以為理生氣後，管他不得，但並非意味著理與氣
相離、超絕於現象之外，而是「這理寓於氣了，日用間運用都
由這個氣」。這個想法在《朱子語類》卷 94 中有清楚的說明：

> 問：「『太極動而生陽』，是有這動之理，便能動而
> 生陽否？」曰：「有這動之理，便能動而生陽；有這
> 靜之理，便能靜而生陰。既動，則理又在動之中；既
> 靜，則理又在靜之中。」曰：「動靜是氣也，有此理
> 為氣之主，氣便能如此否？」曰：「是也。既有理，
> 便有氣；既有氣，則理又在乎氣之中。周子謂：『五
> 殊二實，二本則一。一實萬分，萬一各正，大小有定。』

---

45 同前註，頁 115。

46 馮友蘭：「理即如希臘哲學中所說之形式（Form），氣即如希臘哲學所說
之材料（Matter）也。」又說：「若就邏輯言，則『須說先有是理』。蓋
理為超時空而不變者，氣則為在時空中變化者。」氏著：《中國哲學史》。
《三松堂全集》第三卷（鄭州：河南人民出版社，2001 年），頁 328、330。

47 牟宗三：「理先氣後，此無問題。『先』只是本義。本當該先在。此先
在不只是邏輯的先在，而且是形而上的先在。」氏著：《心體與性體（三）》
（臺北：正中書局，1991 年），頁 507。

自下推而上去，五行只是二氣，二氣又只是一理。自
上推而下來，只是此一個理，萬物分之以為體，萬物
之中又各具一理。所謂「乾道變化，各正性命」，然
總又只是一個理。此理處處皆渾淪，如一粒粟生為
苗，苗便生花，花便結實，又成粟，還復本形。生生
只管不已，初間只是這一粒分去。物物各有理，總只
是一個理。」曰：「鳶飛魚躍，皆理之流行發見處否？」
曰：「固是。然此段更須將前後文通看。」[48]

這段話有幾個重點值得注意：（1）「既有理，便有氣」，這
意味著理必須依賴氣的實現；「既有氣，則理又在乎氣之中」，
這代表理內寓於氣中而不離。（2）「自上推而下來，只是此
一個理，萬物分之以為體，萬物之中又各具一理。」則說明
一切現象莫不是理的分化實現。（3）「動靜是氣也，有此理
為氣之主，氣便能如此（動靜）。」這說明理為氣之主，有
理，氣乃能動靜。這所謂「為氣之主」，固然可以指氣所依
傍的動靜之理，這「主」便只是形式之主。然而，理不活動、
氣活動的理論困難，一如明代曹端所指出：「人為死人，而
不足以為萬物之靈，理為死理，而不足以為萬化之原，理何
足尚而人何足貴哉？」遂將理氣、人馬關係理解為：「今使
活人乘馬，則其出入、行止、疾徐，一由乎人馭之何如耳，
活理亦然。」[49]這觀點不能說沒有根據，因為朱子本人亦曾

48 《朱子語類》卷94，《朱子全書》第十七冊，頁3126。
49 〔明〕曹端，〈辨戾〉，王秉倫點校：《曹端集》（北京：中華書局，
　　2003年），頁23-24。

說：「氣之所聚，理即在焉，然理終爲主。」[50]因此，古今學者間亦有持「理能動靜」者，如朝鮮李退溪（1501-1571）便以爲：「理動則氣隨而生，氣動則理隨而顯。」[51]曾春海亦以爲：「『理』爲氣化流行的『生理』，亦即乾坤生成萬物。」[52]此外，張立文則將「理爲氣之主」解爲具體的指揮主宰義，以爲人爲主、馬爲從，馬只能聽從人的意志。[53]於是，在被動表現其爲動靜之理的「消極型態」之外，當另有主動地使氣有動有靜的「積極型態」。然而，理如果積極參與、甚至「理動氣隨」的話，那麼惡的現象，就成爲理活動所留下之跡，這就很難說得通。

　　從朱子說明理氣關係的所使用的譬喻而言，確實可看到這兩種型態。爲說明理氣不相即、不因氣而改變，朱子曾有「理在氣中，如一個明珠在水裏。」[54]的譬喻。另一方面，爲說明理氣不相離，朱子則以水波喻道之流行發見：「如水

50　〈答王子合〉，《晦庵先生朱文公文集》卷 49，《朱子全書》第二十二冊，頁 2255。

51　《道體》，《李子粹語》卷 1，《增補退溪全書（五）》，頁 186。另見《答鄭子中別紙》，《陶山全書（二）》，頁 339 上。轉引自張立文：《朱熹與退溪思想比較研究》（臺北：文津出版社，1995），頁 316。

52　曾春海：「太極既爲規範陰陽作用的動靜之理，則太極爲生生之理，萬化之根。從『有理，便有氣流，發育萬物』而言，則『理』爲氣化流行的『生理』，亦即乾坤生成萬物。」氏著：《朱熹哲學論叢》（臺北：文津出版社，2001 年），頁 7。

53　張立文：「『馬』能載人，『馬』只能聽從人的意志而奔馳。人爲主，馬爲從，人騎馬，馬被騎，『理』與『氣』即爲一種主從關係。」氏著：《朱熹與退溪思想之比較研究》，頁 10。

54　「理在氣中，如一個明珠在水裡。理在清底氣中，如珠在那清底水裡面，透底都明；理在濁底氣中，如珠在那濁底水裡面，外面更不見光明處。」《朱子語類》卷 4，《朱子全書》第十四冊，頁 203。

之或流，或止，或激成波浪，是用；即這水骨可流，可止，可激成波浪處，便是體。如這身是體；目視，耳聽，手足運動處，便是用。如這手是體；指之運動提掇處便是用。」[55]而依此喻，本體現象便是體用關係。依掛搭關係，或可使理氣不相雜、維持「惡」外在於理；但由於「事事物物皆有理」、現象皆是理氣組合而成，即使理不負責惡的造作，但也可能具有「共相之惡」，乃能使氣有造作活動的依傍。至於在體用關係中，全水起波、全波在水，就會更進一步面對「惡亦不可不謂之性」的困難。

三、事物善惡皆有理

天下事物莫不有理，事物之理雖多，卻皆分受同一共同之理，謂之「物物各具一太極」，又謂之「理一分殊」。所謂「物物一太極」，如朱子所言：「本只是一太極，而萬物各有稟受，又自各全具一太極爾。如月在天，只一而已；及散在江湖，則隨處而見，不可謂月已分也。」[56]「理一分殊」的說法，源自橫渠、伊川，意指倫理原則雖一，但在不同的社會關係中，則依親疏而有不同等級的表現。[57]在朱子的發

55　《朱子語類》卷6，《朱子全書》第十四冊，頁239。
56　《朱子語類》卷94，《朱子全書》第十七冊，頁3167-3168。
57　伊川〈答楊時論西銘書〉：「〈西銘〉明理一而分殊，墨氏則二本無分。分殊之蔽，私勝而失仁；無分之罪，兼愛而無義。」《二程集》，頁609。朱子〈西銘論〉：「天地之間，理一而已。然乾道成男，坤道成女，二氣交感，化生萬物，則其大小之分，親疏之等，至於十百千萬而不能齊也，不有聖賢者出，孰能合其異而反其同哉！〈西銘〉之作，意蓋如此，程子以『明理一而分殊』，可謂一言以蔽之矣。」《張載集》，頁410。

揮之下，則指萬物本體之理雖一，但由於萬物稟受的關係，
分別而表現為特殊之理：

> 物物皆有性，便皆有其理。……花瓶便有花瓶底道
> 理，書燈便有書燈底道理。水之潤下，火之炎上，金
> 之從革，木之曲直，土之稼穡，一一都有性，都有理。
> 人若用之，又著順它理，始得。若把金來削做木用，
> 把木來鎔做金用，便無此理。[58]

經驗事物稟天地之理而為性，但由於氣稟之故，天賦之理雖
無不同，但所分受、呈現出的理卻有差別，因而表現為事物
千差萬別的本質屬性，這就是「物物皆有性，便皆有其理」。
金不能削做木，木不能鎔做金，表示事事物物皆有其本質屬
性，不相錯亂。能如實客觀地認知事物本質屬性，即是知識，
故而「理」另有知識、理念的意義。知識的累積有助於理解
客觀世界，乃至於正確的行為判斷。然而，事物的差異相，
乃是來自同一本體之理；因此，一方面因為經驗知識累積不
足，一方面又是因為差異相不能貫通於同一之理，我們的認
知能力會有所欠缺。在經驗知識累積的過程中，一旦豁然貫
通，我們認知能力即能全然掌握規律，達到眾物無所不明的
地步，客觀認知、行為判斷乃能確然無誤。這也就是朱子說
的：

> 蓋人心之靈莫不有知，而天下之物莫不有理，惟於理
> 有未窮，故其知有不盡也。……至於用力之久，而一
> 旦豁然貫通焉，則眾物之表裏精粗無不到，而吾心之

58　《朱子語類》卷97，《朱子全書》第十七冊，頁3266。

全體大用無不明矣。[59]

事事物物的差別相狀，源自同一之理。人心有覺知能力，在臻至此同一之理之前，對事物之差別相狀，未必盡能辨別區分。透過即物窮理、經驗知識的累積，便有可能由差別之理，類推至共同之理，這就是程子所謂的「脫然貫通」。[60]於是，吾人之覺知能力，便達到「無所不知」的境界，謂之「全體大用」。[61]

　　歸納《朱子語類》「事事物物各有其理」相關話語，可

---

59 〔宋〕朱熹：《四書章句集注》（臺北：大安出版社，2005年），頁9。又，朱子所謂「致知」，當有擴充「覺知能力」與「知識」兩種意義，如劉圻父問曰：「『人心之靈，莫不有知；而天下之物，莫不有理。』恐明明德便是性。」朱子回答：「不是如此。心與性自有分別。靈底是心，實底是性。靈便是那知覺底。如向父母則有那孝出來，向君則有那忠出來，這便是性。如知道事親要孝，事君要忠，這便是心。張子曰：『心，統性情者也。』此說得最精密。」《朱子語類》卷16，《朱子全書》第十四冊，頁511。此處以「心」與「知」合言，較傾向知覺能力。知覺兼具形而上的「性」與形而下的「情」，乃有向上向下兩種可能，故曰「心統性情」。另一方面，要擴充知覺能力，又有賴客觀事理知識之增加，故而朱子又謂：「致知，則理在物，而推吾之知以知之也；知至，則理在物，而吾心之知已得其極也。」《朱子語類》卷16，《朱子全書》第十四冊，頁512。牟宗三亦謂朱子的「格物窮理」有「泛認知主義」的傾向：「蓋朱子所謂『物』本極廣泛，一切事事物物包在內。不徒外物是物，即吾人身心上所發之事亦是物。惻隱、羞惡、辭遜、是非等即是心上所發之事，故亦是物。『窮、是窮在物之理』。就心上所發之事以窮其理，亦是『窮在物之理』。此是泛認知主義，把一切平置而爲認知之所對。」氏著，《心體與性體（三）》，頁358。

60 程子「積習既久，脫然有貫通處」、「脫然有悟處」類似話語甚多，可參見《朱子語類》卷18，《朱子全書》第十四冊，頁596-618。拙意以爲，所謂「脫然」當言由差別相脫然至共同相。

61 《朱子語類》載：「剡伯問格物、致知。曰：『格物，是物物上窮其至理；致知，是吾心無所不知。格物，是零細說；致知，是全體說。』」《朱子語類》卷15，《朱子全書》第十四冊，頁471。

知朱子認為無論客觀事物或者道德行為，皆有其理，[62]不過此根本之理，終究較傾向於道德意含。如其所言：

> 所謂窮理者，事事物物，各自有個事物底道理，窮之須要周盡。若見得一邊，不見一邊，便不該通。窮之未得，更須款曲推明。蓋天理在人，終有明處。『大學之道，在明明德』，謂人合下便有此明德。雖為物欲掩蔽，然這些明底道理未嘗泯絕。須從明處漸漸推將去，窮到是處，吾心亦自有準則。窮理之初，如攻堅物，必尋其罅隙可入之處，乃從而擊之，則用力為不難矣。孟子論四端，便各自有個柄靶，仁義禮智皆有頭緒可尋。即其所發之端，而求其可見之體，莫非可窮之理也。[63]

然而，既然事事物物皆有其理，就必然面臨瑣細卑微事物（如

62　朱子格物窮理相關言論，與客觀知識較相當者，如：「上而無極、太極，下而至於一草、一木、一昆蟲之微，亦各有理。一書不讀，則闕了一書道理；一事不窮，則闕了一事道理；一物不格，則闕了一物道理。須著逐一件與他理會過。」《朱子語類》卷 15，《朱子全書》第十四冊，頁 477。又如：「蓋天下之事，皆謂之物，而物之所在，莫不有理。且如草木禽獸，雖是至微至賤，亦皆有理。」《朱子語類》卷 15，《朱子全書》第十四冊，頁 477。指道德律者，則如：格物窮理，有一物便有一理。窮得到後，遇事觸物皆撞著這道理：事君便遇忠，事親便遇孝，居處便恭，執事便敬，與人便忠，以至參前倚衡，無往而不見這個道理。《朱子語類》卷 15，《朱子全書》第十四冊，頁 470。又如：「天生蒸民，有物有則。」蓋視有當視之則，聽有當聽之則，如是而視，如是而聽，便是；不如是而視，不如是而聽，便不是。謂如「視遠惟明，聽德惟聰」。能視遠謂之明，所視不遠，不謂之明；能聽德謂之聰，所聽非德，不謂之聰。視聽是物，聰明是則。推至於口之於味，鼻之於臭，莫不各有當然之則。所謂窮理者，窮此而已。《朱子語類》卷 59，《朱子全書》第十六冊，頁 1883。

63　《朱子語類》卷 15，《朱子全書》第十四冊，頁 469-470。

枯槁瓦礫者）是否亦然有理的問題：

> 問：「曾見〈答余方叔書〉，以為枯槁有理。不知枯
> 槁瓦礫，如何有理？」曰：「且如大黃附子，亦是枯
> 槁。然大黃不可為附子，附子不可為大黃。」。[64]
>
> 問：「理是人物同得於天者。如物之無情者，亦有理
> 否？」曰：「固是有理，如舟只可行之于水，車只可
> 行之于陸。」[65]

在上述問答中，朱子意謂經驗事物各有其本質屬性，舟水車
陸，不相錯亂，謂之理。即便枯槁瓦礫、大黃附子、階磚竹
椅，仍不致混同為一，表示它們仍各保有其殊特之理。客觀
事物必有其存在之理或共同規律，則有情無情、事事物物乃
至於枯槁、瓦礫、朽木莫不有其理，這裏的「理」當指知識
論意義下的形構之理、存在之理，而非倫理學意義下的道德
之理。例如甘節所記朱子與門人問答，朱子以為瑣屑事物仍
有無關仁義之理：

> 問：「枯槁有理否？」曰：「才有物，便有理。天不
> 曾生個筆，人把兔毫來做筆。才有筆，便有理。」又
> 問：「筆上如何分仁義？」曰：「小小底，不消恁地
> 分仁義。」[66]

「才有筆，便有理」，筆又不消分仁義，顯然此處之理指的
不是道德之理，而是形式之理、或者形構的知識。既指客觀

64　《朱子語類》卷4，《朱子全書》第十四冊，頁188。
65　同前註，頁189。
66　同前註，頁189。

知識而言，則善有善的知識，[67]惡也有惡的知識，我們乃能辨識其爲惡。例如朱子〈資治通鑑綱目序例〉云：「大綱既舉，而鑒戒昭矣；眾目畢張，而幾微著矣。是則凡爲格物致知之學者，亦將慨然有感於斯，……。」[68]依朱子所定《凡例》，所謂綱目、鑒戒包含了僭號、篡賊、囚繫、流竄、誅殺、災祥……等，意謂著善之所以爲善、惡之所以爲惡，必然有其不相錯亂之共相，我們乃能依其行爲懲惡勸善、撥亂反正。

柏拉圖（427B.C.-347B.C.）理念論亦曾面臨類似的問題：不完美的事物是否亦有其共相？依柏拉圖的理念論，感官世界中的現象都是來自於對理念世界的分受與摹仿，而在理念世界中，「善」則是最高的存在。因此，理念兼具知識與本體兩重意義。從真善美角度而言，我們說「白花」、「正義的行爲」、「美麗的塑像」分享了「白」、「正義」、「美」等理念，這通常能爲人所接受。如同蘇格拉底相信公正、善、美，以及所有諸如此的事物存在著共相；但至於較卑微、不完美的事物（如頭髮、泥土、污垢），蘇格拉底則否定其間有共相的存在。[69]柏拉圖則以爲，否認「惡的相」是矛盾的。

67　道德實踐亦須配合著客觀知識，此則有賴後天學習，如朱子所言：「如先酌鄉人與敬弟之類，若不問人，怎生得知？今固有人素知敬父兄，而不知鄉人之在所當先者；亦有人平日知弟之爲卑，而不知其爲尸之時，乃祖宗神靈之所依，不可不敬者。若不因講問商量，何緣會自從裡面發出？」《朱子語類》卷 59，《朱子全書》第十六冊，頁 1879。

68　〈資治通鑑綱目序例〉，《朱子全書》第八冊，頁 22。

69　《巴門尼德》載：「說頭髮、泥土、污垢這樣一些微不足道的、卑賤的事物也有相可能會被認爲是荒謬的，蘇格拉底，對此你是否也感到困惑？……蘇拉格底說，我不困惑。在這些事例中，事物就是我們能看見

《巴門尼德》中指出，從倫理學角度而言，任何事物不會以追求醜、惡為目的；但從本體論而言，任何存在無論好壞、美醜，都是存在，都應一視同仁：既然有美的理念，當然也有醜的理念；有善的理念，當然也有惡的理念。[70]綜上所述，如果我們同意朱子的理具有知識或共相的意義，則當如同柏拉圖推論，善惡皆有其共相。儘管如此，學者或以為，柏拉圖理念論中，美有美的理念、正義有正義的理念，理型是多；朱子的理則只是一（眾理皆自太極出），是「存在之然之所以然之理」，學者或謂之「一理而多相」。[71]從倫理學角度，事事所當然之理固無所謂惡而言；但從本體論角度，經驗事

的事物，如果假定這樣的事物也有相，那就太荒謬了。」〔古希臘〕柏拉圖著，王曉朝譯：《柏拉圖全集》第二卷（北京：人民出版社，2002年），頁 760-761。

70 如范明生所言：「對於第二類有倫理價值的東西的『相』是柏拉圖前期相論最主要討論的問題；按照他的前期倫理目的論的思想，當然絕對否認有第四類東西的『相』，因為任何事物決不會以追求醜、惡為目的。……如果不從目的論而從本體論的觀點看，任何存在不論它的價值高低，不論它是好是壞，是美是醜，它們既然都是存在，作為存在講它們都是一樣的，既然承認有『美的相』便同樣應該承認有『醜的相』。……這就是說真正的哲學不應該顧慮別的意見，只承認『善的相』而否認『惡的相』，應該對所有的存在一視同仁作出解釋－這就是本體論的要求。」汪子嵩、范明生、陳村富、姚介厚著：《希臘哲學史》（北京：人民出版社，1997 年）第二卷，頁 862-863。

71 關於朱子「理」的一與多，牟先生以為：「朱子之意是一為真一（真地是一），多只是權說之假象。所謂權說之假象者，就存在之然而為其所以然之理，是因『存在之然』之多而權說為多，而實無多理，只是此整全一之理也。又因存在之然有相（有彼此之差別）而權說為彼理此理，而實則整全之一之理無相，不可以分割而為定多而謂實有此理彼理之別也。」氏著，《心體與性體（三）》，頁 505。對此，蔡仁厚名之曰「『一理而多相』（多，是理事物而顯示之相）」。氏著：《宋明理學南宋篇》（臺北：臺灣學生書局，1983 年），頁 210。

物必然是理氣相即的結果，也就是氣對某種理的實現，那麼「惡」是否也是一種氣的實現？又實現了什麼？豈不是惡之理、惡之共相嗎？[72]

此外，朱子理氣論的成聖之道，仍在於「格物窮理、吾心之全體大用無不明」，而不在回到氣未有陰陽動靜之際，或者回到「氣便是氣」未衰合之初，而在使氣的活動全合乎理、依理而行，故而有變化氣質之說。這說明以成德成聖為目的，「掛搭說」不能是唯一的、終極的解釋，必然得引出「相衰說」以補充說明。從「掛搭說」而言，理固然可說其不活動；但從「相衰說」來看，現象乃是因理「穿過氣中」、「衰在氣中」所顯現，就很難說理是絕對的不活動。

四、惡亦不可不謂之性

（一）理氣相衰與性體情用

《二程遺書》載有明道「惡亦不可不謂之性」之說曰：

「生之謂性」。性即氣，氣即性，生之謂也。人生氣

---

72 惡也是氣對理的實現，其意略同吳蘇原所說：「氣之為理，殊無可疑。……若其雜揉不齊，紛紜舛錯，為災異，為妖沴，為濁亂，則誠若不得其理矣，然亦理之所有也。安得以理之所有者而疑其非理哉？」氏著：〔明〕吳廷翰著，容肇祖點校：《吳廷翰集》（北京：中華書局，1984 年），頁 7。王浚川「氣萬則理萬」也有類似的意思：「天有天之理，地有地之理，人有人之理，物有物之理，幽有幽之理，明有明之理，各各差別。統而言之，皆氣之化，大德敦厚，本始一源也；分而言之，氣有百昌，小德川流，各正性命也。」〔明〕王廷相著，王孝魚點校：《雅述》，《王廷相集（三）》（北京：中華書局，2009 年），頁 848。依王浚川「氣萬則理萬」推論，就會得到氣有善惡、理有善惡、性有善惡。

稟，理有善惡。然不是性中元有此兩物相對而生也。有自幼而善，有自幼而惡，是氣稟有然也。善固性也，然惡亦不可不謂之性也。蓋「生之謂性」，「人生而靜」以上不容說，才說性時，便已不是性也。凡人說性，只是說「繼之者善」也，孟子言性善是也。夫所謂「繼之者善」也者，猶水流而就下也。皆水也，有流而至海，終無所污，此何煩人力之為也？有流而未遠，固已漸濁；有出而甚遠，方有所濁。有濁之多者，有濁之少者。清濁雖不同，然不可以濁者不為水也。清濁雖不同，然不可以濁者不為水也。如此，則人不可以不加澄治之功。故用力敏勇則疾清，用力緩怠則遲清，及其清也，則却只是元初水也。亦不是將清來換却濁，亦不是取出濁來置在一隅也。水之清，則性善之謂也。故不是善與惡在性中為兩物相對，各自出來。[73]

對「善固性也，然惡亦不可不謂之性也」這句話，非但門人曾疑之與孟子牴牾，朱子亦自承「舊時初看，亦自疑」。[74]《朱子語類》卷4、卷95皆見疏解，稍加整理，略其觀點為：（1）性以其超越經驗之上，未與氣衮合，不雜氣稟，只是理，即明道所謂「人生而靜以上不容說」。[75]（2）凡呈現於經驗世

73　《河南程氏遺書》卷第一，《二程集》，頁10-11。
74　《朱子語類》卷95載錢木之問曰：「『善固性也，然惡亦不可不謂之性也』，疑與孟子牴牾。」朱熹答曰：「這般所在難說，卒乍理會未得。某舊時初看，亦自疑。」《朱子全書》第十四冊，頁3195。
75　「所謂『天命之謂性』者，是就人身中指出這個是天命之性，不雜氣稟者而言爾。若才說性時，則便是夾氣稟而言，所以說時，便已不是性也。」《朱子語類》卷95。《朱子全書》第十七冊，頁3198。

界，即已非性（不只是性），而是性氣相袞。故而朱子說：
「它這是合理氣一袞說。到孟子說性，便是從中間幹出好底
說，故謂之善。」[76]經驗界的「生之謂性」是人物已生，已
落於氣，性氣相袞；孟子言性，是就理未袞於氣而言，朱子
謂之「論性不論氣」。（3）性氣既然相袞，性的表現就不能
純然如理，必然雜有氣稟。儘管雜有氣稟，「袞在氣中之性」
仍然是性，朱子謂「它當時只是袞說了。蓋水之就下，便是
喻性之善。如孟子所謂過顙、在山，雖不是順水之性，然不
謂之水不得。這便是前面『惡亦不可不謂之性』之說。」[77]以
「性氣相袞」為性，其實也就是「氣質之性在天地之性中濾
過」，或者「氣質中的天地之性」之意。亦即朱子所謂「好
底性如水，氣質之性如殺些醬與鹽，便是一般滋味。」伊川
喻之「水中鹽味，色裏膠清」。

　　綜上所述，朱子透過「人物未生、性為至善」及「人物
已生，性氣相袞，有善有惡」兩個層次的區隔，似乎疏解了
「惡亦不可不謂之性」。然而，如本章第二節所述，朱子的
理氣論不同於數論派「存有而不參與」的型態，理必然要內
在參與現象之中。同時，依朱子「孟子所謂過顙、在山，雖
不是順水之性，然不謂之水不得。」的說法，惡的現象亦是
以理為本體。在此喻中，「水流就下」說明了理乃是活動者，
因活動過程中受外力阻擾，因有「過顙、在山」之表現。準
此，「惡」便是理在被動、扭曲狀態下的活動表現。

　　為了將理不守自性的原因歸咎於非自身的外力阻擾，朱

76　《朱子語類》卷 4，《朱子全書》第十四冊，頁 202。
77　同前註。

子曾對萬人傑（字正淳）解釋惡的發生，乃是善的傍出：

> 正淳問：「性善，大抵程氏說善惡處，說得『善』字重，『惡』字輕。」曰：「『善固性也，惡亦不可不謂之性也』，此是氣質之性。蓋理之與氣雖同，畢竟先有此理而後有此氣。」又問郭氏《性圖》。曰：「『性善』字且做在上，其下不當同以『善、惡』對出於下。不得已時，『善』字下再寫一『善』，卻傍出一『惡』字，倒著，以見惡只是反於善。且如此，猶自可說。」正淳謂：「自不當寫出來。」曰：「然。」[78]

按照這段話，理的活動當為善，所以惡乃是傍出、歧出；故而朱子以為《性圖》中，理活動所成的現象，只能是善，故而惡只能傍出，不能善惡對出。然而，因為理為至善，其活動之跡亦當無不善，惡的發生是不合理的，所以萬正淳說「（惡）自不當寫出來」，朱子也同意之。萬正淳的話恰好點出了：（1）理為本體、理能活動的前提下，所有的活動之跡皆應是善，惡的發生是不合理的。（2）儘管將惡的發生歸咎於氣之阻擾，但因理為本體，氣乃是內在於理；於是，「惡」便是因理的不守自性所成，而這樣的推論等於「善能生惡」。要合理說明這種矛盾，只有一種可能：即理乃是善惡兼具、超然善惡。朱子論「性情體用」恰好說明了這種理解的可能性。

　　從性情論來說，朱子也有「性是體，情是用」的說法，性情體用的關係如其所言：「有這性，便發出這情；因這情，便見得這性。因今日有這情，便見得本來有這性。」[79]由體

78　《朱子語類》卷95，《朱子全書》第十七冊，頁3196。
79　《朱子語類》卷5，《朱子全書》第十四冊，頁224。

發用，由用也就得以見體。反應在人性論上，因為性不可言，所以透過情的具體呈現，可以逆推性為善：「性不可言。所以言性善者，只看他惻隱、辭遜四端之善則可以見其性之善，如見水流之清，則知源頭必清矣。四端，情也，性則理也。發者，情也，其本則性也，如見影知形之意。」以及《孟子集注》所言：「情者，性之動也。人之情也，本但可以為善而不可以為惡，則性之本善可知矣。」[80]

　　不過，經驗層面中，情的表現並非只有善的一面，朱子亦承認情有善惡的事實，並試圖透過「性氣相袞」（雜著氣）來說明情之所以有善有惡的原因：

> 性是未動，情是已動，心包得已動未動。蓋心之未動則為性，已動則為情，所謂「心統性情」也。欲是情發出來底。心如水，性猶水之靜，情則水之流，欲則水之波瀾，但波瀾有好底，有不好底。欲之好底，如「我欲仁」之類；不好底則一向奔馳出去，若波濤翻浪；大段不好底欲則滅卻天理，如水之壅決，無所不害。孟子謂情可以為善，是說那情之正，從性中流出來者，元無不好也。[81]

又說：

> 才是心之力，是有氣力去做底。心是管攝主宰者，此心之所以為大也。心譬水也；性，水之理也。性所以

---

80 〔宋〕朱熹：《四書章句集注》，頁 460。由經驗的善之情用可以逆推回性體之善，但由經驗的惡之情用，也當可逆推回性體之惡。但朱子顯然迴避了後者

81 《朱子語類》卷 5，《朱子全書》第十四冊，頁 229。

立乎水之靜，情所以行乎水之動，欲則水之流而至於濫也。才者，水之氣力所以能流者，然其流有急有緩，則是才之不同。伊川謂「性稟於天，才稟於氣」，是也。只有性是一定。情與心與才，便合著氣了。心本未嘗不同，隨人生得來便別了。情則可以善，可以惡。[82]

依朱子，性是未動，情是已動，欲又是從情發出來。情是合著氣而言，故而「可以善，可以惡」；甚至欲如波瀾，也「有好底，有不好底」。然而，既然或善或惡皆是情之已動，逆推回去，其實很難說那未動之性必爲至善，如陳來所言：

人總還有發而不善的情感念慮，這些情究竟是否也發自本然之性？如果說這些情也是四德之性所發，則善之性發爲不善之情，體用便無法一致，這顯然是一個很大的矛盾。……情有善惡，於是，同樣的方法也可以說，從人有種種不善之情推知人也有與之相應的不善之性。[83]

甚至，如果以情之已動，皆是未動之性的表現，那麼就可能推論出善惡皆性之所生，而這正是朱子向來反對的「同體異用」之說：

道德意識以性善爲根據，非道德意識以何爲根據？……而性情體用說就面對了困難，如果一切善和惡的情感都是人性的表現，那不就在實質上走到了朱

82　同前註，頁 233。

83　陳來：《朱子哲學研究》（上海：華東師範大學出版社，2000 年），頁 210-211。

子自己所反對的『同體而異用』的觀點上了嗎？[84]
揆朱子原意，或許是想表達性猶水之靜、為至善；性的表現
有如理與不如理兩種，理性的表現如水之流，非理性則如水
之波瀾（亦即善的傍出）。[85]但依此喻，水性為靜，無論水
之流或波瀾，其實都是動相，都異於水之靜性。那麼無論水
之流或波瀾，其實便應都是水之靜性在外力影響下，異於自
性的的表現。同理，情之可善可惡便也應皆是性的表現；於
是，性便應是超然善惡、非善非惡者，《大乘起信論》的哲
學模型恰好可以例證。

（二）《大乘起信論》「真妄和合」的哲學模型

朱子論理氣的不雜不離曰：

> 所謂理氣，此決是二物，但在物上看，則二物渾淪不
> 可分開，各在一處，然不害二物之各為一物也；若在
> 理上看，則未有物而已有物之理，然亦但有其理而
> 已，未嘗有是物也。[86]

又說：「而某於《太極解》亦云：『所謂太極者，不離乎陰

84　同前註，頁 260。

85　這種想法，其實另一種類型的水波之喻較為相應：「心譬如水：水之體
本澄湛，卻為風濤不停，故水亦搖動。必須風濤既息，然後水之體為靜。
人之無狀污穢，皆在意之不誠。必須去此，然後能正其心。」以及：「心
之本體何嘗不正。所以不得其正者，蓋由邪惡之念勃勃而興，有以動其
心也。譬之水焉，本自瑩淨寧息，蓋因波濤洶湧，水遂為其所激而動也。」
《朱子語類》卷 15，《朱子全書》第十四冊，頁 489、490。不過，前面
引文中，仍以水的波動可能有如理、不如理兩種表現；這裏則全以水的
波動為扭曲、違背水的本性，喻意不同。

86　〈答劉叔文〉，《晦庵先生朱文公文集》卷 46，《朱子全書》第二十二
冊，頁 2146。

陽而爲言，亦不雜乎陰陽而爲言。』」[87]又解《太極圖》「無極之真，二氣之精，妙合而凝」曰：「夫真者理也，精者氣也，理與氣合，故能成形。」[88]綜合地說，太極（或無極）是理、無所謂動靜；陰陽五行是氣，有動靜相。無極、二五混融無間，乃所謂「妙合」也。此說類於《大乘起信論》「依一心法有二種門」的說法：

> 心真如者，即是一法界大總相法門體，所謂心性不生不滅。……心生滅者，依如來藏故有生滅心，所謂不生不滅與生滅和合，非一非異，名爲阿梨耶識。[89]

又說：

> 以一切心識之相，皆是無明。無明之相，不離覺性，非可壞，非不可壞。如大海水，因風波動，水相風相不相捨離，而水非動性，若風止滅，動相則滅，濕性不壞故。[90]

如來藏清淨心原本不生不滅，因無明所擾，藉不生不滅如來藏心而起生滅相。以水喻之，則水非動性，因無明風動而起動靜相之波浪，故謂「非動非靜」與「動靜」相和合。水雖起動靜相，但水非動性，動性來自無明，故終不與動靜相應，「若風止滅，動相則滅，濕性不壞故。」

　　對照之下，朱子的理氣論是「非動非靜（太極）與動靜

87　《朱子語類》卷 4，《朱子全書》第十四冊，頁 196。
88　〈答劉叔文〉，《晦庵先生朱文公文集》卷 46，《朱子全書》第二十二冊，頁 2147。
89　〔印〕馬鳴造，〔梁〕真諦譯：《大乘起信論》，《大正藏》第三十二冊，頁 576a-576b。
90　同前註，頁 576c。

（二氣五行）妙合、理氣不雜不離」，與《大乘起信論》「不生不滅與生滅和合、真妄非一非異」的理論架構可謂異曲同工，基本上都是以「真妄和合」的模式來說明經驗現象的發生。這種模式其實也就是華嚴宗所謂「不變隨緣，隨緣不變」。如宗密所說：「謂真理隨緣成諸事法，然此事法既違（亦云匝）於理，遂令事顯理不顯也。如水成波，動顯靜隱。經云：『法身流轉五道，名曰眾生。故令眾生現時法身不現也。』」[91]又說：「真如非能生，能生但隨緣應現，所現染淨始終皆空故，真如元來不變，是常住也。」[92]朱子「天地之性在氣質中穿過」可說相當於宗密的「如水成波，動顯靜隱」，現象是依本體而顯現。依朱子，「性即氣，氣即性，它這且是衮說；性便是理，氣便是氣，是未分別說。」未與氣相衮的叫做「理」，衮在氣中就叫做「性」。朱子以為性即是理，只是衮在氣中後，遂傍生惡來。但依性體情用的說法，就很難說惡不是理的作用之一；甚至，「傍生」意味著「不守自性」地生出，其實仍不能與理劃清關係。準此，理氣相衮後的結果，有兩種可能：（1）理不守自性而傍出惡。（2）善惡皆是理不守自性所顯現。朱子持前一種立場，而以後者屬佛教（出於常摠），故斥五峯性無善惡之說。然而，如果「人生而靜以上不容說」，一切現象既皆是「理氣相衮」，逆推回去，「理」當超越於「理氣相衮」的善惡現象。

從理的的活動要對一切現象做本體論的解釋，仍可對理

---

91 〔唐〕宗密，《註華嚴法界觀門》：《大正藏》第四十五冊，頁689b。
92 〔唐〕宗密：《圓覺經大疏釋義鈔》卷七之上，《卍新纂續藏經》第九冊，頁607c。

氣相衰後，理的被動與主動兩種情形加以區別。妄心憑依真心開出生死流轉，淨法、染法統於一心，牟先生曾用「挾天子以令諸侯」說明之：

> 心念憑依真心而起，即示不惟淨法統于一心，即一切染法亦統于一心。……阿賴耶識時（綯綯）實無自體，其根只是無明，其所憑依只是真心。無明滅，真心顯，則阿賴耶識亦滅，即綯綯滅而歸于平靜之真常心。此凸起綯綯處，其本身是生滅，其所憑依者是不生不滅，兩者和合，非一非異，不即不離，此即為阿賴耶識。故阿賴耶識之凸起一方興風作浪，開出生死流轉，一方托帶著如來藏為其所憑依，此所謂挾天子以令諸侯也。[93]

又說：

> 依是，阿賴耶識的呈現，它有一個憑依，猶如壞人憑藉好人以作壞事，又如貪官汙吏假藉權位名器以舞文弄法，又如惡僕奸奴憑藉主人以興風作浪，結果壞事都記在好人身上，寫在權位名器上，列在主人身上，實則主人、好人、權位名器自身並無這些壞事，即並不生起這些壞事，但只是壞人憑著它們而起現。沒有這些可憑藉處，壞人惡奴汙吏是不能興風作浪的。[94]

水上的綯綯是因水被風「挾天子以令諸侯」，主人、好人、權位名器被惡僕奸奴、人、貪官汙吏所憑藉利用而來。就此說來，這些綯綯實在應該捨離、去之，以恢復如來藏的清淨

---

93 牟宗三：《心體與性體（一）》，頁 582-583。
94 同前註，頁 584。

自性，而《大乘起信論》確實也說：「唯風滅故，動相隨滅，非是水滅。無明亦爾，……惟癡滅故，心相隨滅，非心智滅。」[95]所以染淨、善惡的動相皆應捨離才是。回到理學，牟先生則對《大乘起信論》做了某種程度的改寫，一反「挾天子以令諸侯」，而以為是主動地「本體的感應妙用」：

> 在誠體之神順物感應之具體妙用中，它順迹上之該動該靜其自身不能不相應而起縐縐，此即小詞家所謂「吹縐一池春水」也。一池春水本是動而無動靜而無靜的。然而春風一起，則不能不應之而起縐縐。這活靈的春水相應風吹便成全了那些如此如此之縐縐。這些縐縐雖是應風而起，却也是其自身之所起。因其為其自身之所起，所以也可以說為其自身之所具 —— 此之謂因起而具。[96]

這個說法明顯來自《大乘起信論》：「如大海水，因風波動，水相風相不相捨離，而水非動性，若風止滅，動相則滅，濕性不壞故。」主要是站在縱貫系統的立場，說明道德本體「即存有即活動」、「即於動靜而無動靜相」的創生如何可能。在牟先生的使用案例，在對濂溪、陽明等縱貫系統的討論中分別可以看到「吹縐一池春水」的模型的借用。至於朱子，牟先生則以為「于本心亦總一間未達也」。[97]

95　〔印〕馬鳴造，〔梁〕真諦譯：《大乘起信論》，《大正藏》第三十二冊，頁578a。
96　牟宗三：《心體與性體（一）》，頁365。
97　牟先生曰：「然此不知名之作者確極明透，彼直以如來爲中心，以一心開二門，予如來藏與阿賴耶以超越的貫通，而佛性爲成佛之超越根據之積極作用亦全部朗現，……此種義理，自佛性觀念出現後，本亦極易見

　　從朱子理氣和合、乃至水波喻心，可謂皆暗合於《大乘起信論》之思路；如果《大乘起信論》的義理模型代表的是縱貫系統，那麼就「理氣相衮」的格局而言，朱子言「理」並不單純為橫攝系統。同時，依朱子「性體情用」、「理在氣中」的說法，性或理因氣質而有扭曲自性的表現，恰與真妄和合之說相近。既然如此，也就不能說理是全然地不活動不作用，至少是「包在氣質中作用」，亦即被動的、不守自性的作用。儘管經過氣質的扭曲，但氣質所「挾天子以令諸侯」者，終究仍是理，因此「不可不謂之性」。朱子雖然試圖維持「性即是理，惡為理氣衮合所傍出」的立場，但在「一切皆是氣質中的性」、「人生而靜以上不容說」兩個前提下，其實很難避免性超越善惡的推論可能。

五、結　論

　　朱子「論性不論氣，不備」表示了他對經驗世界「惡」之事實的正視。為了合理解釋惡之事實，又必須保證理為純粹至善、不為惡所染，朱子常以「蔽隔」解釋惡的由來。對善惡的異質性，這確實是有效的說明。然而，如果把問題放在本體論中，解釋對象就不限於心性善惡，還擴大到一切現象。於是，為了維持本體至善，朱子的理氣論傾向「掛搭」型態；但為了使理具體呈現於現象，則又傾向「相衮」型態。

到者。然見到，則易，而如見不到，則一間未達，永在隔閡中，此機亦很難撥轉也。子不見儒家之朱子？朱子號稱宋明儒之正統派，然于本心亦總一間未達也。」同前註，頁588。

揆其意，或許他想表達華嚴宗「不變隨緣，隨緣不變」的意涵。掛搭型態中，理只是靜態地被呈現，這固然維持了理的「不變隨緣」：自性不變，而又隨緣顯現。然而，由於一切現象皆是理氣相合而成，惡的現象亦應有惡之理，就不免仍有理具善惡的可能。同時，透過數論派哲學的比較，朱子理氣論當非以理抽離現實世界爲目的，必仍以參與經驗世界活動、變化氣質爲終旨。準此，參與現象的過程中，理就有活動的可能。

朱子雖極力維護理的純粹至善，但一元本體如何向下而開出二元，這無論如何是很難說明的。因理氣相袞而開顯現象世界，《大乘起信論》真妄和合之說可資對照。本體隨緣開顯爲現象，其自性總是始終不變，這就是華嚴宗的「隨緣不變」。在本體被動、被扭曲（即「挾天子以令諸侯」式）開顯爲現象的情形下，萬法雖爲本體隨緣所顯，但卻不即爲本體自性。逆推回去，本體的不變之性，當不能以現象善惡名之，這就有超越善惡、非善非惡的可能性，而這結果恰爲朱子所極力反對者。

第三章　橫渠之氣學向度及其論惡之由來

一、氣本論在理學脈絡中的定位

　　宋明儒者所發展出有關性理的學問，歷史上或稱為道學、理學、心學、宋學、性理之學，名稱不一。《宋史・道學傳》稱此學問為「道學」，並指出其傳承者主要為周張程朱等人，內容則大抵環繞著性命天人、理一分殊、格物致知、明善誠身等概念。這些概念都不離一個基本前提：吾人除了生物學意義的形軀之性外，還本具一種原出於天、超越之理或超越之性，而「道學」的最終目的就在恢復這本然的超越之性。[1]《宋史・道學傳》對「道學」的定義、歷史上的隱晦

---

1 《宋史・道學傳》：「千有餘載，至宋中葉，周敦頤出於舂陵，乃得聖賢不傳之學，作《太極圖說》、《通書》，推明陰陽五行之理，命於天而性於人者，了若指掌。張載作《西銘》，又極言理一分殊之旨，然後道之大原出於天者，灼然而無疑焉。仁宗明道初年，程顥及弟頤寔生，及長，受業周氏，已乃擴大其所聞，表章《大學》、《中庸》二篇，與《語》、《孟》並行，於是上自帝王傳心之奧，下至初學入德之門。融會貫通，無復餘蘊。迄宋南渡，新安朱熹得程氏正傳，其學加親切焉。」〔元〕脫脫：《宋史》（北京：中華書局，1977 年）卷 427，頁 12710。

與重現之敘述，基本上與朱子《大學章句‧序》的說法如出一轍，[2]都肯定人具有超越的「仁義禮智之性」，而全其性、復其性的意義，即在於使行爲秩序的道德化、合理化，實現於經驗世界。陳淳（1159-1223）《北溪字義》祖述朱子觀點，雖謂「道不離物，若離物則無所謂道」、「道流行乎天地之間，無所不在，無一處欠缺。」但仍肯定道的超越地位：「若推原來歷，不是人事上劃然有箇道理如此，其根原皆是從天來。」[3]即便陽明倡良知內在，雖內在然其超越性仍十分清楚，此由鄒元標（1551-1624）爲周汝登（1547-1629）《聖學宗傳》作序所言可見一斑。[4]綜上所述，如以超越本體做爲學問特性，則清人張沐於《理學宗傳》中〈敘〉對「理學」的定義可謂精準：

2　朱子《大學章句‧序》：「蓋自天降生民，則既莫不與之以仁義禮智之性矣。然其氣質之稟或不能齊，是以不能皆有以知其性之有而全之也。」〔宋〕朱熹：《四書章句集注》（臺北：大安出版社，2005年），頁1。朱子又謂，孟子之後，大人之學復因俗儒記誦詞章之習、異端虛無寂滅之教而隱晦壞亂，賴河南程氏兩夫子出而有以接乎孟子之傳。《宋史‧道學傳》的敘述基本上同於朱熹之說，差別在於更詳細地補充了周張二程的傳承系譜。

3　〔宋〕陳淳，高流水、熊國禎點校：《北溪字義》（北京：中華書局，2011年），頁38-41。

4　〔明〕周汝登《聖學宗傳》中鄒元標〈序〉即將宋代周濂溪太極、程明道識仁、明代陳白沙以自然爲宗、王陽明之致良知視爲同一宗統之發展：「夫道一而已矣。昔者聖人仰觀俯察，形容模擬此一不可得，於是系以一畫，畫之陽者曰乾，乾曰：『大哉乾元，萬物資始，乃統天。』此宗統所自來也。夫子曰：『文不在茲乎？』子輿氏曰：『見而知之。』曰茲與之。雖不明言所以，而萬古斯文之統，卒不越此。寥寥數千餘載，唐昌黎氏云堯舜禹湯文武以是遍相傳授，宋周子所謂太極，程子曰識仁，我明新會曰自然，新建曰良知，皆是物也，隨人所指而名之。」《續修四庫全書》（上海：上海古籍出版社，2002年）第513冊，頁1。

夫人而不讓堯舜孔子者，本體也；夫人而讓堯舜孔子
者，工夫也。本體具，嘗足牽制人心於天理之域；工
夫亡，則感物誘知，又足以蔽天理而不免于禽獸之
心。此天下古今所以多中材也。本體者，理；工夫者，
學理者。天之所以與我而無不足也，學者人之所以自
盡而無不能也，苟從事於此，皆可以憑越中材而為堯
舜孔子之聖矣。[5]

孫奇逢所編的《理學宗傳》主要由周張程朱陸王等十一子所
組成，包含了理學心學兩系，故而上述定義同時適用於這兩
系統。[6]無論理學或心學，都承認吾人具有超越的道德本體；
因懲忿窒欲、克己復禮之工夫而完具此本體，復因此本體之
完具而動容周旋無不中節；在張沐的定義中，這門學問的道
德實踐性質朗然可見。

此外，對道學理論派系之區別，以程朱、陸王做為代表
的兩系對峙，向為傳統的典型分法。黃宗羲〈留別海昌同學
序〉一文即有扼要的歷史考察曰：「宋之為儒者，有事功經
制改頭換面之異，《宋史》立道學一門以別之，所以坊其流；
蓋未幾而道學之中又有異同，鄧潛谷又分理學、心學為二。」
[7]說明理學在宋代原稱道學，嗣後乃別為理學、心學；直至明

---

5 〔清〕張沐：〈敘〉，〔清〕孫奇逢：《理學宗傳》，《續修四庫全書》
　第 514 冊，頁 201。

6 徐洪興：「『理學』之名，有狹義、廣義之分。一般而言，這種區分多從學
　派的角度著眼：狹義的『理學』僅指『程朱理學』；稍廣一點，則既指『程
　朱理學』，亦指『陸王心學』，這是明代以來的傳統說法。」氏著：《思想
　的轉型——理學發生過程研究》（上海：上海人民出版社，1996 年），頁 5。

7 〔清〕黃宗羲：《南雷詩文集（上）》，沈善洪主編：《黃宗羲全集》（杭
　州：浙江古籍出版社，2005 年）第十冊，頁 645。

代末期，兩系分立仍是基本的分判架構。因其道德實踐之性質，牟宗三又稱之曰「性理之學」、「心性之學」、「內聖之學」乃至「道德的形上學」。[8]其名雖殊，但所論之旨，基本上皆在此超越本體。

　　不過，大陸學者如張岱年、馮友蘭、張立文等學者則認爲在理學、心學之外，另應獨立出一支「氣學」或「氣本論」，視之爲廣義道學的一部分，並形成理本氣本心本的三系說。[9]相較於理與心，氣的物質、質料意義較爲突出，故又往往與唯物論相提並論；至於構成氣本一系的主要人物則大抵是張載（橫渠）、王廷相（浚川）、羅欽順（整菴）、王夫之（船山），[10]甚至包含顏元（習齋）、李塨（恕谷）、戴震（東

8　牟宗三：「此『性理之學』亦可直曰『心性之學』。」又謂：此『心性之學』亦曰『內聖之學』。」又謂：「此『內聖之學』亦曰『成德之教』。」又謂：「此『成德之教』，就其爲學說，以今語言之，亦可說即是一『道德哲學』（Moral philosophy）。進一步，此道德哲學亦函一『道德的形上學』（Moral metaphysics）。」氏著：《心體與性體（一）》（臺北：正中書局，1989 年），頁 4-6。

9　關於大陸學者以「三本」（理本心本氣本）或「三唯」（唯理唯氣唯心）爲宋明理學劃分標準的三系說，其形成過程可參見周芳敏：〈以「理本論」、「心本論」、「氣本論」分系宋明理學之商榷〉，《漢學研究》第 27 卷第 4 期，2009 年 12 月。

10　如張岱年於 1981 年發表的〈關於宋明時代的唯物主義及其唯心主義的關係〉便說：「以氣爲本的是唯物主義，以理爲本的是客觀唯心主義，以心爲本的主觀唯心主義。」又說：「總之，力圖從世界本身說明世界，從這個意義來講，張載、王廷相、羅欽順、王夫之都是名符其實的唯物主義哲學家。」氏著：《張岱年全集》（石家庄：河北人民出版社，1996 年）第五卷，頁 375-376。時隔二十年，陳來《宋明理學》仍以「氣」與「唯物主義」的意義有連結關係：「從哲學上看，張載的自然哲學無疑的是氣一元論的唯物主義哲學。他把宇宙的統一性毫不猶豫地歸結爲物質性的實在『氣』。」氏著：《宋明理學》（上海：華東師範大學出版社，2003 年），頁 47。

原）等人。[11]較諸大陸學者以氣本論、唯物論爲真理的論點，臺灣學者對氣本論並未給予太多注意及正面的評價，甚至以爲氣本論與理學並不相侔，如牟宗三便云：「夫宋明儒學是先秦儒家之嫡系，中國文化生命之綱脈。隨時表而出之，是學問，亦是生命。自劉蕺山絕食而死後，此學隨明亡而亦亡。」[12]所謂「生命的學問」，即是「明明德」的學問。[13]「明德」亦即「天命、天道下貫於人而爲人的真實主體」，[14]而要談天命下貫，當然必須承認「超越之存在」然後可說。[15]這個說法明顯是來自宋代理學談天道天命的傳統。[16]

---

11 詳見張岱年：〈氣論二〉，《中國哲學大綱》（南京：江蘇教育出版社，2005 年）中的論述。

12 牟宗三：〈序〉，《從陸象山到劉蕺山》（臺北：臺灣學生書局，1990年），頁 3。牟先生〈生命的學問〉一文亦說過類似的話：「我說中國的生命學問傳統早已斷絕。斷絕於何時？曰斷絕於明亡。清入主中國，是中國民族生命之一大曲折，同時亦是文化生命一大曲折。」氏著：《生命的學問》（臺北：三民書局，1991 年），頁 36。

13 牟宗三：「『明明德』的學問，才是真正『生命』的學問。」（〈生命的學問〉頁 37）又謂：「中國哲學，從它那個通孔所發展出來的主要課題是生命，就是我們所說的生命的學問。它是以生命爲它的對象，主要的用心在於如何來調節我們的生命，來運轉我們的生命、安頓我們的生命。」氏著：《中國哲學十九講》（臺北：臺灣學生書局，1989 年），頁 15。

14 牟宗三：「在中國思想中，天命、天道乃通過憂患意識所生的『敬』而步步下貫，貫注到人的身上，便作爲人的主體。……彷彿在敬的過程中，天命、天道愈往下貫，我們的主體愈得肯定，所以天命、天道愈往下貫，愈顯得自我肯定之有價值。」氏著：《中國哲學的特質》（臺北：臺灣學生書局，1990 年），頁 20。

15 牟宗三：「無常的天命，取決於人類自身敬德與明德。如果墮落了，不能敬德、明德，天命必然亦隨之撤消。……如果有「天命」的感覺，首先要有超越感（Sense of Transcendence），承認一超越之『存在』，然後可說。」氏著：《中國哲學的特質》，頁 21。

16 牟先生所謂從「超越之存在」下貫而來的真實主體，以伊川的話來說即

　　儘管此一強調氣爲本體的發展脈絡，固爲宋明儒學發展中的學術事實；但如方東美所言，部分氣本論者「其於超越界之重要性、以及特屬該界之玄理運作等，概斥同無用。」[17]由於否定超越存在的獨立與實存，氣的意義自然較顯物質傾向，這一態度如袞爾鉅所言：「他們把『氣』看成天地萬物之祖，即以氣爲本。從這樣的氣本論出發，他們不承認氣外有理，形外有神，離氣質而言性，遺耳目而聞見知談『德性之知』。他們的樸素唯物論貫徹得比較徹底，他們在理學和心學對立中樸素唯（物）論推進了一大步。」[18]如果這就是氣本論的旨趣，則如此觀點，豈不與傳統理學定義大有扞格之勢、大相逕庭嗎？若然，所謂「氣本論」，如袞爾鉅所言：「以理言道，以心言道，以氣言道，所言不同，然均爲『道』，是否可統之爲『道學』呢？」[19]這答案能輕言肯定哉？既與理學的學術主旨扞挌，氣學要與理學、心學鼎足爲三，恐怕就有討論餘地。

　　然而，部分同情氣本論的學者，仍認爲氣學與理學、心學具有某些共同點，如劉又銘即曰：

　　……若不將程朱理學和陸王心學當做理解、詮釋的絕

是：「明德者，人之所得乎天，而虛靈不昧，以具眾理而應萬事者。但爲氣稟所拘，人欲所蔽，則有時而昏；然其本體之明，則有未嘗息者。故學者當因其所發而遂明之，以復其初也。」〔宋〕朱熹：《大學章句》，《四書章句集註》，頁5。

17 方東美著，孫智燊譯：《中國哲學精神及其發展》（臺北：黎明文化公司，2005年），頁29。

18 袞爾鉅：〈理學和心學考辨 ── 兼論確認「氣學」〉，《甘肅社會科學》49期，1988年5月，頁30。

19 同前註，頁31。

對標準而強加在氣本論之上的話，我們當可發現，氣本論自有它的思想典範，自有它成立的依據；而它跟程朱理學、陸王心學之間雖有基本立性格的差異，彼此卻仍然有共同關係的論理，也仍然共同地朝向儒家成德成聖的終極目標，因而是可以放在一個共同的大框架中相互對比考察的。[20]

王俊彥也說：

氣學的理論架構是順無而有，有而無的主線進行，如由具本體義的元氣，透過陰陽相生之機制化生萬物，萬物之生即具元氣本體之生生義、道德義與二五比例各各不同之氣種，故萬物皆能各具其本體性。……圓融的說則是有無、內外，只是一氣在不同時空中的示現而已，示現是藉存在體現元氣，並不是相對之二者。此說提供了一實有又無限圓滿的人生，避開佛老之虛幻，直承孔子重實的本旨。[21]

至於大陸學者也指出，明代氣學本論起的主因在對程朱理氣二元的反動。如衷爾鉅所言：

從上述可以看到，明代前中期，程朱理學二元傾向越來越明顯嚴重。他們的二元傾向，理論上都傾淵源於程頤、朱熹的「認理氣為二物」和「理先氣後」論。……這樣，羅欽順、王廷相、吳廷翰作為氣本論者，就面

20　劉又銘：《理在氣中：羅欽順、王廷相、顧炎武、戴震氣本論研究》（臺中，五南圖書公司，2000年），頁15。

21　王俊彥：〈自序〉，《王廷相與明代氣學》（臺北：秀威資訊科技，2005年），頁i。

> 臨著兩條戰線上的鬥爭，既要反對王陽明心學的「心
> 即理」，又要批判程朱學派理氣二元化的傾向。[22]

曾振宇亦言：

> 在中國古代思想史上，二程最早由理統氣、由理訓
> 氣，羅欽順則對程朱派的理氣論進行了大膽的哲學解
> 構與重構，理本論嬗變爲氣本論，理學嬗變爲氣學。
> 羅欽順從程朱營壘內部顛覆了理學體系，進而與張載
> 和王廷相氣學前後呼應。[23]

由這些說法，可將氣本論歸結爲數個重點：（1）氣本論亦是
以朝向儒家成德成聖的終極目標。（2）氣本論的提出是對理
氣二元論或理本氣末論的反動。（3）如以氣爲形上本體，則
透過一氣化生，萬物皆能各具其本體性，既可免理本氣末、
庶可免於佛老虛幻之弊。第（1）點當然是儒學共識，無庸討
論。第（2）、（3）點合而觀之，則氣本論之要旨，在於（a）
本體是真實的，（b）現象既由本體所生，且本體不能離現象
而獨存，所以現象也是真實的。在氣本論者看來，程朱理氣
論強調理先於氣、甚至外於氣；[24]以理氣爲二物，不免分本
末爲兩截，視現象爲氣質之所污壞，這毛病與佛老是一致的。
但弔詭的是，以現象爲虛幻，這亦是理學所批判佛老的弊病，

---

22 衷爾鉅：〈試探二程對明代氣一元論的影響〉，《中州學刊》1988 年第
　　6 期，頁 59。
23 曾振宇：〈「理氣一物」：羅欽順對程朱哲學的「接著講」〉，《山東
　　大學學報》（哲學社會科學版）2011 年第 2 期，第 41 頁。
24 如朱子言：「未有天地之先，畢竟也只是理。」《朱子語類》卷 1，《朱
　　子全書》第十四冊，頁 114。又言：「萬一山河大地都陷了，畢竟理卻
　　只在這裡。」頁 116。

也是理學所極力避免者，此弊何以竟加諸理學身上！程朱理
氣論其實也承認「理」應該、也終將要實現於經驗世界，不
過鑑於經驗世界中惡之事實，乃透過「氣」來解釋惡的由來。
於是，不斷攝氣歸理、變化氣質，乃可達到成德成聖的目的。
如本書第二章〈掛搭與相衮：朱子的理氣型態及其對「惡」
的處理〉所言，程朱理氣論既要肯定「理」當於經驗中實現，
又要解釋「理」事實上並未完全實現，不啻承認部分經驗現
象乃是扭曲的、虛妄的，理論上不免有所矛盾支絀之處。然
而，氣本論既主一氣流行，即本體即現象，又如何面對經驗
事實之惡、進而加以解釋呢？其中，橫渠（1020-1077）的地
位尤為特別，既被視為理學濂洛關閩主要學派之一，又被視
為對理學反動的氣學祖師，[25]其學術屬性的認定就值得考察。

二、橫渠氣學的理本與氣本理解向度

　　橫渠以太虛、太和、氣等概念以建構其本體論與宇宙論，
揆其用意，乃是為了糾正佛老不能推本所從來、將本體現象、
天人體用判然殊絕為二之弊。如《正蒙·太和》所言：

> 知虛空即氣，則有無、隱顯、神化、性命通一無二，
> 顧聚散、出入、形不形，能推本所從來，則深於《易》
> 者也。若謂虛能生氣，則虛無窮，氣有限，體用殊絕，

---

25 衰爾鉅：「『氣學』的實際開創者，應上溯到宋代的張載。理學家抹煞
　他獨立的學術地位，雖濂、洛、關、閩並稱，卻把張載歸入理學，歪曲
　了張載學說基本性質，不符合歷史事實。」氏著：〈羅欽順開端明代氣
　學〉註1，《哲學研究》1988年第8期，頁70。

> 入老氏「有生於無」自然之論，不識所謂有無混一之
> 常；若謂萬象為太虛中所見之物，則物與虛不相資，
> 形自形，性自性，形性、天人不相待而有，陷於浮屠
> 以山河大地為見病之說。此道不明，正由懵者略知體
> 虛空為性，不知本天道為用，反以人見之小因緣天
> 地。明有不盡，則誣世界乾坤為幻化。[26]

橫渠以為，老氏「虛能生氣」的問題在於氣雖動靜有時，但
陰陽之氣始終常在，不可謂之無，故「有生於無」有體用殊
絕之弊。佛家「萬象為太虛中所見之物」的問題則在於以真
空常寂為實相，根塵為妄現，故謂世界乾坤為幻化，必捨妄而
歸真。綜言之，此二說皆有形外求性、氣外求理之病。

　　現象源自本體，所以山河大地、世間倫理皆非虛幻、皆
為實存而可肯定者。隨氣聚則有形而明，氣散則無形而幽，
無論聚散皆是實存之流行而非幻妄，如橫渠所言：

> 氣聚則離明得施而有形，氣不聚則離明不得施而無
> 形。方其聚也，安得不謂之客？方其散也，安得遽謂
> 之無？故聖人仰觀俯察，但云「知幽明之故」，不云
> 「知有無之故」。[27]

無論有形無形，都是實存的狀態。既為實存，則經驗形器之
存在也都有其「理」，所以理並非孤懸於存有物之外，而是
內在於存有物之間。這就是橫渠以「太虛不能無氣」、以氣
為本的用意。不過，橫渠所謂「虛空即氣」，究指即氣顯理、

26　《正蒙・太和》，〔宋〕張載著，章錫琛點校：《張載集》（北京：中
　　華書局，2006年），頁8。
27　〔宋〕張載：《張載集》，頁8。

單純由一氣流行所見之條理，或者理下貫於氣而呈現理氣不二，學界則見解不一。〈太和〉曰：

> 太和所謂道，中涵浮沈、升降、動靜、相感之性，是生絪縕、相盪、勝負、屈伸之始。……散殊而可象為氣，清通而不可象為神。不如野馬、絪縕，不足謂之太和。[28]

舊注對這段話並不一致，大略可分為「理氣合一」與「通一無二」兩種理解模式。所謂「理氣合一」如劉璣所謂：「『太和』以氣言，『道』以理言；『浮沉、升降、動靜、相感』，以氣之相待言，『絪縕、相盪、勝負、屈伸』以氣之流行言；曰『性』曰『始』，即所謂道也。言太和非道也，而所以謂太和為道者，以太和之中涵此、生此也。此太和所以謂道也，非即以太和為道也。」[29]劉璣以為，太和可以涵道，但本身並非道，這可以做「合一」模式的代表。至於「通一」的模式，如船山所謂：「太和，和之至也，道者，天地人物之通理，即所謂太極也。陰陽異撰，而其絪縕於太虛之中，合同而不相悖害，渾淪無閒，和之至矣。未有形器之先，本無不和，既有形器之後，其和不失，和之至矣。」[30]船山以為陰陽絪縕合同，呈現天地人物之理，理即涵於氣中。他在另一段話對此意思表達更清楚：「若其實，則理在氣中，氣無非理，氣在空中，空無非氣，通一而無二者也。」[31]理在氣中，

---

28 〔宋〕張載：《張載集》，頁7。
29 林樂昌：《正蒙合校集釋》（北京：中華書局，2012年），頁11。
30 同前註，頁7。
31 這是王船山對「顧聚散、出入、形不形，能推本所從來，則深於《易》者也。」的注解。同前註，頁32。

通一無二，可以說是對「形外有性」、「氣外求理」的糾正。[32]

　　順著這兩種模式，大致就能知學界對「太虛即氣」理解的根據何在。橫渠論太虛與氣的關係，其代表說法大抵爲下列〈太和〉中的文字：

> 太虛無形，氣之本體，其聚其散，變化之客形爾；至靜無感，性之淵源，有識有知，物交之客感爾。客感客形與無感無形，惟盡性者一之。
>
> 天地之氣，雖聚散、攻取百塗，然其爲理也順而不妄。氣之爲物，散入無形，適得吾體；聚爲有象，不失吾常。太虛不能無氣，氣不能不聚而爲萬物，萬物不能不散而爲太虛。循是出入，是皆不得已而然也。然則聖人盡道其間，兼體而不累者，存神其至矣。彼語寂滅者往而不反，徇生執有者物而不化，二者雖有間矣，以言乎失道則均焉。[33]

以及：

> 氣之聚散於太虛，猶冰凝釋於水，知太虛即氣，則無無。故聖人語性與天道之極，盡於參伍之神變易而已。諸子淺妄，有有無之分，非窮理之學也。[34]

據整理，學界對「太虛即氣」的代表性理解大抵爲牟宗三「體用不二說」、唐君毅「流行存在說」、以及大陸學者「唯物

---

32 王船山：「若謂太極本無陰陽，乃動靜所顯之影像，則性本清空，稟於太極，形有消長，生於變化，性中增形，形外有性，人不資氣而生於氣外求理，則形爲妄而性爲眞，陷於其邪說矣。」同前註，頁 33。

33 〔宋〕張載：《張載集》，頁 7。

34 同前註，頁 8-9。

說」等觀點。[35]對照之下，牟宗三以「體用不二之圓融論」
來理解橫渠，可謂系出「理氣合一」的理解模式。牟先生謂：

> 依橫渠之思理，體用圓融即是神體氣化之不即不
> 離。……不能離氣者即就氣化之不滯而見神體虛體之
> 妙用也。清通之神即在氣化之不滯處見，即在氣之聚
> 散動靜之貫通處見，此即「虛空即氣」也。……簡言
> 之，其言氣化之不滯是以性體因果為條件者，是預定
> 道德創造之性體因果為其超越根據者。性體因果過程
> 意即此因果過程乃為性體自主之所貫。氣化之不滯既
> 不是自然既成之事實，而是以性體因果為根據，則在
> 此氣化之不滯中自然有神體虛體（性體）以貫之，因
> 而亦可說即在此氣化之不滯處見神體。是故「虛空即
> 氣」此種神體氣化之宇宙論的圓融辭語是道德理想主
> 義的圓融辭語，不是自然主唯氣論之實然的陳述。[36]

牟先生強調，依橫渠「太虛即氣」固能成立「氣立而理因之
寓」，但氣終非寡頭者，氣化之象迹終究為太虛神體之創生

---

35 朱健民〈太虛與氣之關係之衡定〉即列舉「牟宗三先生之理解」、「唐
  君毅先生之理解」、「以張載為唯氣論（氣一元論）的說法」等異解。
  氏著：《張載思想研究》（臺北：文津出版社，1989 年），頁 139-147。
  之後，陳立驤〈張載「天道論」性格之衡定〉亦綜理為：異質關係（形
  下之氣與形上之太虛）、同質關係（形下物質性存在）、同質關係（宇
  宙之大化流行）。氏著：《宋明儒學新論》（高雄：復文出版，2005 年），
  頁 350-351。陳政煬〈張載「太虛即氣」說辨析〉亦整理為「唯物說」、
  「體用圓融義」、「虛氣不二論」，其義略同。參見氏著：《張載思想
  的哲學詮釋》（臺北：文史哲出版社，2007 年），頁 24-35。又，李曉
  春亦將「太虛即氣」的理解分為「是系」、「即系」、「即是系」三系
  說，其實亦是唯物說、牟說與唐說。氏著：《張載哲學與中國古代思維
  方式研究》（北京：中華書局，2012 年），頁 248-267。
36 牟宗三：《心體與性體（一）》，頁 458。

所帶出者；片面強調「氣立而理因之寓」而略此本體，就可能誤解橫渠為自然氣化論者：

> 若就橫渠之圓融義言，亦是有理（神體）而後有氣，亦是氣立而理因之寓；但「氣立」並非寡頭者。若氣真是無本而自立，天地之間真是自然既成之一氣，不待妙運之者而然，則「氣立而理因之寓」，理很可能成為氣之謂詞、質性，此則大悖。[37]

牟先生將橫渠「太虛即氣」界定為體用關係，虛不離氣，氣不離氣；虛氣雖依體用相即而言圓融不二。但識者指出，「分解太清楚也易使人落於一邊。而忘欲神化之體用不二。」[38]且「太虛與氣在此『相即不離』的關係中，二者畢竟是『異』而非『一』。這與張載所試圖展現天人雖『有分』卻實為『一』的進路，並不全然相同。」[39]

　　相較之下，唐先生則是以氣為一「流行的存在」，其真實存在之義並非是因其為天道妙運之跡而獲得意義，而是氣本身即為真實的存在：

---

37 同前註，頁 459。牟先生這段話之前，還批評了劉蕺山「氣立而理因之寓」的論點：「劉蕺山為表示通一無二，反對朱子歧理氣為二，而有曰：『天地之間，一氣而已。非有理而後有氣，乃氣立而理因之寓也』。此種抑揚之間，不能無病。」而依牟先生所謂「太和所謂道」含有三義：（一）能創生義；（二）帶氣化之行程義；（三）至義而不亂之秩序義（理則義）。同前註，頁 439。即明白指出氣化行程乃是由能創生之道所帶出者，「依此，『由氣、有道之名只』只是太和之帶著氣化說而已。並非截斷其創生義，只執『實然平鋪之氣化』以為道也。……亦必有根源，宗主義，此即其創生義也。」同前註，頁 440。

38 朱健民：《張載思想研究》，頁 66-67。

39 陳政揚：《張載思想的哲學詮釋》（臺北：文史哲出版社，2007 年），頁 41。

> 對……橫渠之以虛氣形象、與心知、性命、神化相互
> 說明之旨，如要理會親切，當說其氣只是一流的存在
> 或存在的流行，而不更問其是吾人所謂物質或精
> 神。……說其即是虛，則是自其可顯可隱、可感可寂、
> 可動可靜而說。其隱、寂、靜，即實而虛；其顯、感、
> 動，即虛而實。前者為一流行存在之創創始，後者為
> 其終成。[40]

氣既為真實的存在，當然就不會只是自然的物質材料，故而
唐先生以為「應高看此氣」：

> 尅就此幽之實之為實言，即一真實之存在。氣之義，
> 原可只是一真實存在之義。故可說此天即氣。天之神
> 德之見于其虛明，其所依之「實」，即此氣也。故橫
> 渠言「太虛，一實也。」（性理拾遺）又言「虛空即氣」。
> 于此吾人應高看此氣，而視之如孟子之浩然之氣之
> 類，以更視其義同于一形上之真實存在，其虛明即以
> 此一形上真實存在或此氣之神德為體，所顯之用。[41]

唐先生的理解，可以說是「通一無二」說的進一步闡釋。然
而，將理涵攝於氣之中，若不「高看」，僅視理為氣流行變
化之「生生而條理」[42]，則氣就有可能只是自然的物質實體，
這就是廣為大陸學界接受的「唯物說」。所謂「唯物」的定

---

40 唐君毅：《中國哲學原論·原教篇》（臺北：臺灣學生書局，2004 年），
　　頁 93。
41 同前註，頁 99。
42 「生生而條理」係戴東原語。戴東原謂：「一陰一陽，蓋言天地之化不
　　已也，道也。一陰一陽，其生生乎，其生生而條理乎！」〔清〕戴震著，
　　何文光整理：《孟子字義疏證》（北京：中華書局，2008 年），頁 62。

義是：「一切唯物主義者都否認物質自然界之外另有所謂精神本體的存在」，[43]將此觀點加諸橫渠，無論稱之爲唯氣論、元氣本體論，基本上就成了一種物質實體。類似觀點如任繼愈主編的《中國哲學史》所言：

> 張載提出了「太虛」這一表示物質性的範疇，……它是極細緻的物質（氣），它不以人們的意志為轉移，較深刻地反映了作為萬物本體的氣的客觀實在性。[44]

亦如侯外廬主編的《中國思想史》所言：

> 張載說「太虛」不能無「氣」，萬物不能不散為「太虛」，指明了萬物聚散的必然性。這種「形潰反原」之說，也暗示了物質不滅的原理，即和一般舊唯物主義者的論証相似，以為物質（「氣」）只有形態的變換，而沒有消滅的可能。[45]

綜合上述三種對「太虛即氣」的詮釋，牟先生爲代表的「體用不二」其實仍是理本氣末、理先氣後的「理氣論」的脈絡，只不過將理氣圓融視之而爲不二。至於後二者，則一反理本氣末之序，而以氣爲主體，將理涵攝於氣化流行之中，而主

---

43 肖萐父、李錦全：「一切唯心主義者都認爲世界統一於物質現象背後的精神本體，或稱之爲『無』、『虛』，或稱之爲『理』、『太極』等；一切唯物主義者都否認物質自然界之外另有所謂精神本體的存在，並力圖對世界的物質統一性進行艱苦的哲學論証。這是本體論上哲學路線的根本分歧。」肖萐父、李錦全：《中國哲學史（下）》（北京：人民出版社，1991年），頁50-51。

44 任繼愈主編：《中國哲學史（三）》（北京：人民出版社，2003年），頁202。

45 侯外廬主編：《中國思想史（四上）》（北京：人民出版社，1980年），頁553。

理在氣中或由氣中見理。由於氣的本體地位得以突出，也就
是「氣本論」說法的由來，但依「高看此氣」或僅視其為自
然質料，其理解又有形上與唯物之差異。

　　上述理解型態，或以理本氣末模式而言體用圓融不二，
或以氣為主體、由氣之流行而見理，故而無論從理學或氣學
系譜皆可將橫渠視為開創人物。例如「理能妙運，氣為形跡」
[46]固為牟先生用以理解橫渠的模型，但此模型先見於牟先生
論濂溪之誠體妙運：「自實體言，為誠體流行；自軌迹言，
為終始過程。……落實言之，即不能不有『氣』之觀在，而
氣並非即是道也，若渾淪圓融地言之，則道器、理氣、體用、
一起滾，說道不離器，可，說器即是道亦可，而此『即是』
非界定之『即是』，乃是圓融之『即是』。」[47]又謂：「這
些 ── 迹或事 ── 都是神之妙用之所起，之所創生。說到最
後，是成全的創生，是創生的成全。」[48]而此模型其實亦即
牟先生心目中的圓滿型態，散見於對濂溪、明道、陽明的詮
釋；[49]至於朱子，則是此模型的變形，[50]故判為歧出。而學界

---

46 牟先生即謂：「神固不離氣，然畢竟神是神，而不是氣，氣是氣，而不
　是神，神與氣可分別建立。……氣有象迹，可言散殊，故云『散殊而可
　象為氣』。」氏著：《心體與性體（一）》，頁 442。
47 同前註，頁 327-328。
48 同前註，頁 366-367。
49 牟先生論明道曰：「天道『於穆不已』之生德引生陰陽之氣之生化，而
　亦即由此氣之生化而見『於穆不已』之生德。……實際在生化者是形氣
　之事，而天道之生德則是所以神妙之者。」氏著：《心體與性體（二）》，
　頁 149。即便論陽明良知，亦謂：「『動靜者所遇之時』，則可以言動
　靜之寂然感通與有事無事亦皆是隨所遇之時而作分別說耳。然良知本身
　則無分於動靜，無分於有事無事，無分於寂然感通也。」氏著：《從陸
　象山到劉蕺山》（臺北：臺灣學生書局，1990 年），頁 341。
50 朱子的靜態、不能創生之理，則是此模型之變形：「此靜態的所以然之

對宋明氣學或氣本論分類，其實亦根柢於對橫渠論氣型態之理解差異。氣本論的分類，學界稱謂不一，或曰神聖氣本論、自然氣本論；[51]或曰先天型、後天型；[52]或曰理氣（心）是一論的氣學、及純粹氣本論。[53]非但稱謂不一，對氣學家的派系歸屬亦分類不一。

形上之理只擺在那裡，只擺在氣後面而規律之以為其超越的所以然，而實際在生者化者變者動者俱是氣。而超越的所以然之形上之理却並無創生妙運之神用。此是朱子之思路也。」同前註，頁 370。

51 劉又銘：「第一類氣本論跟程朱理本論或陸王心本論緊密地相容、相結合。它所謂的元氣本體，跟理本論的理本體以及心本論的心本體一樣，都可以看作是一種價值滿盈的『神聖本體』。……第二類氣本論暫且稱為『自然氣本論』（以羅欽順、王廷相、吳廷翰、顧炎武、戴震、焦循等人為代表），它的型態理路較為單純素樸，屬於氣本論中的基本型態或純粹型態。我曾一度稱它為『本色派氣本論』，現在覺得可以稱它為『混淪（混沌）元氣氣本論』、『自然元氣氣本論』或『自然主義氣本論』，簡稱『自然氣本論』。」氏著：〈宋明清氣本論研究的若干問題〉，收於楊儒賓、祝平次編：《儒學的氣論與工夫論》（臺北：國立臺灣大學出版中心，2012 年），頁 207-208。

52 楊儒賓：「……氣學實可分成兩種形態，一為超越義，一為自然義。如用傳統的中國哲學語彙來講，前者可稱為先天類型，後者則可視為後天類型。……老莊所說的『先天地生』之道，意指它亙古自存，獨立於創造之先，亦即獨立於時空之外，是種非時空的概念，同時也可以說是種非個體性的概念。如果『先天』其意義如此的話，那麼『後天』即指落於時空的個體性概念。本文所說的先天後天，即依此標準劃定。」氏著：〈檢證氣學 —— 理學史脈絡上的觀點〉，《異議的意義－近世東亞的反理學思潮》（臺北：國立臺灣大學出版中心，2012 年），頁 88-89。

53 王俊彥：「且在明代學術發展自由的氛圍下，除有王廷相、吳廷翰等以元氣為宇宙本體的純粹氣本論外，尚有由朱學理氣二分轉為理氣是一的發展。另外主張理氣是一者，又不乏強調道德自覺的要，故又有心與理氣是一的發展。純氣本論者，則可視為擺脫理學、心學的糾纏，而自創新局者。」氏著：《王廷相與明代氣學》（臺北：秀威資訊科技，2005年），頁 223。

三、橫渠對「惡之來源」的解釋

（一）理氣二元：氣質之性，君子有弗性者焉

承前所述，橫渠氣論有「理氣論」與「氣本論」兩種理
解型態，而「氣本」思想亦有形上形下兩種可能。如果我們
承認「氣本」此一思路對橫渠思想有相應之處，而「氣本」
一系於理學史中確實亦應有其獨立地位；那麼除了開啟形上
形下兩種氣論的可能之外，橫渠由氣對「惡之來源」的處理
方式，對後世氣學亦當有不可忽視的影響。

橫渠對惡之來源的相關討論，如《正蒙・誠明》其中所言：

> 性於人無不善，繫其善反不善反而已，過天地之化，
> 不善反者也；命於人無不正，繫其順與不順而已，行
> 險以僥倖，不順命者也。[54]

依此文字，橫渠主張人性無不善，之所以有不善之發生，則
在於「不善反其性之正」，[55]而橫渠「命於人無不正」則又
說明此虛氣流行非僅止於物質材料之聚散變化，更含有一價
值意義，無論人事際遇之窮通禍福，皆意義即在呈現此一神
聖價值。[56]儘管人性無有不善、天命無有不正，經驗事實中

---

54 〔宋〕張載：《張載集》，頁22。
55 「不善反其性之正」為宋代熊剛大之注語：「是性在人無有不善，是為
天地之性。」又曰：「天地之化初無過差，或不能復其本然之性，則為
過天地之化矣。此不善反其性之正也。」林樂昌：《正蒙合校集釋》，
頁330。
56 王船山即謂「天有生殺之時，有否泰之運，而人以人道受命，則窮通禍
福，皆足以成仁取義，無不正也。」同前註，頁330。

人卻仍有不善、於天命仍有不順。關於此問題，〈誠明〉的說法是：「湛一，氣之本；攻取，氣之欲。口腹於飲食，鼻舌於臭味，皆攻取之性也。知德者屬厭而已，不以嗜欲累其心，不以小害大、末喪本焉爾。」[57]而這口腹鼻舌的攻取之性，也就是氣質之性。準此，橫渠亦仿孟子《盡心・下24》口目耳鼻「君子不謂性」之語而曰：

> 形而後有氣質之性，善反之則天地之性存焉。故氣質之性，君子有弗性者焉。[58]

橫渠又指出，「天地之性」與「氣質之性」彼此消長而互為賓主，義理勝則氣質為之賓而聽命於德：

> 德不勝氣，性命於氣；德勝其氣，性命於德。窮理盡性，則性天德，命天理，氣之不可變者，獨死生修天而已。故論死生則曰「有命」，以言其氣也；語富貴則曰「在天」，以言其理也。[59]

透過天地之性與氣質之性二者消長的關係，學界基本上認為是橫渠對惡的來源的解釋，如黃秀璣所謂：「……，張載認為人性為善與『天地之性』是一致的。那麼問題是，如何解釋惡的來源呢？他的回答是，因為人是有形體的，並因而具有『氣質之性』。……張載就根據這個前提，企圖把惡的問題加以解答。」[60]對此問題，學界說法大抵近於此。[61]

57　〔宋〕張載：《張載集》，頁23。

58　同前註。

59　同前註。

60　黃秀璣：《張載》（臺北：東大圖書公司，2007年），頁96。

61　類似說法如牟宗三：「性體妙運物而為之體，何以有不呈現之時？曰：宇宙論地言之，無不呈現之時，而自人之道德實踐而言之，則有不呈現

　　將天地之性與氣質之性對立起來，這是朱子理氣論常用的處理方式。依朱子「氣能凝結造作，理卻無情意」；[62]「氣有聚散，理則不可以聚散言」之說法，[63]乃是以理氣對舉而成「無造作／能造作」、「無形質／能凝結」的格局。那麼，將天地之性與氣質之性，視爲兩種相對獨立的因素，就不免有「性二元論」之嫌。[64]這種「性二元論」式的理解，考諸

之時。蓋人受形體之限，不能不有氣質之偏。性體之不能呈現，或時有微露而不能盡現者，皆氣質之偏限之也。」氏著：《心體與性體（一）》，頁 506。亦如龔杰：「人爲什麼不能成爲『聖賢』，人的『天地之性』爲什麼不到充分完全的發揮？張載回答說，是由於『氣質之性』的遮蔽，『性猶有氣之惡者爲病，氣又有習以害以』（《張子語錄·下》）。」氏著：《張載評傳》（南京：南京大學出版社，2011 年），頁 103。又如陳政煬：「張載亦承襲孟子的觀點，不過更進一步透過『氣質之性』，說明人在德行表現上，何以產生差異性。……人之所以在德行表現上有所差異，並非人稟受的天地之性有質量的差別，而是由於人在氣化成形的個體化活動中，所受到的形質限制（稟氣厚薄）有所差異。」氏著：《張載思想的哲學詮釋》，頁 130。葛艾儒（Ira E. Kasoff）亦謂：「按照張氏的說法，『氣』質之性既爲人欲之源，也就是世上的惡源了……而這個『氣』質之性還能滯礙人的天性的實現，這一點是張氏特別強調的。」〔美〕葛艾儒著，羅立剛譯：《張載的思想》（上海：上海古籍出版社，2010 年），頁 85-86。

62 「蓋氣則能凝結造作，理卻無情意，無計度，無造作。只此氣凝聚處，理便在其中。」《朱子語類》卷 1，《朱子全書》第十四冊，頁 116。

63 「夫聚散者，氣也。若理，則只泊在氣上，初不是凝結爲一物而爲性也。但人分上所合當者，便是理。氣有聚散，理則不可以聚散言也。」《朱子語類》卷 3，《朱子全書》第十四冊，頁 158。

64 如侯外廬所主編的《中國思想史（四上）》即謂：「據張載說，人所稟的『天性』即無不善的本性，但由於各人所稟之『氣』有偏正之不同，於是有善與不善的分別。後者，張載稱之爲『氣質之性』，前者，張載稱之爲『天地之性』。……和一切二元論者一樣，一方面承認客觀的物質實體之存在，但另一方面又承認在其外存在著精神實體，結果不能不導向唯心主義，張載在好多地方也陷入了這樣的唯心主義的泥沼。」頁 558-559。侯書觀點儘管有著「兩個對子」的意識型態，但如其所言，分設天地性與氣質之性，確有二元論之嫌，故而大陸學者亦稱此思維爲

《正蒙》並非全然無據，例如〈誠明〉「天性在人，正猶水性之在冰，凝釋雖異，爲物一也；受光有大小、昏明，其照納不二也。」[65]受光之喻則屢見朱子使用，藉以說明氣稟對理的限定。察考舊注，基本上亦以受光之小大昏明喻氣稟，[66]這說明從二元的角度來說明惡的由來確實較爲容易。

不過，值得注意的是，上述〈誠明〉論「天性在人」有

「二元人性論」。如姜國柱《儒家人生論》：「人性二元論，由張載創立，二程完善，朱熹發展，影響到宋、元、明、清幾代人性思想的發展。」氏著：《儒家人生論》（北京：國防大學出版社，1997年），頁191。又曰：「『天地之性』是純善的，爲善的來源；『氣質之性』是有善有惡的，爲惡的來源。」頁193。又如李曉春：「宋代性二元論將善還原爲理，將惡還爲氣，從而將善惡的道德價值還原爲具有事實意義的理與氣，……張載、程頤、朱熹均步周子之後塵，他們將惡的原因歸之於氣稟，從而使惡因氣稟的現實存在性而具備了有根性。」氏著：《宋代性二元論研究》（北京：中國社會科學出版社，2006年），頁231。

65 〔宋〕張載：《張載集》，頁22。

66 例如清代張伯行注曰：「此言天性、人性之無異，猶水與冰雖有凝釋之分，其實一也。程子有器受日光之喻，張子意謂人之氣質既有不齊，受光不無小大昏明，然論天日之照納，則曷嘗而有異哉？言此所以申明夫氣不足以蔽之說也。」林樂昌：《正蒙合校集釋》，頁313。依張伯行之解，則水冰所喻之天性，當僅限於「天地之性」。而張氏所謂程子「器受日光」之喻，當指《程氏遺書》卷24所載伊川之言：「犬、牛、人，知所去就，其性本同，但限以形，故不可更。如隙中日光，方圓不移，其光一也。惟所稟各異，故生之謂性，告子以爲一，孟子以爲非也。」《二程集》，頁312。依伊川說法，其光雖一，所稟則異，顯爲「天地之性」、「氣質之性」對立二分的格局。而這種「器受日光」之喻亦屢見朱子引用：「（按：天命之性）非有偏全。謂如日月之光，若在露地，則盡見之；若在蔀屋之下，有所蔽塞，有見有不見。昏濁者是氣昏濁了，故自蔽塞，如在蔀屋之下。」又謂：「性如日光，人物所受之不同，如隙竅之受光有大小也。人物被形質局定了，也是難得開廣。」又謂：「人物性本同，只氣稟異。如水無有不清，傾放白碗中是一般色，及放黑碗中又是一般色，放青碗中又是一般色。……性最難說，要說同亦得，要說異亦得。如隙中之日，隙之長短大小自是不同，然卻只是此日。」《朱子語類》卷4。

兩個喻例，除了受光喻之外，另有一水冰喻。受光喻有二元論的傾向，水冰喻則有一元論的可能。〈太和〉亦謂：「氣之聚散於太虛，猶冰凝釋於水，知太虛即氣，則無無。」說明了氣聚之為萬物、散之為太虛，猶如冰與水，形體雖異，本質則同。唐君毅指出，中國思想中，氣未必即為西方實在論形式質料對舉下的質料義。由於氣無定相、無對礙，也可能由「氣／形質」對舉而成「無定相／有定相、無對礙／有對礙」的格局。[67]在一元論格局中，氣如何由自身顯出本質與異化，唐先生的說法指出了一種頗合理的解釋。

（二）理氣一元：愛惡之情同出於太虛

在氣化流行之上，如果不採用朱子另立一「不可以聚散言」之理的思路，而純以一氣流行的角度來理解橫渠思想，那麼，以氣化自身來顯現其本質與異化，當如〈太和〉所言：「太虛無形，氣之本體，其聚其散，變化之客形爾；至靜無感，性之淵源，有識有知，物交之客感爾。客感客形與無感無形，惟盡性者一之。」[68]無形無感是氣之本體，客感客形則是本體的異化。異化某種程度上代表本體的創生，不一定為不好。然而，氣化過程中終究有惡的現象，對此，〈太和〉

67　唐君毅即指出中國傳統思想中所謂氣，非為與形式相對的材料義，而是以氣先於形質：「在西方哲學柏拉圖亞里斯多德思想中，所謂物質（matter）恆是與物體之形式相對的。一物體有形式，但只有形式不成物體。此形式之所依附或實現此形式之材料即物質。但是中國思想中所謂氣，無論是指精神上的志氣或生命的生氣，都是先於形質之概念。形有定相而氣無定相。質有對礙而氣無對礙。」氏著：〈張橫渠之心性論及其形上學之根據〉，《哲學論集》（臺北：臺灣學生書局，1990 年），頁 217-218。

68　〔宋〕張載：《張載集》，頁 7。

的說明則是：

> 氣本之虛則湛（本）〔一〕無形，感而生則聚而有象。
> 有象斯有對，對必反其為；有反斯有仇，仇必和而解。
> 故愛惡之情同出於太虛，而卒歸於物欲，倏而生，忽
> 而成，不容有毫髮之間，其神矣夫！[69]

也就是說，氣本湛一無形，因感而有象，有象而有對立，有
對立而有愛惡，有物欲，順此物欲，當然就有惡的產生。但
若能不於異化所起的客形上起執著，也就是「不隨於軀殼起
意」的話，就能在無感無形與客感客形之間取得統一，既不
耽於無感無形（太虛本體），又不執於客感客形（氣或物），
這就是橫渠所謂「惟盡性者一之」。換句話說，惡是因為我
執、因為自限於客形。

　　然而，這樣的解釋仍有未足之處。因為，從「氣外無理」
而言，氣是唯一的本體；從〈誠明〉「命於人無不正」來說，
氣化流行是有價值意義的。因此，氣並不僅是「然者」，本
身即是「使然者」。既然如此，則氣之所以有聚散，聚散之
所以有愛惡，甚至隨氣之偏或氣之蔽塞而有惡之情事，理當也
由此「使然者」自身所主宰決定。而吾人形軀之客感客形，當
然也是由此使然者所顯現，因此，其理論困難如勞思光所言：

> 再進一步論之，則『氣質』何以能有『惡』，仍無善
> 解。蓋萬物皆由『天道』決定其生成變化，人之形體
> 不能例外；何故忽有違乎天道之成分出現？此則逼近
> 「惡」之確切解釋問題。張氏於此，并未能提供明確

---

69 同前註，頁 10。

解答也。[70]

但既然一切現象皆是氣的動靜聚散而成，就很難藉氣質之性以作爲惡的來源。準此，識者指出橫渠的氣質，其剛柔緩急只具材質的美惡義，而非道德的善惡義，惡只是「作用上的偏滯」。[71]然而，如果氣化流行背後總是含有「將厚吾之生」、「庸玉女於成」（〈乾稱〉語）的宇宙旨意，也許我們還得進一步追問：這具有旨意的作用本體是什麼呢？而且何以宇宙旨意爲善、且「性於人無不善」之前提下，吾人竟仍有「作用的偏滯」？又爲什麼有的人偏滯多、有的人偏滯少？如果經驗現象，吾人因作用偏滯、逐欲、甚至不能盡性，就意味著現實世界並不全然真實無妄，必待盡性、善反後乃能見存在之真實意義。既然如此，這不是與橫渠肯定現象爲實存的原意有所違背嗎？由一元論所呈現的這些問題，在熊十力思想中表現的更爲明顯，詳見本書終章。

此外，〈誠明〉也說「性未成則善惡混，故亹亹而繼善者，斯爲善矣。惡盡去則善因以（亡）〔成〕，故捨曰善而曰『成之者性』。」[72]從經驗角度而言，因氣之聚散動靜，

---

70 勞思光：《新編中國哲學史（三上）》（臺北：三民書局，1990 年），頁 183。

71 林永勝：「張載曾指出：『人之剛柔、緩急，有才與不才，氣之偏也。』此處所說的『氣之偏』，並非屬惡，只是表示出一種具限制性的概念。」又謂：「若考察張載著作中牽涉到善惡的文字則可以發現，張載往往是在論及道德實踐的文字時，才會出現與善對舉的惡，……也就是說，張載言善是落在是否能盡性上，則不能盡性、甚至逐欲，就可視之爲惡。亦即，張載對惡的解釋，是指『作用上的偏滯』或『欲求的產生』而言。」氏著：〈惡之來源、個體化與下手工夫──有關張載變化氣質說的幾個思考〉，《漢學研究》第 28 卷第 3 期，2010 年，頁 5-6。

72 〔宋〕張載：《張載集》，頁 23。

而有客感客形、物我對立，而後乃有道德善惡；至於氣未動靜之前，超乎經驗範圍，則無可言其善惡。這就會走入「後天型」氣學，也就是明代王浚川、吳廷翰等人的理解模型。從後天型的角度而言，重點就不在於惡之發生如何可能，而在承認惡之經驗現象的存在事實，再藉由教化以改變氣質。在「氣具則理具」的前提下，後天型的氣學，由於承認惡之經驗存在，不得不走向氣有善惡、理有善惡、性有善惡的推論結果。儘管部分後天型氣學家仍堅持性善論，但面對惡之來源的問題，其實仍未有善解。

四、結　論

綜上所述，橫渠的氣學，可分為理氣論、氣本論兩種理解模式，兩種模式的支持者分別依其理解將橫渠氣學列入理學或氣學陣營。依理氣論觀點，太虛神體無動動靜、氣有動有靜，「太虛即氣」的理解就成為無動無靜的太虛神體的創生妙運帶出氣化動靜宛然的形跡，但虛氣二者雖為體用不二，在分解型態之下終究為不即不離。依氣本論觀點，並不因高看此理或神體而外之於氣，一切現象只是流行的存在、存在的流行；甚至僅視理為氣流行變化之生生而條理。動靜聚散是氣的變化之客形；動靜之前、無聚無散則是氣的本然狀態。因此，氣由動靜之前而有聚散之客形、聚散之客形復又回到氣無聚散的本然狀態，故謂「氣不能不聚而為萬物，萬物不能不散而為太虛。」而依橫渠對「惡」的處理方式，這兩種氣學傾向似乎都可以在其論述中找到根據。從「氣質

之性，君子有弗性者焉」、「德不勝氣，性命於氣；德勝其氣，性命於德」等話語來看，確實有性氣對舉、天地氣質之性對舉的傾向。此外，如將理只爲「氣化流行之條理」，氣可能指形而上真實的存在，也可能只是形而下的物質，這就造成後世對氣學或氣本論理解的差異。準此，由橫渠氣學衍生出來的相關歧解，可謂後世氣學發展之嚆矢。

　　然而，氣既本爲無聚無散（無感無形），又爲表現爲有聚有散（客感客形），其間矛盾如何統一亦有其困難。若將本體別立於現象之外（即「理無造作、氣有動靜」的格局），必然導致本體爲真、現象爲妄的結果，而這正是氣學所反對者。但若將理內化於氣，而持「無懸空獨立之理」，終則將走向「去實體化」的結果。由吳澄「理在氣中，原不相離」[73]，羅整菴「理涵乎氣之中」、「理只是氣之理」，王廷相「萬理皆出於氣，無懸空獨立之理」[74]、「氣萬則氣萬」[75]、王船山「氣質中之性」[76]、乃至戴東原「生生之呈其條理」[77]大抵可見此脈絡。依理在氣中、氣以函理的思路，氣化現象莫不函理；但氣化現象有善有惡，這就有走向善有善之理、惡亦有惡之理的可能。如此一來，由於氣化現象莫不函理，氣學「去實體化」的結果，因「氣萬則理萬」，甚至得出理有善惡之結果；就將導致其對善惡的解釋，大異於理學模式。

73　〈草蘆學案〉，《宋元學案》卷 92，《黃宗羲全集》第六冊，頁 578。
74　〔明〕王廷相：〈太極辯〉，《王廷相集（二）》，頁 596。
75　〔明〕王廷相：《雅述》，《王廷相集（三）》，頁 848。
76　〔明〕王夫之：《讀四書大全‧陽貨篇》，《船山全書》（船山全書編輯委員會編校，長沙：嶽麓書社，1998 年）第六冊，頁 857。
77　〔清〕戴震著，何文光整理：《孟子字義疏證》，頁 63。

第四章　離氣無理：氣學對理學之反動及其論人性中的惡

一、對「本然之性，超乎形氣之外」的批判

（一）朱子責佛教

周濂溪《通書・動靜第十六》曰：「動而無靜，靜而無動，物也。動而無動，靜而無靜，神也。動而無動，靜而無靜，非不動不靜也。物則不通，神妙萬物。」[1]現象（物）有動靜生滅，本體（神）則無動靜生滅可言；故而濂溪以「動而無動，靜而無靜」、「動而無動，靜而無動」區隔神與物。神無動無靜，物有動有靜；無動無靜者妙運有動有靜者。成立這兩層格局，當然是爲了使本體不隨現象的生滅變化而變化。此格局之重要性一如朱子〈答陸子美〉所言：「不言無極，則太極同於一物，而不足爲萬化之根；不言太極，則無極淪爲空寂，而不能爲萬化之根。」[2]妙運萬物者，必不能「同

1　〔宋〕周敦頤著，陳克明點校：《周敦頤集》（北京：中華書局，1990年），頁26。
2　〔宋〕朱熹：《朱子全書》第二十一冊（上海：上海古籍出版社，合肥：安徽教育出版社，2002年），頁1560。

於一物」，否則便有生滅變化之可能，故必以無極狀稱太極。這種格局頗有佛教「隨緣不變，不變隨緣」的意味，亦即唐代法藏所謂「雖有種種，而無生滅；雖不生滅，而恆不礙一切隨緣。今無生滅是不變，不礙一切是隨緣。即此隨緣不變。」[3]法藏又說：「用則波騰鼎沸，全真體以運行；體即鏡淨水澄，舉隨緣而會寂。」[4]這更形象地說明了真如不生不滅，而又隨緣造作生滅萬法的道理。

　　朱子本人也同意，就本體「不生不滅」而言，儒釋格局有相近處：

　　　　儒者以理為不生不滅，釋氏以神識為不生不滅。龜山云：「儒釋之辨，其差眇忽。」以某觀之，真似冰炭！[5]

不過，朱子以為，就本體不於經驗界中生滅變化的超越義而言，佛教的說法要更勝一籌：

　　　　因舉佛氏之學與吾儒有甚相似處，如云：「有物先天地，無形本寂寥，能為萬象主，不逐四時凋。」又曰：「撲落非它物，縱橫不是塵。山河及大地，全露法王身。」又曰：「若人識得心，大地無寸土。」看他是甚麼樣見識！今區區小儒，怎生出得他手？宜其為他揮下也。[6]

朱子以為佛家對本體超越義的突出，使得本體超絕於現象之外。因此，儘管楊龜山以為儒釋之間「其差眇忽」，但朱子

<hr />

3　〔唐〕法藏：《華嚴經義海百門》，《大正藏》第四十五冊，頁634b。
4　同前註，頁630a。
5　《朱子語類》卷126，《朱子全書》第十八冊，頁3934。
6　同前註，頁3936。

終究不願承認儒釋二家的思想存在同質性，仍主二家所言「真似冰炭」。箇中原因，即在於朱子總是以為儒家言本體現象必不能相離，否則體用殊絕，就不能肯定現實世界，這就是他所謂虛實有無之別：

> 如老佛窺見這個道理。莊子『神鬼神帝，生天生地』，釋氏所謂『能為萬象主，不逐四時凋，』他也窺見這個道理。只是他說得驚天動地。聖人之學，則其作用處與他全不同。聖人之學，則至虛而實實，至無而實有，有此物則有此理。[7]

聖人之學「至虛而實實，至無而實有」，乃能即萬物而不離。至於佛老二家，則未能正視、肯定現實世界。如他所言：「今人只見前面一段事無形無兆，將謂是空蕩蕩；卻不知道『沖漠無朕，萬象森然已具』。如釋氏便只是說『空』，老氏便只是說『無』，卻不知道莫實於理。」[8]朱子又曰：「因說佛老氏卻不說著氣，以為此已是查滓，必外此，然後可以為道。遂至於絕滅人倫，外形骸，皆以為不足恤也。」[9]說明佛老二家對本體有所偏重，而忽略現象。

　　以天地為幻妄雖為佛老之通病，但佛教的問題顯然比老氏來得嚴重，故謂「老氏欲保全其身底意思多；釋氏又全不以其身為事，自謂別有一物不生不滅。」[10]又，《朱子語類》卷 126 載歐陽謙之問「佛之說為空，老之說為無」其異如何？

朱子釋曰：「空是兼有無之名。道家說半截有，半截無，已前都是無，如今眼下卻是有，故謂之無。若佛家之說都是無，已前也是無，如今眼下也是無，『色即是空，空即是色』。大而萬事萬物，細而百骸九竅，一齊都歸於無。終日吃飯，卻道不曾咬著一粒米；滿身著衣，卻道不曾掛著一條絲。」[11]又載歐陽謙之問：「釋氏之無與老氏之無何以異？」朱子答曰：「老氏依舊有，如所謂『無欲觀其妙，有欲觀其徼』是也。若釋氏則以天地為幻妄，以四大為假合，則是全無也。」[12]準此，朱子乃以佛教為脫略世間之代表，指責其「毀人倫，去四大。」[13]朱子斥佛家曰：「須是事事物物上皆見得此道理，方是。他釋氏也說『佛事門中，不遺一法』，然又卻只如此說，看他做事，卻全不如此。」[14]又斥曰：「釋氏合下見得一個道理空虛不實，故要得超脫，盡去物累，方是無漏為佛地位。……若吾儒，合下見得個道理便實了，故首尾與之不合。」[15]總言之，在朱子看來，佛家之病即在於「有體

---

11 《朱子語類》卷126，《朱子全書》第十八冊，頁3930。
12 《朱子語類》卷126，《朱子全書》第十八冊，頁3930。
13 《朱子語類》卷52，《朱子全書》第十五冊，頁1704。
14 《朱子語類》卷63，《朱子全書》第十六冊，頁2074。
15 《朱子語類》卷126，頁3935。此外，《朱子語類》卷126數處載朱子「虛實之辨」曰：「儒釋言性異處，只是釋言空，儒言實；釋言無，儒言有。」及：「吾儒心雖虛而理則實。若釋氏則一向歸空寂去了。」及：「釋氏虛，吾儒實；釋氏二，吾儒一。釋氏以事理為不緊要而不理會。」及：「釋氏只要空，聖人只要實。釋氏所謂『敬以直內』，只是空豁豁地，更無一物，卻不會『方外』。聖人所謂『敬以直內』，則湛然虛明，萬理具足，方能『義以方外』。」以及：「釋氏說空，不是便不是，但空裡面須有道理始得。若只說道我見個空，而不知有個實底道理，卻做甚用得？譬如一淵清水，清泠徹底，看來一如無水相似。它便道此淵只是空底，不曾將手去探是冷是溫，不知道有水在裡面。佛氏之見正如此。」同前，頁3393-3394。

無用」。[16]

　　即便是儒學自身，朱子以爲心學主張「宇宙即吾心」，
這與佛教「萬法唯心」便有相似的姿態，故亦遭朱子指爲同
病。如《朱子語類》卷126即載朱子的批評曰：「近世一種
學問，雖說心與理一，而不察乎氣稟物欲之私，故其發亦不
合理，卻與釋氏同病，不可不察。」[17]朱子又指責陸象山
（1139-1193）：「今陸氏只是要自渠心裡見得底，方謂之內；
若別人說底，一句也不是。才自別人說出，便指爲義外。」[18]
這種即心即理、脫略客觀法度的態度，朱子謂之「粗暴」，
並以爲類同禪宗一路：

> 佛法固是本不見大底道理，只就他本法中是大段細
> 密，今禪說只一向粗暴。陸子靜之學，看他千般萬般
> 病，只在不知有氣稟之雜，把許多粗惡底氣都把做心
> 之妙理，合當恁地自然做將去。……只道這是胸中流
> 出，自然天理；不知氣有不好底夾雜在裡，一齊衮將
> 去，道害事不害事？看子靜書，只見他許多粗暴底意
> 思可畏。其徒都是這樣，才說得幾句，便無大無小，
> 無父無兄，只我胸中流出底是天理，全不著得些工
> 夫。看來這錯處，只在不知有氣稟之性。[19]

16　《朱子語類》卷126，《朱子全書》第十八冊，頁3950。
17　《朱子語類》卷126，《朱子全書》第十八冊，頁3934。
18　《朱子語類》卷124，《朱子全書》第十八冊，頁3885。
19　《朱子語類》卷124，《朱子全書》第十八冊，頁3886-3887。此外，該
　　卷另載有數則朱子對象山只以「自渠心裡見得底」爲義內的類似指責，
　　如：「聖賢教人有定本，如『博學、審問、慎思、明辨、篤行』是也。
　　其人資質剛柔敏鈍，不可一概論，其教則不易。禪家教更無定，今日說
　　有定，明日又說無定，陸子靜似之。聖賢之教無內外本末上下，今子靜

綜上所述，在朱子看來，佛教基本上就是一種體用殊絕、天地萬物置於度外弊病的代表者。不過，朱子雖強調體用必要相即，但依其理氣論「理弱氣強」的說法，氣能蔽隔天理，現象其實也有某種程度染污之意，這與佛教以山河大地為病之說，也就有了連結性。很弔詭的是，朱子對佛教的批判之處，同樣也是後來氣學家對他的批判處。

（二）氣學家責朱子

儘管朱子強調本體不為空寂、而為萬化之根；但從朱子極力區別之、使之不「同於一物」來看，本體與現象有所區隔，不免也突出了本體的超越性。這使得朱子的理無動靜、氣有動靜之說，與佛教實相不生不滅、現象有生有滅，其格局不能說無相近之處。因此，明代以降，不少以氣為本體的學者，嘗試修正這種兩層格局；一反理為本體、理本氣末之說，而主氣為本體、理在氣中，其目的即在於肯定經驗世界為實存而不為妄。如前所述，佛教乃是這兩層格局的代表者，為了說明這種論點之缺誤，氣學家遂紛紛將這種論點的來源指向佛教，於是，昔日朱子以佛教指責人，今日人則以佛教

卻要理會內，不管外面，卻無此理。硬要轉聖賢之說為他說，寧若爾說，且作爾說，不可誣罔聖賢亦如此。」頁3882。又如：「只是禪。初間猶自以吾儒之說蓋覆，如今一向說得熾，不復遮護了。渠自說有見於理，到得做處，一向任私意做去，全不睹是。人同之則喜，異之則怒。至任喜怒，胡亂便打人罵人。後生才登其門，便學得不遜無禮，出來極可畏。世道衰微，千變百怪如此，可畏！可畏！」頁3887。又如：「陸子靜之學，只管說一個心本來是好底物事，上面著不得一個字，只是人被私欲遮了。若識得一個心了，萬法流出，更都無許多事。他卻是實見得個道理恁地，所以不怕天，不怕地，一向胡叫胡喊。」頁3892。

批判朱子。例如明代羅整菴（1465-1547）即指出這兩層格局的理論問題曰：

> 周子《太極圖說》篇首無極二字，如朱子之所解釋，可無疑矣。至於「無極之真，二五之精，妙合而凝」三語，愚則不能無疑。凡物必兩而後可以言合，太極與陰陽果二物乎？其為物也果二，則方其未合之先各安在耶？朱子終身認理氣為二物，其源蓋出於此。愚也積數十年潛玩之功，至今未敢以為然也。嘗考朱子之言有云，「氣強理弱」，「理管攝他不得」。若然，則所謂太極者，又安能造化之樞紐？品物之根柢耶？[20]

整菴批判之處有二：（1）理氣為二。（2）理弱氣強。由於理氣為二，理就有獨立於形氣之外的可能。又由於理弱氣強，氣能蔽隔理，則形氣世界就有染污之意，同時也弱化了理在本體論上的絕對意義。為了矯正此病，整菴提出「理氣為一物」之說，[21]但為使理不因此而物化、成為質料意義，故雖主「理氣是一物」，但這一物乃是「一而二，二而一」；理氣雖不分，但仍有體用主從關係。

同時，整菴雖藉由「理氣是一物」以修正朱子理氣論，但因其以朱子學之衛道者自居，[22]為維護宗門，仍僅將體用

---

20 〔明〕羅欽順著，閻韜點校：《困知記》（北京：中華書局，2013 年），頁 37-38。

21 羅整菴：「僕從來認理氣為一物，故欲以『理一分殊』一言敝之。」〈與林次崖僉憲〉，《困知記》，頁 196。

22 《明史‧儒林傳》：「原夫明初諸儒，皆朱子門人之支流餘裔，師承有自，矩矱井然。……學術之分，則自陳獻章、王守仁始。宗獻章者曰江門之學，孤行獨詣，其傳不遠。宗守仁者曰姚江之學，別立宗旨，顯與朱子背馳，門徒遍天下，流傳逾百年，其教大行，其弊滋甚。嘉、隆而

殊絕之弊歸於釋氏：

> 「有物先天地，無形本寂寥，能為萬象主，不逐四時凋。」此詩乃高禪所作也。自吾儒觀之，昭然太極之義，夫復何言？然彼初未嘗知有陰陽，安知有所謂太極哉？此其所以大亂真也。……以佛家之言為據，則「無始菩提」，所謂「有物先天地」也；「湛然常寂」，所謂「無形本寂寥」也；「心生萬法」，所謂「能為萬象主」也；「常住不滅」，所謂「不逐四時凋」也。作者之意，不亦明且盡乎？求之吾儒之書，「太極生兩儀」，是固先天地而立矣；「無聲無臭」，則無形不足言矣；「富有之謂大業」，萬象皆一體也；「日新之謂盛德」，萬古猶一時也。太極之義，不亦明且盡乎？……所當辨者，三字爾：「物」也，「萬象」也。以物言之，菩提不可以為太極，明矣。以萬象言之，在彼經教中即萬法爾，以其皆生於心，故謂之能主，然所主者實不過陰、界、入，自此之外，仰而日月星辰，俯而山河大地，近而君臣父子兄弟夫婦朋友，遠而飛潛動植水火金石，一切視以為幻而空之矣，彼安得復有所謂萬象乎哉！為此詩者，蓋嘗窺見儒書，遂竊取而用之爾。[23]

在這段文字中，整菴以為佛家的「無始菩提」超越時空、獨

後，篤信程、朱，不遷異說者，無復幾人矣。」〔清〕張廷玉等撰：《明史》（北京：中華書局，1974 年）卷 282，頁 7222。又謂：「時天下言學者，不歸王守仁，則歸湛若水，獨守程、朱不變者，惟柟與羅欽順云。」《明史》卷 282，頁 7244。

23 〔明〕羅欽順著，閻韜點校：《困知記》，頁 73。

立常在，本體意義上類同儒家之太極。不過，佛教視一切如幻，與儒家肯定現實的態度就截然不同。如果過於強調本體的超越義，就會有佛教視一切空幻之病。[24]值得注意的是，整菴雖反對程朱解太極「類有一物主宰乎其間」的觀點，[25]而主理氣爲一物；但又堅持太極神體與陰陽「分明見是二物，不可混而爲一」，[26]以及「理須就氣上認取，然認氣爲理便不是」[27]。既主理氣是一物，但又說二物不可混而爲一，兩種論點之間，不免有迂迴矛盾之處。但這也說明，儘管整菴

24　整菴乃是以朱學修正者自居，所以他在這裏的批判對象主要是心學；他以爲心學「天地萬物之理既皆置之度外」之病，來自是佛教萬法皆生於心之說。如他在〈答歐陽少司成崇一〉中說：「夫天人物我，其理無二。來書『格物工夫惟是隨其位分，修其日履』，雖云與佛氏異，然於天地萬物之理，一切置之度外，更不復講，則無以達夫一貫之妙，又安能盡己之性以盡人、物之性，贊化育而參天地哉！此無他，只緣誤認良知爲天理，於天地萬物上，良知二字自是安著不得，不容不置之度外爾。聖人本天，釋氏本心。天地萬物之理既皆置之度外，其所本從可知矣。」《困知記》，頁 155-156。

25　整菴：「或者因『《易》有太極』一言，乃疑陰陽之變易，類有一物主宰乎其間者，是不然。夫《易》乃兩儀、四象、八卦之總名，太極則眾理之總名也。云『《易》有太極』，明萬殊之原於一本也，因而推其生生之序，明一本之散爲萬殊也。斯固自然之機，不宰之宰，夫豈可以形迹求哉？斯義也，惟程伯子言之最之精，叔子與朱子似乎小有未合。……所謂叔子小有未合者，劉元承記其語云：『所以陰陽者道。』又云：『所以闔闢者道。』竊詳所以二字，固指言形而上者，然未免微有二物之嫌。」《困知記》，頁 6-7。

26　整菴：「余於前《記》嘗有一說，正爲此等處，請復詳之。所謂『天地間非太極不神，然遂以太極爲神則不可』，此言殊未敢易。誠以太極之本體，動亦定，靜亦定。神則動而能靜，靜而能動者也。以此分明見是二物，不可混而爲一。故《繫辭傳》既曰『一陰一陽之謂道』矣，而又曰『陰陽不測之謂神』。由其實不同，故其名不得不異。不然，聖人何用兩言之哉！然其體則同一陰陽，所以難於領會也。」《困知記》，頁 73-74。

27　同前註，頁 42。

欲修正「氣外有理」、使經驗世界不爲虛妄（以別於佛教之說），但終不能違理學宗旨，仍必突出價值世界之神聖意義，這使他的氣學型態仍有形而上的傾向，有別於形而下的氣學觀點。

　　承前，整菴基於維護朱學，將「氣外別有主宰」之弊歸咎於佛教，其他氣學家則或直接將批判矛盾指向朱子，而以朱子理氣論與佛教如出一轍。例如王浚川（1474-1544）於《慎言》持論曰：

> 世儒所謂「理能生氣」，即老氏道生天地矣；謂理可離氣而論，是形性不相待而立，即佛氏以山河大地為病，而別有所謂真性矣，可乎？不可乎？由是，「本然之性超乎形氣之外」，「太極為理，而生動靜陰陽」，謬幽誣怪之論作矣。[28]

對朱子「本然之性超乎形氣之外」的批評，亦見其《雅述》所言：

> 佛氏教人任持自性。持自性者，執自己之本性也。言一切眾生皆有本覺，謂本性之靈覺處，雖流轉六道、受種種身，而此覺性不曾失滅，故以此為真性、為圓覺。……儒者不達性氣一貫之道，無不浸浸然入於其中。朱子謂本然之性超乎形氣之外，其實自佛氏本性靈覺而來，謂非依旁異端，得乎？大抵性生於氣，離而二之，必不可得。[29]

28　〔明〕王廷相著，王孝魚點校：《慎言·道體篇》，《王廷相集（三）》（北京：中華書局，2009年），頁753。

29　〔明〕王廷相：《雅述》，《王廷相集（三）》，頁875。

浚川基本上反對現象之外別有本體，因為這種兩層格局，會
有本體為真、現實為妄的意義。浚川以為，這種性、氣離而
二之的格局並非儒家自家理論，而是來自佛教「四大之外，
別有真性」的異端之說：

> 朱子曰：「性者理而已矣，不可以聚散言。其聚散而
> 生，散而死者，氣而已矣。所謂精神魂魄，有知有覺
> 者，皆氣所為也，故聚則有，散則無。若理，則初不
> 為聚散而有無也。」由是言之，則性與氣原是二物，
> 氣雖有存亡，而性之在氣外者卓然自立，不以氣之聚
> 散而為存亡也。……若曰超然於形氣之外，不以聚散
> 而為有無，即佛氏所謂「四大之外，別有真性」矣，
> 豈非謬幽之論乎？[30]

浚川既反對以性氣為二物，反對形氣之外，別有本然之性；
則反過來說，性就在氣之中、理就在氣中，必然得出「萬理
皆出於氣，無懸空獨立之理」的結論：

> 南宋以來，儒者獨以理言太極而惡涉于氣。如曰：「未
> 有天地，畢竟是有此理。」如曰：「源頭只有此理，
> 立乎二氣五行萬物之先」，如曰：「當時元無一物，
> 只有此理，便會動靜生陰陽」，如曰：「纔有天地萬
> 物之理，便有天地萬物之氣。」嗟乎！支離顛倒，豈
> 其然耶？萬理皆出於氣，無懸空獨立之理。造化自有
> 入無，自無為有，此氣常在，未嘗澌滅。所謂太極，
> 不於天地未判之氣主之而誰主之耶？故未判，則理存

---

30 〔明〕王廷相：〈橫渠理氣辯〉，《王廷相集（二）》，頁 602。

於太虛；既判，則理載於天地。[31]

浚川對理在氣先說的批判，可以說取消了超越之理的獨立自存性，僅將理視爲氣化流行之理。這種觀點，也見於清代顏習齋、戴東原等人的論點。

顏習齋（1635-1704）也將這兩層格局的根源指向佛教，他以爲理學家於氣質之外，別求一純善之理，乃確然與佛老無異者：

> 魏晉以來，佛老肆行，乃於形體之外別狀一空虛幻覺之性靈，禮樂之外別作一閉目靜坐之存養。佛者曰「入定」，儒者曰吾道亦有「入定」也。老者曰「內丹」，儒者曰吾道亦有「內丹」也。借《四子》、《五經》之文，行《楞嚴》、《參同》之事，以躬習其事爲粗迹，則自以氣體血肉爲分外，於是始以性命爲精，形體爲累，乃敢以有惡加之氣質，相衍而莫覺其非矣。賢如朱子，而有「氣質爲吾性之害」之語，他何說乎！[32]

習齋以爲理學在《四書》《五經》經籍之下，包裹的實爲佛老之說。此外，戴東原（1724-1777）亦持類似觀點，認爲程朱之學乃是「借階於老、莊、釋氏，是故失之」：

> 蓋其學借階於老、莊、釋氏，是故失之。凡習於先入之言，往往受其蔽而不自覺。在老、莊、釋氏就一身分而言之，有形體，有神識，而以神識爲本。推而上之，以神爲天地之本，遂求諸無形無迹者爲實有，而

31　〔明〕王廷相：〈太極辯〉，《王廷相集（二）》，頁596。
32　〔清〕顏元著，王星賢，張芥塵，郭征點校：《顏元集》（北京：中華書局，2009年），頁13。

> 視有形有迹為幻。在宋儒以形氣神識同為己之私，而
> 理得於天。推而上之，於理氣截之分明，以理當其無形
> 無迹之實有，而視有形有迹為粗。（朱子辨釋氏云：「儒
> 者以理為不生不滅，釋氏以神識為不生不滅。」）[33]

此外，東原以為，宋儒所謂「理散在萬物」乃「實從釋氏所
云『徧見俱該法界，收攝在一微塵』者此類得之。」[34]可以
據東原之說推論，「理（性）雜於氣」的格局乃是借階於佛
教「不生不滅與生滅和合」的說法。而東原既反對有所謂「一
本萬殊」之理，當然不會同意現象之外，別有一不生不滅、
無動無靜之本體。故其論性，乃是就氣化流行而言性，因而
否認氣質之性外，別有天地之性。[35]

　　綜上所述，理學的要旨在於保證善的根源、並肯定經驗
世界。因其肯定經驗世界，所以反對佛老。為保證善的根源，
不得不以氣稟之蔽隔以解釋惡的來源；但如此一來，使理學
反而亦與原本所反對的佛老陷於同一格局。氣學家為救此
弊，故反對形氣之外，別有超然之理或超然本性，如此或能

---

33 〔清〕戴震著，何文光整理：《孟子字義疏證》（北京：中華書局，2008
　年），頁 24。
34 戴東原於《孟子字義疏證》曰：「宋儒亦知就事求理也，特因先入於釋
　氏，轉其所指為神識者以指理，故視理『如有物焉』，不徒曰『事物之
　理』，而曰『理散在事物』。事物之理，必就事物剖析至微而後理得；
　理散在事物，於是冥心求理，謂『一本萬殊』，謂『放之則彌六合，卷
　之則退藏於密』實從釋氏所云『徧見俱該法界，收攝在一微塵』者比類
　得之。」同前註，頁 54。
35 戴東原：「《論語》言性相近，《孟子》言性善，自程子朱子始別之，
　以為截然各言一性，……創立名目曰『氣質之性』，而以理當孟子所謂
　善者為生物之本，人與禽獸得之也同，而致疑於孟子。」戴震：《孟子
　字義疏證》，頁 26。

正視經驗的實存世界。但經驗形氣之物事總是善惡混雜，而如依浚川之說，「未判，則理存於太虛；既判，則理載於天地。」（〈太極辯〉）理必然只能函於氣中，理之既顯與未顯端賴氣之既判或未判。那麼，（1）每一形氣物事代表某一種理的實現，這是不是意味著氣有善惡、而氣所實現之理亦有善惡呢？（2）因氣有善惡，故而理有善惡。要使惡之理不為發出、不為實現，豈不意味只能使理「存於太虛」，亦即「天地未判」。如此一來，豈不又與肯定經驗世界之初衷相違悖嗎？（3）部分氣學者，仍主氣至善論及性善論，但形氣現象既有善有惡，以氣為至善，又如何解釋形氣之善惡現象？

二、氣學之「性有善惡論」對現實之惡的承認

依氣之流行與本體義，浚川以「氣本」與「氣化」二詞名之；所謂氣化指的是氣流行過程中的生滅始終，氣本則是指氣本身無跡無執、不見終始：

> 氣者造化之本，有渾渾者，有生生者，皆道之體也。生則有滅，故有始有終；渾然者充塞宇宙，無跡無執，不見其始，安知其終？世儒止知氣化而不知氣本，皆於道遠。[36]

至於氣所承載之理，由氣的流行與本體義，又可推出「氣一則理一」、「氣萬則理萬」兩種可能。從本體義而言，元氣本體是一，所載之理亦是一，故謂「氣一則理一」：「人與

---

36 〔明〕王廷相：《慎言・道體篇》，《王廷相集（三）》，頁 755。

天地、鬼神、萬物一氣也。氣一則理一，其大小、幽明、通塞之不齊者，分之殊耳。」[37]但從流行義而言，既言「氣載乎理，理出於氣」，[38]又言「無形者，道之氐也；有形者，道之顯也。」[39]當可推論，氣化流行所形具之萬物，必然皆實現了某種之理，故又謂「氣萬則理萬」。合而言之，他說：

> 天地之間，一氣生生，而常而變，萬有不齊，故氣一則理一，氣萬則理萬。世儒專言理一而遺萬，偏矣。天有天之理，地有地之理，人有人之理，物有物之理，幽有幽之理，明有明之理，各各差別。統而言之，皆氣之化，大德敦厚，本始一源也；分而言之，氣有百昌，小德川流，各正性命也。[40]

但既氣萬則理萬，依氣有善惡，必然也會得到理有善惡、性有善惡的結果，如浚川〈答薛君采論性書〉所言「氣有清濁粹駁，則性安得無善惡之雜？」：

> 余以為人物之性無非氣質所為者，離氣言性，則性無處所，與虛同歸；離性言氣，則氣非生動，與死同途，是性與氣相資，而有不得相離者也。但主於氣質，則性必有惡，而孟子性善之說不通矣。故又強出本然之性之論，超乎形氣之外而不雜，以傅會性善之旨，使孔子之論反為下乘，可乎哉？不思性之善，莫有過於聖人，而其性亦惟具於氣質之中，但其氣之所稟清明

---

37 〔明〕王廷相：《王廷相集（三）》，頁764。
38 〔明〕王廷相：〈太極辯〉，《王廷相集（二）》，頁596。
39 〔明〕王廷相：《王廷相集（三）》，頁751。
40 〔明〕王廷相：《雅述》，《王廷相集（三）》，頁848。

淳粹，與眾人異，故其性之所成，純善而無惡耳，又何有所超出也哉？聖人之性，既不離乎氣質，眾人可知矣。氣有清濁粹駁，則性安得無善惡之雜？故曰：「惟上智與下愚不移。」是性也者，乃氣之生理，一本之道也。信如諸儒之論，則氣自為氣，性自為性，形、性二本，不相待而立矣。[41]

浚川自己也很清楚，「主於氣質，則性必有惡」，這就有違於孟子性善之說。經驗氣稟不能無惡，理學家的解決方法是另立本然之性，以滿足性善論的要求。但浚川以為，如此則性、氣二本，性氣不能相依相待。性既然具於氣質中，則依氣之清濁粹駁，必然亦得出性有善惡之結論。至於聖人，只是因為他稟氣清明，與眾人異。

　　浚川對性善論的質疑，表現在他氣學的經驗論傾向：

未形之前，不可得而言矣，謂之至善，何所據而論？
既形之後，方有所謂性矣，謂惡非性具，何所從而來？
程子曰：「惡亦不可不謂之性」，得之矣。[42]

未形之前，無所謂性，也不在經驗範圍之內，故不可得而言。性成於既形之後。既形之後，從經驗觀察而言，除了聖人稟

41　〔明〕王廷相：〈答薛君采論性書〉，《王氏家藏集》卷28，《王廷相集（二）》，頁518。
42　〔明〕王廷相：《慎言・問成性篇》，《王廷相集（三）》，頁765。《雅述》亦有類似之說法：「性生於氣，萬物皆然。宋儒只為強成孟子性善之說，故離氣而論性，使性之實不明於後世，而起諸儒之紛辯，是誰之過哉？明道先生曰：『性即氣，氣即性，生之謂也。』又曰：『論性不論氣，不備；論氣不論性，不明。二之，便不是。』又曰：『惡亦不可不謂之性。』此三言者，於性極為明盡，而後之學者，梏於朱子本然氣質二性之說，而不致思，悲哉！」《王廷相集（三）》，頁837。

氣清淳，眾人則「善者常一二，不善者常千百」，可以推論人性中必然有惡之存在，故而他同意「性有善、有不善」之觀點。[43]又因人性之善惡氣稟不一，所以才需要聖人立教：

> 又曰：「天命之性，則有善而無惡，以生為性，則人之惡果天命之惡乎？天命有惡，何以命有德而討有罪？君子過惡揚善，亦非所以順天休命也。」嗟乎！斯言近迂矣。性果出於氣質，其得濁駁而生者，自稟夫為惡之具，非天與之而何哉？故曰：「天命之謂性。」然緣教而脩，亦可變其氣質而為善，苟習於惡，方與善日遠矣。[44]

綜上所述，浚川心目中的宇宙發生過程乃是：（1）元氣本體，混涵未形而至善。（2）因氣之陰陽變化、闔闢動靜，而有化生流行。（3）因形氣既具而性在其中，因氣有清濁粹駁，人性亦有善否之別。（4）因人性善惡不齊，故需要後天教化，使歸於善。從氣的清濁粹駁，人性有善惡之別，這可以說「性有善，有不善」。但善或不善並非絕對不可變，透過後天教

---

43 王廷相：「愚謂性道有善有不善，故用明。使皆善而無惡，何用明為？聖人又何強為修道以立教哉？自世之人觀之，善者常一二，不善者常千百；行事合道者常一二，不合道者常千百。……故謂人心皆善者，非聖人大觀真實之論，而宋儒極力論贊，以號召乎天下，惑矣。」《雅述》，《王廷相集（三）》，頁835-836。

44 〔明〕王廷相：〈答薛君采論性書〉，《王氏家藏集》卷28，《王廷相集（二）》，頁519。《雅述》另載浚川對性善論的質疑及後天教化的強調曰：「但人生稟不齊，性有善否，道有是非，各任其性行之，不足以平治天下，故聖人憂之，修道以立教，而為生民準。……若曰人性皆善而無惡，聖人豈不能如老、莊守清淨任自然乎？何苦於諄諄修道以垂訓？宋儒寡精鑒，昧神解，梏於性善之說而不知辯，世儒又復持守舊轍，曲為論贊，豈不大誤後世？」《王廷相集（三）》，頁850。

化得以變其氣質而為善；反過來，若習染於惡，當然也就與善日遠，這可以說是一種「性可向善論」。

　　浚川以氣質為性、且性有善惡的觀點，也見於稍後的吳蘇原（廷翰，1490-1559）所言：

> 蓋嘗反覆求之，太極渾淪一元之氣，其時未有陰陽之分，善且不可名，而況惡乎？及陰陽既分，絪縕太和，化生人物，其時無有雜糅，猶是太極之初，但已有陰陽二物相對，所以說「繼之者善」，雖未有不善，而善之名立矣。及夫人物化生，形交氣感，雜糅紛紜，則氣之所稟萬有不齊，而陰陽美惡於是乎分焉。但其初生未感之前，其時善惡不萌，亦如二氣絪縕之始，故亦無可言。及性有感動，而情欲出焉，則各得本生氣稟，而善惡皆性，但稟賦之一，自非受氣極惡，苟不至於禽獸，則亦無大相遠者，而其情之所發皆可為善。其有不善，則亦自既發之後乃見。[45]

除了氣稟之「性成」，蘇原亦將人性善惡差異的原因，部分歸於後天教化之「習成」：

> 形之為氣，若手足耳目之運動者是已。性之為氣，則仁義禮知之靈覺精純者是已。……及乎人生之後，知誘物化，則性之得其全而厚且多者，習於善而益發，於是有為聖人者矣。性之得其偏而薄且少者，習於不善而益不善，於是有為愚人者矣。[46]

---

45 〔明〕吳廷翰：《吉齋漫錄》卷上，容肇祖點校：《吳廷翰集》（北京：中華書局，1984 年），頁 26。

46 同前註，頁 24。

氣稟有厚薄偏全之異，復因後天之習於善與不善，遂愈有聖愚之別。這套宇宙發生過程類同於浚川所說，其宇宙發生順序大致上是：（1）太極渾淪一元。（2）陰陽既分，無有雜糅，未有不善，而善之名立矣。（3）人物化生，形交氣感，雜糅紛紜，美惡分焉。（4）性有感動，而情欲出焉，則各得本生氣稟，而善惡皆性。浚川、蘇原二人都是以善惡見於後天形具交感；形氣未具之時，不可經驗，無所謂善，當然也無所謂惡。這樣的理論從本體論上肯定經驗世界的實存性，也正視經驗世界的惡之現象，亦肯定經驗之性透過教化有朝向正面發展的可能。

　　然而，浚川或蘇原性有善惡的觀點，終究與孟子性善論相違，故黃宗羲批評之曰：

> 先生主張橫渠之論理氣，以為氣外無性，此定論也。但因此而遂言性有善有不善，并不信孟子之性善，則先生仍未知性也。蓋天地之氣，有過有不及，而有愆陽伏陰，豈可遂疑天地之氣有不善乎？夫其一時雖有過不及，而萬古之中氣自如也，此即理之不易者。人之氣稟，雖有清濁強弱之不齊，而滿腔惻隱之心，觸之發露者，則人人所同也。此所謂性，即在清濁強弱之中，豈可謂不善乎？若執清濁強弱遂謂性有善有不善，是但一時之愆陽伏陰，不識萬古常存之中氣也。先生受病之原，在理字不甚分明，但知無氣外之理，以為氣一則理一，氣萬則理萬，氣聚則理聚，氣散則理散，畢竟視理若一物，與氣相附為有無，不知天地之間，只有氣，更無理。所謂理者，以氣自有條理，

故立此名耳。亦以人之氣本善，故加以性之名耳。如
人有惻隱之心，亦只是氣。因其善也，而謂之性。人
死則其氣散，便何性之可言？然天下之人，各有惻
隱，氣雖不同，而理則一也。故氣有萬氣，理只一理，
以理本無物也。宋儒言理能生氣，亦只誤認理為一
物。先生非之，乃仍蹈其失乎？[47]

儘管黃宗羲也肯定「無氣外之理」，但他代表的可以說是一
種「氣善則理善」的觀點，有別於浚川、蘇原二人的「氣有
善惡、理亦有善惡」。黃宗羲以為，天地之氣，雖有愆陽伏
陰，但萬古常存之中氣，始終是善，故而人性亦終無不善。
浚川雖然說「氣一則理一」，但這「一」指的是未分、未形、
不可以善惡名的整體之一。因此，依浚川觀點，善惡純屬經
驗之事。由於氣學觀點不同，黃氏的批評未必相應，但確實
點出一個問題：如果善惡全屬後天之事，那麼透過教化，吾
人固然有朝向善的可能，但卻無法保證必然將趨於善。又由
於形而下的氣化流行，終是清濁雜然，是否也等於說，純然
至善的境界，終無可能在經驗界中實現呢？而如果因氣的動
靜聚散，乃有清濁厚薄之不齊，不可避免而有善惡之分，那
麼要達到無惡境界，只能回到元氣未判之初。這就等於要氣
無分判、無動靜、無聚散，這就頗有印度哲學數論派的意味
（見本書第二章之討論）。但如此一來，經驗世界的實存性、
合理性也就將成問題。這就反而有悖氣本論者之初衷。

此外，依黃氏之說，「氣一則理一」乃是「萬古中氣」

---

47 黃宗羲：〈諸儒學案中四・肅敏王浚川先生廷相〉，《明儒學案》卷 50，
　　《黃宗羲全集》第八冊，頁 487。

之「不易之理」，則此萬古中氣無愆陽伏陰、無過不及，如楊晉菴所謂「而此氣靈妙，自有條理，便謂之理。」[48]如此言氣言理，就與王、吳二人有所差別，不免而有「先天」的意味。學者將氣學區分為「先天型」、「後天型」，或「神聖氣本論」、「自然氣本論」，其理亦在此。學界對於氣學者的分類歸屬認定不一，依多數共識，張橫渠、羅整菴、劉蕺山被視為先天型、神聖型；王浚川、吳蘇原、顏習齋、戴東原則被視為後天型、自然型。[49]為討論方便，拙文底下取羅整菴、劉蕺山為先天型代表，顏習齋、戴東原為後天型代表，對照說明氣本論對性善論的證成及理論相關問題。

三、氣學之「性善論」釋惡之來源

（一）先天型

1.羅整菴論「感於物而動」、「氣質用事」

---

48 「而此氣靈妙，自有條理，便謂之理。」是明儒楊晉菴的話。黃宗羲《明儒學案》29〈北方王門學案〉以為此說「可謂一洗理氣為二之謬」，並以氣之本然為善、為性，以氣之雜揉為愆陽伏陰、不可以言性：「夫不皆善者，是氣之雜揉，而非氣之本然。其本然者，可指之為性，其雜揉者，不可以言性也。天地之氣，寒往暑來，寒必於冬，暑必於夏，其本然也。有時冬而暑，夏而寒，是為愆陽伏陰，失其本然之理矣。失其本然，便不可名之為理也。然天地不能無愆陽伏陰之寒暑，而萬古此冬寒夏暑之常道，則一定之理也。人生之雜揉偏勝，即愆陽伏陰也。而人皆有有不忍人之心，所謂厥有恒性，豈可以雜揉偏勝者當之？雜揉偏勝，不恒者也。是故氣質之外無性，氣質即性也。第氣質之本然是性，失其本然者非性，此毫釐之辨，而孟子之言性善，即不可易也。」《黃宗羲全集》第七冊，頁 755-756。不過，這種說法很難解釋的是，既然氣質即性、氣質之外無性，為什麼還會有「愆陽伏陰」、失其本然之性的可能？
49 對氣學者或氣本論者的分類之差異，可參見劉又銘〈明清儒家自然氣本論的哲學典範〉一文中之比較整理。《國立政治大學哲學學報》第二十二期，2009 年 7 月，頁 7。

　　學界對於羅整菴的氣學思想，或認之爲唯物論、[50]自然氣本論，[51]或認之爲先天型氣學，[52]定位不一。拙見以爲，在理氣論上，整菴確實有明顯的自然氣本論的味道；但在心性論上，則如黃宗羲所言，仍爲超越之理留有餘地，這就不免有先天型的理解可能。[53]整菴對於理氣關係的說法是：

> 理果何物也哉？蓋通天地，亘古今，無非一氣而已。氣本一也，而一動一靜，一往一來，一動一靜，一往一來，一闔一闢，一升一降，循環無已。……千條萬緒，紛紜膠輵，而卒不可亂，有莫知其所以然而然，

---

50 例如胡發貴：「顯然，欽順宣揚世界的永恒以及天地間充滿了萬物，無不是爲突出其世界的客觀與真實性，並以此來否定『心學』的主觀唯心論，其哲學立場無疑是唯物論的。」氏著：《羅欽順評傳》（南京：南京大學出版社，2002 年），頁 168。

51 劉又銘將氣本論分爲「神聖氣本論」與「自然氣本論」，他以爲第二類的代表人物是羅欽順、王廷相、吳廷翰、顧炎武、戴震、焦循等人。氏著：〈宋明清氣本論研究的若干問題〉，楊儒賓、祝平次編：《儒學的氣論與工夫論》（臺北：國立臺灣大學出版中心，2012 年），頁 208。

52 楊儒賓：「如果就理氣論來講，羅欽順與劉宗周同爲明代先天型氣論之高峰，兩者思想頗爲接近。」氏著：〈檢證氣學－理學史脈絡下的觀點〉，《異議的意義－近世東亞的反理學思潮》（臺北：國立臺灣大學出版中心，2012 年），頁 115。

53 先、後天型氣學的差別，楊儒賓的定義是：「……後天型的氣學可以視爲一種自然哲學，因爲此學通常用『氣』解釋一切存在的現象，而且常是以自然主義的方式解釋之，不需要有超越的因素以解釋之。相對之下，先天型的氣論則強調在現實的『氣』之層面外，另有更深層的超越性之『氣』，此『氣』通常也可稱作『神』，它可視爲本體之作用性。」氏著：〈檢證氣學－理學史脈絡下的觀點〉，《異議的意義－近世東亞的反理學思潮》，頁 125。又謂：「先天型氣學的工夫論之主軸旨在喚醒此心氣同流的本真狀態（此一狀態也可稱作『先天氣』），使學者向超越的自我回歸。後天型氣學的工夫論主軸則落在促使此人身上之氣精緻化、分殊化、能量化，以促成實踐者橫向的完成自我的人格。」氏著：〈兩種氣學、兩種儒學〉，同前書，頁 129。

> 是即所謂理也。初非別有一物。依於氣而立，附於氣
> 以行也。[54]

理非別有一物，乃是依附於氣而行，故而整菴又謂「理只是
氣之理」：

> 理只是氣之理，當於氣之轉折處觀之，往而來，來而
> 往，便是轉折處也。夫往而不能不來，來而不能不往，
> 有莫知其所然而然者，若有一物主宰乎其間而使之然
> 者，此理之所以名也。「易有太極」，此之謂也。若
> 於轉折處看得分明，自然頭頭皆合。[55]

從「理依於氣而立」、「理只是氣之理」來看，理乃是後天
形氣之條理，其自然氣化的姿態似乎是很明顯的。理既為氣之
理，則一切形具之氣化現象皆當實現了某種理，故而整菴曰：

> 天之道，日月星辰為之經，風雨雷霆霜露為之緯、經
> 緯有常，而元亨利貞之妙在其中矣，此造化之所成
> 也。人之道，君臣父子夫婦長幼朋友為之經，喜怒哀
> 樂為之緯，經緯不忒，而仁義禮智之實在其中，此德
> 業之所以成也。[56]

這很容易得出「氣萬則理萬」、甚至「善惡皆有理」的結果。
然而，整菴卻引楊方震〈復余子積書〉並評論曰：

> 楊方震〈復余子積書〉有云：『若論一，則不徒理一，
> 而氣亦一也。若論萬，則不徒氣萬，而理亦也。』此

54　〔明〕羅欽順著，閻韜點校：《困知記》，頁6。
55　同前註，頁89。
56　同前註，頁25。

言甚當，但『亦』字稍覺未安。[57]

依此條材料，整菴並不認同「氣萬則理萬」，這就異於前述王浚川的態度。既然反對「氣萬則理萬」，意味著「氣萬而理一」，表示整菴在氣化現象中，仍肯定一共同之理。

此共同之理，整菴謂之「自然而當然」：

> 天之道莫非自然，人之道皆是當然。凡其所當然者，皆其自然之不可違者也。何以見其不可違？順之則吉，違之則凶，是之謂天人一理。[58]

雖言「自然」卻又「當然」，顯然有一種義務命令之意。既然如此，也就不會是形而下自然氣化之意。故而整菴又謂「理須就氣上認取，然認氣為理便不是」：

> 理須就氣上認取，然認氣為理便不是。此處間不容髮，最為難言，要在人善觀而默識之。「只就氣認理」與「認氣為理」，兩言明有分別，若於此看不透，多說亦無用也。[59]

此「就氣上認取」之理乃自然而當然者，便意味此理乃是價值之理，並非形而下自然氣化之理；同時此理亦須透過氣來實現之。對此，學者或以為整菴的氣論其實仍含有一形而上、超越性之理。如鄧克銘所言：「羅氏肯定一切氣化過程及現

---

57 同前註，頁 55。
58 同前註，頁 30。
59 同前註，頁 42。在《困知記續卷》中，整菴再次強調認氣為理便不是：「夫往者感，則來者應；來者感，則往者應。一感一應，循環無已，理無往而不存焉，在天在人一也。天道惟是至公，故感應有常而不忒。人情不能無私欲之累，故感應易忒而靡常。夫感應者，氣也。如是感則如是應，有不容以毫髮差者，理也。……愚故嘗曰：『理須就氣上認取，然認氣為理便不是。』此言殆不可易哉！」頁 89。

象之內具有使其不得不然的『性命之理』，至爲明確。……
自然與當然之間所以能貫通，必含有一超越的因素，亦即肯
定理具有超越的形上性質。」[60]然而理如果不僅是氣化流行
之條理，而具有超越的形上義，那麼依整菴「理氣一物」的
說法，理就具有創生之義，此如楊儒賓所言：「『就氣認理』
則當指理不離不氣，但理亦不等於氣，而這種『不雜不離』
的方式並非朱子學式的，而是理具創生動能之謂。」[61]而理
氣既不容分、又有形上形下之區別，楊先生以爲最容易的理
解方式就是「化境的體用論」。[62]然而，如果理氣是一、且
是形而上之理下貫的體用化境，在此化境如何還能有惡之發
生，就很耐人尋味。理既具創生義，而又有惡之發生，則理
是否該爲此惡之現象負責，這也就很是問題。

　　關於惡之發生，依整菴之說，人、物受氣之初，理只是
一；成形之後，其分則殊：

　　　　竊以性命之妙，無出理一分殊四字，……蓋人物之
　　　　生，受氣之初，其理惟一；成形之後，其分則殊。其

---

60 鄧克銘：〈羅欽順「理氣爲一物」說之理論效果〉，《理氣與心性：明
　　儒羅欽順研究》（臺北：里仁書局，2010 年），頁 158。對於羅整菴「氣
　　萬而理一」的態度，鄧氏亦謂由此可證其形而上的意味：「若理只是氣
　　之屬性，則邏輯上應爲『氣一則理一，氣萬則理萬』，殊無成立『理一』
　　之可能。羅氏肯定『理一』，顯已超越個別之無限量的氣，而具有統一
　　之形而上的思辨意味。」同前書，頁 156。

61 楊儒賓：〈檢證氣學 —— 理學史脈絡下的觀點〉，《異議的意義 —— 近
　　世東亞的反理學思潮》，頁 109。

62 楊儒賓：「他的話語指出（一）有形而上、形而下之別；（二）理氣卻
　　又不容分；（三）這樣的模式乃是『理一而分殊』。……筆者認爲上述
　　這三點要同時成立，最容易理解的方式就是認定它指涉的是一種化境的
　　體用論，……」氏著：〈羅欽順與貝原益軒 —— 貌合神離的兩種氣論〉，
　　《異議的意義－近世東亞的反理學思潮》，頁 312。

> 分之殊，莫非自然之理；其理之一，常在分殊之中。
> 此所以為性命之妙也。語其一，故人皆可以為堯舜；
> 語其殊，故上智與下愚不移。聖人復起，其必有取於
> 吾言矣。[63]

整菴又以為，「理一」是指性善，「分殊」則指有性善有性
不善：

> 「天命之謂性」，理之一也；「率性之謂道」，分之
> 殊也。「性善」，理之一也，而其言未及乎分殊；「有
> 性善，有性不善」，分之殊也，而其言未及乎理一。[64]

具體來說，惡來自於後天不能發而皆中節，故有善惡之分殊：

> 夫未發之中，即「帝降之衷」，即「所受天地之中以
> 生」者，夫安有不善哉！惟是有喜怒哀樂之發，未必
> 皆中乎節，此善惡之所以分也。節也者，理一之在分
> 殊中也。中節即無失乎天命之本然，何善如之？或過
> 焉，或不及焉，猶有所謂善者存焉，未可遽謂之惡也。
> 必反之，然後為惡。[65]

以氣的聚散闔闢而有善惡，這種說法，與王浚川、吳蘇原的
說法基本上並無大異。然而，王、吳二人乃是持經驗論者，
氣未分則無善惡，善惡純屬已分經驗之事。整菴則以為氣未
分之前，理一而性善；既然如此，則理本來是善、所受天地
之中是善，竟然動而有善惡之殊，這就更難解釋了。

　　此外，整菴又採用了一種較接近朱子系統的處理方式，

---

63 〔明〕羅欽順：《困知記》，頁9。
64 同前註，頁9-10。
65 同前註，頁10。

以性之本體為湛然，惡之發生則歸於後天之心役於物：

> 動亦定，靜亦定，性之本體然也。動靜之不常者，心
> 也。聖人性之，心即理，理即心，本體常自湛然，了
> 無動靜之別。常人所以膠膠擾擾，曾無須臾之定貼
> 者，心役於物而迷其性也。……故必誠明兩進，工夫
> 純熟，然後定性可得而言，此學者之所常勉也。[66]

又以惡來自恣情縱情：

> 夫人之有欲，固出於天，蓋有必然而不容已，且有當然
> 而不可易者。於其所不容已者而皆合乎當然之則，夫
> 安往而非善乎？惟其恣情縱欲而不知反，斯為惡爾。[67]

然而，之所以役物縱欲，則又歸咎於「氣質用事」：

> 造化之妙，不出乎陰陽剛柔，人之所得以生者其中
> 也。中之體也微，而為德也至。蓋舉之者恒莫能勝，
> 自非聖賢，往往皆氣質用事，是以或偏於剛，或偏於
> 柔，或偏而為善，或偏而為惡。體隨用化，而甚者遂
> 幾於亡。人極之不立，職此之由也。周子曰：「剛：
> 善為義，為直，為斷，為嚴毅，為幹固；惡為猛，為
> 隘，為強梁。柔：善為慈，為順，為巽；惡為懦弱，
> 為無斷，為邪佞。」夫聖賢尚矣！至於善之與惡，又
> 豈可同日而語哉？奈何氣化日漓，俗流愈下，強梁邪
> 佞之徒，所在林立，而所謂善者落落如晨星。[68]

---

66 同前註，頁 29。
67 同前註，頁 36。
68 〔明〕羅欽順：《整菴存稿》卷 1，《四庫全書珍本》（臺北：臺灣商
　　務印書館），頁 19-20。

依這段話，人性因氣質傾向，故有剛柔善惡之偏，未能得中。又因「氣化日醨，俗流愈下」，故而邪佞林立。這似乎意味著剛柔善惡之偏的氣質之外，另有「得中」的全一之性。然而，「得中」之性是什麼？聖賢如果不「氣質用事」的話，是否暗示用事的是「天命之性」呢？但依整菴之說，氣豈非本然是善？氣質、天命豈非不二？又如何能說「體隨用化」？又如何因「氣質用事」而言善者寥落？同時，既有「體隨用化，而甚者遂幾於亡」之可能，則整菴之氣學內在的矛盾性，恐怕就未必如學者所謂「化境的體用論」能概括了。而整菴的矛盾問題，其實在程明道身上也可以看到。從一體同化而言，這固然是圓教化境；但本體又有創生之功，從宇宙發生的角度而言，由善生惡就難有合理解釋（此問題另見下一章討論）。

　　對惡之發生如此解釋，與朱子系統其實並無大異；準此，黃宗羲便批評整菴論心性與其論理氣相矛盾：

蓋先生之論理氣，最為精確，謂通天地，亘古今，無非一氣而已。氣本一也，而一動一靜，一往一來，一闔一闢，一升一降，循環無已。積微而著，由著復微，為四時之溫涼寒暑，為萬物之生長收藏，為斯民之日用彝倫，為人事之成敗得失，千條萬緒，紛紜膠轕，而卒不克亂，莫知其所以然而然，是即所謂理也。初非別有一物，依於氣而立，附於氣以行也。……第先生之論心性，頗與其論理氣自相矛盾。夫在天為氣者，在人為，在天為理者，在人為性。理氣如是，則心性亦如是，決無異也。人受天之氣以生，祇有一心

而已，而一動一靜，喜怒哀樂，循環無已，當惻隱處
自惻隱，當羞惡處自羞惡，當恭敬處自恭敬，當是非
處自是非，千頭萬緒，轇轕紛紜，歷然不能昧者，是
即所謂性也。初非別有一物立於心之先，附於心之中
也。先生以為天性正於受生之初，明覺發於既生之
後，明覺是心而非性。信如斯言，則性體也，心用也；
性是人生以，靜也，心是感物而動，動也；性是天地
萬物之理，公也，心是一己之所有，私也。明明先立
一性以為此心之主，與理能生氣之說無異，先生理氣
之論，無乃大悖乎？豈理氣是理氣，心性是心性，二
者分，天人遂不可相通乎？[69]

依整菴之說，性為先天至善、既生之後而有心，因感物而動、
心迷於性而有善惡。黃宗羲批評此說乃「先立一性以為此心
之主」，性在心先，無異於理能生氣，仍有形上、形下之分。
然而，如果不採這種格局，又有什麼方式能既滿足形上形下
理氣一本、又能合理解釋惡的來源呢？在黃宗羲看來，劉蕺
山（1578-1645）學說「離氣無所為理，離心無所為性」，黃
氏盛讚其能辨儒佛毫釐不作「理生氣」說，[70]其論點當有可

---

69 黃宗羲：〈諸儒學案中一・文莊羅整菴先生欽順〉，《明儒學案》卷47，
《黃宗羲全集》第八冊，頁408-409。

70 黃宗羲對蕺山的評贊是：「盈天地間皆氣也，其在人心，一氣之流行，
誠通誠復，自然分為喜怒哀樂。仁義禮智之名，因此而起者也，不待安
排品節，自能不過其則，即中和也。此生而有之，人人如是，所以謂之
性善，即不無過不及之差，而性體原自周流，不害其為中和之德。學者
但證得性體分明，而以時保之，即是慎矣。慎之工夫，只在主宰上。覺
有主，是曰意。離意根一步，便是妄，便非獨矣。……蓋離氣無所為理，
離心無所為性。佛者之言曰：『有物先天地，無形本寂寥，能為萬象主，
不逐四時凋。』此其真贓實犯，奈何儒者亦曰理生氣？所謂毫釐之辨，

參之處。

2.劉蕺山「盈天地間，一氣而已」

（1）心以氣言，而性其條理也

蕺山嘗有「盈天地間，一氣而已矣」[71]之名言。依其觀點，離氣不能有理，意謂理不能推高一層看，必即於氣化流行之中。理雖即於氣之中，但此氣之非僅爲自然氣化，乃是價值意義之實現：

> 因思盈天地間，凡道理皆從形器而立，絕不是理生氣也，於人身何獨不然？《大易》「形上」、「形下」之說，截得理氣最分明，而解者往往失之。後儒專喜言「形而上者」，作推高一層之見，而於其所謂「形而下者」，忽即忽離，兩無依據，專爲釋氏所藉口，真所謂開門而揖盜也。至玄門則又徒得其「形而下」者，而竟遺其「形而上」者，所以蔽於長生之說，此道之所以嘗不明也。[72]

理不能離於形而下，氣亦不能離於形而上；理即於氣之中，而爲氣之主宰。既然如此，則一氣流行，當皆是至善，氣質之性即是義理之性。《學言》之中，數見蕺山強調此義：

> 盈天地間，一氣而已矣。有氣斯有數，有數斯有象，

竟亦安在？……子劉子之道通，豈非天哉！豈非天哉！〈蕺山學案〉，《明儒學案》卷 62，《黃宗羲全集》第八冊，頁 890。

71　劉蕺山：「盈天地間，一氣而已矣。有氣斯有數，有數斯有象，有象斯有名，有名斯有物，有物斯有性，有性斯有道，故道其後起也。而求道者，輒求之未始有氣之先，以爲道生氣。則道亦何物也，而能遂生氣乎？」〔明〕劉宗周：《學言》，吳光主編：《劉宗周全集（二）》（杭州：浙江古籍出版社，2007 年），頁 407。

72　〔明〕劉宗周：〈答劉乾所學憲〉，《劉宗周全集（三）》，頁 367

有象斯有名，有名斯有物，有物斯有性，有性斯有道，
故道其後起也。而求道者，輒求之未始有氣之先，以
為道生氣。則道亦何物也，而能遂生氣乎？[73]

理即是氣之理，斷然不在氣先，不在氣外。知此，則
知道心即人心之本心，義理本性即氣質之本性，千古
支離之說可以盡埽。而學者從事於入道之路，高之不
墮於虛無，卑之不淪於象數，而道術始歸於一乎？[74]

或問：「理為氣之理，乃先儒謂『理生氣』，何居？」
曰：「有是氣方有是理，無是氣則理於何麗？但既有
是理，則此理尊而無上，遂足以為氣之主宰。氣若其
所從出者，非理能生氣也。」[75]

〈復沈石臣〉中，亦見其強調心以氣言、性其條理、離氣無
理、性氣不二之旨：

性者，心之理也。心以氣言，而性其條理也。離心無
性，離氣無理，雖謂「氣即性，性即氣」，猶二之也。
惻隱、羞惡、辭讓、是非，皆指一氣流行之機，呈於
有知有覺之頃，其理有如此，而非於所知覺之外，另
有四端名色也。即謂知此理，覺此理，猶二之也。良知
無知而無不知，致知無思而無乎不思，不可以內外言，
不可以寂感界。收動歸靜，取物證我，猶二之也。[76]

由上述這些材料，大抵可見蕺山認為離心無性、離氣無理，

---

73 〔明〕劉宗周：《學言》，《劉宗周全集（二）》，頁407。
74 同前註，頁410。
75 同前註，頁410
76 〔明〕劉宗周：《劉宗周全集（三）》，頁363。

無形上、形下之分，無內外、動靜之別。渾是一氣流行，而
其中自有四端之理。既然一氣流行，自有義理，非僅是自然
氣化；則事事物物，合該皆有其意義，故而蕺山謂「天命流
行，物與無妄」：

> 「天命流行，物與無妄」，言實有此流行之命，而物
> 物賦畀之，非流行之外，別有箇無妄之理也。[77]
> 可見此性見見成成，停停當當，不煩一毫安排造作，
> 這便是天命流行、物與無妄之本體，亦即此是「無聲
> 無臭」。所云無聲臭，即渾然至善之別名，非無善惡
> 也。[78]

天命流行，賦畀物物，天命之性即應實現於氣質之中，則氣
質之性亦應爲真實無妄。

（２）心以氣言，氣之動有善有善不善

但經驗世界中，「惡」終究爲實存之現象。然則惡又竟
從何來？蕺山以爲，人生而有自然不容已之生機，謂之欲；
欲而縱，甚焉即有惡：

> 因感而動，念也。動之微而有主者，意也，心官之真
> 宅也。主而遷，志也。生機之自然而不容已者，欲也。
> 欲而縱，過也；甚焉，惡也。而其無過不及者，理也。
> 其理則謂之性，謂之命，謂之天也。其著於欲者，謂
> 之情，變而不可窮也。[79]

要而論之，氣質之性即義理之性，義理之性即天命之

---

77 〔明〕劉宗周：《劉宗周全集（二）》，頁 410-411。
78 〔明〕劉宗周：〈答王右仲州刺〉，《劉宗周全集（三）》，頁 331。
79 〔明〕劉宗周：《原旨》，《劉宗周全集（二）》，頁 279。

　　性，善則俱善。子思子曰：「喜怒哀樂之未發謂之中。」
　　非氣質粹然者乎？其有不善者，不過只是樂而淫，哀
　　而傷，其間差之毫釐與差之丈，同是一箇過不及，則
　　皆其自善而流者也。[80]

因此，氣質之性本身並無不善，其過與不及，才有不善。過
與不及的原因，蕺山以為又在於「氣機乘除」：

　　天命流行，物與無妄，人得之以為心，是謂本心。何
　　過之有？惟是氣機乘除之際，有不能無過不及之差
　　者。有過而後有不及，雖不及，亦過也。過也而妄乘
　　之，為厥心病矣。[81]

不過，蕺山以為氣質乃是天命流行，自善而流者，則氣質本
身就不應做為惡的原因；然而，論其過不及，終究仍以氣機
乘除解釋之，否則似乎也沒有更適當的解釋。但如此一來，
前後就不無矛盾，這個矛盾透過下面引文將更為清楚。

　　天命流行，於人為心，謂之「本心」。「心以氣言，而
性其條理也」，既有其條理，之所以有惡之發生，蕺山以為
其因在於，氣由微入麤、而為浮為散、為妄乃至成萬惡：

　　人心一氣而已矣，而樞紐至微，纔入麤一二，則樞紐
　　之地霍然散矣。散則浮，有浮氣，因有浮質；有浮質，
　　因有浮性；有浮性，因有浮想。為此四浮，合成妄根；
　　為此一妄，種成萬惡。嗟乎！其所由來者漸矣。[82]

蕺山又以為，心以氣言，氣之動而有善、有不善：

80　〔明〕劉宗周：〈答王右仲州刺〉，《劉宗周全集（三）》，頁331。
81　〔明〕劉宗周：〈改過說一〉，《劉宗周全集（二）》，頁17。
82　〔明〕劉宗周：《學言》，《劉宗周全集（二）》，頁435。

> 陽明先生言「無善無惡者心之體」，原與性無善無不
> 善之意不同。性以理言，理無不善，安得云無？心以
> 氣言，氣之動有善有善不善，而當其藏體於寂之時，
> 獨知湛然而已，亦安得謂之有善有惡乎？[83]

氣動而入後天，而有善惡之習染，故惡又歸咎於習染：

> 人心如穀種，滿腔都是生意，物欲錮之而滯矣。然而
> 生意未嘗不在也，疏之而已耳。又如明鏡，全體渾是
> 光明，習染薰之暗矣。然而明體未嘗不存也，拂拭而
> 已矣。[84]

> 人生皆為習所轉，則心亦為習所轉，一切捱排是非計
> 較凡聖，恐都是習心。[85]

心受習染所轉者謂之「習心」，這就與前面本心有所區別。
儘管心為習所轉，但本始終為善，故謂：「習染雖日深，而
人心萬古如一日。」[86]蕺山以氣之感動而有善惡分、或者因
習染而明體為之暗，這與前述王浚川、吳蘇原二人之說法並
無大異。不過，王、吳二人是由經驗論角度出發，以經驗觀
察，氣之交感必有善惡；同時透過習，惡可能為善，善也可
能為惡。逆推上去，經驗以上則不可言，無法推出性善論，
所以他們是持性有善惡論者。然而，蕺山則是持性善論、氣
善論者，故謂「離心無性，離氣無理」。既然氣是善，則氣
之動何以有善惡，惡之習染又再進一步薰染此本然光明，其

---

83 同前註，頁 410-411。
84 同前註，頁 429。
85 同前註，頁 476。
86 〔明〕劉宗周：《會錄》，《劉宗周全集（二）》，頁 510。

論證就未必順暢。

準此，蕺山「心以氣言，而性其條理也」、「心以氣言，氣之動有善有善不善」前後說法兩相對照，即顯其矛盾。如前所述，蕺山強調離心無性，離氣無理；理即是氣之理，又足爲氣之主宰。既然氣化流行自有條理、自有主宰，至善所生，當爲萬善，[87]故謂「天命流行，物與無妄」、「流行之命，而物物賦畀之」。既然氣中自有主宰，又如何因動氣而有惡之歧出呢？爲了保證性本至善，論惡之發生時，蕺山仍是採用「氣能違理」的二本格局。其嚴分意、念，即區分了「本無起滅」與「有起有滅」兩個層次：

> 今心為念，蓋心之餘氣也。餘氣也者，動氣也，動而遠乎天，故念起念滅，為厥心病。故念有善惡，而物即與之為善惡，物本無善惡也；念有昏明，而知即與之為昏明，知本無昏明也；念有真妄，而意即與之為真妄，意本無真妄也；念有起滅，而心即與之為起滅，心本無起滅也。故聖人化念歸心。[88]

〈治念說〉：

> 「然則不思善、不思惡乎？」曰：「思者，心之官也。思則得之，得無所得，此謂思善，不思而得，失無所失，此謂至善。夫佛氏之言，似之而非者也，吾病其以念為思也。」「然則念與思何別？」曰：「念有起

87　《人譜正篇・人極圖》曰：「至善，本無善也。無善之真，分爲二五，散爲萬善。」《劉宗周全集（二）》，頁 3。《學言》：「心體渾然至善。以其氣而言，謂之虛；以其理而言，謂之無。至虛，故能含萬象；至無，故能造萬有。」《劉宗周全集（二）》，頁 410。

88　〔明〕劉宗周：《學言》，《劉宗周全集（二）》，頁 417。

滅，思無起滅也。或合之，或離之，一而二者也。慎
思者，化念歸思，罔念者，轉引思歸念。毫釐之差，
千里之謬也。」「然則念可屏乎？」曰：「不可屏也。
當有事有是心，而念隨焉，即思之警發地也，與時而
舉，即與時而化矣，故曰：今心為念。又轉一念焉，
轉轉不已，今是而昨非矣。又屏一念焉，屏之不得，
今非而愈非矣。夫學所以治念也，與思以權，而不干
之以浮氣，則化念歸思矣。化念歸思，化思歸虛，學
之至也。」[89]

「今心爲念」之說雖不合於《說文》[90]，但如此訓詁大抵意
謂「念」乃是經驗層的意識活動。既是經驗層的活動，必然
就不離於氣。既合於氣，就有起滅；念起念滅，就有善惡。
於是，蕺山採用的方法是使意識不受感性層干擾，即「不干
之以浮氣」，純以超越層爲權定，即所謂化念歸心、化念歸
思、化念歸虛。不過，蕺山「盈天地間，一氣而已矣」就是
要打破形上形下、內外動靜之別，使一切存在唯是一氣流行；
但既言「天命流行，物與無妄」，又言「物有善惡，而其初
則本善而無惡」[91]，前後就不無矛盾。即便如學者所言，蕺
山的氣學乃是一種「化境之語」，[92]但這種化境顯然是先「推

89　〔明〕劉宗周：〈治念說〉，《劉宗周全集（二）》，頁 316-317。
90　《說文解字》十篇下：「念，常思也。从心，今聲。」〔漢〕許慎撰，
　　〔清〕段玉裁注：《說文解字注》（上海：上海古籍出版社，1981 年），
　　頁 502-503。
91　〔明〕劉宗周：「物有善惡，而其初則本善而無惡；理有萬殊，而其本
　　則至一而不二。」〈答葉潤山民部〉，《劉宗周全集（三）》，頁 330。
92　楊儒賓：「簡言之，劉宗周的『一元常運』的氣學思想是在『性宗』或
　　『體獨』這樣的修養的脈絡下顯現出來的。歸顯於密，密到極點反而是

高一層」（蕺山語）再下降回來；既推高出去，所謂「嚴分意念」就不免仍有理氣二分的意味。

同時，形上形下唯是一氣，且是本善而無惡，惡就成爲無因的的存在。蕺山乃有「妄依眞立」、「即妄求眞」之說。蕺山藉慧能「不思善，不思惡」之說爲比對，突顯「念不可屏」，肯定經驗層意識活動之實存、不可能爲無；但氣之起滅要說明的卻是經驗層未必爲「物與無妄」，反過來，恰因其妄而造成一「妄世界」：

> 天命流行，物與無妄，此所爲「人生而靜」以上不容說也。此處并難著「誠」字，或「妄」焉亦不容說。妄者，眞之似者也。古人惡似而非。似者，非之微者也。道心惟微，妄即依焉，依眞而立，即托眞而行。官骸性命之地，猶是人也，而生意有弗貫焉者。是人非人之間，不可方物，強名之曰妄。有妄心，斯有妄形，因有妄解識，妄名理，妄言說，妄事功，以此造成妄世界，一切妄也，則亦謂之妄人已矣。……一念未起之先，生死關頭，最爲喫緊。於此合下清楚，則一眞既立，群妄皆消。即妄求眞，無妄非眞。[93]

從超越層而言，心意知物乃是無起滅、無眞妄、無昏明、無善惡。因感性層之氣的干擾，乃有動靜生滅、眞妄善惡等現象。天命流行，乃不容說境界，故一法不立，不可以誠妄起

氣化流行……他所說的『氣』不是維根斯坦所謂的此一世界的命題，而是工夫論傳統中的化境之語。」氏著：〈兩種氣學、兩種儒學〉，《異議的意義－近世東亞的反理學思潮》，頁153。

93 〔明〕劉宗周：《證學雜解》，《劉宗周全集（二）》，頁261-262。

滅言之。但天命流行中，因道心惟微，妄乃依真而立，這幾乎就是佛教真常心系「真如不守自性」、「迷真起妄」。識者指出，蕺山論真妄關係，近於佛教中的「真如」與「無明」，[94]但蕺山說法恐怕與真妄對翻的格局仍有差異。依《大乘起信論》，「一切諸法唯依妄念而有差別，若離心念，則無一切境界之相。」[95]蕺山論人心獨體，亦云一念未起，無善可著，更無不善：

> 夫人心有獨體焉，即天命之性，而率性之道所從出也。慎獨而中和位育，天下之能事畢矣。……此時一念未起，無善可著，更何不善可為？止有一真无妄在不睹不聞之地，無所容吾自欺也，吾亦與之毋自欺而已。則雖一善不立之中，而已具有渾然至善之極。[96]

然而，獨體本無動靜，其動念卻不是將「無動無靜」與「動靜」對翻，而是將獨體動念分爲「動亦靜」、「動而動」的情形，這就與《大乘起信論》的真妄對翻的格局有所差別：

> 獨體本無動靜，而動念其端倪也。動而生陽，七情著焉。念如其初，則情返乎性。動無不善，動亦靜也。轉一念而不善隨之，動而動矣。[97]

---

94 古清美：「蕺山如此論述『誠』與『妄』的關係，這種關係的結構方式，不能不讓我們想到佛法中『真如』與『無明』……。」氏著：〈劉宗周實踐工夫探微〉，鍾彩鈞主編：《劉蕺山思想學術論集》（臺北：中央研究院中國文哲研究所籌備處，1998 年），頁 74。又謂：「蕺山論『妄』，即似佛學所謂的『無明』依真而起，……。」頁 76。

95 〔印〕馬鳴造、〔梁〕真諦譯：《大乘起信論》，《大正藏》第三十二冊，頁 576a。

96 〔明〕劉宗周：《人譜續篇》，《劉宗周全集（二）》，頁 5。

97 〔明〕劉宗周：《人譜續篇》，《劉宗周全集（二）》，頁 6。

依《大乘起信論》，不生不滅與生滅和合的關鍵在於「眾生自性清淨心，因無明風動」，心真如門迷而為心生滅門，故謂「依一心法有二種門」。然而，獨體可能「動亦靜」（即動而無動），也可能「動而動」。動亦靜者，動無不善；動而動者，不善乃隨之。亦即是說，蕺山理論中，並不是全體在迷、全體在悟，真妄對翻的格局，而是獨體的活動，可能如其自性為真，也可能不守自性而歧出為妄。若獨體如其自性，則一氣流行、打成一片，本無動靜；若不守自性，則一氣流行不能打成一片，而有斷續生滅相。既然如此，就很難說「妄」是來自氣的蔽隔。

綜上所述，為了維持本體無生滅動靜，蕺山嚴分意、念，這其實仍屬宋明理學理氣二分的傳統格局。[98]儘管蕺山以「妄」或「本無而忽有」[99]說明惡在本體論上並非實存，但既是本無，就必須解釋何以忽有？蕺山謂：「人心自真而之妄，非有妄也，但自明而之暗耳。……故學在去蔽，不必除妄。」[100]固然強調妄乃是肇因於外來之蔽，如光體之受暗。

---

98 古清美：「蕺山言過惡之起源及生起，雖然在真妄之辨上極似佛教，但他解『妄』不離『氣』，卻是儒家所有。……而真與妄皆歸於『氣』之流行，不能不說是佛學進入宋明理學一路發展下來的成果。」氏著：〈劉宗周實踐工夫探微〉，鍾彩鈞主編：《劉蕺山思想學術論集》，頁 78。

99 劉宗周：「周子說無欲，有甚奇特？欲原是人本無的物，無欲是聖，無欲便是學。其有焉奈何？曰：『學焉而已矣。』其學也如何？曰：『本無而忽有，去其有而已矣。』孰為無處有？水即為冰。孰為有處無？冰即為水。欲與天理，只是一箇。從凝處看，是欲；從化處看，是理。」《學言》，《劉宗周全集（二）》，頁 364。

100 劉宗周：「人心自真而之妄，非有妄也，但自明而之暗耳。暗成妄，如魑魅不能晝見。然人無有過而不自知者，其為本體之明，固未嘗息也。……故學在去蔽，不必除妄。」〈改過說二〉，《劉宗周全集（二）》，頁 18。

在理氣二分格局中，蔽隔必然由氣負責。然而，爲了保證經驗世界乃是有意義的實存世界，蕺山又以「離氣無理」強調理氣一元，同時以「即妄求真」維持理氣不二的一致性；既然如此，在即氣即理的前提下，歸咎於氣，也就是歸咎於理。但獨體至善，可能動而靜（如其自性而真），也可能動而動（不守自性而妄）；那麼「歸真」者獨體，「起妄」者其實也是獨體。這獨體的至善性，恐怕也將成問題。熊十力以本體具備乾（大明）坤（迷闇）二性，其說清楚突出此意，詳見本書終章之討論。

（二）後天型

1.顏習齋論「引蔽習染」

如果說，反對超越之性、反對復性工夫是後天型氣學的特點的話，那麼顏習齋既反對復天理，亦反對靜敬工夫，[101]無疑可以做爲其中的代表人物。但稱之以「後天型」，只是突顯此型氣學家反對「遠尋夫天地之先」、「侈談夫理氣之辨」（凌廷堪〈復禮〉語）的思想傾向，反對經驗形氣、變動不居的世界之外別有超越時空、超越動靜之理。就理學而言，形而下者是氣，是然；形而上是理，是所以然，而氣對理因又有蔽錮、限制之弊，往往又帶有負面意義、而有待超越。然而，對此型氣學者而言，氣化流行貫徹形而上形而下，[102]氣

---

101 顏習齋《朱子語類評》：「『主靜』、『窮理』，先生云『只有此二者』，卻不思二者全與吾道無干。」又謂：「靜、敬二字，正假吾儒虛字面，做釋氏實工夫。」〔清〕顏元著，王星賢，張芥塵，郭征點校：《顏元集》，頁255。

102 例如戴東原所言：「氣化之於品物，則形而上下之分也。形乃品物之謂，

質是善、氣質之性即是天命之性。如習齋曾以棉桃喻性曰：

> 諸儒多以水喻性，以土喻氣，以濁喻惡，將天地予人
> 至尊至貴至有用之氣質，反似為性之累者然。不知若
> 無氣質，理將安附？且去此氣質，則性反為兩間無作
> 用之虛理矣。……因思一喻曰：天道渾淪，譬之棉桃：
> 穀包棉，陰陽也；四瓣，元、亨、利、貞也；軋、彈、
> 紡、織，二氣四德流行以化生萬物也；成布而裁之為
> 衣，生人也；領、袖、襟裾，四肢、五官、百骸也，
> 性之氣質也。……如是，則氣質與性，是一是二？而
> 可謂性本善，氣質偏有惡乎？然則惡何以生也？則如
> 衣之著塵觸污，人見其失本色而厭觀也，命之曰污
> 衣，其實乃外染所成。[103]

習齋以為，萬物皆是二氣（陰陽）四德（元亨利貞）之所化
生，氣質是善，當然性也是善的。因此，氣質非但不惡，還
是「靈而能為」的作聖之具：

> 其靈而能為者，即氣質也。非氣質無以為性，非氣質
> 無以見性也。今乃以本來之氣質而惡之，其勢不並本
> 來之性而惡之不已也。以作聖之氣質而視為汙性、壞
> 性、害性之物，明是禪家六賊之說，其勢不混儒、釋
> 而一之不已也。能不為此懼乎！[104]

由於反對天命、氣質二性之說，習齋仿朱子《性圖》而作《妄

非氣化之謂。」品物之前，是形而上；品物之後，是形而下。但品物前
後，都是氣化流行。〔清〕戴震著，何文光整理：《孟子字義疏證》，頁22。
103 〔清〕顏元：《顏元集》，頁3。
104 同前註，頁15。

見圖》，其中表現了他氣化生生不息的宇宙觀。在此宇宙觀中，渾天地由陰陽流行、四德之氣化生萬物：

> 知理氣融為一片，則知陰陽二氣，天道之良能也；元、亨、利、貞四德，陰陽二氣之良能也；化生萬物，元、亨、利、貞四德之良能也。知天道之二氣，二氣之四德，四德之生萬物莫非良能，則可以觀此圖矣。萬物之性，此理之賦也；萬物之氣質，此氣之凝也。正者此理此氣也，間者亦此理此氣也，交雜者莫非此理此氣也；高明者此理此氣也，卑暗者亦此理此氣也，清厚者此理此氣也，濁薄者亦此理此氣也，長短、偏全、通塞莫非此理此氣也。至於人，則尤為萬物之粹，所謂「得天地之中以生」者也。二氣四德者，未凝結之人也；人者，已凝結之二氣四德也。……謂氣質有惡，是元、亨、利、貞之理謂之天道，元、亨、利、貞之氣不謂之天道也。噫！天下有無理之氣乎？有無氣之理乎？有二氣四德外之理氣乎？惡其發者，是即惡其存之漸也；惡其力者，是即惡其本之漸也；惡其氣者，是即惡其理之漸也。何也？人之性，即天之道也。以性為有惡，則必以天道為有惡矣；以情為有惡，則必以元、亨、利、貞為有惡矣；以才為有惡，則必以天道流行乾乾不息者亦有惡矣；其勢不盡取三才而毀滅之不已也。[105]

萬物化生，皆是元亨利貞四德所出，儘管氣有清濁厚薄、偏

---

105 同前註，頁21。

全通塞，但仍「皆此天道之理之氣所為，而不可以惡言」。[106]
就心性論而言，心性情才亦一皆是善。然而，習齋也承認經
驗世界存在著自然惡與道德惡的現象：

> 至於人，清濁、厚薄、長短、高下，或有所清，有所
> 濁，有時厚，有時薄，大長小長，大短小短，時高時
> 下，參差無盡之變，皆四德之妙所為也。世固有妖氛
> 瘴癘，亦因人物有所激感而成，如人性之有引蔽習
> 染，而非其本然也。或謂既已感激而成妖瘴，則稟是
> 氣而生者即為惡氣惡質。不知雖極污穢，及其生物，
> 仍返其元，猶是純潔精粹二氣四德之人，不即污穢
> 也。如糞中生五穀瓜蔬，俱成佳品，斷不臭惡。穢朽
> 生芝，鯀、瞍全聖，此其彰明較著者也。[107]

對於惡的來源，他的解釋是：二氣四德本來是善，因人物之
激感，而成妖氛瘴癘；人性本善，因引蔽習染，而非其本然。
「引蔽」意味惡從外來，「習染」則意味本然之性的漸浸改
變，但引蔽習染之遠近深淺，又與賦稟偏全有關：

> 及世味紛乘，貞邪不一，惟聖人稟有全德，大中至正，
> 順應而不失其則。下此者，財色誘於外，引而之左，
> 則蔽其當愛而不見，愛其所不當愛，而貪營之剛惡出
> 焉；私小據於己，引而之右，則蔽其當愛而不見，愛
> 其所不當愛，而鄙吝之柔惡出焉；以至羞惡被引而為
> 侮奪、殘忍，辭讓被引而為偽飾、諂媚，是非被引而
> 為奸雄、小巧，種種之惡所從來也。然種種之惡，非

---

106 同前註，頁 25。
107 同前註，頁 23-24。

其不學之能、不慮之知，必且進退齟齬，本體時見，
不純為貪營、鄙吝諸惡也，猶未與財色等相習而染
也。斯時也，惟賢士豪傑，稟有大力，或自性覺悟，
或師友提撕，知過而善反其天。又下此者，賦稟偏駁，
引之既易而反之甚難，引愈頻而蔽愈遠，習漸久而染
漸深，以至染成貪營、鄙吝之性之情，而本來之仁不
可知矣，染成侮奪、殘忍之性之情，而本來之義不可
知矣，染成偽飾、諂媚之性之情與奸雄、小巧之性之
情，而本來之禮、智俱不可知矣。[108]

依習齋之說，因外來之引蔽，而有剛惡、柔惡（此當是借用
濂溪語）、乃至種種惡之發生。因引蔽，兼以習染漸深，遂
失其本然。儘管習齋肯定即使已激感而成妖孽、習染而至凶
極，但透過教化，終有返本歸元、回復純潔精粹二氣四德的
可能。然而，依習齋之說，二氣四德本來是善，自然之氣化
世界，理應即為一神聖世界；即使有所激感，也是二氣四德
相激感，何以竟成妖氛孽癘？顯然待解。由於人、物皆是二
氣四德所成，自然世界有激感而成妖孽之質變可能，人心也
才有引蔽習染而失其性之質變可能。即便我們同意引蔽習染
對氣質的影響，但在二氣四德化生之初，人物皆善，就很難
把惡歸咎於外來；則在化生之初、墮落為惡又如何可能呢？

2.戴東原論私與蔽

持自然氣化論，以血氣心知、氣質之性為天命之性者，
戴東原亦有類似論點，其理論亦不可免於同樣問題。東原論

---

108 同前註，頁 28-29。

天道的說法是：

> 道，猶行也，氣化流行，生生不息，是故謂之道……
> 《大戴禮記》曰：「分於道謂之命，形於一謂之性。」
> 言分於陰陽五行以有人物，而人物各限於所分以成其
> 性。陰陽五行，道之實體也；血氣心知，性之實體也。
> 有實體，故可分；惟分也，故不齊。古人言性惟本於
> 天道如是。[109]

氣質、天命不二，東原也稱之「一本」。[110]因爲氣質天命一
本，所以血氣心知之自然，有其必然之極則：

> 由血氣之自然，而審察之以知其必然，是之謂理義；
> 自然與必然，非二事也。……若任其自然而流於失，轉
> 喪其自然，而非自然也；故歸於必然，適完其自然。[111]
> 命者非他，就性之自然，察之精明之盡，歸於必然，
> 為一定之限制，是乃自然之極則。若任其自然而流於
> 失，轉喪其自然而非自然也。[112]
> 荀子知禮義為聖人之教，而不知禮義亦出於性；知禮
> 義為明於其必然，而不知必然乃自然之極則，適以完
> 其自然也。[113]

自然、必然既非二事，則氣化流行，當顯其必然之理則，成

---

109 〔清〕戴震：《孟子字義疏證》，頁 21。
110 戴東原：「天之生物也，使之一本，而以性專屬之神，則視形體爲假合；
　　以性專屬之理，則茍非生知之聖人，不得不咎其氣質，皆二本故也。」
　　同前註，頁 18。
111 同前註，頁 18-19。
112 同前註，頁 96。
113 同前註，頁 32。

一理義世界。然而，經驗世界仍不免有惡，東原的解釋是：

> 人生而後有欲，有情，有知，三者，血氣心知之自然
> 也。……欲之失為私，私則貪邪隨之矣；情之失為偏，
> 偏則乖戾隨之矣；知之失為蔽，蔽則差謬隨之矣。[114]

欲、情、知是血氣心知之自然，其失則為私、為偏、為蔽，
隨之而來的是貪邪、乖戾、差謬。但私、偏、蔽皆非人之本
性，如其所言：「人之不盡其才，患二：曰私，曰蔽。……
是以卒之為不善，非才之罪也。」[115]既然非才之罪、非人之
本性，那就是來自後天的質變。但何以質變？東原說是因欲、
情、知三者之「失」。對照上面引文，此「失」或即「任其
自然而流於失」。然而，（1）欲情知乃血氣心知之自然，自
然之中當有必然之理，但任其自然竟至「流於失」，如果此
必然之則乃是內在於自然氣化，任其自然就很難說有流於失
的可能。（2）除非此極則乃是定之於外，但如此一來，藉禮
義以糾人心，這又成了荀子路數。而依東原對荀子的批評：
「荀子知禮義為聖人之教，而不知禮義亦出於性」，顯然他
認為禮義乃是內在於性分所固有，否則就成了荀子。既然性
分之中有禮義，自然之中有必然，何以任其自然竟流於失，
幾不可解。

四、結　論

理學成立的論旨之一，在於反對佛老（其中又以反對佛

---

114 同前註，頁41。
115 同前註，頁72。

教為力），反對的原因在於佛老未能正面肯定現實世界之存在價值。橫渠、程朱皆不乏「體用殊絕」、「以天地為幻妄」等相關批判。即便陸王心學，對佛教之批評仍不餘遺力。但弔詭的是，理學心學對佛教「以山河大地為病」相關批判，竟也成為氣學家對理學的批判處。透過氣學家對理家的批判可以發現，氣學家以為理學「本然之性，超於形氣之外」的論點，與佛教「四大之外，別有真性」如出一轍，理學故亦同見「以無形跡為實、以有形跡為妄」之病。羅整菴、王浚川、王船山、顏習齋、戴東原等人皆可見類似說法。

氣學家既反對形氣之外，別有本性，理就只能是氣化流行中的條理。然而，形氣世界乃是善惡雜染，既然氣化之中有其條理，則由氣化聚散所顯的一切物事，無論善惡，當皆有其理。於是，一派氣學家如王浚川、吳蘇原，遂主性有善惡。由於王浚川、吳蘇原乃是經驗論者，都同意因氣的動靜聚散，既形之後乃有性可言。因氣有清濁粹駁，性亦有善惡之分。未形之前，一氣渾淪，不在經驗範圍之內，則無善惡可言。從經驗論角度而言，他們的論述不在說明惡的由來，而是對惡之現象的承認；承認有惡，乃透過教化修正之。因此，他們的論點應該是「性有善惡、性可向善」。但如果氣的動靜聚散，而有清濁厚薄之不齊，不可避免而有善惡之分，便暗示氣化世界終不可有無惡之一日。那麼要達到無惡境界，只能回到元氣未判之初。這就等於要氣無分判、無動靜、無聚散；但如此一來，經驗世界的實存性、合理性也就將成問題。

另一方面，多數的氣學家，則仍持性善論，其中又可分

為先天、後天兩型；前者以羅整菴、劉蕺山為例，後者則以顏習齋、戴東原為代表。但由於先天型的氣學家仍肯定有一先天至善之本性，如整菴以性為先天至善、既生之後而有心，因感物而動、心迷於性而有善惡。性在心先，這不免仍有形上、形下之分。而蕺山嚴分意、念，以念有起滅而意無起滅，不知不覺也走回理氣二分的格局。儘管蕺山試圖以「妄依真立」的方式維持理氣一元，但獨體至善，可能動而靜（如其自性而真），也可能動而動（不守自性而妄）；「歸真」者是獨體，「起妄」者其實也是獨體。在即氣即理的前提下，獨體就很難維持其至善性、而完全不為惡之來源負責。至於後天型的氣學者，所面對的理論困難則與持「性有善惡論」者如出一轍。習齋的引蔽習染、或東原的私與欲，都將惡歸咎於後天外來；但在天命、氣質一本的前提下，無論是習齋的二氣四德，或東原的自然之中有必然，氣化流行理應一皆是善，其流行交感，何以竟分善惡？這無論如何都仍是很難解釋清楚的。

第五章　明道的一本圓境
及其對惡之解釋

一、「一本」的境界義與本體義

　　明道於〈識仁〉謂：「仁者，渾然與物同體。」又謂：「識得此理，以誠敬存之而已，不須防檢，不須窮索。……理有未得，故須窮索；存久自明，安待窮索？」清儒黃宗羲據此指出明道之學乃是「以識仁為主」，進而臻至「渾然與物同體」的境界：

> 明道之學，以識仁為主。渾然太和元氣之流，其披拂于人也，亦無所不入，庶乎所過者化矣。故其語言流轉如彈丸，說「誠敬存之」，便說「不須防檢，不須窮索」，說執事須敬，便說不可矜持太過，惟恐稍有留滯，則與天不相似。[1]

這說明在「與物同體」的境界中，得以消融物我對待相，天人純是一體同化。所以工夫上也只是保任本心、誠敬存之，

---

1 黃宗羲：〈明道學案上〉，《宋元學案》卷 13，《黃宗羲全集》第三冊，頁 659。

否則落入人爲造作，反而有對待相、失去「與物同體」之意。

　　此「與物同體」之境界，近人理學論述中亦常標舉之以爲明道思想特點。例如張岱年（1909-2004）謂：「程顥認爲宇宙是生生不已之大，萬物本屬一體，而人生之最高境界也即在自覺地與萬物爲一體。」[2]馮友蘭（1895-1990）亦謂：「明道以爲吾人實本來與天地萬物爲一體，不過吾人多執個體爲我，遂將我與世界分開。吾人修養之目的，即在於破除此界所限而回復於萬物一體之境界。」[3]方東美（1899-1977）亦主明道思想乃是一種「機體一元論」：「厥爲人與宇宙同體，故廣大生命旁通統貫，由是領悟人心之靈無乎不在，而性情亦隨宜發展，祥和浹洽，適應萬變而不窮。」[4]又謂：「明道旨在建立一套機體主義哲學，故力避掉入任何窮索致僞之陷阱耳。其哲學樞要，厥爲萬物一體論，倡『天人無間斷』。」[5]唐君毅（1909-1978）則指出明道思想指在於「無內外、徹上下之天人不二之道」：

2　張岱年：「程顥（字伯淳，世稱明道先生）認爲宇宙是生生不已之大，萬物本屬一體，而人生之最高境界也即在自覺地與萬物爲一體。程頤（字正叔，世稱伊川先生）則最注重事物所以然之理，分別形上形下，認形上之理才是宇宙之根本。」氏著：《中國哲學大綱》（南京：江蘇教育出版社，2005 年），頁 20。又謂：「二程的思想雖相近，亦甚不同。大程不注重經驗，小程則甚重經驗。大程的生活理想是與物同體的神秘生活，小程則不喜言神秘，而注重修持之漸進的切實工夫。」同前書，頁 20-21。大抵指出明道的思想特點在於「與物同體」。

3　馮友蘭：《中國哲學史（下）》（上海：華東師範大學出版社，2000 年），頁 248。

4　方東美著，孫智燊譯：《中國哲學精神及其發展（上）》（臺北：黎明文化，2005 年），頁 94。

5　方東美著，孫智燊譯：《中國哲學精神及其發展（下）》（臺北：黎明文化，2005 年），頁 65。

> 然人若真識得天地之化育即我之化育，則不須如橫渠
> 之更言體天地之化。故明道謂『言體天地之化，已剩
> 一體字，此便是天地之化』（遺書二上）。……體天
> 地之化、贊助天地之化育，皆將人與天相對而說之
> 語，則天人猶是二本。以明道觀橫渠，即尚未脫此二
> 本之義。然明道則全超化此二本之義。而其所以能超
> 化此二本之義，則在人誠能以天地之化育，即我之化
> 育，即真實化此天地之化育于我之生命之中，而見其
> 此即我之生命之化育。[6]

唐先生以為「超化二本」乃是以終極的圓頓境界，天地萬物
皆是誠體流行。此外，唐先生亦指出此「天人不二無間」亦
是一直下契入的工夫論：

> 此中必已實有誠為先行之工夫，而後見天地之用即我
> 之用，更見天地萬物之實為一體，亦一體而化，只為
> 一誠體之流行。在人未能實有此由「誠」之工夫、或
> 人自感此工夫尚有不足之時，人仍將只能說天是天，
> 人是人，而只有以人之體天地之化、贊天地化育之
> 教，如橫渠所說。唯明道乃直下契此終結義之天人不
> 二無間，即直下以此一「化育流行，現成在此」，點
> 示于人，不始之二，而頓向于終之一；即以此「頓向
> 于終」，以為學之事，則終始無二。此即又有如華嚴
> 宗之會「終」、「始」二教為一「圓」教耳。[7]

---

6 唐君毅：《中國哲學原論‧原教篇》（臺北：臺灣學生書局，2004年），
　頁143-144。
7 同前註，頁144。

綜上所述，明道「渾然與物同體」既指境界上見天地萬物只是一體，也指工夫上直下契入，而非對待式地天人相對而說。凡有對待，天人兩之者，即為二本。因此，這與物同體、萬物一體，也稱為「一本」。

明道「一本」的具體相關說法是：「天人本無二，不必言『合』。若不一本，則安得『先天而天弗違，後天而奉天時』？」[8]又說：「道，一本也。或謂以心包誠，不若以誠包心；以至誠參天地，不若以至誠體人物，是二本也。知不二本，便是篤恭而天下平之道。」[9]由上可知，「一本」指的是天人本質不二、心性天是一的境界。這種天人不二的境界，不是分解地說兩物相合，而是直接契入天人本來是一，所以不必言合。若猶有天人相合、相參之意者，仍是二本。如牟宗三所言：

> 本體即一矣，而凡有彼此對待說，不能融而為一體之化而為一，便都是二本，意即猶有兩個路頭也。例如「天地之化」處是一路頭，我這裡因至誠而能去參贊它，又是一個路頭，這便是二本。並非說我這裡的本體與天地之化處的本體是二、故為二本也。本體自是一，但只要有我這裡與它那裡之別，即是二本。[10]

不過，或因明道直言「一本」的話語本就不多，故而上述諸

8　〈明道學案上〉，《宋元學案》卷 13，《黃宗羲全集》第三冊，頁 683。依《河南程氏遺書》，「若不一本，則安得『先天而天弗違，後天而奉天時』？」載於卷 2 上，「天人本無二」另載於卷 6。〔宋〕程顥、程頤著，王孝魚點校：《二程集》（北京：中華書局，2006 年），頁 43、81。

9　〔宋〕程顥、程頤：《河南程氏遺書》卷 11，《二程集》，頁 117-118。

10　牟宗三：《心體與性體（二）》（臺北：正中書局，1989 年），頁 103。

家雖皆同意「一體」乃是明道的思想要義，但對「一本」之
詞則較少提及，亦乏對此一詞有所發揮。唐、牟二先生不約
而同注意到了明道「一本」義的圓教意義，但相較之下，牟
先生以「一本論」為明道思想的代表，[11]對「一本」義要更
為看重。同時，唐先生雖也用「圓教」一詞以肯定明道與物
同體之化境，但他這裏的圓教較突出的是「直下契此終結義
之天人不二無間」的工夫意義。牟先生則更指出圓教另有「窮
法之源」的「存有論之圓」的意義，這就使明道的一本論當
另有本體論的地位，也因而有些可討論的問題。

　　牟先生以明道為儒家義理之圓教的原因在於：

> 至明道則兩方面皆飽滿，無遺憾矣。……首挺立「仁
> 體」之無外，首言「只心便是天，盡之便知性，知性
> 便知天，當下便認取，更不可外求」，而成其「一本」
> 之義。是則道體、性體、誠體、敬體、神體、仁體、
> 乃至心體、一切皆一。……明道是此「通而一之」之
> 造型者，故明道之「一本」義乃圓教之模型。[12]

11　蔡仁厚亦謂：「『一本』之論，最能顯出明道圓頓之智慧，亦只有明道
　　纔能特顯此圓頓之智慧。牟先生闡發此『一本』之義蘊，實最為明道之
　　知音。」氏著：《中國哲學史》（臺北：臺灣學生書局，2009 年），頁
　　618。

12　牟宗三：「至明道則兩方面皆飽滿，無遺憾矣。明道不言太極，不言太虛，
　　直從『於穆不已』、『純亦不已』言道體、性體、誠體、敬體。首挺立
　　『仁體』之無外，首言『只心便是天，盡之便知性，知性便知天，當下
　　便認取，更不可外求』，而成其『一本』之義。是則道體、性體、誠體、
　　敬體、神體、仁體、乃至心體、一切皆一。故真相應先秦儒家之呼應而
　　直下通而為一之者是明道。明道在此『通而一之』之造型者，故明道之
　　『一本』義乃是圓教之模型。」氏著：《心體與性體（一）》（臺北：
　　正中書局，1989 年），頁 44。

明道言性體心體兩方面皆飽滿，通而一之，故謂一本，故謂圓教。對於一本，牟先生則具體定義曰：

> 所謂「一本」者，無論從主觀面說，或從客觀面說，總只是這「本體宇宙論的實體」之道德創造或宇宙生化之立體地直貫。此本體宇宙論的實體有種種名：天、帝、天命、天道、太極、太虛、誠體、神體、仁體、中體、性體、心體、寂感真幾、於穆不已之體、等皆是。此實體亦得總名曰天理或理（Categorical Reason）。此理是既超越而又內在的動態的生化之理、存在之理、或實現之理。……亦得曰性體，此則就其對應個體而為其所以能起道德創造之超越根據說，或總對天地萬物而可以之有自性（Making thing as thing-in-itself）說；亦得曰心體，此則就其為明覺而自主自律自定方向以具體而真實地成就道德行為之純亦不已或形成一存在的道德決斷說。總之，是寂感真幾：寂然不動，靜而無靜，感而遂通、動而無動，而為創生覺潤之實體，亦即「於穆不已」之奧體。[13]

「一本」意謂，在本體的直貫活動之下，無論宇宙生化或道德作用，一切都只是本體「通而一之」的直下呈現。由於本體乃是道德實現原理，直契本體即能知心知性知天，這「一本」當有道德本體的意義。又由於「一本」是本體道德創造、宇宙生化的存有之理，這「一本」亦當有存有本體的意義。

13　牟宗三：《心體與性體（二）》，頁18-19。

二、「詭譎相即」與「道德創生」的儒家圓教

「一本」既有二義，順一本義而推論，圓教義亦當有兩種圓義。一是工夫義、境界義的圓，牟先生稱之為圓頓境：

> 凡其現實生命所應有之一切姿態皆是其一「體」之化育流行也。此時先天後天之分即泯。此是澈底的一本論，亦即圓頓之教之一本論。若猶有先天、後天之分，此是分解地言之，猶有二本之痕跡。若不至圓頓之境，則其「奉天時」不必真能奉天時，即勉強奉之，亦不必真能一體而化也。……從「體」顯一本，人易識也。從「用」上顯一本，從「後天而奉天時」上顯一本，便不易識。然而真正的一本是在通體達用一體而化上顯，此即圓頓境之一本也。[14]

吾人「只心便是天，盡之便知性，知性便是天。」於此當下認取、不假外求之境界，無所謂「奉天時」的勉力工夫，純是一體化育、無分別對待，故謂之圓。此外，由直契本體，因成己而成物，使一切存在得有真實意義，於一切法無取捨、因而保住一切法，這是存有論或本體論意義的圓。如牟先生所言：

> 就成己而言，是道德實踐；就成物而言，是自我實踐之功化。即在此功化之中含有一道德的形上學，即無執的存有論。此是在合內外而為一，依誠體而實踐，

---

14 同前註，頁 94-95。

這實踐之下，亦即是在圓教之下的形上學，故是實踐的形上學，因而亦曰道德的形上學，在本書，即名曰無執的存有論。[15]

又謂：

依此無限智心之潤澤一切，調適一切，通過道德的實踐而體現之，這體現之之極必是以天地萬物為一體，為一體即是無一物能外此無限智心之潤澤。……依此，此普遍而無限的智心乃是一存有論的原理，或亦曰本體宇宙論的原理，乃使一切存在為真實而有價值意義的存在並能引起宇宙生化而至生生不息之境者。[16]

綜上所述，此本體宇宙論的原理可以圓頓體現，謂之圓。此本體宇宙論的原理為創造真幾，[17]得以保住一切存在物之真實意義，亦謂之圓。

從境界義而言，固可說舉手投足無不是道、動容周旋無不中節。由於一切皆是天理流行，經驗界的氣化現象，理當攝氣歸性，皆合於天理或性體。準此，由境界上講天人不二、一切存在皆有意義，理論上固無難通之處。但從另一方面來說，此本體具有創造者、主宰者（天命流行）的意義，當然

15　牟宗三：《現象與物自身》（臺北：臺灣學生書局，1982年），頁443。

16　牟宗三：《圓善論》（臺北：臺灣學生書局，1985年），頁307。

17　牟先生對明道「只為從那裏來」一語解釋曰：「蓋我『從那裡來』所完具之天理性體實即是一創造真幾。一切事，嚴格言之，一切道德行為，道德實事，皆為此創造真幾之所創生，亦即皆為此創造真幾之所函攝。依儒家道德的形上學言之，宇宙生化底宇宙秩序，與道德創造底道德秩序，其內容的意義完全同一。」牟宗三：《心體與性體（二）》，頁58。

是一切存在的根源。然而，道德秩序理應全善，宇宙秩序卻有惡，惡又從何而來呢？既然萬物皆從那裏來，這是否意味著惡也理應從那裏來呢？從宇宙發生而言，由善生惡，豈不是有理論上的滯礙？而既要去惡存善，又要保住一切法，這不是也呈現某種本體論上的矛盾嗎？

　　要解決這個問題，引進佛教「圓教」的概念或有其意義。牟先生指出圓教有天臺詭譎說與華嚴分解說兩種型態。天臺宗透過法性無明詭譎相即，不次第、不斷斷、非縱非橫，說一念心即具三千，以此存有論地圓具一切法。[18]華嚴宗則透過海印三昧，倒映佛身而顯法界緣起之圓滿無盡無融無碍。不過，華嚴宗的圓教隔絕九法界，有「緣理斷九」之病，故而牟先生所欣賞者乃為天臺圓教。牟先生既以天臺詭譎相即為真實圓教，儒家義理中亦應以此義做為圓教的模型。而在儒家系統中，牟先生以為胡五峯「天理人欲同體而異用，同行而異情」最相應於此判準：

> 若真依天臺「一念三千，不斷斷，三道即三德」之方式而判，則四有句為別教，四無句為別教一乘圓教，而真正圓教（所謂同教一乘圓教）則似當依胡五峯「天理人欲同體而異用，同行而異情」之模式而立。[19]

---

18 牟宗三：「然則此一圓教系所依以成的義理之實是什麼呢？曰：即『一念心』是。此『一念心』亦曰『一念無明法性』，亦曰『無住本』，亦如『如來藏理』（六即中『理即』的如來藏，不是經過觀行後的如來藏）。」又曰：「但此一念心，相應開權顯實之圓教，在『不斷斷中』，它必須存有論地圓具一切法 —— 三千世間法。」氏著：《佛性與般若（下）》（臺北：臺灣學生書局，1989 年），頁 603-604。
19 牟宗三：《圓善論》，頁 324。

由於牟先生以明道、五峯同屬圓教，所以明道也當有此詭譎
相即之意：

> 若以明道「只此便是天地之化」之語衡之，則同一世
> 間相，順理而迹本圓即是天地之化，而天覆地載之分
> 別亦化矣。不順理，則人欲橫流，迹本交喪，人間便
> 成地獄。順理不順只在轉手間耳。[20]

依天臺宗，詭譎相即必然要依「從無住本立一切法」的前提，
無明無住、法性無住，乃能言無明法性相即。[21]儒家當然不
會有「無住本」的概念，所以牟先生又說儒家不能由無明法
性對翻式的詭譎相即來保住一切法，而是要透過道德意識以
呈露本體。[22]本體有創生義，故能保住一切法。[23]故而牟先生
終由本體之道德創造義說「明道之一本義乃真相應于孔孟圓
盈之教之規模者。」[24]準此，牟先生所謂儒家圓教當須滿足
兩個要件：（1）詭譎相即。（2）道德創生。本體起道德創

---

20 牟宗三：《圓善論》，頁 324。又，「只此便是天地之化」語出《河南
　程氏遺書》卷 2 上，原文是：「言體天地之化，已剩一體字，只此便是
　天地之化，不可對此箇別有天地。」
21 牟宗三：「是故無明即法性，法性即無明，此兩者不是分解地有自住地
　拉開說，乃是緊扣在一起而詭譎地無自住地圓融地說。這詭譎地圓融地
　說『體同』即是圓教之所以為圓教也。」氏著：《佛性與般若（下）》，
　頁 696-697。
22 牟宗三：「儒家不像佛家那樣從生滅流轉向上翻，亦不像道家那樣從『執、
　為』向上翻，而是直由道德意識（慎獨）呈露形而上的實體（本體）的。」
　氏著：《現象與物自身》，頁 435。
23 牟宗三：「此即其所以不能直接由『詭譎的即』而被表明之故也。它不
　能只由般若智或玄智之橫之作用來表明，它須通過仁體創生這一豎立的
　宗骨來表明。因此，它必須是縱貫縱講，而不是縱貫橫講。」氏著：《圓
　善論》，頁 306。
24 同前註，頁 311。

生，而又詭譎相即的具體說法是：

> 但是只有在非分別說的「只此便是天地之化」之圓實
> 教中，德福一致之圓善才真是可能的。因為在神感神
> 應中（神感神應是無執存有論之感應，非認知的感性
> 中之有執著的被動的感應），心意知物渾是一事。……
> 這德福渾是一事是圓聖中德福之詭譎的相即。因為此
> 中之心意知本是縱貫地（存有論地）遍潤而創生一切
> 存在之心意知。[25]

不過，牟先生由「順理」、由本體神感神應來說詭譎相即，
比較像是由契入本體後，再藉由本體迴向現象，以保證一切
存成為合理。這與天臺宗言當下介爾妄心即具三千、無明法
性相即的詭譎，顯然有所不同，[26]反而較近於華嚴宗真心迴
轉的圓教型態。如謝大寧即指出，陽明立超越之良知心體，
猶如華嚴唯一真心迴轉，「而陽明心學必以類乎華嚴圓教的
式為指歸」[27]。陽明如此，明道五峯又如何不然？[28]

　　於是，儘管從圓頓化境，可以說一切存在皆得以合理，

---

25 同前註，頁 325。
26 陳榮灼：「而此『從一念無明法性心立一切法』，不外就是『從無住本
立一切法』，這意謂此『心』並非一切法之『本』（而乃是一『無住本』）。
相比之下『正統儒家』却以其『心』為『無限心』，並把此『無限心』
看做一法之『基』之『本』；所以在這兩個重要關鍵上，『正統儒家』
根本不能看做『天台式的圓教』。」氏著：〈圓善與圓教〉，《當代新
儒學論文集・內聖篇》（臺北：文津出版社，1991 年），頁 47。
27 謝大寧：《儒家圓教底再詮釋》（臺北：臺灣學生書局，1996 年），頁
113。
28 謝大寧：「牟先生說真正不隔者，該依五峰所說之境界講，但他不又說
五峰之系統和陽明心學實為等價的系統嗎？如今何以又要在這兩系統間
分別圓呢？看來這些問題牟先生並不好答，因為任何回答似乎都會迫使
他的系統進入某種夾逼狀態。」同前註，頁 119。

由此而說「天下善惡皆天理」，這似乎也有某種善惡詭譎相即之意。但這種善惡相即終究不是當下對翻的相即，而是由本體迴向現象，以含攝善惡皆爲天理。然而，儒家言本體乃是一創造實體，而不僅止於境界型態。既然如此，則不管吾人契入此境界與否，本體總是不斷起生化創造、宇宙秩序亦是因此本體之妙運而得以建立才對。如此一來，儘管依主觀境界得以含容善惡，卻仍無法解釋本體客觀的創造化生中何以有惡。然而，道德創生的本體，如果竟生出惡的話，這豈不如同「自性清淨而有染污」一般，在明道一本系統之中，可不可能有合理的解釋呢？此外，本體既然有創生義，氣質理當也是由本體所創生。故而明道言「凡天地所生之物，須是謂之性」，亦指形氣生命乃是受之於天命，也當有其存在之合理性。但衡諸經驗現象，個體存在之間，仍不免有「宜此而不宜彼，宜彼而不宜此」的衝突。這意味著順個體存在之性，結果未必盡爲合理，亦即存在現象的善惡未必能詭譎相即、未必能一體同化。又由於本體乃是造化創生者，這善惡衝突理當由此本體負責。如果本體不是「天地不仁」式的創生，而是「天命不已」、有實現意義的創造，又該如何解釋存有物之間的衝突呢？

三、善惡皆天理：理之「然」與「所以然」義

《程氏遺書》載明道有「天下善惡皆天理」之言，似乎承認經驗界善惡現象都有其合理存在的原因：

天下善惡皆天理。謂之惡者非本惡，但或過不及便如
此，如楊墨之類。[29]

萬物皆只是一箇天理，己何與焉？……此都只是天理
自然當如此。人幾時與？與則便是私意。有善有惡。
善則理當喜，……惡則理當惡，……只有一箇義理，
義之與比。[30]

這兩段話的意義大抵是：（1）事物本然是善，後天乃有惡之
歧出。（2）吾人喜善惡惡，理應依循天理，義之與比。這種
意義仍是很典型的捨惡歸善之說，並無詭譎可言。不過，明
道下列說法則較有天理兼善惡之意：

事有善惡，皆天理也。天理中物，須有善惡。蓋物之
不齊，物之情也。但當察之，不可自入於惡，流於一
物。[31]

聖人即天地也。天地中何物不有？天地豈嘗有心揀別
善惡，一切涵容覆載，但處之有道爾。若善者親之，
不善者遠之，則物不與者多矣，安得為天地？故聖人
之志，止欲「老者安之，朋友信之，少者懷之」。[32]

天生萬物，物情物勢總是有善惡不齊之差異性。事物雖有惡，
卻非定然永為其惡；若處之以道，亦將顯其存在之合理性。

---

29 〔宋〕程顥、程頤：《河南程氏遺書》卷2上，《二程集》，頁14。
30 〔宋〕程顥、程頤：《河南程氏遺書》卷2上，《二程集》，頁30。按：
　　該則《遺書》記為「二先生語」，牟先生則判「自係明道語無疑」，《心
　　體與性體（二）》，頁71。
31 〔宋〕程顥、程頤：《河南程氏遺書》卷2上，《二程集》，頁17。
32 〔宋〕程顥、程頤：《河南程氏遺書》卷2上，《二程集》，頁17。本
　　段話《河南程氏遺書》未註明二程中誰語，牟宗三則判定「自係明道語
　　無疑」。氏著：《心體與性體（二）》，頁80。

天地既無心揀別、涵容萬物，吾人亦不可捨之，當善惡兼容。綜上所述，明道的「天理」既指經驗事物不齊之理，也指喜善惡惡、義之與比的道德義理。

從物之不齊，馮友蘭將天理理解爲一種「自然趨勢」：「明道所謂理，似指一種自然的趨勢。一物之理，即一物之自然趨勢。天地萬物之理，即天地萬物之自然趨勢。」[33]準此，順萬物之長短大小不齊之情即爲善；反之，若「任私用意，杜撰用事」或「自私用智」，[34]違背此自然趨勢即爲惡。馮友蘭所說的「自然趨勢」大抵意謂自然之質、經驗之實，這種意義下的「天理」，顯然不具道德的超越之義。因此，張君勱、牟宗三即反駁馮友蘭，認爲明道之理乃是形而上的意義，而非形而下的自然趨勢。如張君勱所謂：

> 馮友蘭一定知道程顥所說的下面一段話：「一陰一陽之謂道。自然之道也。」從這兩句話我們可以知道，在形而上和形而下之間，有一明顯界限。既然程顥重視這個區別，怎能說他認為道只是具體事物的自然趨勢呢？[35]

---

33 馮友蘭：《中國哲學史（下）》，頁 241。馮友蘭在《中國哲學史新編》中，仍以明道的「理」是事物的「自然情況」、「自然趨勢」：「從哲學上看，程顥所講的是另一個哲學問題，他所講的理不是一類事物之所以爲一類事物者，不是一類事物的規定性，而是一類事物的自然情況，自然趨勢。」氏著：《中國哲學史新編（五）》，《三松堂全集（十）》（鄭州：河南人民出版社，2001 年），頁 101。

34 見馮友蘭：《中國哲學史（下）》，頁 241。及氏著：《中國哲學史新編（五）》，《三松堂全集（十）》，頁 100-101。

35 張君勱：《新儒家思想史》（北京：中國人民大學出版社，2006 年），頁 130。

牟宗三亦將「理」區分為第一義與第二義，他以為就物有不齊之理、善惡美醜而言，此理只是經驗事物的自然情勢，並無道德價值的意義。因此，就自然之勢而言，「天下善惡皆天理」的理只是虛說，並無實義：

> 落于實然上就現實存在之種種自然曲折之勢而言理，是理之第二義，正是指氣質上之偏雜與與物情物狀之不同而言一種自然之勢。此則自有物情物勢上善惡美醜之不同，大小之不同，宜此而不宜彼，宜彼而不易此之不同。此理是虛說，並無實義，非實體字。[36]

又說：

> 但「天下善惡皆天理」……之天理或理字皆就物情物勢之必然而自然者說，並無超越的意義，亦無道德價值的意義。[37]

第二義之天理，講的事物自然之勢而不是天理自身，故為虛說。至於第一義之天理，才是就體上說天理自身，「透體立極，先天而天弗違者，此則只有至善、純善，而且恒常、自存、而遍在。」[38]這是天理的實義。由於天理是至善純善者，所以：

> 「天下善惡皆天理」並不是說那第一義的天理還有善有惡。若如此，則成大悖謬。此不是說那作為實體、作為生化之道的動態的天理，因其創生出現實存在之

---

36 牟宗三：《心體與性體（二）》，頁81。
37 同前註，頁82。
38 同前註，頁81。

不齊，所以那天理即賅攝有善惡。[39]

又說：

> 若割截其「所以然」處超越意義的天理，而只看此自
> 然之勢，自然曲折之相，則此天理即是虛說的天理。
> 人若以為明道所說的天理只是此虛說的天理而無超
> 越意義的天理，則大悖![40]

物情物勢之自然曲折相，有善惡美醜之不齊，是存在之「然」。
至於天理自身，是存在之「所以然」，只有至善至純。

　　張君勱、牟宗三的之說固然釐定了明道言天理之超越義
與道德義。不過，牟先生也指出，至善之天理乃是存在之然
的「所以然」。既為「所以然」者，意味現實存在之善惡不
齊，乃是天理所創造使然。亦即是說，自然曲折之「然」當
由超越之「所以然」所決定。其關係如勞思光論「性」之兩
種用法：

> 其一指共同意義之「性」，即相應於「天道」；其二
> 指殊別意義之「性」，即指各種存有之特具之性，相
> 當於希臘亞里斯多德所言之「本性」（Essence）。就
> 共同意義言「性」，則萬有皆顯現其受共同形上原理
> 之決定；就殊別意義言「性」，則萬有各依其類，而
> 具內在之特性。[41]

既然萬有之殊別相乃是受共同形上原理所決定，則天理至

---

39 同前註，頁82。
40 同前註，頁83。
41 勞思光：《新編中國哲學史（三上）》（臺北：三民書局，1990年），
　　頁208。

善，何以創造出來的存在物竟有善惡之不齊？牟先生雖說「此不是說那作爲實體、作爲生化之道的動態的天理，因其創生出現實存在之不齊，所以那天理即賅攝有善惡。」[42]但若天理不爲現實之情勢負責、不賅攝善惡，這就有「二本」之嫌。[43]同時，若天理不賅攝善惡，惡又從何而來？因此，萬有之善惡不齊既是由形上原理所決定，則合理推論，惡也當由理所賅攝負責。但如此一來，就有兩個值得考察的問題：（1）萬有自然之勢既由形上原理所決定，則氣質之性也理當來自天命之性；氣質之性既由天命所決定，順此自然之性，其結果也應當即爲善，這就是明道所謂「循其性而不失，是所謂道也。」然而，自然事物之不齊，必然有「宜此而不宜彼，宜彼而不宜此」的情形，萬物各循其性，所導致之彼此間的衝突又該如何解釋？（2）牟先生指出：「『人生氣稟，理有善惡』，此善惡是指氣稟說，不指性體說。」[44]不過，在明道的理論中，理是氣的本體，因而也有學者同意，理必然要負責說明惡的由來，「天下善惡皆天理」即表示「理作爲一

---

42 牟宗三：《心體與性體（二）》，頁82。

43 郭曉東：「在這裏可以看出，牟先生雖然承認本然意義上的天理涵攝著實然的物情物勢，但他卻將『然』與『所以然』『割截』了開來，因而稱『然』爲『第二義』的天理。雖然牟先生對伊川的學說多持一種批評的態度，但其分天理爲『第一義』與『第二義』，嚴分『然』與『所以然』，實際上與伊川說陰陽是氣，所以陰陽者爲道的說法毫無二致。而在明道看來，既然天理原是徹上徹下、天人一本的天理，『萬物皆只是一個天理』，又豈能強行做『第一義』、『第二義』的區分？如果一定要做這樣區分，似乎已經不自覺地陷入到明道所要批評的『二本』之中了。」氏著：《識仁與定性——工夫論視域下的程明道哲學研究》，頁84。

44 牟宗三：「『人生氣稟，理有善惡』，此善惡是指氣稟說，不指性體說。……此『理』是虛說。不得誤解。」氏著：《心體與性體（二）》，頁165。

種純善之物從氣中分離出來實屬不能」。[45]不過，如果我們比對明道、伊川二人對惡之來源的解釋，明道在這個問題上，其實還是回到理氣二分的格局。

四、生之謂性：循其性而不失，是所謂道

依照理氣二元格局，「生之謂性」與「天命之謂性」兩者之「性」意義不同，其區隔如伊川所言：

> 「生之謂性」，與「天命之謂性」，同乎？性字不可一概論。「生之謂性」，止訓所稟受也。「天命之謂性」，此言性之理也。[46]

「天命之性」受之於天，「生之謂性」則稟之於氣，受之於天者則無不善，稟之於氣者則有厚薄清濁之別，足以障蔽本然善性。不過，明道則以一本立場，指出道器無二，皆是道的實存與呈現：

> 形而上為道，形而下為器，須著如此說。器亦道，道亦器，但得道在，不繫今與後，己與人。[47]
>
> 氣外無神，神外無氣。或者謂清者神，則濁者非神乎？[48]

---

45 李曉春：「理屬本體，決定氣的運作，然理又不能離氣而存在；理既與氣如此密不可分，故而氣的善惡便與理休戚相關。故而，理既然是氣的本體，便必然要擔負起解釋氣的善惡的責任，而明道的理又與氣密不可分，要將理作為一種純善之物從氣中分離出來實屬不能。既然如此，氣的善惡便與理的善惡適好一一相對，明道便只好說『天下善惡皆天理』『事有善惡，皆天理也。』」氏著：《宋代性二元論研究》（北京：中國社會科學出版社，2006年），頁135-136。

46 〔宋〕程顥、程頤：《河南程氏遺書》卷24，《二程集》，頁313。

47 同前註，頁4。

48 〔宋〕程顥、程頤：《河南程氏遺書》卷11，《二程集》，頁121。

由於本體創生直貫，形上形下無二；實然之性，也應該是天命之性的實現。如明道對「生之謂性」釋曰：

> 告子云「生之謂性」則可。凡天地所生之物，須是謂之性。謂之性則可，於中卻須分別牛之性，馬之性。是他便只道一般，如釋氏說，蠢動含靈，皆有佛性，如此則不可。天命之謂性，率性之謂道者，天降是於下，萬物流形，各正性命者，是所謂性也。循其性而不失，是所謂道也。此亦通人物而言。循性者，馬則為馬之性，又不做牛底性；牛則為牛之性，又不為馬底性。此所謂率性也。[49]

明道也肯定差別之性、實然的形構之理，亦是來自天命流行，故謂「有物有則」、「萬物皆有理」：

> 「詩曰：『天生蒸民，有物有則，民之秉彝，好是懿德。』故有物必有則，民之秉彝也，故好是懿德。」萬物皆有理，順之則易，逆之則難，各循其理，何勞於己力哉？[50]

無論「循其性而不失，是所謂道也。」或「萬物皆有理、各循其理」指的都是實然的結構之性、形構之理。由於結構之性也應有其根源，推其根源也是來自宇宙本體之創生，故而循此結構之性而不失，也應當是本體的創生意義的實現，是即明道所謂「循其性而不失，是所謂道也。」其具體表現即明道所言：「服牛乘馬，皆因其性而為之。胡不乘牛而服馬

---

49 〔宋〕程顥、程頤：《河南程氏遺書》卷2上，《二程集》，頁29-30。
50 〔宋〕程顥、程頤：《河南程氏遺書》卷11，《二程集》，頁123。

乎？理之所不可。」[51]

　　依明道此說，品物流形，來自天命流行，萬物當各依天命所賦，以實現其本性。對此，勞思光謂之「本性觀」：

> 首先，明道以為「生之謂性」並非一定錯誤；因「天地所生之物」，皆可謂之「性」。……此「性」自是萬有所共之「性」也。其次，明道提出此一論點後，又急作補充，謂雖肯定「共同之性」，但仍不能忽視「殊別之性」；於是有「牛」、「馬」之「性」不同等語。……蓋如只肯定共同義之「性」，則即與「天道觀」無別；一肯定殊別義之「性」，即使「本性」觀念凸顯。[52]

又說：

> 此謂萬物之「本性」不可變，而認為是「天理如此」。則此「天理」又可指萬物之實各有其「本性」言。[53]

依本體宇宙論的創生義而言，氣化作用、物之不齊雖是天命流行所使然，但萬物要各自實現其本性，彼此之間卻往往存在衝突。勞思光即指出本性觀的困難曰：

> 如虎，欲全其生，則必食他獸。而此被食之獸——如羊，則即在虎能全其生時，自己必不能全其生。換言之，「虎」之「本性」究竟如何實現？吾人對「虎」之食「羊」究以取何種態度為「循理」？此則難有妥

51　〔宋〕程顥、程頤：《河南程氏遺書》卷11，《二程集》，頁127。
52　勞思光：《新編中國哲學史（三上）》，頁211。
53　同前註，頁214。

　　　　善解答。[54]

對此問題，明道本人並無善解，但依「天地萬物之理，無獨必有對，皆自然而然，非有安排也。」[55]及「萬物莫不有對，一陰一陽，一善一惡，陽長則陰消，善增則惡減。」[56]等說法，也許他認爲動靜陰陽，固使萬物不齊，但在不齊之中又存在一種平衡秩序。英國葛瑞漢（A.C.Graham）即問曰：「爲善是循理，爲什麼循人的自私之理是錯的？」[57]並以爲明道「……要解釋爲什麼人必須爲善，又要把惡視爲自然和諧的一部分。」[58]基於自然和諧觀點，葛氏提出一種「相反相成」的說法：

54　同前註，頁 57。
55　〔宋〕程顥、程頤：《河南程氏遺書》卷 11，《二程集》，頁 121。
56　〔宋〕程顥、程頤：《河南程氏遺書》卷 11，《二程集》，頁 123。《河南程氏遺書》卷 2 上載：「天地陰陽之變，便如二扇磨，升降盈虧剛柔，初未嘗停息，陽常盈，陰常虧，故便不齊。譬如磨既行，齒都不齊，既不齊，便生出萬變。故物之不齊，物之情也。而莊周強要齊物，然而物終不齊也。」《二程集》，頁 32-33。這意味物之不齊，乃天地自然之情，但陰陽盈虧，自有平衡之理。《二程集》尚有數則類似言論，如《河南程氏遺書》卷 2 上另載：「早梅多至已前發，方一陽未生，然則發生者何也？其榮其枯，此萬物一箇陰陽升降大節也。然逐枝自有一箇榮枯，分限不齊，此各有一乾、坤也。各自有箇消長，只是箇消息。惟其消息，此所以不窮。至如松柏，亦不是不彫，只是後彫，彫得不覺，怎少得消息？方夏生長時，卻有夏枯者，則冬寒之際有發生之物，何足怪也！」《二程集》，頁 39。《二程粹言·天地篇》：「靜動者，陰陽之本也。五氣之運，則參差不齊矣。」《二程集》，頁 1227。《二程粹言·聖賢篇》：「胡不觀之，有天地之盛衰，有一時之盛衰，有一月之盛衰，有一辰之盛衰。一國有幾家，一家有幾人，其榮枯休戚未有同者。陰陽消長，氣之不齊，理之常也。」《二程集》，頁 1241。然上述引文，原出處並未區分二程子中究爲誰人所言，只能姑且視爲二人共同觀點。
57　〔英〕葛瑞漢著，〔中〕程德祥等譯：《二程兄弟的新儒學》（鄭州：大象出版社，2004 年），頁 197。
58　同前註，頁 199。

相反相成，世界陰的一面，應該作為陽的一面的必要補充加以接受，不應該（像佛教徒那樣）當作逃避人世的藉口。正如我們常被告知的那樣，無死不能有生，所以必須接受死亡；無惡則善也無法想像，所以惡也必須接受。[59]

順此觀點，我們可以進一步詮釋說：宇宙秩序乃是善惡成毀並存，雖衝突矛盾，卻又存在某種和諧平衡。例如生物界的和諧平衡，乃是建立在弱肉強食的生物鏈循環之上。對於某種特定生物族群而言，有利其生存之因素為「善」，其天敵則為「惡」；但自然界如少了這種相互生剋，自然界之生態平衡又會遭到破壞。準此，經驗界既然善惡和諧並存，必然也是天道所允許的，這也就是明道所謂「天理中物，須有美惡。」但這種解釋其實比較接近觀照意味，並不存在詭譎之意。

不過，依牟先生之看法，明道以馬、牛之性言循性，其實是混同了「氣之性」與「理之性」。牟先生以為，明道的「生之謂性」是一種「本體宇宙論的直貫順成模式」：

> 天命於穆不已，命到何處即是流向何處，流到何處即形成該物之性。命于人即為人之性，命于物即為物之性，是以「各正性命」也。（當然天命之流行、乾道之變化，是帶著氣化以俱赴，否則個體之成即不可能。故「各正性命」可通氣之性命與理之性命兩面說。但因是承天命流行乾道變化而說，故正宗儒家俱是以理之性命為「性命」之本義，即以「於穆不已」之真

---

59 同前註，頁 199。

> 幾為其性命也。而此唯人能彰顯之。物則不能。是則
> 物雖亦為天道之所生化，然却不能吸納此真幾以為其
> 性，故其性命只剩氣之結聚所成之性命。）[60]

儘管陰陽之氣之生化皆是天命流行所帶出者，牟先生仍以為順理之性與順氣之性仍需嚴加分別：

> 明道若以為物所循之性是同于人之於穆不已之真
> 幾，而又于此謂牛循牛性，馬循馬性，藉以分別馬之
> 性與牛之性，則不但是混擾，而且是大悖。故通人物
> 而言，必分別言性之兩層。……若循此氣之結構之性
> 亦是道，則只能是天命流行帶著氣化以俱赴所成之氣
> 化之自然之勢，而不能是人之率性以為道之「道」。
> 此亦須辨明者。「人在天地間與萬物同流，天幾時分
> 別是人是物？」此從「天無心而成化」方面說，固是
> 如此。但從性體之名與實之所以立以率性盡性之不同
> 方面說，則人與物儘有差別。雖在天地間同流，而亦
> 各自率其所應率之性以各自流其所應流而已：人率其
> 於穆不已之真幾之性而流其道德創造之純亦不已之
> 流，物則率其氣之結構之性而流其本能之流或墮性之
> 流。此則不可混也。[61]

綜上所述，如果從本體宇宙論創生的角度，要說明物之善惡不齊、彼此共存卻又彼此衝突的合理性，「自然和諧」說差堪可解。而這種觀點接近於觀照態度，也就是牟先生所謂「天無心而成化」。但這種說法也有其缺點，即因其觀照態度而

---

60 牟宗三：《心體與性體（二）》，頁142-143。
61 同前註，頁159-160。

弱化了道德實踐義。爲了要突顯人的道德創造真幾，牟先生仍強調理之性與氣之性的分別。但如此一來，嚴分理氣，這不但是分別說，而且豈不是也意味天命流行、創造生化時有分別心嗎？否則，何以人有道德創造之性、而物只有結構之性呢？如此一來，這個本體又如何保住一切法呢？亦即是說，從圓頓化境、或者觀照型態，可以言萬物一體、兼容善惡，一切事物得以有存在的合理性。但從道德實踐而言，又須嚴分理氣，其目的在於避免率氣之結構之性、流於一物、乃至入於惡。這當然也暗示了，「氣」是惡的來源。但這種觀點，豈非不知不覺走近伊川理氣二分的格局了嗎？

五、理有善惡：是氣稟有然也

依孟子「性猶湍水」之喻，人性無有不善，如水無有不下，惡乃是外來的因素使然。[62]然而，這個使人爲不善的「勢」是什麼呢？依《孟子》大體、小體之分，使人爲不善之「勢」，大抵就在「耳目之官」，[63]甚至「耳目口鼻」之欲。如《盡心·下 24》所言：「口之於味也，目之於色也，耳之於聲也，鼻之於臭也，四肢之於安佚也，性也，有命焉，君子不謂性

62　《告子·上 2》：「人性之善也，猶水之就下也。人無有不善，水無有不下。今夫水，搏而躍之，可使過顙；激而行之，可使在山。是豈水之性哉？其勢則然也。人之可使爲不善，其性亦猶是也。」

63　《告子·上 15》：「從其大體爲大人，從其小體爲小人。」又說：「耳目之官不思，而蔽於物，物交物，則引之而已矣。心之官則思，思則得之，不思則不得也。此天之所與我者，先立乎其大，則其小者弗能奪也。此爲大人而已矣。」

也。仁之於父子也，義之於君臣也，禮之於賓主也，智之於
賢者也，聖人之於天道也，命也，有性焉，君子不謂命也。」
對於不善、或者惡的由來，孟子的處理是交由耳目口鼻、形
軀之欲，以與仁義禮智之性區別。這也就是《告子・上 3》
（〈生之謂性〉）中，孟子不以告子「生之謂性」為然的原
因。此說法可謂開橫渠「天地之性」、「氣質之性」之先河；
[64]承橫渠之說，「天命之性」、「氣質之性」或理氣二分，
也是伊川、朱子解釋善、惡由來的理論格局。伊川「性出於
天，才稟於氣」即是此格局具代表性的說法：

> 問：「人性本明，因何有蔽？」曰：「此須索理會也。
> 孟子言人性善是也。雖荀、揚亦不知性。孟子所以獨
> 出諸儒者，以能明性也。性無不善，而有不善者才也。
> 性即是理，理則自堯、舜至於塗人，一也。才稟於氣，
> 氣有清濁。稟其清者為賢，稟其濁者為愚。」[65]

伊川又謂：

> 性出於天，才出於氣，氣清則才清，氣濁則才濁。譬
> 猶木焉，曲直者性也，可以為棟梁、可以為榱桷者才

---

64 張載：「湛一，氣之本；攻取，氣之欲也。口腹於飲食，鼻舌於臭味，
　皆攻取之性也。知德者屬厭而已，不以嗜欲累其心，不以小害大，末喪
　本焉爾。」〔宋〕張載著，章錫琛點校：《張載集》（北京：中華書局，
　2006 年），頁 22。橫渠又曰：「形而後有氣質之性，善反之則天地之性
　存焉。故氣質之性，君子有弗性者焉。」〔宋〕張載：《張載集》，頁
　23。凡此皆說明了「氣質之性」有「以小害大」、「以末喪本」的可能，
　故而氣質之性，君子弗性。
65 〔宋〕程顥、程頤：《河南程氏遺書》卷 18，《二程集》，頁 204。《河
　南程氏遺書》未註明二程中誰語，牟宗三判之為伊川語，氏著：《心體
　與性體（二）》，頁 312。

也。才則有善與不善，性則無不善。「惟上智與下愚
不移」，非謂不可移也，而有不移之理。所以不移者，
只有兩般：為自暴自棄，不肯學也。使其肯學，不自
暴自棄，安不可移哉？[66]

伊川以為性出於天，才出於氣；人受於天、稟於氣，故有「天
命之謂性」與「生之謂性」：

「生之謂性」，與「天命之謂性」，同乎？性字不可
一概論。「生之謂性」，止訓所稟受也。『天命之謂
性』，此言性之理也。[67]

「性」可以視為道德原理，「才」則是實現道德的能力。實
現能力優者，對道德原理限制少；反之，實現能力劣者，則
限制多。從性、氣二分的角度來看，以氣稟言惡的由來，似
乎是合理順暢的。這種二元格局，亦為朱子所承繼：

所謂理氣，此決是二物，但在物上看，則二物渾淪不
可分開，各在一處，然不害二物之各為一物也；若在
理上看，則未有物而已有物之理，然亦但有其理而
已，未嘗有是物也。[68]

理氣渾淪，但又決是二物，此理氣不離不雜格局，學界或謂
之理氣二元論。在此二元格局中，現實中不如理之事，乃透
過氣對理的蔽錮而得到解釋。朱子謂：

---

66 〔宋〕程顥、程頤：《河南程氏遺書》卷 19，《二程集》，頁 252。《河
南程氏遺書》卷 22 上亦載：「氣清則才善，氣濁則才惡。稟得至清之氣
生者為聖人，稟得至濁之氣生者為愚人。」，《二程集》，頁 291-292。
67 〔宋〕程顥、程頤：《河南程氏遺書》卷 24，《二程集》，頁 313。
68 〔宋〕朱熹：〈答劉叔文〉，《晦庵先生朱文公文集》卷 46，《朱子全
書》第二十二冊，頁 2146。

性只是理。然無那天氣地質，則此理沒安頓處。但得
氣之清明則不蔽錮，此理順發出來。蔽錮少者，發出
來天理勝；蔽錮多者，則私欲勝，便見得本原之性無
有不善。孟子所謂性善，周子所謂純粹至善，程子所
謂性之本，與夫反本窮源之性，是也。只被氣質有昏
濁，則隔了，故氣質之性，君子有弗性者焉。學以反
之，則天地之性存矣。故說性，須兼氣質說方備。[69]

「氣質之性，君子有弗性者」顯然來自《孟子》的「耳目口
鼻之性，君子不謂性。」理只純然至善，是天地之性。一旦
落於氣質之中，就會受到氣質所蔽，不能全然如理，成為氣
質之性。這種二元格局顯有別於前述明道「生之謂性即理即
道」的一本論點。

　　然而，以「氣稟」做為惡的由來，某種程度上，其實也
是明道的處理方式：

「生之謂性」。性即氣，氣即性，生之謂也。人生氣
稟，理有善惡。然不是性中元有此兩物相對而生也。
有自幼而善，有自幼而惡，是氣稟有然也。善固性也，
然惡亦不可不謂之性也。蓋「生之謂性」，「人生而
靜」以上不容說，才說性時，便已不是性也。凡人說
性，只是說「繼之者善」也，孟子言性善是也。夫所
謂「繼之者善」也者，猶水流而就下也。皆水也，有
流而至海，終無所污，此何煩人力之為也？有流而未
遠，固已漸濁；有出而甚遠，方有所濁。有濁之多者，

69　〔宋〕朱熹：《朱子語類》卷4，《朱子全書》第十四冊，頁195。

有濁之少者。清濁雖不同，然不可以濁者不為水也。
清濁雖不同，然不可以濁者不為水也。如此，則人不
可以不加澄治之功。故用力敏勇則疾清，用力緩怠則
遲清，及其清也，則却只是元初水也。亦不是將清來
換却濁，亦不是取出濁來置在一隅也。水之清，則性
善之謂也。故不是善與惡在性中為兩物相對，各自出
來。[70]

這段文字亦收錄於朱子所編纂的《近思錄》中。朱子謂之「合
理氣一衮」：「它這是合理氣一衮說。到孟子說性，便是從
中間幹出好底說，故謂之善。」[71]又謂之「性搭附在氣稟上」：
「既是氣稟惡，便也牽引得那性不好。蓋性只是搭附在氣稟
上，既是氣稟不好，便和那性壞了。所以說濁亦不可不謂之
水。水本是清，却因人撓之，故濁也。」[72]受朱子之說影響，
舊注大抵上亦主未墮形氣之中的性，有善而無惡；一旦墮入
形氣之後，則必然受到氣稟清濁的影響，性乃有善惡的表現。
[73]依葉采或張伯行提供的理解，「性即氣，氣即性」意謂著

---

70 〔宋〕程顥、程頤：《河南程氏遺書》卷1，《二程集》，頁 10-11。
71 朱子：「它這是合理氣一衮說。到孟子說性，便是從中間幹出好底說，
故謂之善。」又曰：「它這是兩個譬喻。水之就下處，它這下更欠言語，
要須爲它作文補這裡，始得。它當時只是衮說了。蓋水之就下，便是喻
性之善。如孟子所謂過顙、在山，雖不是順水之性，然不謂之水不得。
這便是前面『惡亦不可不謂之性』之說。到得說水之清，却依舊是譬喻。」
《朱子語類》卷4，《朱子全書》第十四冊，頁 202。
72 〔宋〕朱熹：《朱子語類》卷第 95，《朱子全書》第十七冊，頁 3195。
73 例如葉采集解：「愚謂天命賦予之初，固有善而無惡。及氣稟拘滯之後，
則其惡者，謂非性之本然則可，謂之非性則不可。性一也，所指之地不
同耳。」張伯行集解亦曰：「氣稟即是性矣。由是觀之，善固爲性，惡
亦不可不謂之性。蓋雖非性之本，然亦是氣稟生出來的，所謂『論性不

經驗中的人性表現，是性與氣的結合；惡雖亦不可不謂之性，卻已是性落在氣中而言。

即便是唐君毅、牟宗三二人的理解，格局上亦與朱子無異。唐先生曰：

> （案：明道）即明謂善惡非靜態的相對，以存於性中之物，而是由性或理之不離氣稟而表現時方有者。蓋如氣稟清，則性得表現，即有善；氣稟濁，則性不得表現，其表現或偏而不全，以有過或不及，便有惡。……過者過於性之一偏，不及者不及於其他之一偏；過者之所過，其內容亦原於性；其不及，則氣之昏，使性於此不得表現，亦只對照性之全，而名為不及也。[74]

唐說所謂善惡乃是「性或理之不離氣稟而表現時方有者」，其實就是朱子「合理氣一衮」。牟先生亦謂：

> 其次，「人生氣稟，理有善惡」，此善惡是指氣稟說，不指性體說。……若指性體自己說，則是純粹至善，焉有氣稟上之或善或惡之對待？……性既與氣稟滾在一起，則氣稟之善者（譬如清厚者），性體自然在此呈現而不失其。至如氣稟之惡者（譬如濁者薄者），性體不能在此自然呈現而不失其，則即不免為其所拘蔽，所染汙，因而成為惡的表現。[75]

論氣，不備』也。」〔宋〕朱熹、呂祖謙撰，張京華輯校：《近思錄集釋》（長沙：嶽麓書社，2009 年），頁 65。

74 唐君毅：《中國哲學原論・原性篇》（臺北：臺灣學生書局，1989 年），頁 364。

75 牟宗三：《心體與性體（二）》，頁 165。

又謂：

> 何以說善惡的表現皆屬于性之事？性何以必有善惡
> 的表現之不齊？蓋正因「生之謂性」之故也。既就有
> 生之後、個體存在而說性，則性就是與氣稟滾在一起
> 的，其表現之不齊，因而有善惡，蓋亦是形而上地必
> 然的。[76]

牟說「性既與氣稟滾在一起」明顯即是朱子相衮之說。這也
是將惡歸咎於氣的夾雜，乃有善惡表現之不齊。

　　此外，明道以水之清喻善、以水所遇外緣為濁以喻惡，
除見於前引「生之謂性」一文，亦如下所言：

> 問：「心有善惡否？」曰：「在天為命，在義為理，
> 在人為性，主於身為心，其實一也。心本善，發於思
> 慮，則有善有不善。若既發，則可謂之情，不可謂之
> 心。譬如水，只謂之水，至於流而為派，或行於東，
> 或行於西，卻謂之流也。」[77]

無獨有偶，這種水流喻亦見伊川所使用：

> 問：「喜怒出於性否？」曰：「固是。纔有生識，便
> 有性，有性便有情。無性安得情？」又問：「喜怒出
> 於外，如何？」曰：「非出於外，感於外而發於中也。」
> 問：「性之有喜怒，猶水之波否？」曰：「然。湛平
> 靜如鏡者，水之性也。及遇沙石，或地勢不平，便有

---

76 同前註，頁 165-166。

77 〔宋〕程顥、程頤：《河南程氏遺書》卷18，《二程集》，頁204。《河
南程氏遺書》錄之於〈伊川先生語四〉，牟宗三亦判之為伊川語，見《心
體與性體（二）》頁342-343。《宋元學案》則錄之於〈明道學案上〉，
《宋元學案》卷13，《黃宗羲全集》第三冊〉，頁670。

> 湍激；或風行其上，便為波濤洶湧。此豈水之性也哉？
> 人性中只有四端，又豈有許多不善底事？然無水安得
> 波浪，無性安得情也？」[78]

以善為本然之性、惡則來自氣稟或後天因素，這樣的理解可以說無異於伊川、朱子。在這樣的理解中，由於伊川以為「性出於天，才出於氣」，性、氣各有稟受，「天命之謂性」與「生之謂性」各有稟受之本，就不免有「性二元論」之嫌。[79] 既然皆有所稟，便表示無論性或氣，吾人皆是被動的接受者。依明道一本論，宇宙唯有一個終極本體，則性與氣的賦予者，理當為同一本體。從境界上固可圓頓觀萬物一體、說善惡皆天理；但從本體創生而言，論及惡的發生，一本論就會面對由善生惡的理論矛盾，不得不仍要借用二本或二元的格局以說明之。

六、結　論

「圓教」一詞，原出自佛教判別教義高下究竟的概念，牟先生借此概念判攝儒道釋三家智慧，並對圓教定義曰：「判教以圓教為究極。……圓教即是圓滿之教。圓者滿義，無虛歉謂之滿。圓滿之教即是如理而實說之教，凡所說者皆無一虛歉處。故圓滿之教亦曰真實之教。凡未達此圓滿之境者皆

---

78 〔宋〕程顥、程頤：《河南程氏遺書》卷 18，《二程集》，頁 204。
79 所謂性二元論，其定義如李曉春所言：「它將性的來源分為兩個相對獨立的部分的性。性二元論，顧名思義，是在兩個相對獨立的因素影響下形成的性。」氏著：《宋代性二元論研究》，頁 1。

是方便之權說，即對機而指點地，對治地，或偏面有局限地姑如此說，非如理之實說。」[80]三家雖皆有其圓教，雖皆可依其義理而迹本圓融、保住一切法，但牟先生也指出儒家與佛道兩家的差異：

> 儒家義理之圓教不像佛道兩家那樣可直接由詭譎的即，通過「解心無染」或「無為無執」之作用，而表明。蓋它由道德意識入手，有一「敬以直內，義以方外」之道德創造之縱貫的骨幹 —— 豎立的宗骨。……它不能只由般若智或玄智之橫的作用表明，它須通仁體創生性這一豎立的宗骨來表明。[81]

又謂：

> 依此無限心之潤澤一切，調適一切，通過道德的實踐而體現之，這體現之之極必是以天地萬物為一體，為一體即是無一物能外此無限智心之潤澤。……此普遍而無限的智心乃是一存有論的原理，或亦曰本體宇宙論的原理，乃使一切存在為真實而有價值義的存在並能引起宇宙生化而至生生不息之境者。[82]

依此定義，儒家的圓教是以道德意識入手，其無限智心是本體宇宙論原理，能引起宇宙生化、生生不息，其圓境則是以天地萬物為一體。道德心的挺立，能化解因實踐道德與犧牲幸福之間的衝突，德福因而詭譎相即。同時因道德心直貫能遍潤一切存在，牟先生故依明道「只此便是天地之化」之語，

---

80 牟宗三：《圓善論》，頁267。
81 同前註，頁305-306。
82 同前註，頁307。

判定明道可以滿足詭譎相即、道德創生兩義，乃是圓教。

如前所述，明道「善惡皆天理」、「凡天地所生之物，須是謂之性」似乎頗有一體同觀、承認萬物存在的合理性之意。但經討論可以得知，以物觀物式，承認物之不齊而使萬物各得其位，這乃是就事物之自然趨勢而言「理有善惡」，或者以一種自然和諧觀同意萬物之間彼此相生相剋、相互消長，有一自然而然的平衡。但如此理解，其實沒有詭譎之意，同時也會抹殺道德實踐之意。因道德意識之抹殺，牟先生不同意就事物之情而言「理有善惡」；仍以天理為本善，善惡差別則是天理流行所帶著氣化所成的自然之勢。牟先生非但不同意以事物之自然趨勢有善惡平衡之理，甚至以為明道言「生之謂性」乃是把氣之性命與理之性命給混說了。

為了突顯道德真幾之性不同於結構之性，牟先生對「善惡皆天理」、「生之謂性」的詮釋策略，其實仍是強調理氣之分別：理是善的，惡仍來自氣的蔽隔。但這種詮釋策略，難道與明道一本態度無所差異嗎？不過，明道雖言萬物一體，但論及惡之由來，他自身確實仍是回到二本的格局。由傳統舊注以及唐、牟先生的理解，基本上確實也都認同在這個問題上，明道仍是採用理氣論的格局。可以說就此問題而言，明道確實很難維持一本的立場。而這其實也說明了，若不從應然的圓境，而從本體創生的角度來看，在理氣一本、萬物一體的前提下，對「惡之發生」此一問題，明道仍難有合理的解釋。他只能用「能推」與「氣昏」來說明之：

> 所以謂萬物一體者，皆有此理，只為從那裏來。「生生之謂易」，生則一時生，皆完此理。人則能推，物

> 則氣昏，推不得，不可道他物不與有也。人只爲自私，
> 將自家軀殼上頭起意，故看得道理小了佗底。放這身
> 來，都在萬物中一例看，大小快活。[83]

這段話中，「皆有此理，只爲從那裏來」，「那裏」所指即
是本源，即是天理天道。人與物皆從那裏來，人則能推，物
則氣昏。不過，人仍可能因「自私」、「自家軀殼上頭起意」
而亦未必能推。這其實就是梁漱溟（1893-1988）所謂「惡起
於局，善本乎通。」[84]至於人何以有局？何以不能推？這恐怕
就難有確解。而在縱貫系統的本體論中，這問題要尤爲棘手。

　　牟先生認爲的圓教是「離了以後，必須再返回來與我的
生命相盈並著，然後始可圓滿。」[85]此謂之「圓盈」。識者
指出，這種本體迴向的模式，近於華嚴圓教而非天臺圓教。
即便我們同意圓教不一定要以天臺爲唯一模型，但華嚴宗屬
於如來藏系統，如來藏思想一個很難解釋的問題即是：自性
清淨而有染污，難可了知。《大乘起信論》依一心而有真如
門、生滅門，仍需引進無明概念以解釋生滅法之由來，此分
解思路牟先生即判之爲別教。但即便依華嚴宗教義，無明仍
非內在於如來藏自性清淨心，而屬外來的他者。

83　《二程集》，頁 33-34。《河南程氏遺書》卷 2 上未註明二程何人所言，
　　《宋元學案》〈明道學案〉、〈伊川學案〉亦未列此條，牟宗三則以爲
　　「自屬明道語無疑」，《心體與性體（二）》，頁 55。
84　梁漱溟：「事實上，人之有惡也，莫非起於自爲局限，有所隔閡不通。
　　通者言其情同一體，局者謂其情分內外。肯定了惡起於局，善本乎通，
　　而人類所代表的宇宙生命本性恰是一直向著靈通而發展前進，昭昭其可
　　睹，則人性善之說復何疑乎？」氏著：《人心與人生》（上海：上海人
　　民出版社，2005 年），頁 135。
85　牟宗三：《現象與物自身》，頁 453。

　　《大乘起信論》有「依於一心有二種門，所謂心真如門、心生滅門」之說，又謂真如緣起、現象發生的過程乃是因為「眾生自性清淨心，因無明風動。」[86]對「一心有二種門」華嚴宗法藏《義記》的解釋是：

　　　　因無明動者，合風起水成於波浪。以水不能自浪，要
　　　　因風起波也。風不能自現動相，要依於水方現動也。[87]

依法藏《義記》，真如門中「非染非淨，非生非滅，不動不轉，平等一味，性無差別，眾生即涅槃」；生滅門中雖「不染而染，染而不染」，但終究若生若滅，染淨已成。兩個層次的區分是很明顯的。至於由真如門翻轉為生滅門的關鍵，就在於「因無明風動」，風喻無明，水喻自性清淨心，水風相依而起識浪；由水風之喻可知無明乃是外於自性清淨心。

　　同時，真如隨緣造作萬法，也有「由真生妄」、「迷真起妄」的問題。這不免與外道神我，絕對至善之造物主，何以竟生惡染的問題如出一轍。因此問題的內在矛盾，近代中國佛教界中，呂澂、熊十力二人曾對「性寂」、「性覺」之說書信辯論。當代日本之批判佛教亦質疑如來藏非佛教（相關討論見本書終章）。就如來藏思想而言，佛教可以透過虛化其本體創生義，但儒家無法虛化其本體創生義，這是不是說明了「惡之由來」此一問題在儒家形上思想中的困難性呢？準此，學者或以為透過海德格存有解蔽的思路來理解胡五峯「天理人欲同體而異用」，藉此或可完成一套存有論表述，

---

86 〔印〕馬鳴造，〔梁〕真諦譯：《大乘起信論》，《大正藏》第三十二冊，頁576a、576c。
87 〔唐〕法藏：《大乘起信論義記》，《大正藏》第四十四冊，頁260b。

如此，儒家圓教仍存在的「緣理斷九」之問題庶幾可解。[88]拙見以爲，解蔽性的彰顯，其實就是「以心盡性」或「形著」概念。但這個說法衍生出來的問題是：天理之解蔽要透過我主體之心而開顯，但，如何可保證我所形著者、解蔽者必然爲眞呢？其爲天理哉？若然，天開顯人、人形著天，兩者之間會不會有某種循環的可能呢？

---

88 謝大寧：「……因爲海德格正有套不依憑於因果律的存有論，而且此一存有論也正好涉及一個有限的主體，我們也許正可借助他的論證來和天台圓教模型作一比觀，或者足以解決問題亦未可知。」氏著：《儒家圓教底再詮釋》，頁 185。謝先生又說：「……首先我們得將『天理人欲同體而異用，同行而異情』視爲一種存有論的表述，體者實指天理這一存有概念之解蔽性，此解蔽性形成一種存有論的具，它具足一切天理、人欲之義。但天理之解蔽其自己，亦是以即解蔽即隱蔽的方式爲之，因此它亦可通過『天理無住』和『人欲無住』之同體依即的方式，而完成一套存有論表述。其次，天理之解蔽其自，乃通過此有 —— 即作爲互爲主體之 —— 而持存，而此有可返而開顯天理，亦可隱蔽天理，遂成天理人欲之異用與異情，這異用、異情自然是實踐上的事，因此乃可說『進修君子，宜深別焉』。」（頁 232）

第六章 論五峯「同體異用」與「心以成性」：
朱子疑義所呈顯的問題意義

一、朱子疑義的問題意義

（一）理欲同體與性無善惡

胡宏（1127-1130），字仁仲，爲湖湘學派之開創者，[1]世稱五峯先生。[2]五峯身後，門人對其心性思想未必能契。湖湘之學，一傳而衰；入元之後，其學遂漸湮沒。[3]不過，牟宗三

1　《宋元學案》卷 42〈五峯學案〉謂胡五峯「卒開湖湘之學統。」〔清〕黃宗羲：《黃宗羲全集》（杭州：浙江古籍出版社，2005 年）第四冊，頁 669。

2　五峯、五峰學界用字不一。依教育部編定之《異體字字典》，歷代字書如《說文解字》（大徐本）、《玉篇》（元刊本）、《廣韻》、《集韻》、《集韻考正》、《類篇》、《四聲篇海》（明刊本）、《字學三正》收字皆作峯。《正字通》以峰爲峯之俗字。惟教育部《異體字字典》因今日使用習慣皆作峰，故以「峯」爲「峰」之異體。檢索網址：http://dict2.variants.moe.edu.tw/variants/rbt/word_attribute.rbt。鑑於古代字書正俗之判定乃以「峯」爲正字，拙文於引述部分遵照原出處之使用選擇，其餘皆作「五峯」。

3　《四庫全書總目提要補正》述《知言》一書於後世傳刻命運之乖舛：「自元以來，其書不甚行於世，明程敏政始得舊本於吳中，後坊賈遂有刊版。然明人傳刻古書好意爲竄亂，此本亦爲妄人強立篇名，顛倒次序，字句舛

慧眼獨具，從文獻中開抉出五峯學說之獨到價值；[4]影響所及，大陸學者亦多承認五峯在理學史上的地位。牟先生以爲，五峯學說乃明道圓教模型之承繼者，惟明道係以心性天爲一，五峯則心性分設，進而言以心著性、盡心成性之義；[5]此心亦即良心本體、道德本心之逆覺體證是也。至於大陸學者，則多從本體論、心性論以突出其「性」的地位。從本體論角度，依五峯「性立天之大有」、「天下之大本也」等說法，或謂其乃是以性爲本，稱之爲「性本論」[6]者。從心性論（人

謬，全失其真。」〔宋〕胡宏著，吳仁華點校：《胡宏集》（北京：中華書局，2009 年），頁 349。牟宗三亦謂五峯思想固不爲朱子所契，亦不爲門人所解：「『形著』義自五峯正式言之，成一獨特之義理間架後，音響輒歇。朱子固不解，即南軒亦不解也，即不以朱子《知言疑義》爲然之胡廣仲、胡伯逢、吳晦叔等人亦未見有能繼承五峯此義而自立者也。」氏著：《心體與性體（二）》（臺北：正中書局，1989 年），頁 511。

4　牟宗三謂：「後來湖湘學派被朱夫子所壓倒、所掩蓋，所以一般人講這一段學問，都不太知道胡五峯這個人。事實上，宋元學案中也有『五峯學案』，底下還列有很多人。但是大家都把他忽略了，不很注意他。」氏著：《中國哲學十九講》（臺北：臺灣學生書局，1989 年），頁 390。又說：「當初我也不了解胡五峯，不知道他說些什麼，因爲大家都不提他，大家所提的是周濂溪、張橫渠、二程、朱夫子這些大師。至於胡五峯，就沒有人知道了。」以及：「所以我特別重視胡五峯這個人，把他表彰出來。雖然他沒有程、朱、陸、王那樣顯赫的地位，但並不妨礙其義理間架有獨特的意義。」《中國哲學十九講》，頁 393、401。

5　牟宗三：「五峯倒卻是承北宋前三家而言道體性體，承由《中庸》《易傳》回歸於《論》《孟》之圓滿發展，即承明道之圓教模型，而言以心著性，盡心成性，以明心性之所以爲一圓者。明道只是圓頓地平說，而五峯則先心性分設，正式言心之形著義，以心著性而成性，以明心性之所以一。」氏著：《心體與性體（一）》（臺北：正中書局，1989 年），頁 46。

6　例如侯外廬主編的《宋明理學史》即謂：「性爲宇宙本體，是胡宏論性的重要特點之一，也是其理學思想的宇宙本體問題，是宋明理學的重大論題之一。」侯外廬、邱漢生、張豈之主編：《宋明理學史》（北京：人民出版社，1997 年），頁 291-292。又謂：「胡宏所講的性，是指作爲『天下之大本』、『天地所以立』的宇宙萬物的根源：它在宇宙萬物之先而又派

性論）角度，雖亦肯定五峯心以成性、性體心用等思想，但依其「本然之性，不與惡對」、「天理人欲同體異用」等說法，或又指出其「性」的概念實際上超出人性意義，乃指宇宙本性，甚至有「性超善惡」之傾向。[7]

生宇宙萬物，它獨立於宇宙萬物之外而又君臨於其上，它體現天的意志，故說『天命之謂性』。」《宋明理學史》，頁 292。朱漢民、陳谷嘉亦以爲「性本論」是「新的本體論詮釋」。氏著：《湖湘學派源流》（湖南：湖南教育出版社，1992 年），頁 116。王立新則以爲「性本論」是「理本論與心本論之外的第三條路線」，又謂「胡宏認爲性是宇宙的本源和萬物存在的依據。」氏著：《胡宏》（臺北：東大圖書公司，1996 年），頁 85、91。向世陵也以爲胡宏思想是「以性爲本的性學體系」，氏著：《理氣性心之間－宋明理學的分系與四系》（長沙：湖南大學出版社，2006 年），頁 296。大陸學者之外，即便牟宗三也同意「性立天下大本」乃是《易傳》、《中庸》以來「本體宇宙論」的承繼：「《中庸》、《易傳》著實于『維天之命於穆不已』之最根源的智慧，並本之以積極地展示天道爲生物不測之創生實體，並由此實體以言性體，……。」又謂：「以《中庸》、《易傳》爲首出，客觀地言之之道體性體是萬物之客觀性原則、自性原則，五峯所謂『性立天下之有』，『性也者天地所以立也』，『性也者天地鬼神之奧也』是也。」氏著：《心體與性體（二）》，頁 507、510。

7 郭畑：「胡安國、胡宏父子，以及郭雍、范浚、韓元吉、楊萬里、章甫等人，都認爲在情動產生善惡之前的是性，而要名性，『善』雖並不完全合適，但又沒有別的比『善』更好的選擇，因此只能說性善，只是性善之『善』並非與惡相對之『善』。如此一來，性善論便看似化解了性解未發之時的『善』沒有『惡』與之相對的這一意義困境，看似回應了性無善惡論的批評所帶來的理論難題，看似維護了性善論。但是，這種性『善』理論雖然在文字邏輯上維護了性善論，但卻與性善論本身相去甚遠，其本質上反而與性無善惡論或性超善惡論更加接近，也正因爲此，當代學者在胡宏是性無善惡論者、還是性超善惡論者、抑或性善論者的判斷上產生了分歧。」氏著：〈性善論對性無善惡論的一種回應－南宋早期的性善之『善』不與惡對論〉，《學術論壇》2011 年第 5 期，頁 52-53。向世陵：「性作爲『天地之所以立』的根據和哲學本體，從邏輯上就可以判定與善惡不在同一個層次，而應當是超善惡的，即在善惡之『上』，不然，也就做不得本體。」氏著：《善惡之上：胡宏‧性學‧理學》（北京：中國廣播電視出版社，2000 年），頁 107。陳來：「胡宏力圖表示，人性是宇宙本性的一種表現，因而不僅『善』不足以描述宇宙本性的性質，就是人性，也需要一個比『善』

　　綜上所述，牟先生從縱貫型態肯定了五峯「心以成性」
的思想及其圓教一系的地位，雖分設心性而終歸於明道「一
本」之義。[8]大陸學者則是從理氣性心等概念突出五峯「性」
的本體地位，甚而主張理學分系中，應以「性」概念為基礎，
獨立出「性學」、「性本論」一系。[9]上述理解基本同意五峯
論「性」具有本體意義，也同意「心以成性」乃是其思想特
點。但相較之下，牟先生基於本體直貫活動乃為正宗的判教
立場，對五峯表現了更多的欣賞與肯定；[10]也因此，朱子對
五峯的批評，牟先生則多不以為然。例如牟先生以朱子《知
言疑義》所疑，實顯其於此通契不隔的道德形上學之不相應，
故謂其「周納太甚」、「不能相契」、「無一相應」，[11]於

更豐富更偉大的詞彙去表徵它。在這個意上，說人性善是對的，但還不
夠，還不能把性的崇高意義完全顯示出來。」氏著：《宋明理學》（上
海：華東師範大學出版社，2003 年），頁 119。

8　牟宗三：「孟子言盡心知性知天，存心養性事天，心性與天猶有距離，
而五峯言『大』言『久』，則心與性固是一，而心性與天亦是一也，此
必歸于明道『只心便是天』云云之『一本』之義也。」氏著：《心體與
性體（二）》，頁 437。

9　向世陵：「四系說如果說做一簡單的概括，按通行的方法便可以有三種
相關的表述：從整體學術看，是道學（程朱理學）、氣學、性學和心學；
從本體論架構看，是理本論、氣本論、性本論和心本論；而從典型命題
來看，則可以說是性即理、氣即理（性）、理即性和心即理（性）。儘
管胡宏並未明確提出理即性的命題，但這並不妨礙以此來描述他的哲學
的實質。」氏著：《理氣性心之間－宋明理學的分系與四系》，頁 468。

10　但反過來說，如不能接受此判教觀點，就未必能接受「五峯為正宗」。
例如王立新雖然也以「縱貫宇宙人生」來定義「性本論」的特質，但對
「五峯為正宗」的說法仍表示不解：「筆者吃不透牟宗三關於『胡宏為
正宗』的思想，……是否『正宗』理學不論，但『性本論』縱貫宇宙人
生，對於倫理得賦於天，從而必須遵循方面，論證完滿。」氏著：《胡
宏》，頁 102。

11　牟宗三：「……而朱子之八端致疑亦未免周納太甚矣。五峯固有其警策

「天理人欲同體異用」、「性無善惡」等義牟先生對朱子批評尤多。例如五峯「天理人欲同體異用」一語，朱子斥之曰「此章亦性無善惡之意」、「天理人欲混爲一區」，牟先生即駁朱子曰：「『同體』者『同一事體』之謂，非同一本體也。……然而朱子則認爲『此章亦性無善惡之意，真差之遠矣！』」[12]

　　揆朱子之意，如以天理人欲爲「同一本體」所出，性就兼有爲善爲惡兩種可能，故歸結之曰「性無善惡」。對此，牟先生以爲五峯此處言「同體」乃是「同一事體」，而非「同一本體」。亦即同一件事，依其表現可能爲天理，也可能爲人欲；故而判朱子爲誤解。不過，即便如牟先生所言，將「同體異用」解爲本體乃一之誤解，但此一問題終究存在而須面對：人欲的本體是什麼？甚至惡究竟又從何而來？如果不依朱子嚴分理氣、彼此不雜的思路，而是採攝氣歸理的路數，那麼必須爲人欲之由來負責的，難道不就是「立天下大本」的性，或者天命天理嗎？同時，依多數學者的共識，「性」乃是本體範疇，是宇宙本源、萬物存在的根據。[13]是以牟先

精闢處，朱子之思路不能相契也。」又謂：「若再簡約之，則陸王系與五峯蕺山所承接而開出之一系，可直接會通而爲一，視爲一大系，統名曰縱貫系統，（此兩系可視爲縱貫系統之兩形態），而伊川、朱子系則爲橫攝系統。此理理解五峯之《知言》，則朱子之以八端致可謂無一相應者。」氏著：《心體與性體（二）》，頁431、432。

12 牟宗三：《心體與性體（一）》，頁454。

13 向世陵：「……胡宏提出『非性無物，非氣無形。性，其氣之本乎』的觀點。『非性無物』固然有強調性爲氣之，注重本體的地位和決定作用的意義，但它同時也是胡宏物一體觀的否定性表述，即無性則無物、無性亦無性。……所以，他反對將性體視爲獨立於氣物之外的絕對存在物。」《理氣性心之間 —— 宋明理學的分系與四系》，頁298。蘇子敬

生「同一事體」之說，學界從之者雖不乏其人，[14]卻未必即爲定解，仍有解之爲「本體」者。[15]既然如此，「同體異用」的「體」理解爲「本體」就未必爲誤，從而可以推論，「理欲」也應皆是天下大本之流行顯現。而朱子的對於理欲同體的諸多質疑，亦因而未可遽以謬誤或不隔視之。

《胡五峯《知言》哲學課題之研究 ── 以『內聖外王』概念展開之》亦謂五峯性、物關係乃是「……積極表示宇宙間萬事萬物（包括以後之存在者或實現者）皆與我同是一體，同爲真實至理，乃一元有機的神化妙用，創生不息，……。」收於《中國學術思想研究輯刊》三編第十六冊（臺北：花木蘭文化出版社，2009年），頁35。

14 陳祺助《胡五峯之心性論研究》：「則同體之體當爲事體或事件之義；異用，則發此事體之用可有天理或人欲之異。」收於《中國學術思想研究輯刊》三編第十六冊，頁45。李瑞全〈胡五峰哲學圓教之規模〉：「如牟先生所分析，此處之體用不是本體發用，不能以天理人欲爲同一本體，此純是指同一事體，兩者所現顯的價值截然不同。」《當代儒學研究》第八期，頁96，2010年6月。王立新：「牟宗三以胡宏『天理人欲，同體而異用』之『體』爲『同一事體之體，非同一本體也』雖因偏愛而過譽之嫌，但究其實是不離乎本意的，只是將『生命體』具體化了，謂之『事體』而已。」氏著：《胡宏》，頁99-100。順此「生命體」的意義，楊柱才也說：「這個『體』非指性體，也非指心體，而是說人生的現實存在這個實體；這個『用』不是直接指此『體』之用，而是指天理人欲的各自之『用』，也就是天理人欲在人生現實存在之體中可以有不同的表現。」陳來等著：《中國儒學史・宋元卷》（北京：北京大學出版社，2011年），頁303。

15 除了牟先生的「事體」義之外，蘇子敬曾綜理學界對「天理人欲同體異用」的歧見，列舉「心體」義（唐君毅觀點）、「本體」「性體」義（林家民觀點）等理解。至於蘇氏本人，則持「同一氣之本體」，並謂「『體』字當解爲『本體』義較合五峰常例，甚至宋明理學常例」。氏著：《胡五峯《知言》哲學課題之研究 ── 以『內聖外王』概念展開之》，收於《中國學術思想研究輯刊》三編第十六冊，頁77-78。曾亦也說：「牟宗三先生說得是。然而『同體』之體作本體亦可通，所謂『同體而異用』，即天理、人欲這種倫理上的價值都是由那無善無惡之性派生出來，是同一個本體的不同發用而已。」氏著：《本體與工夫：湖湘學派研究》（上海：上海人民出版社，2007年），頁111。

（二）本心、習心之檢別

依五峯，超越的天道性命可即器即道地呈現於經驗界中。所謂「心為已發」，發者性體活動之意，即指道德本心可作用呈現於經驗習氣之中，察識亦在察識此本心。對此，牟先生述曰：

> 朱子依伊川之義理間架開工夫入路，對于胡五峯之「內在體證」，尤不能欣賞。彼以為此是「先務知識，不事涵養」。殊不知在五峯「先務知識」不是廣泛的知識，乃是專指「先識仁之體」而言，即專指經由逆覺以默識體證本心性體而言。此是自覺地作道德實踐之本質的關鍵，何得不先？[16]

又評曰：

> 即「有用功處」，如朱子所說之平日之涵養，焉知其所涵養者是此「本心」耶？焉知其非成心習心耶？人皆有此本心，然不警覺而體證之，在茫茫習心本能之機括中滾，此心雖自有，亦只是隱而不顯耳。而其人即總在不覺中，不復知有其本心，亦不知其本心之何所是，不能有覿體之肯認與體證。于此而言涵養之功，則涵養甚的，真成問題矣。汝如何能知並斷定此所操存涵養的必是本心，而不是習氣本能耶？五峯言逆覺體證是就良心「發見之端」而當下體證良心之本體，即本心之自體。[17]

---

16 牟宗三：《心體與性體（二）》，頁477。
17 同前註，頁479-480。

然而，如牟先生質朱子：「汝如何能知並斷定此所操存涵養
的必是本心，而不是習氣本能耶？」朱子固然必須面對此一
問題，但五峯又豈能免？對此，牟先生以爲，五峯「心以成
性」即是保證了當下之心乃源自性體之超越本心。較諸純從
孟子「只是一心朗現」的理論格局，「以心著性」之說的優
越性在於，保持了性天的超越性，其實也就是保證了良知不
爲虛蕩、情識的可能。[18]但，這樣的說法，恐怕仍令人猶有
未安。即：超越之性之爲可知，在於能以心形著之；但要驗
證此心爲真而非妄，又回頭以性來貞定之。於是，心形著性
之真實，性又保證心不爲妄，這會不會有循環論證之可能呢？
亦即是說，（1）法無善惡，人心則有溺與不溺之別，至於驗
證其溺與不溺的關鍵，則在此超越性體。如前所言，五峯所
謂「本然之善」，可能指去除旁出之惡的善，也可能指善惡
之上的超越之善。但無論何者，都必須面對一個問題：經驗
界乃是理氣相袞以成，經驗界之善，如何驗證其乃是「氣質
之性，不混入義理」，又如何驗證其爲「本然之善」、「無
對之善」、甚或是「超然善惡之善」呢？如果不能進一步證
明，所謂「心以成性」會不會是一種主觀心理投射的「光景」
呢？（2）此外，心可能如其自性、也可能不守自性，不守自
性即陷於惡。但如果「『成性』是形著之成，非『本無今有』
之成」，則清淨本然，心何以有蔽於物欲、不守自性之可能？

---

18 牟宗三：「這一系統收攝了良知教而堵絕其流弊。……我相信胡五峯、
劉蕺山底義理間架可更有其優越性與凝斂性，因爲它保持了性天底超越
性──這是儒家底古義，老傳統，不容易輕忽的。」氏著：《從陸象山
到劉蕺山》（臺北：臺灣學生書局，1990年），頁358。

這些問題，顯然是五峯理論中未說明者。朱子固與五峯論點不爲相契，但不能相契的背後原因，也許正是基於善惡雜染的經驗事實，使朱子不能認同五峯一系的論點。

　　朱子《知言疑義》大端有八，黃宗羲約之爲三：性無善惡、心爲已發、察識此心。[19]此三端所涉及者，再撮言之即爲「性」與「心」兩個概念，這恰好分別涉及本體、心性兩個範疇。是以牟先生持「心以成性」爲五峯之思想重點，眼光可謂精準。儘管牟先生以爲朱子的批評乃屬不相應的理解，但如前所述，從本體論而言，理欲、善惡同體有其理論上的難題；從心性論而言，如何保證現前一念必爲本心，這也有待說明。故而朱子之疑義未必全然無意義，底下即以此兩概念切入，對朱子之所以疑的問題意識，做進一步探察。

二、由一元本體論論「同體異用」、「性無善惡」

　　五峯古詩〈水心亭〉曰：「水從靈潤來，清泚不可污。……百丈生潮頭，一勺本性具。」[20]從「清泚不可污」觀之，此詩可能借水之清泚以喻人性之善：人性之善有超越依據，如同江河流處，無論是涓涓細流、或飄颭奔騫，莫不同出一源。從性善論來看，此詩與明道「清濁雖不同，然不可以濁者不爲水也」[21]或有異曲同工之處。然而，〈水心亭〉又曰：「來

19　《宋元學案》卷 42，《黃宗羲全集》第四冊，頁 682。
20　〔宋〕胡宏著，吳仁華點校：《胡宏集》（北京：中華書局，2009 年），頁 57。
21　〔宋〕程顥、程頤著，王孝魚點校：《二程集》（北京：中華書局，2006 年），頁 11。按，《河南程氏遺書》卷 1 標目只列「二先生語」，未究

者無終窮，濟者無量數。周流造化功，妙體不競愯。寄語觀
水人，事不在章句。」以水喻性，性為天下大本，當有周流
造化之功，則「性」似又不限於心性論意義。《釋疑孟》中，
五峯甚至有意地改寫了《易‧繫辭》「形而上者謂道」為「形
而上者謂性」曰：「形而上者謂之性，形而下者謂之物。性
有大體，人盡之矣。一人之性，萬物備之矣。論其體，則渾
淪乎天地，博浹於萬物，雖聖人，無得而名焉；論其生，則
散而萬殊，善惡吉凶百行俱載，不可掩遏。」[22]這說明五峯
論「性」具有本體的姿態，而且「散而萬殊，善惡吉凶百行
俱載」。

　　「性本」意涵又見於下列數則：

> 天命不已，故人生無窮。具耳目、口鼻、手足而成身，
> 合父子、君臣、夫婦、長幼、朋友而成世，非有假於
> 外而強成之也，是性然矣。聖人明於大倫，理於萬物，
> 暢於四肢，達於天地，一以貫之。性外無物，物外無
> 性。是故成己成物，無可無不可焉。[23]

> 故觀萬物之流形，其性則異；察萬物之本性，其本源
> 則一。[24]

> 性立天下之大有。[25]

> 有而不能無者，性之謂歟！[26]

誰言。牟宗三則以為：《宋元學案‧明道學案》列有此條。朱子亦以此
為明道語，是。」氏著：《心體與性體（二）》，頁161。
22　〔宋〕胡宏：《釋疑孟‧辨》，《胡宏集》，頁318。
23　〔宋〕胡宏：《知言‧修身》，《胡宏集》，頁6。
24　〔宋〕胡宏：《知言‧往來》，《胡宏集》，頁16。
25　〔宋〕胡宏：《知言‧事物》，《胡宏集》，頁21。

> 大哉性乎！萬理具焉，天地由此而立矣。世儒之言性
> 者，類指一理而言之爾，未有見天命之全體者也。[27]
> 萬物皆性之所有也。聖人盡性，故無棄物。[28]
> 天命之謂性。性，立天下之大本也。……心也者，知
> 天地，宰萬物，以成性者也。六君子，盡心者也，故
> 能立天下之大本。[29]

從「性立天下之大有」、「性立天下之大本」來看，「性」
具有本體意涵，故而部分大陸學者謂之「性本論」。所謂「性
本」，也就意謂著天下事物「本性是一」或者源自「同一本
性」，人的耳目口鼻等感官當然也就都是源自此性，即所謂
「天命不已，故人生無窮。具耳目、口鼻、手足而成身，……
是性然矣。」然依《孟子・盡心下24》，耳目口鼻「君子不
謂性也。」五峯則以為「是性然也」，而主耳目口鼻之欲雖
是欲望，但亦是天命流行所顯。五峯底下所言，皆可見到即
性即氣的觀點：

> 水有源，故其流不窮；木有根，故其生不窮；氣有性，
> 故其運不息；德有本，故其行不窮。孝悌也者，德之
> 本歟！[30]
> 氣之流行，性為之主。性之流行，心為之主。[31]
> 非性無物，非氣無形。性，其氣之本乎！[32]

---

26 〔宋〕胡宏：《知言・一氣》，《胡宏集》，頁28。
27 〔宋〕胡宏：《知言・一氣》，《胡宏集》，頁28。
28 〔宋〕胡宏：《知言・一氣》，《胡宏集》，頁28。
29 〔宋〕朱熹：《胡子知言疑義》，《胡宏集》，頁328。
30 〔宋〕胡宏：《知言・好惡》，《胡宏集》，頁11。
31 〔宋〕胡宏：《知言・事物》，《胡宏集》，頁22。

又因為「性」是最根本者，萬物賴之以生，天地由此而立，所以性只能是「有而不能無者」。

　　由於一切現象乃即氣即性，耳目口鼻之欲皆性之所出，飲食男女、夫婦淫慾亦莫不然：

> 道充乎身，塞乎天地，而拘於軀者不見其大；存乎飲食男女之事，而溺於流者不知其精。[33]

以甘食悅色、飲食男女為性，原本是告子「生之謂性」之思路，五峯則以為天命之性亦存乎其中，謂之「天理人欲同體異用」：

> 天理人欲同體而異用，同行而異情。進修君子宜深別焉。[34]

所謂人欲，以夫婦之道為例，或為淫慾，或為保全，同一事而有不同表現，關鍵在於能否「得性命之正」：

> 夫婦之道，人醜之者，以淫慾為事也；聖人安之者，以保全為義也。接而知有禮焉，交而知有道焉，惟敬者為能守而勿失也。《語》曰「樂而不淫」，則得性命之正矣。謂之淫慾者，非陋庸人而何？[35]

如得性命之正，雖行人欲而仍為有禮有道的表現。因此，對於「同體異用」，牟先生曾疏解曰：「此處之『體』顯是『事體』之體，『用』是表現之用。同一事體，溺則為人欲，不溺為天理。『天理』者順性體而行也。」[36]準此，經驗現象

32　〔宋〕胡宏：《知言・事物》，《胡宏集》，頁22。

33　〔宋〕胡宏：《知言・天命》，《胡宏集》頁3。

34　〔宋〕朱熹：《胡子知言疑義》，《胡宏集》頁329。

35　〔宋〕胡宏：《知言・陰陽》，《胡宏集》，頁7。

36　牟宗三：《心體與性體（二）》，頁455。

中的事物，可以是天理，也可以是人欲；可以是道義，也可以是物欲。溺則人欲，不溺則天理；拘於形軀則物欲，不拘於形軀則道義。一念不溺、不拘，即能契入「即道德即宇宙」的理想境界：

> 《知言》曰：心無不在，本天道變化，為世俗酬酢，參天地，備萬物。[37]

> 《知言》曰：「聖人指明其體曰性，指明其用曰心。性不能不動，動則心矣。[38]

性動而為心，心無不在，呈現作用於現前世俗酬酢、耳目聞見、父子夫婦、飲食男女之中；直貫一本的型態便十分明顯。而從「氣有性，故其運不息；德有本，故其行不窮。」以及「性，天下之大本也。……心也者，知天地，宰萬物，以成性者也。六君子，盡心者也，故能立天下之大本。」來看，「性」是存有本體，也是道德本體。從客觀角度可稱之「性體心用」，從主觀角度則可稱之「心以成性」。準此，宇宙生化皆是天命流行、天之所性，故謂「性外無物，物外無性。」從道德實踐而言，天命性體又是吾人心體的依據，故謂「性定，則心宰。心宰，則物隨。」[39]又謂「心也者，知天地，宰萬物，以成性者也。」[40]天命流行，賦形萬物；同時，吾人又受有粹然天地之心，道義完具：

> 至哉！吾觀天地之神道，其時無忒，賦形萬物，無大

37　〔宋〕朱熹：《胡子知言疑義》，《胡宏集》，頁331。
38　同前註，頁336。
39　〔宋〕胡宏：《知言·義理》，《胡宏集》，頁30。
40　〔宋〕朱熹：《胡子知言疑義》，《胡宏集》，頁328。

> 無細，各足其分，太和保合，變化無窮也。凡人之生，
> 粹然天地之心，道義完具，無適無莫，不可以善惡辨，
> 不可以是非分，無過也，無不及也。此中之所以名也。[41]

在此境界之下，一切事物皆顯其存在意義，故謂「萬物皆性
之所有也。聖人盡性，故無棄物。」

綜上所述，可謂五峯之「性」具有本體宇宙論、道德形
上學的意義，這點已為學者所認同。既然「性體」具有本體
宇宙論的意義，氣化當然也就是性體流行所帶出者。部分學
者雖以為五峯的「性」並非第一因，而是指不離於萬物、實
現於萬物的內在性，[42]但即便「性」不作本體理解，至少也
是來自天命流行；天命流行而竟有惡的發生，此一問題仍須
面對說明。道體性體至善，又有生物不測的造化之功，但善
惡並存終究是經驗世界的事實；如將經驗現實一切美醜善惡
皆歸於道德本體，這「不二」或「一本」義恐怕就不太好講。

---

41 同前註，頁 332。

42 如王立新言：「性雖作為本原，但卻不是生主，……並不是講事物是由
性所派生的，氣也不是從性中流出來的，而是講氣與事物均不能脫離性
而獨立存在，性是氣與事物本身即已固有的內則，無性，氣便不成其為
氣，事物也就無所謂事物了。」王立新：《胡宏》，頁 92。楊柱才亦認
為宇宙本體只能是天命或天道，性只是具體存在萬物的各有其性，並非
「可以取代天命而成為絕對的形而上者」：「首先，天命流行不已，有
創生和始生的意義，宇宙萬物的始生根源在此，而性之根源亦在此。此
性即是『天命之全體』，含具萬理，是無定體的。但這只是從其內涵來
講，並不是意謂性可以取代天命而成為絕對的形而上者，而具有所謂宇
宙本體的意思。宇宙本體、本源，只能是天命或天道。其次，氣化流行
即是意謂宇宙萬物的實際化生及其過程，在這個層面，性又具有本體的
含意，相對於整個氣化過程和萬物之殊性來說，此性是本體，是可以有
定性的本體。再次，具體存在的萬物各有其性，這個性是一種特殊性，
是一種『定性』，即不可改變的性。」陳來等著：《中國儒學史‧宋元
卷》，頁 300。

《知言》有謂：

> 或問性。曰：「性也者，天地之所以立也。」曰：「然
> 則孟軻氏、荀卿氏、揚雄氏之以善惡言也，非歟？」
> 曰；「性也者，天地鬼神之奧也，善不足以言之，況
> 惡乎？」或者問曰：「何謂也？」曰：「宏聞之先君
> 子曰：『孟子所以獨出諸儒之表者，以其知性也。』
> 宏請曰：『何謂也？』先君子曰：『孟子道性善云者，
> 歎美之辭也，不與惡對。』」[43]

所謂「不與惡對」，然而，所謂「不與惡對」，其實亦有「純
然至善」與「無善無惡」兩種理解可能：（1）如依黃宗羲「愚
以為胡氏主張本然之善，本自無對，便與惡對，蓋不欲將氣
質之性，混入義理也。」[44]這也就是牟先生所謂「絕對體至
善之善，非與惡相對之善。與惡相對之善或與善相對之惡乃
是表現上有事限之善惡。」[45]依此說法，惡是旁出的，歸咎
於氣，這種處理方式便與朱子基本無異，這就沒有善惡同一
本原的本體論問題。[46]但這種理解，其實較傾向性氣二元，
而非五峯主張的「性氣一本」。（2）然而，依五峯「性，其
氣之本」的說法，氣應是相即於性之中，而非獨立於性之外
的異質存在。同時，依「善惡吉凶百行俱載」的說法，五峯

43　〔宋〕朱熹：《胡子知言疑義》，《胡宏集》，頁333。
44　《宋元學案》卷42，《黃宗羲全集》第四冊，頁682。
45　牟宗三：《心體與性體（二）》，頁461。
46　依朱子理氣二分之說，性之所以表現為惡，乃是受到「氣」的蔽隔，本
　　身並不為惡；五峯解釋惡之發生，其實仍是依此二元格局。但如果不經
　　由氣做為轉折，就只能直接由性說有善有惡的表現，就很難不說沒有「性
　　無善惡」（或「性非善惡」）之嫌；而「無對之善」就應是超然善惡之
　　上，與道德意義的善恐怕就有不同。

思想就存在著善惡同一本體的理解可能。而從「不可以善惡辨，不可以是非分」[47]而言，本體當爲超越善惡或非善非惡，經驗界的善惡現象其實都是「本自無對」的不守自性、扭曲的呈現。而即便仍稱此「本自無對」之性爲「性善論」，此善亦應屬於道德意義之上、無善惡相的超越之善。如向世陵所指出：「……『不與惡對』的絕對的善或至善，它要表明的是超善惡的性體」[48]。但本體既超越善惡、同爲善惡法所依，又要爲善的超越根據，理論上就有其困難；準此，朱子從本體論角度對於理欲同體、善惡同體的質疑，乃是一有意義的問題。

　　無論「不與惡對」作何種理解，對於惡之由來，吾人仍可分別質疑曰：（1）如果「與善相對之惡」並非來自絕對至善之性體，則此後天之惡從何而來？在本體境界之下，一切存有只是天命流行的如如呈現。但既然即氣即性、甚至以性爲氣之本，何以氣仍有不順於性、悖理的可能？這問題不僅是五峯，整體來說，也是理學很難解釋清楚的部分。既然性體至善，不能做爲惡之根源，於是，五峯仍得透過「氣」說明惡的發生，這就是所謂「性立天下之有，情效天下之動」，[49]「氣感於物，發如奔霆，狂不可制。惟明者能自反，惟通

---

47 語出朱子引五峯言。〔宋〕朱熹：《胡子知言疑義》，《胡宏集》，頁332。

48 向世陵：《善惡之上：胡宏・性學・理學》，頁111。

49 〔宋〕胡宏：《知言・事物》，《胡宏集》，頁21。牟宗三釋曰：「『情效天下之動』，情以氣言，非『性動而非情』之說也。『心妙性情之德』，性之德爲絕對至善，爲天地鬼神之奧，情之德爲氣變，有中節不中節之異，故有是非善惡可說。」氏著：《心體與性體（二）》，頁500。

者能自斷。」[50]但這樣的處理方式等於回到朱子的二元格局，也間接說明朱子對「理欲同體異用」的質疑有其道理。（2）所謂絕對至善，其形而上義可能指去惡之後、「不與惡對」的純然至善，也可能指善惡之上的超越之善。但無論何者，經驗界的善，如何能檢驗、保證其乃是形而上的「不與惡對」、甚至善惡之上的超越之善呢？尤其後者，如果不能保證其必爲性體的本地風光，「性超善惡」豈不就有可能混同氣化之下的「性無善惡」義呢？如果不能充分保證的話，朱子對「性無善惡」、「心以成性」的質疑當然就不爲無理。

三、理氣二元格局對「同體異用」、「性無善惡」的質疑

朱子嘗責《知言》之病，如〈答劉子澄〉曰：「又數大節目皆差誤，如性無善惡，心爲已發，先知後敬之類，皆失聖賢本指。」[51]又如〈答范伯崇〉曰：「《知言》中議論多病，……大抵如『心以成性，相爲體用』、『性無善惡，心無生死』、『天理人欲，同體異用』、『先識仁體，然後敬有所施』、『先志於大，然後從事於小』，此類極多。」[52]又謂：「《知言》疑義，大端有八：性無善惡，心爲已發，仁以用言，心以用盡，不事涵養，先務知識，氣象迫狹，語論

50　〔宋〕胡宏：《知言・事物》，《胡宏集》，頁 22。
51　《晦庵先生朱文公文集》卷 35，〔宋〕朱熹：《朱子全書》（上海：上海古籍出版社，合肥：安徽教育出版社，2002 年），第二十一冊，頁 1535。
52　《晦庵先生朱文公文集》卷 39〈答范伯崇〉，《朱子全書》第二十二冊，頁 1787。

過高。」[53]《四庫全書總目提要》亦簡述五峯之學爲：本然之性不與惡對、性無善惡、心以成性、天理人欲、同體異用、同行動則心異。[54]綜合這些說法，同體異用、性無善惡、心以成性可謂朱子疑五峯最爲用力之部分。

五峯有「善不足言性」之說曰：「凡人之生，粹然天地之心，道義完具，無適無莫，不可以善惡辨，不可以是非分，無過也，無不及也。此中之所以名也。」[55]以及：「性也者，天地鬼神之奧也，善不足以言之，況惡乎？」[56]依這段話，是以性爲絕對至善，無惡之善（非與惡相對之善）。這個說法是朱子可以接受者。不過，五峯又有「天理人欲同體異用」之語，就引發朱子另作他想，稱之爲「性無善惡」而力反之。朱子於《朱子語類》中批評曰：

> 季隨主其家學，說性不可以善言。本然之善，本自無對；才說善時，便與那惡對矣。才說善惡，便非本然之性矣。本然之性是上面一個，其尊無比。善是下面底，才說善時，便與惡對，非本然之性矣。『孟子道性善』，非是說性之善，只是贊歎之辭，說『好個性』！如佛言『善哉』！某嘗辨之云，本然之性，固渾然至

---

53 《朱子語類》卷101，《朱子全書》第十七冊，頁3389。

54 《四庫全書總目提要》：「然宏之學，本其父安國，安國之學，雖出於楊時，而又兼出於東林常總。總嘗謂本然之性不與惡對言，安國沿襲其說，遂以本性者與善惡相對，分爲兩性。宏作此書，亦仍守其家傳。其所謂性無善惡、心以成性、天理人欲、同體異用、同行動則心異云云，朱子力詆其非，至作《知言疑義》，與異情指名其體曰性，指名其用曰心，性不能不動。」《胡宏集》，頁348。

55 〔宋〕朱熹：《胡子知言疑義》，《胡宏集》，頁332。

56 同前註，頁333。

　　善，不與惡對，此天之賦予我者然也。然行之在人，
　則有善有惡：做得是者為善，做得不是者為惡。豈可
　謂善者非本然之性？只是行於人者，有二者之異，然
　行得善者，便是那本然之性也。若如其言，有本然之
　善，又有善惡相對之善，則是有二性矣！方其得於天
　者，此性也；及其行得善者，亦此性也。只是才有個
　善底，便有個不善底，所以善惡須著對說。不是元有
　個惡在那裡，等得他來與之為對。只是行得錯底，便
　流入於惡矣。此文定之說，故其子孫皆主其說，而致
　堂五峯以來，其說益差，遂成有兩性：本然者是一性，
　善惡相對者又是一性。他只說本然者是性，善惡相對
　者不是性，豈有此理！[57]

朱子將「本然之性」分成兩種理解方式，一是「絕對至善，
不與惡對」的本然之善，性只是純然至善，惡全屬後天氣質
所歧出，此為朱子所接受者。一則是在善惡相對之上，另有
一超越善惡、非善非惡的「本然之性」，才說善惡，便非本
然之性矣。依此義，就有善惡皆從此性出的可能，這也是朱
子不能這種說法接受的原因。然而，五峯學術師承如向上追
溯，一路會連結上胡安國、楊時、二程；為了維護二程，遂
將「性無善惡」的說法歸咎於五峯兄弟的誤解。[58]但無論此

57 《朱子語類》卷101，《朱子全書》第十七冊，頁3393。
58 依朱子認定，「本然之性，不與惡對」一語來自常摠，常摠語之龜山，龜
　山又傳至文定（胡安國）。到了致堂、五峯兄弟，乃分之為「本然之善」、
　「善惡相對之善」二性：「然文定又得於龜山，龜山得之東林常摠。摠，
　龜山鄉人，與之往來，後住廬山東林。龜山赴省，又往見之。摠極聰明，
　深通佛書，有道行。龜山問：『「孟子道性善」，說得是否？』摠曰：『是。』

說傳承如何，本然善性，動而有善有惡，這總是朱子所無法理解接受者。《朱子語類》另載有朱子的疑慮曰：

> 摠亦南劍人，與龜山論性，謂本然之善，不與惡對。後胡文定得其說於龜山，至今諸胡謂本然之善不與惡對，與惡為對者又別有一善。常摠之言，初未為失。若論本然之性，只一味是善，安得惡來？人自去壞了，便是惡。既有惡，便與善為對。今他卻說有不與惡對底善，又有與惡對底善。如近年郭子和《九圖》，便是如此見識，上面畫一圈子，寫『性善』字，從此牽下兩邊，有善有惡。[59]

善惡皆從同一本體出，這就有「性無善惡」的意味，也就很容易推論出「理欲同體異用」。因此，儘管牟先生以為朱子的批評多屬不契與誤解，但這或許正是朱子所以不願「降心以會」[60]的主要原因。

又問：『性豈可以善惡言？』摠曰：『本然之性，不與惡對。』此語流傳自他。然摠之言，本亦未有病。蓋本然之性是本無惡。及至文定，遂以『性善』為贊歎之辭；到得致堂五峰輩，遂分成兩截，說善底不是性。若善底非本然之性，卻那處得這善來？既曰贊歎性好之辭，便是性矣。若非性善，何贊歎之有？如佛言『善哉！善哉！』為贊美之辭，亦是說這個道好，所以讚歎之也。」《朱子語類》卷 101，《朱子全書》第十七冊，頁 3393-3394。牟宗三以為：「其實此說本于明道。……徒以不欲歸罪于明道，乃抓住五峯而發揮耳。」氏著：《心體與性體（二）》，頁 467。

59 《朱子語類》卷 101，《朱子全書》第十七冊，頁 3395。又，朱子門人趙致道亦曾圖示，說明周濂溪《通書》「誠無為，幾善惡」，誠底下不當為「善惡為東西相，彼此角立」：「若以善惡為東西相，彼此角立，則天理人欲同出一源，未發之前，已具兩端，所謂天命之性，亦甚汙雜矣，此胡氏『同體異用』之意也。」《周濂溪集》（上海：商務印書館，1936 年）卷 5，頁 85。

60 牟宗三：「不知朱子、南軒何以不肯降心以會也。」氏著：《心體與性體（二）》，頁 472。

　　如果上述推測合理，也許就可以理解何以朱子會以五峯「天理人欲同體異用」爲「混爲一區」而強烈不滿。於五峯「好惡，性也。小人好惡以己，君子好惡以道。察乎此，則天理人欲可知。」之語，朱子責曰：

> 此章即性無善惡之意。若果如此，則性但有好惡，而無善惡之則矣。「君子好惡以道」，是性外有道也。「察乎此，則天理人欲可知」，是天理人欲同時並有，無先後賓主之別也。然則所謂「天生烝民，有物有則，民之秉彝，好是懿德」者，果何謂乎？[61]

對於「天理人欲同體而異用。進修君子宜深別焉。」朱子則責曰：

> 此章亦性無善惡之意，與「好惡，性也」一章相類，似恐未安。蓋天理，莫知其所始，其在人，則生而有之矣；人欲者，梏於形，雜於氣，狃於習，亂於情，而後有者也。然既有而人莫之辨之也，於是乎有同事而異行者焉，有同行而異情者焉。君子不可以不察也。然非有以立乎其本，則二者之幾微曖萬變，夫孰能別之？今以天理人欲混爲一區，恐未允當。[62]

凡此批評，牟先生皆謂之不諦。例如朱子對「性無善惡」的批評，牟先生駁之曰：

> 胡氏由好惡說性，即是由好善惡惡說性體之至善，說性體之超越的絕對性。其言「善不足以言之」，是言與惡相對之「善相」不足以言之。此顯表示性爲超越

61　〔宋〕朱熹：《胡子知言疑義》，《胡宏集》，頁330。
62　同前註，頁329-330。

之絕對，為超越善惡相對之至善，非「性猶杞柳」之
「無善惡」之中性義也。如此，性方可為「天下之大
本」。而朱子解為「無善惡」之中性義，豈不謬哉？[63]

至於朱子對「天理人欲同體異用」的批評，牟先生則駁曰：

胡氏說「同體異用」並非謂天理人欲同一本體，同一
根源，同根而發，猶如老子之言「同出而異名」也。
若如此，則誠為有問題，朱子亦實可說「此章亦性無
善惡之意」。然原文語意顯非此義。焉可滑轉？「同
體」非同一本體，乃同一事體也。……「同體異用」
與「同行異情」完全為同意語。「同行」者，同一事
行也，非混雜並流也。「異情」者，言在同一事行上
異其情實也，亦溺不溺之異耳。[64]

其實，同一事體而有天理人欲之分，朱子亦未始不能理解這
種想法。如《朱子語類》卷 13 便載對話曰：

「有個天理，便有個人欲。蓋緣這個天理須有個安頓
處，才安頓得不恰好，便有人欲出來。」

「天理人欲分數有多少。天理本多，人欲便也是天理
裏面做出來。雖是人欲，人欲中自有天理。」問：「莫
是本來全是天理否？」曰：「人生都是天理，人欲卻
是後來沒巴鼻生底。」[65]

不過，依朱子的想法，天理是本來的，人欲則是天理「安頓
得不恰好」所致。順天理而發，則為當然之理、為真；反之，

63　牟宗三：《心體與性體（二）》，頁 457。
64　同前註，頁 456-457。
65　《朱子語類》卷 13，《朱子全書》第十四冊，頁 388。

則為妄：

> 問：「『視聽、思慮、動作，皆天也，人但於中要識
> 得真與妄耳。』真、妄是於那發處別識得天理人欲之
> 分。如何？」曰：「皆天也，言視聽、思慮、動作皆
> 是天理。其順發出來，無非當然之理，即所謂真；其
> 妄者，卻是反乎天理者也。雖是妄，亦無非天理，只
> 是發得不當地頭。譬如一草木合在山上，此是本分；
> 今卻移在水中。其為草木固無以異，只是那地頭不
> 是。恰如『善固性也，惡亦不可不謂之性』之意。」[66]

「視聽、思慮、動作，皆天也，人但於中要識得真與妄耳。」
乃明道之語（出自《河南程氏遺書》卷第 11）不過，朱子基
於理氣二分的格局，理氣二者不離不雜，仍以天理為至善，
不能與人欲同體，故謂同行異情則可，同體異用則不可：「下
句尚可，上句有病。蓋行處容或可同，而其情則本不同也。
至於體、用，豈可言異？觀天理人欲所以不同者，其本原元
自不同，何待用也！」[67]如果天理人欲「同體異用」的話，
就有善惡同一本原的可能，故而朱子又謂：「胡氏論性無善
惡，此句便是從這裡來。本原處無分別，都把做一般，所以
便謂之『同體』。」[68]因此，天理人欲必各有其體、各有其
用，否則，性可能為善、亦可能為惡，就有淪為「一團人欲
窠子」之虞：

> 或問「天理人欲，同體異用」。曰：「如何天理人欲

66　《朱子語類》卷 95，《朱子全書》第十七冊，頁 3223。
67　《朱子語類》卷 101，《朱子全書》第十七冊，頁 3400。
68　《朱子語類》卷 101，《朱子全書》第十七冊，頁 3401。

同體得！如此，卻是性可以為善，亦可以為惡，卻是
一團人欲窠子，將甚麼做體？卻是韓愈說性自好，言
人之為性有五，仁義禮智信是也。指此五者為性，卻
說得是。性只是一個至善道理，萬善總名。才有一毫
不善，自是情之流放處，如何卻與人欲同體！今人全
不去看。」[69]

準此，朱子之所以將五峯理解為「性無善惡」，亦非全然無
因。依其理氣二元格局，人性中的善來自性、天理，惡則來
自氣稟的蔽隔。[70]善歸於理，惡歸於氣，五峯也曾依此格局
而說：「氣感於物，發如奔霆，狂不可制。惟明者能自反，
惟通者能自斷。」[71]「人欲盛，則於天理昏。理素明，則無
欲矣。」[72]然而，從即性即氣的角度，五峯又說「天理人欲
同體異用」。從理氣二元的角度，必然善於歸理，惡歸於氣；
如果「同體異用」是本體論上性氣混同於一的話，就有違「理
氣不雜」之原則。這不免有善惡同歸於性的可能，也就不能保
證善的由來。故而朱子責曰：「謂惡不足以言性，可也；謂善

69　同前註。朱子又謂：「當然之理，人合恁地底，便是體，故仁義禮智為
　　體。如五峰之說，則仁與不仁，義與不義，禮與無禮，智與無智，皆是
　　性。如此，則性乃一個大人欲窠子！其說乃與東坡、子由相似，是大疏
　　脫，非小失也。」同前註，頁 3399-3400。

70　如《朱子語類》卷 4 所言：「謂如日月之光，若在露地，則盡見之；若
　　在蔀屋之下，有所蔽塞，有見有不見。昏濁者是氣昏濁了，故自蔽塞，
　　如在蔀屋之下。」又謂：「人物性本同，只氣稟異。如水無有不清，傾
　　放白碗中是一般色，及放黑碗中又是一般色，放青碗中又是一般色。」
　　《朱子語類》卷 4，《朱子全書》第十四冊，頁 185。

71　〔宋〕胡宏：《知言・事物》，《胡宏集》，頁 22。

72　〔宋〕胡宏：《知言・紛華》，《胡宏集》，頁 24。

不足以言性，則不知善之所從何來。」[73]又謂：「胡氏之病，在於說性無善惡。性中只有天理，無人欲，謂之同體，則非矣。」[74]

　　當然，如果從「事體」而不從「本體」理解，則同一件事，可能是循於天理，也可能是溺於人欲的表現。如五峯所言：

> 探視聽言動無息之本，可以知性；察視聽言動不息之際，可以會情。視聽言動，道義明著，孰知其為此心？視聽言動，物欲引取，孰知其為人欲？是故誠成天下之性，性立天下之有，情效天下之動，心妙性情之德。性情之德，庸人與聖人同，聖人妙而庸人所以不妙者，拘滯於有形而不能通爾。今欲通之，非致知，何適哉？[75]

將「同體異用」解為「事體」而不做「本體」解，固然可以免除善惡同體、同源的問題，但仍有一問題必須說明：視聽言動可能是道義明著，也可能是物欲引取。但問題是，孰為本心？孰為人欲？如何判斷呢？判斷的標準又何在？依五峯，關鍵即在於能否「妙性情之德」。能妙性情之德，即道德明著，這頗有「隨其心正，則其法正」的意味。聖人妙之而庸人不妙之，關鍵又在於有形之通或拘，這說法與明道「人只為自私，將自家軀殼上頭起意」可謂如出一轍。能妙性情之德，即所謂心以成性，「印證、證實、並滲透那『於穆不

73　《朱子語類》卷101，《朱子全書》第十七冊，頁3399。
74　同前註，頁3400。
75　〔宋〕胡宏：《知言・事物》，《胡宏集》，頁21。

已』之奧體之性」。[76]「成性」可以保證此心之為本心，「性定則心宰，心宰則物隨」（五峯語），自然就能即人欲即天理。然而，如果心體能「印證、證實」這奧體之性，為什麼還會有「動而有差」[77]的可能？同時，又如何保證此心所證之奧體之性，必然即為性體無誤？如果不能，會不會有「假天理之名、行人欲之實」的可能呢？

四、「形著」貞定良知之有效性

五峯謂：「性定，則心宰。」[78]又謂：「心也者，知天地，宰萬物，以成性者也。六君子，盡心者也，故能立天下之大本。」[79]此「盡心成性」、「心以成性」之義，牟先生以之為其思想的突出之處，也稱之為「形著」、「以心著性」。所謂「形著」，牟先生說解如下：

> 性為客觀性原則，自性原則。莫尊于性。性也者所以為氣變之「客觀之主」也。但如果只有自性原則，而無形著原則，則性體亦不能彰顯而真實化與具體化。心是形著原則。心也者所以體現性體之「主觀之主」也。「氣之流行」是實說，言實有「流行」也，故云氣變或氣化。至于「性之流行」，猶云「天理流行」，「於穆不已」之天命流行，此則流行而不流行。雖動

---

76 牟宗三：《心體與性體（二）》，頁465。
77 五峯謂：「氣正，則動而不差。動而有差者，心未純也。」《胡宏集》，頁16。
78 〔宋〕胡宏：《知言·義理》，《胡宏集》，頁30。
79 〔宋〕朱熹：《胡子知言疑義》，《胡宏集》，頁328。

而亦靜，雖靜而亦動，與「氣之流行」不同也。但性體亦非如伊川、朱子所理解之「只是理」，亦含有至誠不息之神用，故亦云「流行」也。但其「流行」之所以為「流行」之真實義、具體義、形著義，則在心體處見。[80]

又說：

故性是本體宇宙論地為萬物之「客觀性原則」（principle of objectivity），亦為萬物之「自性原則」（principle of making thing as thing-in-itself）。此性體是本體宇宙論的生化之源，是「生物不測」的「創生實體」，是「即活動即存有」者，而在人處則真能彰顯其為「創造實體」（creative reality）之實義，而其彰顯而為創造之實體則在實體性的道德本心處見。在此本心處見，即是此本心足以形著之也。形著之即是具體而真實化之為一創造實體也。蓋此本心亦是實體性的「即活動即存有」者。故對「穆穆不已」之性體言，此心即為「主觀性原則」（principle of subjectivity），亦曰「形著原則」（principle of concretion, realization, or manifestation）。此形著是通過心之覺用而形著，不是在行為中或在「踐形」中形著。是故性之主觀地說即是心，心之客觀地說即是性；性之在其自己是性，性之對其自己是心；心性為一，而「無心外之性」也。[81]

80　牟宗三：《心體與性體（二）》，頁438。
81　同前註，頁525-526。

這些話可以歸結爲三點：（1）性爲客觀性原則，自性原則。
（2）心爲主觀性原則，形著原則。（3）心體形著性體，心
性是一。亦即是說，天道性體能起宇宙生化、道德創造，爲
吾人道德本心的超越根據。但另一方面，天道之創造流行又
須通過吾人道德本心以全幅朗現，故以心著性而終歸心性是
一。向世陵謂「無性即無心」、「無心亦無性」；王立新「性
是『自性原則』，心是『顯性原則』」，理解亦大抵相近。[82]
對於形著說的優點，牟先生又說：

> 須知在成德之教中，此「天」字之尊嚴是不應減殺者，
> 更不應抹去者。如果成德之教中必函有一「道德的形
> 上學」，則此「天」字亦不應抹去或減殺。須知王學
> 之弊，即因陽明于此處稍虛歉，故人提不住，遂流于
> 「虛玄而蕩」或「情識而肆」，蕺山即于此著眼而「歸
> 顯於密」也。此為內聖之學自救之所應有者。[83]

這種義理間架說明了客觀道體性體乃是不應抹去者，其優越
處在於保證了吾人主觀心體之貞定，使之不爲蕩越。

　　不過，對於牟先生的形著說，楊澤波則質疑，以天爲道
德的形上根源只是「借天爲說」，以保證道德的超越性與宗

---

82 向世陵：「而在胡宏，性雖通過心來表現（實現），但性並不是自在之
物，性和心的統一才是道的現實。無性即無心，性之存在是第一位的，
這與自在之物的地位有相似之處；但無心亦無性，心之活動、作用有效
地證實著、不斷地實現著性之存在，卻不是本體和現象的關係所能說明
的。」氏著：《善惡之上：胡宏‧性學‧理學》，頁129。王立新：「性
是『自性原則』，心是『顯性原則』。性不能自見，須仰仗心來彰顯。
非性則心之功用無所施，非心，則性之至善無以見。」氏著：《胡宏》，
頁152。

83 牟宗三：《心體與性體（一）》，同前註，頁48。

教性。同時，形著也未免能杜絕心學蕩越的流弊，因為形著論有疊床架屋之嫌。楊先生說：

> 所謂「借天為說」是指對一個問題無法確切回答的時候，將天作為其終其根據的一種做法。……你要問人為什麼要有道德，人為什麼會有良心，儒學家會告訴你，這些都是上天決定的，是「天之所與我者」。到這裏，問題已經到底了，不能再問了，至少從這個層面看，問題已經解決了。[84]

由於儒家的天具有宗教性，所以「借天為說」對於心學流弊，固然雖有抑制作用，但卻不能從根本杜絕流弊：

> 大力高揚性體，以性體保證心體客觀性，以杜絕心學流弊的辦法，縱然可以在一定程度上起到作用，但不可能從根本處解決問題。……是因為在儒家傳統的思維方式中，天有著類似於宗教的地位和力量。當蕺山針對當時重重流弊大力擡高性天地位的時候，實際上是借助天的這種力量，勸導人們不要任意而為，更不能將假良知混同真良知，欺世盜名。[85]

依楊先生觀點，「借天為說」只是一個假借的源頭，心就是性，性就是心，這就不免有疊床架屋之嫌。[86]

---

84 楊澤波：《牟宗三三系論論衡》（上海：復旦大學出版社，2006年），頁 119-120。

85 同前註，頁 141。

86 楊澤波曰：「……上天其實只是道德本心的一個假借的根源，而不是其真正的根據，借助天道和性體不可能真的賦予心體以客觀性，從而解決心學的種種不足。儒家心學的根據完全在心，性不過是心的出處，這是心性原本為一而不為二的最深層原因。」同前註，頁 167。

　　對於楊澤波之說，亦曾引起學者「根本是取消了天，如此怎可以說是道德形上學？」之質疑。[87]楊澤波「取消了天」，是否將連帶引發從根本上取消「道德形上學」，由於並非拙文主旨，在此不作討論。即便基於儒家立場，我們仍同意儒家的天有其創造之實義，對「假借的根源」之說有所保留、甚至不予接受，但形著說仍有一問題待回答，即：形著是為了藉性體保證真良知，不使假良知混同真良知，然而，又如何保證我所證會的必為性體？保證良知的關鍵在性體，證會性體又在於默契、體會，但如何保證所契、所會之性體必為真？如果不能說明此一問題，豈非說明某種程度上楊澤波「假借的根源」之疑並非全然無理？至於如何藉性體以檢驗心體，如果在未有具體的驗證標準與步驟下，即貿然肯定心即性、性即心、心性為一、無心外之性，那麼這套理論恐怕仍未克服「混良知與情識」的問題。

　　由此可見，朱子之所以對「心以成性」存疑，亦非全屬思路不契的問題。其實朱子並非不承認「盡心」的可能，只不過經驗心總是善惡雜染而顯其有限性，對一般人而言，即便「盡得此體」，但未必能貞定常存，而易為事物所蔽，故仍須「存養充擴」。如《知言疑義》所言：

　　　　熹按《孟子・盡心》之意，正謂私意脫落，眾理貫通，
　　　　盡得此心無盡之體，而自其擴充，則可以即事即物，

87　楊祖漢〈牟宗三先生對儒學的詮釋——回應楊澤波的評議〉曰：「但若如此了解，則孟子的道德形上學只表示本心善性是本有的這個意思，而天並無實義，只是虛說。這樣根本是取消了，如此怎可以說是道德形上學？」氏著：《當代儒學思辨錄》（臺北：鵝湖出版社，1998年），頁44。

> 而無不盡其全體之用焉爾。但人雖能盡得此體，然存
> 養不熟，而於事物之閒一有所蔽，則或有不得盡其用
> 者。故孟子既言盡心知性，又言存心養性，蓋欲此體
> 常存，而即事即物，各用其極，無有不盡。……然程
> 子盡心知性，不假存養，其唯聖人乎者？蓋惟聖人則
> 合下盡得此體，而用處自然無所不盡，中閒更不須下
> 存養充擴節次功夫。[88]

由於朱子不認爲當下的心「合下盡得此體」、即爲此體的發
用，故而主張五峯「心以成性」當改爲「心而統性情」。[89]對
於朱子的看法，牟先生批評之「全就認知之功用說盡心」，
乃屬「異解」。[90]儘管朱子與五峯的思路未必相應，但朱子
對當下經驗心能否「合下盡得此體」的疑慮，形著理論則未
必能迴避之。爲什麼呢？如以牟先生的說法爲代表，心體性
體的關係乃是：「我們離開了良知心用，我們對于這奧體不
能有任何具體的直覺。這就是說，這奧體之內容的意義即在

---

88 〔宋〕朱熹：《胡子知言疑義》，《胡宏集》，頁 328-329。
89 同前註，頁 328。
90 牟先生批評朱熹《知言疑義》「心以用盡」之一端曰：「『盡心成性』
  所顯之心之用是形著之用，非是『即事即物』以盡心之『全體之用』之
  用也。亦非是就聖人之功化德業之大用而言也。(此自含在盡心成性中)。
  朱子之異解與比配，無論是格物窮理以『盡得此心無盡之體』，(心知
  之靈能攝具眾理即心無盡之體)，或是『即事即物而無不盡其全體之用』，
  (通過涵養就事事物物上以盡心知之靈之全體大用)，此兩者爲同意語，
  將所窮之理收攝進來而成爲心知之靈之所含具即爲『此心無盡之體』，
  將心知之靈放出去即事即物以窮即是『盡其全體之用』，此只是『涵養
  敬心以致知』之一用，此倒真是全就認知之功用說盡心，心以『認知之
  用』盡也。而胡五峯之以『形著之用』說心，盡之即能成性立本，倒是
  立『體』也。」氏著：《心體與性體（二）》，頁 453-454。

此良知心用中彰顯，而良知心用即反而形著這奧體。」[91]良知賴性體（奧體）以貞定之，性體又賴良知以形著之，這本就有循環論證之嫌。而要貞定良知使之不爲流蕩，可從二個方式收煞之：一是承認良知未爲圓足，使良知步步向上。二是藉由無限的性體以貞定當下有限之心；使良知得以圓成，圓成則無虛歉。但良知性體本然是一，一分爲二，又合二爲一，不可避免將遭到的質疑是：「心體本身是圓足的嗎？⋯⋯如果說心體是圓足的，那就沒有必要再立一個性體了；如果說心體不是圓足的，那就等於否定了心學。」[92]

依牟先生所設計，儘管良知教本自圓足，爲了說明心體如何形著性體，卻又「可權且不讓它圓足」。[93]但這樣的設計終須面對一質疑：「既然良知心體是圓足的，爲什麼又非要『權且不讓它圓足』呢？」[94]爲了不使心學根基動搖，雖說權不圓足，卻又非良知教之所能安，[95]故而良知教又必含圓頓之可能。這圓頓的方式是：「他的每一步具體呈用，

---

91 牟宗三：《從陸象山到劉蕺山》，頁 356。
92 楊澤波：《牟宗三三系論論衡》，頁 160。
93 牟宗三：「然而這裏却可有另一思路，即，良知教自身雖可以圓足，然而我們可權且不讓它圓足。」氏著：《從陸象山到劉蕺山》，頁 355。
94 楊澤波：「既然良知心體是圓足的，爲什麼又非要『權且不讓它圓足』呢？這一步退下來不要緊，下面的麻煩就大了，既要說明心體與性體的區別，又要說明心體如何能夠形著性體，忙得不可開交。」氏著：《牟宗三三系論論衡》，頁 165。
95 牟宗三：「然而就良知之當機呈用說，這形著而彰顯之是一無限進程，亦可以說永不能全幅彰顯之。此就是良知心用與奧體之間必有一距離。這樣說，良知雖可以圓足而實不能圓足。這樣，在形著彰顯底關係中，良知形著奧體，而我們同時亦即把良知緊吸于奧體，如是，良知可以不至于氾濫而無收煞。可是亦正因這一收煞，良知教遂不能得其圓足。此非良知教之所能安。」氏著：《從陸象山到劉蕺山》，頁 357。

如果不執不著，亦不捨不離，它即步步具足，亦可以說即是絕對，當下圓成。」[96]然而，如要透過性體以確定、驗證當下之心乃是真良知，應該要說明的是證會性體的境界或標準，但這裏提出的保證方式卻是「不執不著、不捨不離」。說「不執不著、不捨不離」是基於維護良知教之本自具足，當超越形跡、無工夫相，即「步步相無步步相」、「一步具足即一切步圓足」。然而，這樣的論述其實比較像是重述了良知本自具足、本自圓成，對於當下一念如何檢驗其是否即為良知，則不見得是相應的答案。既然如此，要透過形著以貞定良知不使虛蕩，其有效性恐怕未能無疑。

五、結　論

從本體論的角度而言，天命流行而竟有經驗界的善惡雜染，這毋寧是十分難解釋的問題。朱子透過理氣二元的格局，將經驗界之惡歸於氣裏的偏差使然，保障了天道的至善。然而，如果把氣收攝於性的話，失去了氣做為折衝點，則經驗界的善惡現象，便皆應由性來負責。性既可善可惡，就有「性無善惡」之嫌，當然這種理解未必合於五峯的原意。依五峯「性定而氣正」[97]之說法，當指氣全然理性化的情形下，而有人欲即天理的境界。對此「心正則法正」的思路，朱子亦

---

96 同前註，頁 357。
97 「氣主乎性，性主乎心。心純，則性定而氣正。」《知言・仲尼》，《胡宏集》，頁 16。「性定，則心宰。心宰，則物隨。」《知言・義理》，《胡宏集》，頁 30。

未嘗不能解，如《朱子語類》卷 13 即有「人欲便也是天理裏面做出來。雖是人欲，人欲中自有天理。」之語。然而，五峯也承認在經驗界中，人欲未必合於天理：「人欲盛，則於天理昏。理素明，則無欲矣。」[98]「物欲不行，則志氣清明而應變無失。」[99]人欲或惡的發生即在於心不能宰而逐物，如〈次劉子駒韵〉所言：「心由天造方成性，逐物云爲不是真。克得我身去人欲，清風吹散滿空雲。」[100]逐物則爲人欲，不逐物則成性；於是，惡的由來就由本體論轉爲心性論的問題。

其次，將「同體異用」之體解爲「事體」而不做「本體」解，固然免去了本體論善惡同體的問題。但仍須說明的是，同一件事或爲天理、或爲人欲，誰來決定？又如何確定這決定的合理性？逐物或不逐物、陷溺或不陷溺，其決定力量固然在於良知心體，然而，良知如果「證自證分」式地自證爲善，則不免有混情識爲蕩之弊。牟先生以爲「心以成性」或「形著」之優越處即在堵絕此弊。不過，依良知教立場，心體本自圓足，故而「心以成性」並不是以「以無限性體攝有限之心」，只是以性體來印證、證實良知之爲眞不爲妄。但心體藉性體以印證，性體又藉心體乃能顯，兩造終不免有循環論證之嫌，仍只是心體的自證。基於對經驗心善惡雜染之事實，朱子主張「心以成性」當改爲「心而統性情」，雖與五峯思想不契，但亦非全然無理。

此外，天臺宗有所謂「一念無明法性心」之說，牟先生

98　〔宋〕胡宏：《知言・紛華》，《胡宏集》，頁 24。
99　〔宋〕胡宏：《知言・義理》，《胡宏集》，頁 30。
100　〔宋〕胡宏：《胡宏集》，頁 72。

以為「天理人欲同體而異用」類於此詭譎相即的圓教思路。[101]「同一事體」之說，也見於牟先生對「無明法性體同」的「體同」之解釋：

> 荊溪云：「依他即圓者，更互相依，以體同故，依而復即。」此所謂「體同」意即無明與法性同一事體也，只是一個當體，並不是分別的當體。無明無住，無明當體即是法性，非離法性別有無明。無明當體即是法性，即依法性，此即是「即」的依他。此示無明雖無住無本，而却是「即」地依法性住，以法性為本，言無明無性，以空為性也。法性無住，法性當體即是無明，非離無明別有法性。法性當體即是無明，即依無明，此亦是「即」的依他。此示法性雖無住處，而却是「即」地依無明而住，以無明為據（不好說「以無明為本」），即依無明之無住而見也。是故無明即法性，法性即無明，此兩者不是分解地有自住地拉開說，乃是緊扣在一起而詭譎地無自住圓融地說。這詭譎地圓融地說「體同」即是圓教之所以為圓教處。[102]

---

101 牟先生謂：「……真正圓教（所謂同教一乘圓教）則當似依胡五峯『天理人欲同體而異用，同行而異情』之模式而成立。同一『一念無明法性心』之三千法體不變，而『三千在理同名無明，三千果成咸稱常樂』。同一世間一切事，概括之亦可說同一心意知物之事，若念念執著，即是人欲……若能通化，即是天理：心為無心之心，意無意之心，知為無知之知，物為無物之物。此如色心不二，煩惱心遍即是生死色遍，此即是人欲；若能通化自在，以其情應萬事而無情，以其心普萬物而無心，則即是天理。飲食男女之事不變，視聽言動之事不變，然『形色天性（生）也，唯聖人為能踐形。』能踐形，則統是天理；不能踐形，則統是人欲。」氏著：《圓善論》（臺北：臺灣學生書局，1985 年），頁 324。

102 牟宗三：《佛性與般若（下）》（臺北：臺灣學生書局，1989 年），頁 696。

「依他即圓者，更互相依，以體同故，依而復即。」這句話出自湛然《維摩經疏記》卷下。依天臺宗，「法性」、「無明」確實是用來解釋宇宙一切法的根源的存有論概念；而這兩者「體同」，所以說他們「更互相依」，有別於他宗所主張的「離法性外，別有煩惱」。不過，楊惠南對天臺宗「體同」的解釋，則是理解之爲「本質相同」與「根源相同」。他說：

> 而合乎天台圓教道理的，湛然則認爲是：煩惱（無明）和法性二者，具有「更互相依，更互相即」的關係。這種關係建立在：煩惱和法性「體同」（本質相同）的道理之上。[103]

這是說「體同」意指「本質相同」。楊先生又說：

> 把法性視爲和無明（煩惱）「體同」，這是從根本地建立起天台的「性惡」的思想。法性是宇宙一切法的根源，這一根源「體同」於「惡」的無明，那麼，由這一根源所生起的一切法，自然也是「（本）性（即）惡」了。[104]

這則是說「體同」之「體」有「宇宙根源」之義。如果我們同意，牟先生乃是以天臺宗圓教模型以理解五峯「同體異用」爲詭譎相即，則倒回去說，天臺宗的法性無明既有宇宙創生之義，[105]則五峯所謂「體用」，也許其意義就不只是「事體」

103　楊惠南：〈從「法性即無明」到「性惡」〉，《佛學研究中心學報》第一期，臺灣大學佛學研究中心，1996 年，頁 129。

104　同前註。

105　楊惠南：「智顗在批判地論、攝論二師之後，又建立起以『法性』和『無明』二者「合（作）」的創生論，既弔詭又神秘（智顗所謂『不可思議』），這不能不說是『空』後又有『不空』的真常唯心論者。」同前註，頁 118。

而已。

　　然而，依佛教義理，一切法緣起性空，無作無滅，所謂創造本體只是一虛說，[106]緣起無自性，以空爲性的前提下，無明無住、法性無住，故而可以成立無明法性相即。這也就是湛然《金剛錍》引真實慧菩薩之言曰「一切法無相，是則真佛體。」[107]儘管儒家也可以比照地說「順理則天地之化、不順理則人欲橫流」，但這「理」卻絕非緣起性空之理。因此，以「事體」來理解「天理人欲同體異用」之體，當然也自成其理，但儒家既有創生本體之義，對於人欲或惡的來源就理應面對回答，很難用「無住本」的方式迴避之。從本體論來討論此問題，除非理氣二分，或者從境界上說「人欲皆合天理」，否則必然會有善惡同體的困難。但即便「天理之解蔽其自己」[108]而說「人欲皆合天理」，又如何保證我所領悟之解蔽境界之必爲不妄呢？則朱子因其不安而有疑者，其所疑亦未必無理也。

---

106 牟宗三：「『以有空義故，一切法得成』，並非說『空』義能創生一切法也；緣起法非此『空』義之所創生也。般若、解脫、法身即三千世間法而爲般若、解若、法身，並非說般若、解脫、法身能創生三千世間法也。本體論的生起論並非佛家義，此固甚顯然。」氏著：《圓善論》，頁 327-328。

107 〔唐〕湛然：《金剛錍》，《大正藏》第四十六冊，頁 783a。

108 謝大寧：「……性體即是作爲超越者之存有，此存作爲『天命』之賜予，它時時解蔽其自己，以入於具體的歷史事件中，並爲此有所領受而持存，故云『充乎身，塞乎天地』，而『存乎飲食男女之事』，這是存有論的『即事明道』，而不只是如牟先生之偏於實踐上所說之即器明道也。」氏著：《儒家圓教底再詮釋》（臺北：臺灣學生書局，1996 年），頁 221。

貳、善的本體論難題

第七章　告子對比下的孟子「義」之可能義蘊

一、模糊的告子「仁內」

　　牟宗三先生嘗以「仁義內在，性由心顯」爲孟子思想之綱領，[1]而孟子心性仁義之梗概又載於《告子》上篇，故而牟先生《圓善論》稱之爲「基本的義理」，並以一章之篇幅疏解、闡明孟子道德發之於內而不由外鑠之理。做爲孟子性善論的對照組，告子的思想似乎是清楚的，但似乎又不盡然。這種對比的基本格局是這樣的：告子拘於現實經驗，以生物之食色爲性，不能超拔而上。孟子則以「仁義禮智」爲「我

1　此八字綱領見劉述先引述：「有一次到東坡山莊去拜謁父執牟宗三先生，他聽說我在讀《孟子》，就劈頭問我，孟子思想的綱領是什麼？我當然無以爲應，他說不外『仁義內在，性由心顯』八個大字。臺大的學風自由慣了，我無端挨訓，心中頗爲不憤，好久一段時間沒有再去找牟先生。但日久卻體會到，這八個字的綱領的確是無可違逆的。」氏著：〈孟子心性論的再反思〉，引文見李明輝主編：《孟子思想的哲學探討》（臺北：中研院文哲所，1995 年），頁 94-95。

固有之」[2]之性，以別告子食色之性；順此人性論，而有「仁
義之心存之於內」[3]的推論，亦於養氣之修養論中批評告子「未
嘗知義，以其外之也。」[4]由於孟子「仁義內在」乃是順其人
性論而來的合理結果，相對照下，告子「仁內義外」也理所
當然地被視爲「生之謂性」人性論的後續推衍。[5]於是，在「價
值根源」做爲分判標準之下，我們得到這樣的理解：孟子的
人性論能挺立道德意識、能別人禽之異，故其「仁義內在」
能明價值根源。告子的人性論以生言性，犬牛之性同謂之性，
白馬長人之喻不能別人禽之異，故其「仁內義外」不能明價
值根源。兩相對比，孟、告二人見解高下立判，例如牟先生
於《圓善論》便批評另一主張「義外」之孟季子曰：「孟季
子（告子亦在內）順慣例而不知反，遂只視之爲一客觀事實
之外，猶如白之爲客觀事實之爲外，此皆心靈窒塞之過。……
心靈不能洞見價值層之事由何立，永不能瞭然于義內，終于
視乎義是外，……。」[6]

　　然而，依《孟子》所載的有限內容，告子的主張並不易
得其究竟，使得告子在儒學史中幾乎成爲性善論的反面教材
而無人爲之反駁。而「仁義內在辨」中，某些語焉不詳的地

2　《孟子・告子上6》：「仁義禮智，非由外鑠我也，我固有之也，弗思耳
　　矣。」〔宋〕朱熹：《四書章句集注》（臺北：大安出版社，2005年），
　　頁459。本文引述《孟子》之文句、分章悉據以此版本爲據，爲免行文累
　　贅，隨文標示章節數，頁碼出處不再另行標注之。

3　《孟子・告子上8》：「雖存乎人者，豈無仁義之心哉？」

4　《孟子・公孫丑上2》：「我故曰，告子未嘗知義，以其外之也。」

5　如徐復觀便謂：「告子既以『生之謂性』，只從人的欲望上著眼，自然主
　　張義外。」參氏著：《中國人性論史》（臺北：臺灣商務印書館，1994
　　年），頁195。

6　牟宗三：《圓善論》（臺北：臺灣學生書局，1985年），頁18。

方,後人也在「與告子對反」前提下,得到順理成章的理解。例如,孟子對告子的反駁,主要集中在「義外」部分,兩人在「仁內」這方面似有共識。孟子思想固以「仁」爲道德內在根源,然而告子乃以生物本能之甘食悅色爲性,則告子所謂「仁內」,便不應與孟子同爲道德上的惻隱怵惕之情。但由於告子未對「仁內」加以定義,孟子亦未加以批判,爲了說明告、孟二人「仁內」不相等同,且告子必然不及孟子精義的前提下,傳統的處理方式是把告子的「仁」解爲「情感之愛」。例如朱子所言:「告子以人之知覺運動者爲性,故言人之甘食悅色者即其性。故仁愛之心生於內,而事物之宜由乎外。」[7]及孫奭正義:「此章旨言事雖在外,行其事者,皆發於中,明仁、義由內,所以曉告子之惑也。……告子言人之嗜其甘食,悅其好色,是人之性也。仁在我爲內,非自外而入者也;義在彼非在我,故爲外也,非爲內也。」[8]依朱子之說,告子的性是知覺運動,屬氣;順此性而來的「仁愛」同於「甘食悅色」之愛,當然也屬氣不屬理。牟先生雖然不同意朱子心性情三分的格局,[9]但將告子「仁內」解爲「感性之情」、「情感上的事」[10]卻與朱子如出一轍。

---

7 〔宋〕朱熹:《四書章句集注》,頁457。

8 〔漢〕趙岐注,〔宋〕孫奭疏:《孟子注疏》(十三經注疏)(北京:北京大學出版社,2000年),頁350。

9 牟先生謂:「朱子理氣二分、心性情三分之格局,即表示不能真了解仁義內在之義。」氏著:《心體與性體(二)》(臺北:正中書局,1989年),頁197。

10 牟先生謂:「孟子的主要目的是在表明道德意義的仁與義皆是內發,皆是道德理性底事,即使含有情在內,此情也是以理言,不以感性之情言。」《圓善論》頁15。又於《孟子講演錄》謂:「可見有兩層的分別。那麼,告子所言『仁內』是內在於哪一層次上呢?你內在到七情之情的層次上,

　　但這樣的處理未必即無疑慮：第一，如果孟、告二人的「仁內」並不相同，何以孟子不加以批判，而僅針對「義外」部分反駁？同時，以仁屬理或道德理性，除了欠缺文獻依據，也必須面對何以孟子「惻隱之心」便不是「道德情感」的質疑。[11]故而前述以理氣、理性情感的處理方式未必盡可接受。第二，從字源來講，「仁」本有「愛親」之義，於此思想脈絡中，告子謂「吾弟則愛之，秦人之弟則不愛，是以我為悅者也，故謂之內。」《盡心・上15》也載孟子曰：「親親，仁也。」就此而言，則孟、告二人不能說全無共通之處。如果我們接受「愛親」是孟、告二人論「仁」的交集處，固可說明何以孟子不批判告子的「仁內」，但隨之而來卻衍生出另一問題：即「親親尊尊」宗法制度的倫理規範中，「父子、君臣」分別為仁、義的對象，這樣的對應關係卻會回到「仁內義外」的親尊傳統，而有異於孟子倡言的「仁義內在」。前者是宗法制度的倫理關係，後者則是道德根源；且非唯「仁義」意義不同，前者的「內外」意謂「適用於家族之內或之外」的「對象義」，後者則是「主體之內或外」的「根源義」。孟子雖標舉「仁義內在」之根源義，但七篇之中亦不乏以「父

那麼，你瞭解的「仁」不對。告子一定如此瞭解，因為他沒有超越那一層。他還是從情瞭解『仁』，沒有瞭解到理的層次上的那個『仁』。假如真正瞭解到了，他不會把仁、義錯開。」牟宗三主講，盧雪崑整理：《孟子演講錄（四）》，《鵝湖月刊》第30卷第3期，總號第351，頁7。

11 黃進興：「……『四端』並非形而上的抽象觀念，乃是具有經驗意義的『道德感』。」又說：「……從康德的觀點視之，朱陸二位仍不出孟子『道德情感說』的藩籬，因此皆為『道德它律』。」氏著：《優入聖域：權力、信仰與正當性》（臺北：允晨文化出版，1994年），頁12、15。

子君臣」論仁義的用例，對此一情形，又該如何解釋呢？

　　即便我們將孟子的「義內」扣緊於價值根源或判斷根據
而言，「義內」的語義仍未盡明確。「義內」當然意謂著道
德判準內在於我、不由外來；但在此之外，還關係著一個問
題：道德判斷是否仍有待客觀知識、制度規範之充實？若然，
我們還能說內在的道德意識，是道德行為的唯一根源嗎？這
豈不仍有「義外」之可能？孟子本人對此問題並無確解，但
七篇中確實存在不少以客觀禮制為判斷根據的記錄，後世朱
子（1130-1200）、陽明（1472-1528）遂有截然不同的觀點。
朱子以為客觀知識有助道德判斷，則內在之義當屬肝衡主客
觀各項因素後的最終判準。陽明以客觀規範乃良知之發用呈
現，則「內在之義」便不僅是判準，也是唯一根源。弔詭的
是，雙方竟分別以此二種態度，質疑相對立場為告子、為「義
外」。綜上所述，透過告子的對比，可發現對孟子言「義」，
可能存在著宗法制度下的適用對象、道德判準、道德根源這
三種義蘊，底下即依此論述之。

二、「仁內義外」在孟子思想中的痕跡

　　「仁內義外」是戰國時期的流行說法，除了告子之外，
《禮記・喪服四制》、《墨子》〈經下〉、〈經說下〉[12]、

12　《墨子・經下》：「仁義之為外也，字，說在仵顏。」《墨子・經下》：
　　「愛利不相為內外，所愛利亦不相為外內。其為仁內也、義外也。舉愛
　　與所利也，是狂舉也。」〔清〕孫詒讓撰，孫啓治點校：《墨子閒詁》
　　（北京：中華書局，2001年），頁331、391。

《管子‧戒》[13]、郭店楚簡〈六德〉、〈尊德義〉、〈語叢一〉等都有相關記載。其中除了《墨子》主張「仁義內在」[14]之外，餘皆傾向「仁內義外」，但《墨子‧經說下》的理由大抵是以愛利的能力在內，所愛所利的對象則在外，以「能所」分「內外」。由於《墨子》所載資料過於短少，如果是從「能力、對象」而言仁義「不相爲內外」的話，這與道德問題似乎並不相類。準此，孟子「仁義內在」在道德問題上具有特別的意義。然而，時賢卻也指出，「仁內義外」未必即屬道德發生的問題，而有可能指仁義施行範圍而言。[15]從此觀點而言，則仁義當分屬血緣情感與義務責任。

　　許慎《說文》釋「仁」曰：「親也。从人，从二。」此外，另指出仁有兩個「从千心」、「从尸」的古文。對後二文的字形結構與意義，學界雖見解不一，但其意義可說不外「親」的擴散；[16]故而以血緣親情釋「仁」，學界亦不乏持

13　《管子‧戒》：「仁從中出，義從外作。」黎翔鳳撰，梁運華整理：《管子校注（中）》（北京：中華書局，2004年），頁509。

14　孫詒讓謂：「言愛利心在於己，明其同在內。……言所愛所利在於人，明其同在外。」〔清〕孫詒讓撰，孫啓治點校：《墨子閒詁》，頁391。

15　例如龐樸以爲，「告子所持的仁內義外說，不是說仁出自內心，義起於外物，不是這樣的道德發生論的問題，只是敍說了仁義的施行範圍之別；這大概是可以肯定的。」龐樸：〈試析仁義內外之辨〉，《文史哲》，2006年第5期，頁29。

16　「从千心」者，丁佛言認爲「千心」其實是「從刃從心」，「古仁忍似爲一字。蓋不忍即仁。」馬敘倫則以爲「仁」是「親」的本字，以仁訓親是以假借字爲釋，而「千親皆清紐，而千從人得聲，亦可證也。」至於「从尸」者，葉玉森以爲仁夷古通假，卜辭假仁爲夷，其字形「象一小人在大人臂亦下。隱寓提攜扶持之意。乃仁之真諦。」馬敘倫則以爲「尸」只是「臥人」，故而從尸只是仁的異文。李圃主編，古文字詁林編纂委員會：《古文字詁林》（上海：上海教育出版社，1999年）第七冊，頁266-267。

論者。[17]儘管孔子有「己立立人、己達達人」之說，但從《論語・子路》〈父子相隱章〉可知，源自血緣的真實情感，仍是行為合宜與否的重要依據甚至優先考量。基於血緣親疏，宗法制度規定了人際間的權利義務，乃至組織社會關係；依此真實情感而行禮，禮乃不為虛文。《論語・八佾》所謂「人而不仁，如禮何？人而不仁，如樂何？」以及「喪，與其易也，寧戚。」都說明了禮制運作時，真實情感的重要性。而從《論語・顏淵》「克己復禮為仁」，以及非禮勿視、勿聽、勿言、勿動等規範，可知仁與禮的關係，不僅意味著血緣情感之發放有其合宜規範，而隨著「仁」對象的擴大，仁禮關係也進一步提升為類於「道德本心」與「行為表現」的內外體用格局，[18]這也就是所謂的「攝禮歸仁」、「攝義歸仁」。以真實血緣情感論仁、論行為合理性，雖不能說為孔子「仁」概念之全貌，但不可否認其重要性，此一特點基本上亦為孟子所承繼。

　　在諸種人倫關係之中，孟子時見以血緣倫理與「仁」連

---

17 例如龐樸便以仁、義分別代表「血緣關係」與「社會關係」：「《中庸》上說：『仁者人也，親親為大；義者宜也，尊賢為大。』……重視血緣關係的親親原則，譬如說愛吾弟不愛秦人之弟，帶有濃厚的保護與繁衍自我族群的自然色彩，其出現時間應該大大在前；而重視社會關係的尊尊原則，譬如說長楚人之長，已突破血緣臍帶的纏繞，具有更多的社會色彩，其出現時間應該靠後。」氏著：〈試析仁義內外之辨〉。《文史哲》，2006 年第 5 期（總期數第 206 期），頁 29。梁濤亦指出：「孔子所謂『仁』往往與『孝悌』等血緣情感聯繫在一起，是以『孝悌』為心理根據的。」氏著：《郭店竹簡與思孟學派》（北京：中國人民大學出版社，2008 年），頁 70。

18 朱子便於「克己復禮」章釋「仁」為「本心之全德」，而釋「禮」為「天理之節文」。〔宋〕朱熹：《四書章句集注》，頁 182。

結，而且不乏仁、義並舉的情形。例如《盡心・上15》：「親親，仁也；敬長，義也。」《離婁・上27》「仁之實，事親是也；義之實，從兄是也。智之實，知斯二者弗去是也；禮之實，節文斯二者是也。」孟子以「親親」、「敬長」（或「從兄」）做為「仁義」的定義或區分，可以說緣自宗族倫理，而依血緣所發的「親親」、「敬長」（或敬兄）之情，確實發自於內。但親親、敬兄其實都同指一種愛親之情，兩者定義有重疊之嫌，金景芳便指出仁、義概念源自「愛親」的同質性，由孝發展為「親親」，由弟發展為「尊尊」。[19]從孟子《離婁・上27》中「事親、從兄」的例證，「仁義」皆與血緣親情有關，如將愛親、敬長或事親、從兄收攝於「孝弟為仁之本」，則這種愛親之仁，與告子所謂「吾弟則愛之，秦人之弟則不愛也，是以我為悅者也，故謂之內。」（《告子・上4》）也很難說為絕對的不同，這可能是孟子對告子「仁內」不加批判的原因。

　　事親、從兄之外，孟子亦將「仁義」分別對應於父子、君臣，例如《梁惠王上・1》：「未有仁而遺其親者也，未有義而後其君者也。」《盡心・下24》也說：「仁之於父子也，義之於君臣也，禮之於賓主也，智之於賢者也，聖人之於天道也。」以及《滕文公・上4》：「父子有親，君臣有義，夫婦有別，長幼有序，朋友有信。」以父子、君臣分別為仁、

19　金景芳曰：「……由總的說，孝弟為仁之本，即仁裏包括著孝和弟。但是，如由孝弟細分，則孝以事親，為仁；弟以從兄，為義。即由孝發展為『親親』，由弟發展為『尊尊』。」氏著：〈論孔子思想〉，《金景芳儒學論集（下）》（成都：四川大學出版社，2010年），頁509。

義的行為代表，意味著「仁」是宗族門內之事，而「義」則屬政治範疇，已不限於門內。這也就是郭店楚簡〈六德〉所謂：「仁，內也。義，外也。禮樂，共也。內立父、子、夫也，外立君、臣、婦也。……門內之治恩掩義，門外之治義斬恩。」[20]類似的話也見於《禮記・喪服四制》「門內之治恩揜義，門外之治義斷恩。」[21]依照血緣情感與義務責任，宗族內外事務遂有不同的處理方式，學者指出，處理家族倫理和社會倫理的「仁內義外」原則，這是孟子所認同的。[22]而「仁內義外」的論點除了處理門內門外關係之外，也可能涉及道德根據的問題，由於告子把善理解在性之外，故遭到孟子的批判。[23]在仁義的對象問題，孟子認同門內門外的處理原則；在仁義的根據問題，則反對義外之說。兩相綜合，孟子不批判告子「仁內」，便可能是基於對血緣情感為道德起

---

20 李零：《郭店楚簡校讀記（增訂本）》（北京：中國人民大學出版社，2007 年），頁 171。按，李零以為六德原出六位，故該書易〈六德〉之名為〈六位〉。
21 〔漢〕鄭玄注，〔唐〕孔穎達疏：《禮記正義》（十三經注疏）（北京：北京大學出版社，2000 年），頁 1952。
22 李景林指出：「……《六德》所謂『仁內』的『仁』，指的就是『愛』、『恩』、『親親』的血緣親情；『義外』的『義』，指的就是『尊尊』、『貴貴』的社會義務，其內涵與孟子所論人性本原意義上的『仁義』是不同的。處理家族倫理與社會倫理，其治法不同，這個不同，用當時流行的觀念說，就叫作『仁內義外』。」又說：「由此看來，在處理家族倫理和社會倫理這種『內』和『外』的方法和原則這一層面上，《六德》篇所謂的『仁內義外說』，孟子是完全認同的。」氏著：〈倫理原則與心性本體－儒家『仁內義外』與『仁義內在』說的內在一致性〉，《中國哲學史》2006 年第 4 期，頁 29、30。
23 王博：「因此，告子的『仁內義外』之說所包含的一個重要內容，是把善理解為性之外的東西。這無疑和孟子的性善論相反，也是孟子不遺餘力批評告子的主要原因。」氏著：〈論「仁內義外」〉，《中國哲學史》2004 年第 2 期，頁 33。

點的認同。

　　從父子、君臣所代表的適用對象，保留的是門內門外仁內義外的思想格局；由於事親、敬兄，源自血緣的宗族情感總是真實、由內而發，從這個基準點而言，可以得到仁義內在、由內而發的結論。然而，孟子並不將「仁義」侷限在宗族之間，更要求「以其不忍達之於其忍」、「以其所愛及其所不愛」，甚至施用於畜牲。[24]愛的對象普及、擴張後，「仁」就不僅於親親或事親，而稱爲惻隱之心、不忍人之心，也成爲社會關係、公共倫理的道德根本。仁之於父子，孟子名之爲「性」；對象更加擴大、更加普遍的仁，孟子也謂之「性」：「君子所性，仁義禮智根於心。其生色也，睟然見於面，盎於背，施於四體，四體不言而喻。」（《盡心・上 21》）儘管對象擴大、普遍，但仁義的能力畢竟來自於血緣親情的推及擴張，故而對禮的依違取捨，在孟子論述中保有明顯的宗族倫理傾向。準此，從《盡心・上 35》中，面對「瞽瞍殺人」[25]問題，孟子答以「竊負而逃」，可知這正是「恩」重於「理」的具體表現，這才能說明了何以孟子默許告子「吾弟則愛之，秦人之弟則不愛」式的「仁內」。[26]

24　《梁惠王・上 7》載齊宣王見牛將以釁鐘，命之以羊易牛，孟子謂「臣固知王之不忍也」，又謂「是乃仁術也」，此即不忍之心、即仁術也。

25　《盡心・上 35》：「桃應問曰：『舜爲天子，皋陶爲士，瞽瞍殺人，則如之何？』孟子曰：『執之而已矣。』『然則舜不禁與？』曰：『夫舜惡得而禁之？夫有所受之也。』『然則舜如之何？』曰：『舜視棄天下，猶棄敝蹝也。竊負而逃，遵海濱而處，終身訢然，樂而忘天下。』」

26　普世原則遇到血緣親情仍須有所退讓，傅偉勳曾批評之爲以「公正倫理」爲「仁愛倫理」之延伸推廣，導致「仁愛倫理」與「公正倫理」混同不分：「但對傳統儒家來說，『公正』、『平等』云者，乃不外是自具體人格的仁愛倫理延伸推廣而成；仁愛倫理與公正倫理的混同不分，實構

三、孟子論禮的態度衍生「義內」兩種型態

　　如前所述，從「適用對象」而言，孟子仍不免帶有「義外」的痕跡；從「道德根據」來講，孟子則必言「義內」。從適用對象來說，「義外」突出的是面對宗族之外的社會關係時，「義斷恩」（客觀規範重於血緣親情）的處理原則，並不意味「義僅適用於外」。因此，郭店楚簡〈六德〉便指出，仁主門內之治，義主門外之治，禮樂通於門內門外兩種對象。禮樂是門內門外的共同法則，只不過在遵行的權衡輕重時，門內更考量了血緣親情。承此傳統，禮樂制度有其客觀地位，孟子也表現了對禮制的尊重，但卻主張人可以主觀道德意志對禮依違取捨，這使外在的禮制之義，次於內在之義成為第二序，甚至被內化為由道德意志所發用，故而「義內」在後世也衍生出不同理解。

　　自孔子以來，「仁」、「禮」便分別代表道德內、外的規範，孔子雖說「人而不仁，如禮何？人而不仁，如樂何？」（《論語・八佾》）但這基本代表儒家反對「言不由衷」、「內外不一」的道德虛文，並不表示孔子只承認道德自覺律，否則便不會言「克己復禮為仁」（《論語・顏淵》）以及「恭而無禮則勞，慎而無禮則葸，勇而無禮則亂，直而無禮則絞。」（《論語・泰伯》）之語。而《禮記・曲禮》也就不會有「道

成了儒家外王之道的根本癥結，可以說是儒家倫理現代化的一大絆腳石。」氏著：〈儒家倫理（學）的現代化重建課題〉，《從創造的詮釋學到大乘佛學》（臺北：東大圖書公司，1990 年），頁 78。

德仁義，非禮不成」之語。此外，《禮記‧曲禮》言：「夫
唯禽獸無禮，故父子聚麀。是故聖人作為禮以教人，使人以
有禮，知自別於禽獸。」以有禮以別於禽獸，楊墨無父無君，
如同禽獸無禮，這可能是孟子於《滕文公下‧九》指責楊墨
「無父無君，是禽獸也」的原因。孟子對禮制的重視，從《孟
子》文本中時見以禮為行為依歸，可見一斑。如《滕文公‧
下 7》所載：

> 公孫丑問曰：「不見諸侯何義？」
>
> 孟子曰：「古者不為臣不見。段干木踰垣而辟之，泄
> 柳閉門而不內，是皆已甚。迫，斯可以見矣。陽貨欲
> 見孔子而惡無禮，大夫有賜於士，不得受於其家，則
> 往拜其門。陽貨瞯孔子之亡也，而饋孔子蒸豚；孔子
> 亦瞯其亡也，而往拜之。當是時，陽貨先，豈得不見？」

孟子為了證明自己「不見諸侯」有其正當性，故引「古者不
為臣不見」為據，並以「陽貨欲見孔子而惡無禮，大夫有賜
於士，不得受於其家，則往拜其門。」為可尋案例。關於陽
貨饋孔子一事，焦循《孟子正義》引毛奇齡《四書賸言》曰：
「大夫有賜於士，不得受於其家，則往拜其門，此大夫禮也，
乃引之以稱陽貨。」又引全祖望《經史問答》曰：

> 嘗考《小戴記‧王藻篇》有云：『大夫親賜於士，士
> 拜受，又拜於其室。敵者不在，拜於其室。』則是大
> 夫有賜，無問在與不在，皆當往拜。若不得受而往拜
> 者，是乃敵禮之降禮。陽虎若以大夫之禮來，尚何事
> 瞯亡？正惟以敵者之故，不得不出此苦心之曲意，而
> 乃謂其所行者為大夫之故事，則不惟誣孔子，亦並冤

陽貨也。或曰：然則孟子非與？曰：《孟子》七篇，
所引《尚書》《論語》及諸禮，文互異者十之八九。
古人援引文字，不必屑屑章句，而孔子為甚。[27]

焦循《孟子正義》以為孟子對於孔子往拜見陽貨係因為「大
夫有賜於士，不得受於其家，則往拜其門」的引述有誤。根
據《禮記·玉藻》「大夫親賜士，士拜受，又拜於其室。」
以及「敵者不在，拜於其室。」如果陽貨與孔子的身份乃是
大士與士的上對下關係，則孔子除了拜受之外，第二天還得
到大夫家中再次拜謝，那麼陽貨瞰孔子之亡而饋蒸豚便沒有
必要。要避免見面的尷尬，雙方各瞰其亡而往拜，只有在「敵
者」（對等）身份的情形下才說得通。故而焦循以為孟子引
文有誤。但無論陽貨見孔子是以大夫對士之禮或以敵者（身
份相等）之禮，孟子引用此事，至少表明往來應對必須依禮
而行。

　　禮制決定了社會身份的權利義務，孟子的行為，當然也
在禮制的規範之下；為了辨明身份以明定權責，禮的精神在
於「正名」，《孟子》便有不少有關禮的討論。例如《萬章·
下6》便載有孟子與萬章關於行為合乎禮制與否的討論：

　　萬章曰：「士之不託諸侯，何也？」
　　孟子曰：「不敢也。諸侯失國，而後託於諸侯，禮也；
　　士之託於諸侯，非禮也。」
　　萬章曰：「君餽之粟，則受之乎？」
　　曰：「受之。」

27　〔清〕焦循撰，沈文倬點校：焦循《孟子正義》（北京：中華書局，1987
　　年），頁447。

「受之何義也？」

曰：「君之於氓也，固周之。」

曰：「周之則受，賜之則不受，何也？」

曰：「不敢也。」

曰：「敢問其不敢何也？」

曰：「抱關擊柝者，皆有常職以食於上。無常職而賜
於上者，以為不恭也。」

這裏討論了「託」、「周」、「受」幾個概念，士人不仕不
能食其祿，故謂「士之不託諸侯」。君對於民，當濟其窮乏，
但此餽贈僅能稱「周」而非「賜」，以其不任職事，不可空
賜也。

又如《萬章・下 7》所載：

萬章曰：「敢問不見諸侯，何義也？」

孟子曰：「在國曰市井之臣，在野曰草莽之臣，皆謂
庶人。庶人不傳質為臣，不敢見於諸侯，禮也。」

庶眾之人，未得為臣，不敢往見諸侯。不見諸侯之所以為
「義」，是因為合於「禮」之故。換言之，行為正當性的根
源來自於禮，這種「義」當然是來之於外，是「義外」也。

綜上所述，禮制名份對於社會規範的重要，這是孟子所
肯定的。但在行為適禮與否的認定上，卻更增加許多詮釋空
間及彈性原則，而不一味墨守。例如《公孫丑・下 3》所載：

陳臻問曰：「前日於齊，王餽兼金一百而不受；於宋，
餽七十鎰而受；於薛，餽五十鎰而受。前日之不受是，
則今日之受非也；今日之受是，則前日之不受非也。
夫子必居一於此矣。」

> 孟子曰：「皆是也。當在宋也，予將有遠行。行者必
> 以贐，辭曰：『餽贐。』予何為不受？當在薛也，予
> 有戒心。辭曰：『聞戒。』故為兵餽之，予何為不受？
> 若於齊，則未有處也。無處而餽之，是貨之也。焉有
> 君子而可以貨取乎？」

宋王、薛王、齊王分別嘗餽金於孟子，孟子受宋、薛二王之
金而不受齊王之金。這三次事件中，國君主動贈金的行為並
無不同，孟子遊歷學人的身份亦未改變，故而弟子陳臻疑其
前後標準不一。孟子答曰受前二者的原因是「有遠行」及「有
戒心」，不受後者則是「未有處」。趙岐注曰「於義未有所
處也」，朱子則注曰「無遠行戒心之事，是未有所處也。」
亦即是說，由於受方欠缺先前遠行、戒心的需求，所以此次
贈金事件不合乎義。但由於孟子自曰此次「不受」乃是「適
於義」，那麼所謂「於義未有所處」便指贈方齊王而言，故
而孟子隨即斥其「貨之」。趙岐並認為「此章指言取與之道，
必得其禮，於其可也，雖少不辭，義之無處，兼金不顧。」[28]
其實此章論取、與之間的可與不可，雖然也引用了禮制，但
關鍵仍在需求有無的主觀認定，這說明孟子在行禮過程中的
主觀詮釋地位。《告子・下 1》論禮與食色的輕重關係，孟
子論曰：「取食之重者，與禮之輕者而比之，奚翅食重？取
色之重者，與禮之輕者而比之，奚翅色重？」[29]對此，無論

---

28 〔漢〕趙岐注，〔宋〕孫奭疏：《孟子注疏》，頁129。
29 「以禮食，則飢而死；不以禮食，則得食，必以禮乎？親迎，則不得妻；
　　不親迎，則得妻，必親迎乎？」是禮有輕於食色者。反之，「紾兄之臂
　　而奪之食，則得食；不紾則不得食，則將紾之乎？踰東家牆而摟其處子，
　　則得妻；不摟，則不得妻，則將摟之乎？」則是禮有重於食色者。

孫奭《孟子正義》或朱熹《孟子集注》都指出此章主旨在於
權衡輕重，視乎理之所在。[30]這些例子都在客觀禮制之上，
突出了個人主觀判斷的決定地位。

　　客觀規範是外在的、既定的，視情況加以彈性選擇取捨，
則賴內在主觀意志之權衡，這是孟子所謂的「義內」。[31]但
如果情形並不需要我彈性權變，我只需遵守客觀禮制，這算
義內還是義外呢？即便訴諸內心權衡裁量，但如欠缺相關知
識，又如何判斷？前述大士饋贈、君臣之間的「託」、「周」、
「受」，這些細緻的規範如不經由經驗學習，豈能由內而發？
既然需要透過學習，又怎能算是義內呢？朱子在《語類》卷
59 便指出了這個問題：

> 如先酌鄉人與敬弟之類，若不問人，怎生得知？今固
> 有人素知敬父兄，而不知鄉人之在所當先者；亦有人
> 平日知弟之為卑，而不知其為尸之時，乃祖宗神靈之
> 所依，不可不敬者。若不因講問商量，何緣會自從裡
> 面發出？[32]

朱子說明了「先敬鄉人」、「敬尸」這些緣自禮制的規範，
若不經由「問人」或「講問商量」，不可能生而知之。既然

30　孫奭《正義》謂：「此章指言臨事量宜，權其輕重，以禮為先，食、色
　　為後，若有偏殊，從其大者。」〔漢〕趙岐注，〔宋〕孫奭疏：《孟子
　　注疏》，頁 376。朱子亦謂：「此章言義理事物，其輕重固有大分，然
　　於其中，又各自有輕重之別。聖賢於此，錯綜斟綜，毫髮不差，固不肯
　　枉尺而直尋，亦未嘗膠柱而調瑟，所以斷之，一視於理之當然而已矣。」
　　〔宋〕朱熹：《四書章句集注》，頁 474。
31　這一點如牟宗三所言：「……客觀外物上又豈有一義擺在那裏耶？如義
　　是外，何待主觀之裁決乎？」氏著：《圓善論》，頁 17。
32　《朱子語類》卷 59，《朱子全書》第十六冊，頁 1879。

禮制需要經驗學習乃得，內在之義便只能是「最終判準」而非「唯一根源」。在道德判斷過程中，客觀知識既有其獨立地位，就不能說義爲全然內在；客觀知識還包含了禮樂名物，未必直接關係著道德，則義在「是非」之外，另外還有「真假」之義。朱子說：「若長人，則是誠敬之心發自於中，推誠而敬之，所以謂內也。」[33]朱子又說：「蓋物之宜雖在外，而所以處之使得其宜者，則在內也。」[34]物之宜在外，處物得宜的能力則爲內在。但客觀知識的獲得，是否有助於「誠敬之心」的道德判斷？或者「誠敬之心」可以獨立於客觀知識自行判斷呢？或者客觀知識其實也是出自「誠敬之心」的流露所現呢？朱子同意的顯然是前者，「處物使得宜者」仍須配合客觀實然的知識；敬長之情、處物得宜的能力是內在的，但所敬先後、得宜與否的依據，仍有外在的禮制或客觀知識作爲準繩。客觀知識既有外在獨立地位，這種「義內」型態，其「內在之義」其實不是「義」的全部，因爲禮制或客觀知識仍在外，只是有待內在之義判準之。

　　對於客觀知識是否有獨立地位，這種問題也同樣出現在顧東橋對王陽明的質疑中：

　　　且於古今事變，禮樂名物，未嘗考識，使國家欲興明堂，建辟雍，制歷律，草封禪，又將何所致其用乎？……若夫禮樂名物，古今事變，亦必待學而後有以驗其行事之實。此則可謂定論矣。[35]

33　《朱子語類》卷59，《朱子全書》第十六冊，頁1879。
34　《朱子語類》卷51，《朱子全書》第十五冊，頁1682。
35　〔明〕王守仁撰，吳光、錢明、董平、姚延福編校：《王陽明全集》（上海：世紀出版集團、上海古籍出版社，2006年），頁52。

對於這個問題，陽明的態度其實頗爲游移，他的態度之一是：客觀知識不能做準，良知才能做準，所謂：「夫良知之於節目時變，猶規矩尺度之於方圓長短也。」[36]另一態度則是：良知所發，自然會合乎客觀道理，例如徐愛曾問：「如事父一事，其間溫凊定省之類有許多節目，不亦須講求否？」陽明答曰：「此心若無人欲，純是天理，是個誠於孝親的心，冬時自然思量父母的寒，便自要去求個溫的道理；夏時自然思量父母的熱，便自要去求個凊的道理。這都是那誠孝的心發出來的條件。却是須有這誠孝的心，然後有這條件發出來。」[37]《傳習錄》又載陽明曰：

> 周公制禮作樂以示天下，皆聖人所能爲，堯、舜何不盡爲之而待於周公？孔子刪述《六經》以詔萬世，亦聖人所能爲，周公何不先爲之而有待於孔子？是知聖人遇此時，方有此事。只怕鏡不明，不怕物來不能照。講求事變，亦是照時事，然學者卻須先有個明的工夫。學者惟患此心之未能明，不患事變之不能盡。[38]

按照陽明的說法，良知不僅是隨機應事、權衡規矩，更甚至是制定規矩。依此說，有良知便有合矩的行爲，客觀規範乃良知之發用呈現，則「內在之義」不僅是判準，也是唯一根源。這可以說是「義內」最徹底的型態。

---

36 同前註，頁 50。

37 同前註，頁 3。

38 同前註，頁 12。

四、朱子、陽明對告子「義外」理解的歷史分化

　　孟子主張行為當以「禮」為經[39]、為原則，但複雜的社會行為與禮制規定未必為單一的對應關係；禮儀雖有條文可循，但禮儀條文一旦涉及先後輕重的問題，卻未必有明文可據。關於這個問題，孟子提出的解決方法是「行權」：「男女授受不親，禮也；嫂溺援之以手者，權也。」（《離婁・上 17》）但「權」或「義」的判斷標準何在，孟子卻又未能明確界說，這使得孟子「義內」未免有自由心證的危險。[40]為避免這個危險，孟子只能交由「養氣」的修養工夫以期「由仁義行」能得到保證。但如此一來問題更大，因為「養氣」究竟要養到什麼地步才算成功？我又如何證明我的修養是成功的？又如何證明我的「集義」必然合於義而無誤？對此一問題的質疑，朱子乃有「窮理致知」的理解，甚至以陸象山（1139-1193）心即理之為告子者流。但弔詭的是，心學學者則以朱子為告子一派，雙方互目之以告子。

　　朱子對「義外」的理解，依《朱子語類》之說：「告子

---

39 生活行為當有常軌可循，孟子謂之「反經」，《盡心・下 37》曰：「君子反經而已矣。經正，則庶民興；庶民興，斯無邪慝矣。」

40 此問題如楊澤波所言：「孟子對於『行權』的標準缺乏一個明確的說明，只是說『惟義所在』，而這個　『義』是在內心的，無法用語言清楚表明，結果往往給人一種縹緲玄虛、難以把握的印象。也正是由於這個原因，孟子強調唯聖賢才可行權，這雖然對於防止『借權以自飾』（朱熹語）有一定積極意義，但總的看並不利於人們把經權學說運用到具體生活當中去。」氏著：《孟子評傳》（南京：南京大學出版社，2000 年），頁 217。

只就心上理會，堅持其心，言與氣皆不理會。」[41]以及：「告子是不認義理而不動心，告子惟恐動他心。」[42]可以說，朱子把「義外」理解為「把『義』拒之於外」。朱子又說：「……告子只是硬做去，更不問言之是非，便錯說了，也不省。……他只不問是非，信口說出，定要硬把得心定。『不得於言』，謂言之失也；『勿求於心』，謂言之失非干心事也。此其學所以與孟子異。故孟子章末云：『我故曰：「告子未嘗知義，以其外之也。」』」[43]又說：「『不得於言，勿求於心』，是心與言不相干。『不得於心，勿求於氣』，是心與氣不相貫。此告子說也。告子只去守個心得定，都不管外面事。外面是亦得，不是亦得。」[44]這簡直把告子的「不動心」理解為不管他人評價、一味蠻幹。但如果告子真的無視於外界毀譽，[45]這其實不正表現了價值根源的絕對內在？不正是「義內」嗎？這樣的理解，豈不很可怪？

但這正突顯出朱子對「道德根源絕對內在」類似說法的不安。依他看來，告子「只去守個心得定，都不管外面事。外面是亦得，不是亦得。」堅持其心，是其所是，這很可能

41　《朱子語類》卷 52，《朱子全書》第十五冊，頁 1701。
42　同前註，頁 1699。
43　同前註，頁 1701。
44　同前註，頁 1702。
45　這正是王畿〈與陽和張子問答〉所謂：「夫鄉黨自好，與賢者所為，分明是兩條路徑。賢者自信本心，是是非非一毫不從人轉換；鄉黨自好即鄉愿也，不能自信，未免以毀譽為是非，始有違心之行、狥俗之情。」吳震編校整理：《王畿集》（南京：鳳凰出版社，2007 年）卷五，頁 127。師友輿論皆不足為義理是非的最終衡斷標準，而以自心為依歸。但如何判斷自心所證所悟必然為是？

導致視外在規範、是非論斷爲無物。這種態度，朱子以爲正好就是陸象山這一派：

> 「告子于此不達，則不復反求其理於心。嘗見陸子靜說這一段，大段稱告子所見高。告子固是高，亦是陸子之學與告子相似，故主張他。然陸氏之學更鶻突似告子。」至云：「陸氏之學不甚教人讀書看文字，與告子相似否？」先生曰：「便是。」[46]

又說：

> 陸子靜卻說告子只靠外面語言，更不去管內面。以某看，告子只是守著內面，更不管外面。[47]

孟子評告子「義外」，從敬長兄、敬鄉人之辨中，當然不是「把義拒之於外」的意思，但朱子的確也指出一個很重要的問題：如果確能體會良知本心的話，「自信本心」固然無誤；但焉知我體會者必爲良知？又如何保證我以爲的「義」必然爲是？這時外在規範便顯其重要性。可見得，依朱子思路，「外在規範」也是「義」的合理來源之一，不能拒之於外，而須「內之」以規範吾人。而朱子理解的「義外」是「守著內面，更不管外面」，其實是「把義拒之於外」的意思，這與孟子談仁義根源便有很大的差異。

朱子所質疑的「只守著內面，更不管外面」之說，確實類同於王陽明的弟子王龍溪（1498-1583）所謂的「自信本心」：

> 夫鄉黨自好，與賢者所為，分明是兩條路徑。賢者自

---

46 《朱子語類》卷52，《朱子全書》第十五冊，頁1703。
47 同前註，頁1702。

> 信本心，是是非非一毫不從人轉換。鄉黨自好即鄉願
> 也，不能自信，未免以毀譽為是非，始有違心之行、
> 徇俗之情。[48]

朱子從「規範義」把陸象山視同告子之流，以陽明心學為象
山「心即理」的思想發展，向為一般共識，那麼朱子對陸象
山的批評，理當亦適用於陽明、龍溪。歷史的發展耐人尋味，
相對的，陽明從「根源義」卻也把朱子視為告子一派：

> 夫物理不外於吾心，外吾心而求物理，無物理矣；遺
> 物理而求吾心，吾心又何物邪？心之體，性也；性即
> 理也。故有孝親之心，即有孝之理，無孝親之心，即
> 無孝之理矣。有忠君之心，即有忠之理，無忠君之心，
> 即無忠之理矣。理豈外於吾心邪？晦庵謂：「人之所
> 以為學者，心與理而已。」心雖主乎一身，而實管乎
> 天下之理，理雖散在萬事，而實不外乎一人之心。是
> 其一分一合之間，而未免已啟學者心、理為二之弊。
> 此後世所以有專求本心，遂遺物理之患，正由不知心
> 即理耳。夫外心以求物理，是以有暗而不達之處；此
> 告子「義外」之說，孟子所以謂之不知義也。[49]

又說：

> 朱子所謂「格物」云者，在即物而窮其理也。即物窮
> 理，是就事事物物上求其所謂定理者也。是以吾心而
> 求理於事事物物之中，析「心」與「理」而為二矣。……

---

48 吳震編校整理：《王畿集》，頁 127。
49 〔明〕王守仁撰，吳光、錢明、董平、姚延福編校：《王陽明全集》，
　　頁 42-43。

　　夫析心與理而為二，此告子「義外」之說，孟子之所
　　深闢也。[50]

依陽明，良知乃道德內在根源，良知發用於何事物，自然思
得該事物之理，這是所謂的「義內」。黃宗羲在《明儒學案·
姚江學案》中肯定陽明良知教乃孟子真傳，而「告子之外義，
豈滅義不顧乎！亦於事物之間，求其義而合之，正如世儒所
謂窮理也」之語，除了暗指朱子窮理之說為告子之流，「豈
滅義不顧乎」也說明黃宗羲其實也肯定確有定之於外的客觀
規範，只不過告子所昧之處乃是內在的「道德根源」；所以告
子的道德判斷，只是被動地「求其義而合之」。[51]

　　　再從告子「不動心」來看，朱、陸、王的理解亦頗見歧
異。《傳習錄》載陽明答覆尚謙問孟子之「不動心」與告子
相異處曰：「告子是硬把捉著此心，要他不動；孟子欲是集
義到自然不動。」又曰：「心之本體原自不動。心之本體即
是性，性即是理，性元不動，理元不動。集義是復其心之本
體。」[52]以及：「心之本體原是不動的，只為所行有不合義，
便動了。孟子不論心之動與不動，只是集義，所行無不是義，
此心自然無可動處。若告子只要此心不動，便是把捉此心，

50　同前註，頁 44-45。
51　黃宗羲謂：「致良知於事物，事物皆得其理，非所謂『人能弘道』乎！
　　若理在事物，則是道能弘人矣。告子之外義，豈滅義不顧乎！亦於事物
　　之間，求其義而合之，正如世儒所謂窮理也，孟子胡以不許之，而四端
　　必歸之心哉！嗟乎！糠粃眯目，四方易位，而後先生可疑也。」氏著：
　　《明儒學案》卷 10，沈善洪主編：《黃宗羲全集》（浙江：浙江古籍出
　　版社，2005 年）第七冊，頁 202。
52　〔明〕王守仁撰，吳光、錢明、董平、姚延福編校：《王陽明全集》，
　　頁 24。

將他生生不息之根反阻撓了。」[53]陽明所謂「硬把捉著此心」
一語，在陸象山的話語中可找到根源：

> 告子之意：「不得於言，勿求於心」，是外面硬把捉的。

> 要之亦是孔門別派，將來也會成，只是終不自然。[54]

依陸象山的說法，告子也屬孔門，不過其工夫「不自然」。
非自然而然者，也就意味著「集義」不是出自內在本心的涵
養，而來自於外在模寫。[55]揆諸象山、陽明之意，告子「硬
把捉」大概意指以外在規範克制吾心。對此，黃俊傑嘗區分
孟、告二人「不動心」在於孟子所循乃「主客交融」的途徑，
而告子則是「主客析離」的道路。[56]以主客析離或交融來解
釋區分孟、告的「不動心」，也許是受到陽明「夫析心與理
而為二，此告子『義外』之說」的影響。[57]然而，巧合的是，
非但陽明有「硬把捉此心」的說法，朱子也以「硬做去」、
「硬把定」等話頭形容告子，從朱子的角度來看，告子的問

---

53 同前註，頁 107。
54 〔宋〕陸九淵著，鍾哲點校：《陸九淵集》（北京：中華書局，2008 年）
　　卷三十五，頁 445。
55 〈與胡達材〉：「若的實自息妄見，良心善性，乃達材固有，何須他人
　　模寫，但養之不害可也。」〔宋〕陸九淵著，鍾哲點校：《陸九淵集》，
　　頁 56。
56 黃俊傑謂：「但孟賁這種人的不動心境界，基本上只是把客觀世界當作
　　一個客體，而沒有把客觀世界與人的實踐活動連繫起來瞭解，孟賁等人
　　的不動心，走的是『主客析離』的道路；但孟子的不動心，所走的是『主
　　客交融』的道路，把外在世界視為一個內外交輝的意義結構，這個意義
　　結構必須通過過人的實踐歷程才能被正確地掌握，在孟子系統中，血氣
　　之勇已轉化為道德之勇，所以物我一貫，內外交輝。」氏著：《孟學思
　　想史論（卷一）》（臺北：東大圖書公司，1991 年）同前註，頁 346。
57 黃俊傑認為：「王陽明釋孟子與告子之不動心，最能探驪得珠。」同前
　　註，頁 361。故猜測其「主客交融」、「主客析離」的理解，或來自陽
　　明之說。

題就不一定是「主客析離」，而是在於「不管外面是非」。依朱子，「硬把得心定」、「硬做去」的意思是說，無視外在的是非規範，只把定主觀意志：「……告子只是硬做去，更不問言之是非，便錯說了，也不省。……他只不問是非，信口說出，定要硬把得心定。」對比朱、陸、王等人「硬把捉」的說法，朱子與陸王兩種態度的差異仍在是否將外界規範視為「不動心」的因素。若只守本心，「都不管外面事」（朱子語），便有朱子所謂「只是守著內面，更不管外面」之弊。反之，若依外在規範以求制心不動，則有象山「是外面硬把捉的」之弊；陽明「心之本體原自不動。……集義是復其心之本體。」亦暗示「集義」自然能復吾人不動之心體，未能集義而求不動心，只能「硬把捉著此心」。

　　綜上所述，朱子承認外在規範的重要性，以內化、範圍我的行為，這不啻肯定外在規範亦為「義」的根源之一。相對的，陸、王則不以外在規範為「義」的根源，而僅以主觀的裁量、判斷是非的能力做為「義」的根源。由於孟子既主張義內，又引用禮制以為行為合宜之依據；故而朱子、陸王這兩種「義外」的理解乃是源自對「義內」理解的差異。絕對的義內必然走向王學系統，可以說王學是「義內」的極致型態。

五、結　論

　　由以上討論可知，學術史上對於告子，無論是「仁內」或「義外」，其概念都有欠明晰。對告子理解的差異，同樣

反映在對孟子的詮釋上。從親親、尊尊秩序而言，「仁」是宗族門內的血親之愛，「義」則涉及了宗族門外的社會關係或政治關係；從倫理對象與關係而言，可以說「仁內義外」。從孟子以父子、君臣論仁義的用法而言，可以說猶有宗法親尊的痕跡，故而孟子的義部分保有社會關係的意義。相對於社會關係，則是家族倫理；「仁」適用於家族倫理，而「義」適用於社會事務，孟子亦不能否認宗族意義的「仁內義外」。

但孟子辨仁義內外的重點並不在「適用對象」，而在「道德根據」，這是孟子言義更深一層的意蘊。孟子以內在之義做為道德根據，但在行為裁量時，亦不能否認禮制的權威性，則禮制確實也是行為合理的根據之一。從孟子肯定禮制權威而言，可以說孟子也承認有某種程度的「外在之義」。但孟子又主張對禮制的依違，可以主觀道德意志加以彈性取捨，這似乎便意味著道德行為有主客觀依據，但主觀道德意志才是最終判準。但反過來說，主觀道德意志要做出如理的判準，是否仍需對客觀制度或經驗知識有一定的學習認識？或者主觀道德意志即可如珠走盤，隨方就圓？孟子對此並無確解，這遂產生了朱子、象山陽明二種義內型態。

對象山陽明、朱子而言，這二種義內型態，恰好是對方所指責的義外。對朱子而言，將客觀規範置之於外，是義外；對象山陽明而言，以客觀規範為道德根據，也是義外。從孟子對禮制取捨依違的情形來看，確實表現了某種主觀意志的優越性，但客觀禮制是否源自良知所發？如果不是，而是吾人後天經驗學習所得，則孟子義內傾向的便是判準、裁量事理的意義。但這便留下了部分義外的空間。牟宗三嘗以「動

力因」、「材質因」說明道德行爲中，知識雖需經由後天學習，但乃是副屬的。[58]這似乎合理交代了經驗知識雖有其必要性，但在道德行爲中卻非首要地位，亦即道德實踐中，仍需配合經驗知識，但這是助緣之功，並不是最關鍵因素。[59]〈答顧東橋書〉中「夫良知之于節目時變，猶規矩尺度之於方圓長短也。節目時變之不可預定，猶方圓長短之不可勝窮也。」[60]可以說是具代表性的說明，這表達了良知才是道德主因、

58　牟宗三說：「如是，這顯然顯出良知是實現孝行底"形式因"與"動力因"，只此還不夠，還需有一"材質因"，即經驗的知識。……而此是副屬的。」氏著：《現象與物自身》（臺北：臺灣學生書局，1982 年），頁 441。又說：「然在「致」字上，亦復當有知識所知之事物律以實現此行爲。吾人可曰：意志律是此行爲之形式因，事物律則是其材質因。……是以在致字上，吾人可攝進知識而融於致良知之教義中。要致良知，此『致』字迫使吾人吸收知識。」氏著：《從陸象山劉蕺山》（臺北：臺灣學生書局，1990 年），頁 250-251。

59　「心外無理」引發門人最多的質疑是，欠缺經驗知識配合的情形下，單憑良知的形式或動力，是否能成就道德行爲？而經驗知識又是否客觀外存？若然，怎能成立「心外無理」？類似問題，《傳習錄》載徐愛、鄭朝朔、顧東橋、陸澄、黃以文等人皆曾問之。陽明回答不算切題，例如鄭朝朔問：「且如事親，如何而爲溫凊之節，如何而奉養之宜，須求個是當，方是至善，所以有學問思辯之功。」陽明回答：「若只是溫凊之節、奉養之宜，可一日二日講之而盡，用得甚學問思辯？惟於溫凊時，也只要此心純乎天理之極；奉養時，也只要此心純乎天理之極。……若只是那此儀節求得是當，便謂至善，即如今扮戲子，扮得許多溫凊奉養的儀節是當，亦可謂之至善矣。」〔明〕王守仁撰，吳光、錢明、董平、姚延福編校：《王陽明全集》，頁 3。基本上，陽明旨在強調良知的重要性、絕對性。至於道德行爲是否需要客觀知識配合，陽明語意似嫌含混。

60　陽明〈答顧東橋書〉曰：「節目時變，聖人夫豈不知？但不專以此爲學。而其所謂學者，正惟致其良知，以精察此心之天理，而與後世之學不同耳。吾人未暇良知之致，而汲汲爲顧是之憂，此正求其難於明白者以爲學之弊也。夫良知之于節目時變，猶規矩尺度之於方圓長短也。節目時變之不可預定，猶方圓長短之不可勝窮也。故規矩誠立，則不可欺以方圓，而天下之方圓不可勝用矣；尺度誠陳，則不可欺以長短，而天下之

是最高判準。

　　然而，在另一則問答中，陽明不但謂良知能衡量見聞之知的需求性，甚至臨事權變，自我規範，故而良知是道德唯一判準。陸澄問：「名物度數，亦須先講求否？」陽明的回答是：

> 人只要成就自家心體，則用在其中。如養得心體，果有未發之中。自然有發而中節之和。自然無施不可。苟無是心，雖預先講得世上許多名物度數，與己原不相干，只是裝綴，臨時自行不去，亦不是將名物度數全然不理，只要知所先後，則近道。[61]

將客觀規範的根源亦收攝至吾一心所現，這樣的義內在判準能力之外，更具備了根源義。如果我們同意王學是孟子學發展極致的話，陽明、龍溪所言正好合於此脈絡之發展，可說是義內型態的極致。但這麼極致的義內型態，卻也留下待決的問題：誰來保證我所證悟的必為良知？你我各依良知所發用的行為，又如何必為相同？又如何保證其與禮制規範必為合轍？如不相同、不合轍，又應以何者為從呢？這些問題，其實就是劉蕺山所批評的蕩越之病。由於王學以良知作為道德規範的本體，但不言客觀天道天命，牟宗三先生以為這正是其良知不能保障貞定的虛歉處。[62]此弊或許亦隨理論發展而來的必然結果，然此則非本文所欲處理者。

長短不可勝用矣；良知誠致，則不可欺以節目時變，而天下之節目時變不可勝應矣。」同前註，頁 49-50。
61　同前註，頁 21。
62　牟宗三：《心體與性體（一）》（臺北：正中書局，1989 年），頁 47-48。

第八章　陽明良知學的兩種型態及其對惡的處理

一、由「本體／工夫」論二種致良知理論系統

　　考察陽明（1472-1528）的生平學行，二大弟子錢德洪（號緒山，1496-1574）與王畿（別號龍溪，1498-1583）都指出江右之後的「致良知」是最重要的思想。二人對「致良知」也分別有其論述，但對照之下，稍有不同。錢緒山轉述陽明致良知的工夫曰：「故邇來只指破致良知工夫。學者真見得良知本體昭明洞徹，是是非非莫非天則，不論有事無事，精察克治，俱歸一路，方是格致實功，不落卻一邊。」[1]王龍溪的說法是：「知之真切篤實處即是行，真切是本體，篤實是工夫，知之外更無行；行之明覺精察處即是知，明覺是本體，

1　錢德洪：〈刻文錄序說〉。〔明〕王守仁撰，吳光、錢明、董平、姚延福編校：《王陽明全集》（上海：世紀出版集團、上海古籍出版社，2006年），頁1575。又，羅念庵曾敘述錢緒山之學有數變，先服膺為善去惡，以為致良知；後對無善無惡的說法較有體會，後又警覺於無善無惡說之流弊，復歸於四有教。《明儒學案》卷11，《黃宗羲全集》（杭州：浙江古籍出版社，2005年）第七冊，頁254-255。

精察是工夫，行之外更無知。」[2]雙方說法，都承認致良知有其「精察」工夫，工夫又以良知本體爲根本。錢緒山更指明良知是「是是非非」的天則，是善惡的判準。就陽明龍場悟後的格物致知、知行合一之說而言，這兩處敘述，大抵相近。不過，王龍溪另指出陽明的良知教在居越之後，還更有化境：「時時知是知非，時時無是無非，開口即得本心，更無假借湊泊，如赤日麗空而萬象自照，如元氣運於四時而萬化自行，亦莫知其所以然也。」[3]這裏的工夫已不是精察克治一路，而是「即得本心」的「萬象自照」、「萬化自行」，這時「知是知非」即是「無是無非」。

這「知是知非」與「無是無非」如果換一個表達方式，大抵就是四有、四無之說。依《傳習錄》、王龍溪〈天泉證道紀〉所載，四有、四無的內容分別都是「無善無惡是心之體，有善有惡是意之動，知善知惡是良知，爲善去惡是格物。」以及「心是無善無惡的心，意即是無善無惡之意，知即是無善無惡之知，物即是無善無惡之物。」[4]《傳習錄》中，陽明告緒山、龍溪二人，這兩種教法差別在於本體與工夫。前者是「一悟本體，即是功夫」，後著是「功夫熟後，渣滓去得盡時，本體亦明盡了。」[5]〈年譜〉也區分這二種教法是：「一悟本體，即見功夫，物我內外，一齊盡透」，以及「初學用

---

2 〈滁陽會語〉。吳震編校整理：《王畿集》（南京：鳳凰出版社，2007年），頁34。
3 同前註，頁34。
4 四有四無句，《傳習錄》與〈天泉證道紀〉句式小有差異，這裏取其工整，四有句以《傳習錄》所載爲主，四無句則以〈天泉證道紀〉爲主。
5 〔明〕王守仁：《王陽明全集》，頁117。

此，循循有入」。[6]王龍溪於〈天泉證道紀〉，更將本體、工夫擴大爲頓悟與漸修、權法與實法等格局：「夫子立教隨時，謂之權法，未可執定。」以及：「……使之漸漸入悟，從有以歸無，復還本體，及其成功一也。」[7]綜合上述相關文獻，大抵都指出四無、四有的基本區分在於本體與工夫。不過，牟宗三先生則以爲，四有四無都必須對良知本體先有所悟，故而對此論點加以指正曰：

> 如果四有句是屬于中根以下之人，則如果他們「未嘗悟得本體」，則他們如何能致得良知？而且與「致知存乎心悟」這句話亦相矛盾！是以四有四無俱須悟得本體（悟得良知即是悟得心之本體），上下根之分不在悟得與未悟得，而在有無對治。[8]

因此，牟先生進一步對〈天泉證道紀〉中陽明的會通之言[9]加以改寫爲：

> 上根之人頓悟得無善無惡心體，便從無處立基，一體而化，無所對治。意與知物皆從無生。……中根以下之人雖亦悟得本體，然因有所對治，不免在有善有惡

---

6 同前註，頁 1306、1307。

7 吳震編校整理：《王畿集》，頁 1-2。

8 牟宗三：《從陸象山到劉蕺山》（臺北：臺灣學生書局，1990 年），頁 279-280。

9 〈天泉證道紀〉載，陽明對錢、王二人的會通之說是：「吾教法原有此兩種：四無之說，爲上根人立教；四有之說，爲中根以下人立教。上根之人，悟得無善無惡心體，便從無處立根基，意與知物，皆從無生，一了百當，即本體便是工夫，易簡直截，更無剩欠，頓悟之學也。中根以下之人，未嘗悟得本體，未免在有善有惡上立根基，心與知物，皆從有生，須用爲善去惡工夫，隨處對治，使之漸漸入悟，從有以歸於無，復還本體。及其成功一也。」《王畿集》，頁 2。

> 上著眼或下手，因而在有上立根即立足，是以心與知
> 物皆從有生。[10]

爲了使四有四無的本體只是一套教法，牟先生以四有四無皆
須悟得本體，而差別僅在於對治工夫的有無，如此便得以會
通兩者。牟先生的解釋當然極有見地，將四有四無貫徹爲一
套教法，可謂用心良苦。不過，令人未能釋疑的是，既然同樣
悟入本體，爲什麼有人仍需對治工夫，有人則無需對治？

　　檢視四有四無之說，相關文獻經整理計有六種之多，[11]其
中〈天泉證道紀〉、〈東遊問答〉及〈刑部陝西司員外郎特
詔進階朝列大夫致仕緒山錢君行狀〉內容大致相近，故只取
〈天泉證道紀〉爲代表，與其他資料列表對照如下：

	本　體	本體受蔽	復性工夫
《傳習錄》	德洪：「心體是天命之性，原是無善無惡的。」陽明：「人心本體原是明瑩無滯的，原是個未發之中。」	但人有習心，意念上有善惡在。本體受蔽，故且教在意念上實落爲善去惡。	格致誠正，修此正是復那性體工夫。功夫熟後，渣滓去得盡時，本體亦明盡了。
〈陽明年譜〉	德洪：「心體原來無善原惡。」陽明：「有只是你自有，良知本體原來無有，本體只是太虛。」	今習染既久，覺心體上見有善惡在，人心自有知識以來，已爲習俗所染	爲善去惡，正是復那本體功夫。今不教他在良知上實用爲善去惡功夫，只去懸空想個本體，一切事爲，俱不著實。

10　牟宗三：《從陸象山到劉蕺山》，頁280。
11　方祖猷：〈天泉證道・嚴灘問答・南浦請益 —— 有關王陽明晚年宗說的三年大事〉，《寧波大學學報》（人文科學版），第十卷第三期，1997年，頁17。

| 王龍溪〈天泉證道紀〉 | 陽明：上根之人，悟得無善無惡心體。中根以下之人，未嘗悟得本體。 | | 陽明：上根之人，即本體便是工夫中根以下之人，未嘗悟得本體，……須用爲善去惡工夫，隨處對治，使之漸漸入悟，從有以歸於無，復還本體 |
| 鄒守益〈青原贈處〉 | 德洪：「至善無惡者心。」龍溪：「心無善而無惡。」 | | 陽明：「洪甫須識汝中本體，汝中須識洪甫工夫。」 |

通常我們把王龍溪、錢緒山對陽明四句教的理解區分爲「四無句」與「四有句」，並以「本體／工夫」格局對照之。不過，如以心體同爲無善無惡的型態，王、錢二人的思想其實是「四無」與「一無三有」，皆應同屬「無」的型態，後者就不應稱爲有教；如以心體爲至善無惡（依鄒守益〈青原贈處〉所載），心意知物皆有善可修、可擴充，這才是真正的「四有」或「有教」。學界常見的做法是依《傳習錄》、〈陽明年譜〉、王龍溪〈天泉證道紀〉所載，把「四無」、「一無三有」視爲對照組，把「一無三有」視爲契入「四無」的工夫，或者以前者頓教、後者爲漸教（因有對治而爲漸）。[12]

---

12 牟宗三另區分朱熹的漸與四有的漸，並以朱熹爲徹底的漸教曰：「在此，朱子與唯識宗是同一形態，故皆是徹底的漸教，純是後天地展轉對治，故亦是徹底的後天之學。」至於四有句，「不是徹底的漸教，亦不是徹底的後天之學。著眼於動意是後天，然其對治底根據是良知，則又是先天。其爲漸是只因有所對治而爲漸。這種漸是有超越的根據的，因而亦含有頓之可能之依據。……這樣說，四句教雖是漸，亦含有頓之可能而通于頓。因此，王龍溪說四無，于陽明學中並非無本。」氏著：《從陸象山到劉蕺山》，頁 279-280。

對照上表，牟先生的處理方式似乎側重於心體「無善無惡心體」的「無教」；至於「至善無惡者心」[13]，以及陽明居龍場所悟知行合一、與江右所揭致良知之教等「有教」則似有忽略。

　　對此，我們可略做質疑如下：（1）依佛教言「悟」的傳統，根性利鈍表現在悟入自性本心的速與遲，「迷即漸勸，悟人頓修。識自本心，是見本性，悟即元無差別，不悟即長劫輪迴。」（《六祖壇經》）陽明所謂上根直接悟入本源，其次用工夫漸漸入悟，亦與此說相符，並不是表現在悟本體後，尚有對治工夫的存廢。（2）依〈天泉證道紀〉中陽明之說，四有乃是朝向四無的過渡階段與工夫。本體為無善無惡，受蔽而為有善有惡，則善、惡理當皆是受蔽的狀態。故而不

---

13 錢德洪〈復楊斛山書〉說：「至善之體，虛靈也，猶目之明，耳之聰也。虛靈之體不可先有乎善，猶明之不可先有乎色，聰之不可先有乎聲也。目無一色，故能盡萬物之色；耳無一聲，故能盡萬物之聲；心無一善，故能盡天下萬事之善。今之論至善者，乃索之於事事物物之中，先求其所謂定理者，以為應事宰物之則，是虛靈之內先有乎善也。虛靈之內先有乎善，是耳未聽而先有乎聲，目未視而先有乎色也。塞其聽明之用，而窒其虛靈之體，非至善之謂矣。今人戶見孺子入井，皆有怵惕惻隱之心，怵惕惻隱是謂善矣。然未見孺子之前，先加講求之功，預有此善以為之則耶？抑虛靈觸發，其機自不容已耶？」錢明編校整理：《徐愛、錢德洪、董澐集》（南京：鳳凰出版社，2007 年），頁 155-156。錢德洪用了「索之於事事物物之中，先求其所謂定理者，以為應事宰物之則」，以說明「是虛靈之內先有乎善也」。這顯然是指「心外求理」而言。同時，錢德洪又以孺子入井，述惕惻隱非所以納交要譽為例，說明「至善之體，虛靈也」，以及「心無一善」。這裏的「虛靈」或「心無一善」所虛或所無，顯然都是指義襲而取之。準此，錢德洪的「無善無惡」其實是指惡固非其所有，善亦非「心外求理」、亦非義襲而得。對「無善無惡」這樣的理解，其實較傾向陽明江右時期的良知說，也確實合乎「心即理」、「知行合一」等說法原本針對朱子格物窮理而作的基源問題。

僅惡應除，善亦不可著，乃能回復明瑩無滯、如太虛的本體；但這顯然不是「爲善去惡」可以達到的。因爲爲善去惡至多達到的是「至善無惡」，與「有歸於無」、「無善無惡」的目標並不相應。如果以四無爲終極目標，則可以推論，三有朝向一無、或四有朝向四無的過程中，「爲善去惡」之外應另有工夫。（3）錢緒山〈復楊斛山書〉雖也以「虛靈」形容至善心體，但虛靈所虛的是心外求理、義襲而取之，內在的理、義並不爲虛。這與王龍溪所謂「不起意」言虛靈體寂並不相侔。那麼四有四無的差別處，恐怕就不僅是對治的有無，還包含良知型態的差異。可以懷疑，四有句「一無三有」的搭配中，「三有」工夫所達到的，應是另一種「至善無惡」的本體（所以鄒守益〈青原贈處〉的版本是「至善無惡者心」），而「一無」或推衍出的四無句，其本體當另屬「無善無惡」的型態。從善的實踐而言，固然可說「無善無惡」是一種類於「緣督以爲經」的「迹冥」論點，但從對「惡」的解釋來說，兩種本體型態之間，則明顯存在差異。

二、良知體用的兩種意義

（一）由心性論意義言「本體即工夫」

　　考察《傳習錄》上、中卷，其實另有一組頓、漸之教。其中最常被提及、做爲陽明良知教的對照者，是朱子的格物致知之說。而「心即理」、「致良知」直下承當的說法，確實也有頓悟徑捷的意味，如顧東橋便曾指出「心即理」的說

法有禪家頓悟之嫌：「立說太高，用功太捷，……未免墜於佛氏明心見性、定慧頓悟之機，無怪聞者見疑。」[14]錢緒山在〈大學問〉文末也指出：「學者稍見本體，即好為徑超頓悟之說，無復有省身克己之功。謂『一見本體，超聖可以跂足』，視師門誠意格物、為善去惡之旨，皆相鄙以為第二義。」[15]亦即是說，相較於朱子的格物窮理，「心即理」或「致良知」本身就具有頓捷的意味。知善知惡、為善去惡來，是對惡的對治，有其工夫相；至於悟此良知，「致良知於事事物物」，動容周旋無不中禮，即體即用，也就不落工夫相。陽明所謂：「吾此意思有能直下承當，只此修為，直至聖域。參之經典，無一吻合，不必求之多聞多識之中也。」相較朱熹於事事物物窮理，陽明言良知不假外求，只求諸心，便顯其頓捷的意味。

同時，四無四有雖分別相應於上根、中下根人，但《傳習錄》中亦另載有「生知」、「學知」、「困知」等根器的差別：

> 問：「聖人生知安行，是自然的，如何有甚功夫？」
> 先生曰：「知行二字即是功夫，但有淺深難易之殊耳。良知原是精精明明的。如欲孝親，生知安行的，只是依此良知，實落盡孝而已；學知利行者，只是時時省覺，務要依此良知盡孝而已；至於困知勉行者，蔽錮已深，雖要依此良知去孝，又為私欲所阻，是以不能，必須加人一己百、人十己千之功，方能依此良知以盡

---

14 〔明〕王守仁：《王陽明全集》，頁41。
15 同前註，頁973。

其孝。聖人雖是生知安行，然其心不敢自是，肯做困知勉行的功夫。困知勉行的，卻要思量做生知安行的事，怎生成得！」[16]

學知利行、困知勉行者，尚未能依良知而行，故需多下工夫、時時省覺，甚至加「人十己千之功」，這是因為「此已被私欲隔斷，不是知行的本體了。」[17]至於聖人，生知安行，依良知本體，如欲孝親則實落盡孝。這是很典型的「心即理」、「知行合一」的說法。依此脈絡，根器的不同，也只表現在對治工夫的多寡，並不在心體上無善無惡或有善有惡。陽明於〈答舒國用〉中，也對「灑落」定義曰：

> 君子之所謂灑落者，非曠蕩放逸，縱情肆意之謂也，乃其心體不累於欲，無入而不自得之謂耳。夫心之本體，即天理也。……和融瑩徹，充塞流行，動容周旋而中禮，從心所欲而不逾，斯乃所謂真灑落矣。是灑落生於天理之常存，天理常存生於戒慎恐懼之無間。」[18]

「動容周旋而中禮，從心所欲而不逾」，這當然也是無工夫相、無對治相。綜上所述，即使以「至善無惡」以釋「心之體」，其實也能達到「頓悟」、「無工夫相」的境界；而反過來，從對治工夫、為善去惡，達到的也應是「至善無惡」的心體。這樣上下對照，由對治而無對治，雖無對治而無不中矩，才符合陽明龍場大悟「心外無理」、「知行合一」之原旨。既然如此，鄒守益〈青原贈處〉的四有句版本：「至

---

16 同前註，頁 111。
17 同前註，頁 4。
18 同前註，頁 190。

善無惡者心，有善有惡者意，知善知惡是良知，爲善去物是格物。」其實就是「心即理」思路下本體與工夫兩條進路。依〈大學問〉，「心之本體本無不正」[19]，用功之處是在意念之所發；既悟本體，則動容周旋，無不中禮。故而從道德實踐而言，皆是天理流行，其實也無所謂對治工夫。如果依四有思路，仍要說它還有工夫相的話，則這應是指在去惡之後，「善之相」亦不可著而言。可是，從義內、心即理、知行合一等脈絡來看，如果致良知之說乃是對朱熹格物窮理、理在心外的反動，就保證道德的內在根源而言，似乎沒有非強調心體無善無惡不可的理由。除非在道德內在根源之外，良知還有其他必須負責解釋的問題。

（二）由存有意義言「本體即現象」

陽明雖以至善、天理、良知、誠意等論心之本體，但又喜言心之本體原無一物，良知本體廓然大公：

> 初時若不著實用意去好善惡惡，如何能爲善去惡？這著實用意便是誠意。然不知心之本體原無一物，一向著意去好善惡惡，便又多了這分意思，便不是廓然大公。[20]

於是，在道德對治的工夫之外，另有一超越對治相的工夫。對於惡既不爲，善亦不著的想法，陽明表達曰：「既去惡念，便是善念，便復心之本體矣。譬如日光，被雲來遮蔽，雲去，光已復矣。若惡念既去，又要存個善念，即是日光之中添燃

---

19 同前註，頁971。
20 同前註，頁34。

一燈。」儘管陽明也以「既去惡念，便是善念，便復心之本體」，但這裏的卻是以「不著善」或者「無善之善」乃為「善」。亦即是說，在為善去惡之外，另有一超越善惡的工夫；而這與源於對朱子格物窮理而發的「德性之良知」、「心即理」等說，[21]其基源問題已有差距。

　　針對前引這段話，向世陵指出：「王守仁強調心本體的無物，反對理障，反對存善念，表明了王守仁對孟子以來的存心養性說的某種顛覆。王守仁的本體論可以說是一種去實體化的本體論，他所主張的無善無惡說，是以無念不著意的虛靜空靈為特色的。」[22]如向先生所言，陽明的無善無惡，是對孟子存心養性說的顛覆，這當然也意味著與正心誠意、為善去惡等工夫是矛盾的。亦即是說，四句教一無三有的搭配中，三有的工夫並不能達到一無的本體。向先生以為陽明的本體論是「去實體化的本體論」，是由心靈不著善惡、原無一物而言心性本體的去實體化。由於陽明善惡雙泯的精神修養，帶有某種「忘善惡而居中」的意味，故而學者亦稱之為一種有無合一的境界論。[23]

　　陽明雖以「廓然大公」言心體原無一物，這固然可以說

21　陽明曰：「夫子嘗曰『蓋有不知而作之者，我無是也』，是猶孟子『是非之心，人皆有之』之義也。此言正所以明德性之良知，非由於聞見耳。」又曰：「心即理也；學者，學此心也；求者，求此心。」同前註，頁51。

22　向世陵：《理氣性心之間 —— 宋明理學的分系與四系》（長沙：湖南大學，2006年），頁396。

23　陳來另以「境界的有無合一」理解四句教：「江西時的致良知思想還只是純粹的道德理性主義，歸根到底還是『有』的境界，四句教的提出，才實現了境界的有無合一。」氏著：《有無之境 —— 王陽明哲學的精神》（北京：北京大學出版社，2006年），頁330。

是對心靈上無執境界的描述，但在心靈境界之外，陽明同時
也進一步以「廓然太虛」爲譬，而有良知無物不有、爲造化
精靈、無一物在良知之外等說。對此，學者或者認爲這是一
種存有論或本體論，而學界對理學分系中，也有所謂「心本
論」之說，亦即陽明的心或良知實則亦爲萬物本體。[24]那麼，
良知本體要負責的便不只是道德根源，還包含對天地萬物、
一切存有的說明。此如熊十力《讀經示要》所指出：「其所
謂良知者，吾人與天地萬物共有之本體也。在人亦名爲
心。……即體而言，用在體，即用而言，體在用。是故體用
一源。」[25]既然本體不僅是心性本體、道德根源，同時也是
一切存有的本體，則無論善惡美醜，皆不能外於此本體；於
是在道德之外，本體遂另有其超道德的意義，工夫當然也有
超道德意義的工夫，這工夫即是「不著一分意思」、「不動
於氣」、「本體上不過當」。[26]

此外，本體如爲心性本體，道德本體，依「體用一源」
的想法，我們可說「即本體即工夫」；但如果本體不僅是心

---

24 張立文以爲陽明的良知說是一種本根論：「主觀唯心論之大成者是王陽
明（守仁），主觀唯心論哲學到陽明才有完密的系統。陽明認爲一切皆
依附於心，一切皆在心內；無心則無一切，心是宇宙的主宰。……天地
萬物一切種種，其存在都依靠良知。沒有了良知，也就沒有了天地萬物
一切種種。良知是一切之所從出，人心是宇宙萬物的本根。」氏著：《中
國哲學大綱》（南京：江蘇教育出版社，2005 年），頁 89-90。

25 熊十力：《讀經示要》。蕭萐父主編：《熊十力全集（三）》（武漢：
湖北教育出版社，2001 年），頁 658-659。

26 「不著一分意思」、「不動於氣」的說法見下節，「本體上不過當」之
說則是：「至善者，心之本體。本體上才過當些子，便是惡了。不是有
一個善，卻又有一個惡來相對也。故善惡只是一物。」〔明〕王守仁：
《王陽明全集》，頁 97。

性本體，還是萬物本體，那麼在「工夫」之外，當另有「現象」的意義。本體是本質的世界，是覺者、證悟者所見之境；現象則是現象的世界，是迷者、未證悟者所見之境。從心性本體而言，工夫是爲了悟入此心性本體所施設，悟入本體便恒能持守此道德能力，於經驗世界中善善惡惡。但如從存有本體而言，一旦契此本體，本體即是現象，現象只是本體流行，本體即在實存世界之中。這也就是熊十力所強調的「本體現象不二」、「道器不二」。[27]

於是，我們或可將良知本體區分爲「道德型態」與「存有型態」：前者從至善之理言精察克治、知是知非；後者則從超越對待、言良知廓然與太虛同體、何物而不有。從體用關係而言，道德型態固爲「即本體即工夫」，但存有型態也許稱之「即本體即現象」更爲恰當。在存有型態中，以本體攝現象，心意知物一齊皆無，即本體即現象，當然也所謂工夫可言。至於道德型態，就主觀心性修證而言，從知行合一、事事物物皆得其理雖亦可說其無工夫；但現象界中，畢竟仍有善惡物事、善惡相之區分，必待善惡相之泯除，乃能即本

---

27 熊氏《原儒・序》對儒家內聖外王之道總結曰：「本體現象不二，道器不二，心物不二，理欲不二，動靜不二，知行不二，德慧知識不二，成己成物不二。」《熊十力全集（六）》，頁 312-313。《原儒》：「孔門之學於用而識體，即於萬化萬變萬物，而皆爲實體呈現。易言之，實體即是吾人或一切物之自性，元非超脫吾人或一切物而獨在。……又復應知，吾人或一切物各各皆得一源以爲其自性，〔一源，猶云實體。〕譬如眾漚，各各皆得大海水爲其自體。〔如甲漚以圓滿的大海水爲其自體，乙漚亦以圓滿的大海水爲其自體，乃至無量漚莫不皆然。吾人或一切物各各皆得一源以爲其自性，可由此譬而語。〕」《熊十力全集（六）》，頁 355。

體即現象。準此，四有要進至四無，工夫不在為善去惡，而在絕諸對待；四無的「即本體即工夫」，其實應該是「即本體即現象」。在道德型態中，陽明雖也有「心外無物」的說法，但這意謂的是依乎天理，善善惡惡，行為無不中矩，所以牟先生稱之為「道德實踐的攝物歸心心以宰物」。至於存有型態，一切存有收攝於良知，如其所如得以成全，陽明謂「天下無心外之物」，牟先生則稱之為「本體宇宙論的攝物歸心心以成物」[28]。

　　儘管從道德心性而言，也可以說「萬物皆備於我」、「宇宙不外吾心」，似乎良知的道德型態也涵蓋著存有意義。不過，這乃是透過道德心的遍潤，而說萬物即於此一心，但這種型態卻很難對惡的由來有一說解。藉由陽明論「惡」的處理，我們可以進一步考察良知這二種型態上的差異。關於惡的問題，孟子是以「若夫為不善，非才之罪也。」（《告子‧上 6》）的方式解釋之，良知主體並不負責惡的由來。考察《傳習錄》等相關資料，陽明對惡大致有兩種態度，一是好善惡惡式的對治，一則是無著於善惡的一體渾化。前者可以說是承襲自孟子「非才之罪」式的傳統。從道德型態而言，良知負責的是善的可能，旨在證成「心即理」、「心外無理」，對於惡並不負責說解。然而，現象中又必須承認惡的存在；於是，本體與現象落差的表現便在於「知行不能合一」。例如徐愛所問：「如今人盡有知得父當孝、兄當弟者，卻不能孝、不能弟，便是知與行分明是兩件。」[29]陽明答之以「此

---

28 牟宗三：《從陸象山到劉蕺山》，頁232。
29 〔明〕王守仁：《王陽明全集》，頁3。

已被私欲隔斷」，私欲是後天的、外來的，與良知無關，這仍是透過「善的缺乏」來解釋惡的由來。在江右時期「心即理」、「知行合一」的說法中，並未將本體的善與經驗的惡做一直線連繫，理論上並未呈現太大困難。

　　然而，在四句教中，以「無善無惡心之體」發而為「有善有惡意之動」，則心之體便需為意之動負責。但良知是善的根源，發之而有善、惡之意，理論上有其解釋的困難。為此，黃宗羲便把「無善無惡」理解為「無善念惡念耳，非謂性無善無惡也。」[30]仍是以「孰是孰非而不容已者」說性體，把善念惡念交由形而下的意負責。這固然劃分形上、形下兩層的界限，但並未交代由上而下的關係。這說明由本體現象一元論中，要解釋善的由來很容易，但要對惡做一說解卻十分困難。準此，牟宗三先生便以水、波為喻，說明良知之動而有善有惡，不是直線地推，而是「曲折地說」。牟先生之說顯然來自《大乘起信論》「依於一心有二門」的理論格局：「向下妄現，建立二元，真妄並立；向上體悟，建立一元，唯一真心」。[31]對照來看，四句教是向下建立二元，真妄並立；四無教則是向上建立一元，唯一真心。

　　如果牟先生借用《大乘起信論》的解說方式是可以接受的話，那麼可以說，在處理「惡」的問題上，陽明居越之後的良知教，與江右時期承襲自孟子「若夫為不善，非才之罪

---

30 黃宗羲曰：「所謂知善知惡者，非意動於善惡，從而分別之為知，知亦只是誠意中之好惡，好必於善，惡必於惡，孰是孰非而不容已者，虛靈不昧之性體也。為善去惡，只是率性而行，自然無善惡之夾雜。」《明儒學案》卷10，《黃宗羲全集》第七冊，頁198。

31 印順：《大乘起信論講記》（臺北：正聞出版社，1988年），頁143。

也。」的處理方式，兩者頗有相異。而儘管透過水波之喻，可對惡做一曲折的解釋，但依四句教一無三有的架構，三有的工夫並不能達到一無的本體，更不與四無句相應。如前所述，無善無惡是對孟子存心養性的顛覆，也與三有句存在某種矛盾；依爲善去惡工夫，所悟入的也應該是「至善無惡」而非「無善無惡」的本體。而透過陽明本身對「惡」的處理以及錢緒山、王龍溪二對「無善無惡心體」的理解，更可區分出這兩種良知學型態的差異。

三、惡之來源

（一）蔽於氣稟

經驗層的惡或欲念，無有寧日。然而，惡究竟從何來？若不究其根源，加以拔除，則吾人形而下的對治之功，永在善惡意念中追逐，豈有終日？準此，吾人必須對惡的來源做一考察。陽明曰：「至善者性也，性元無一毫之惡，故曰至善。止之，是復其本然而已。」[32]良知心體，本來純善，但經驗之惡卻是不容否認。依照格物「正其不正以歸於正」的思路，其工夫在於先天之善以正後天之惡，那麼惡與良知無關，純粹來自於後天、良知之外。對惡的來源之說明，陽明最常用的術語是「私欲」、「習心」、「客氣」。對此，陽明有所謂「拔本塞源」之說：

> 夫聖人之心，以天地萬物為一體，⋯⋯。天下之人心，

---

32 〔明〕王守仁：《王陽明全集》，頁25。

其始亦非有異於聖人也，特其間於有我之私，隔於物欲之蔽，大者以小，通者以塞，人各有心，至有視其父子兄弟如仇仇者。聖人有憂之，是以推其天地萬物一體之仁以教天下，使之皆有以克其私，去其蔽，以復其心體之同然。[33]

這篇「拔本塞源」之說，主旨其實在發明本心、心即理，但也指出吾人不能依天理而行的原因，在於「私欲」，因有我之私，而人各有心。但「私欲」該如何理解？考察《全集》，其代表性意義，大抵可歸納如下：（1）遮蔽天理、隔斷本體，使知行不能合一。例如陽明說：「此心無私欲之蔽，即是天理，不須外面添一分。」又說：「此已被私欲隔斷，不是知行的本體了。」窒塞、障礙、蔽累、隔阻、間斷也都是私欲的負面表現。（2）良知與私欲為主僕：「良知猶主人翁，私欲猶豪奴悍婢。主人翁沉屙在床，奴婢便敢擅作威福，家不可以言齊矣。」[34]（3）經驗、個別心：「只是此天理之心，則儞也是此心。……若是私欲之心，則一個人是一個心。」[35]（4）私欲的具體內容為「好色、好利、好名等心，乃至於閒思雜慮」，例如陸澄問：「好色、好利、好名等心，固是私欲。如閒思雜慮，如何亦謂之私欲？」[36]其中（1）（2）都指私欲對天理的干擾，而天理應加以作主、克治管束。（3）（4）可說是對私欲的具體界說。私欲是吾人經驗心，故謂「一

33　同前註，頁 54。
34　同前註，頁 1167。
35　同前註，頁 1173。
36　同前註，頁 22。

個人是一個心。」因吾人陷溺於個別的經驗之心，所以有好色、好利、好名等為滿足一己之欲望。

至於「習心」，則是指後天環境習染：「人生初時，善原是同的。但剛的習於善則為剛善，習於惡則為剛惡；柔的習於善則為柔善，習於惡則為柔惡，便日相遠了。」至於「客氣」，由於陽明「私欲客氣」、「客氣物欲」屢見連用；從「客氣消而天理行」（〈從吾道人記〉）來看，客氣大抵意同私欲，能遮蔽良知，但更清楚表明它的性質不同於至善本體，乃是外來者。不過，從陽明答覆陸澄「私欲客氣，性之蔽也。質有清濁，故情有過不及，而蔽有淺深也。私欲客氣，一病兩痛。」[37]來看，私欲、客氣固然皆源於氣質的障蔽，但意義又稍有差異。私欲來自個別的識心，客氣則更表明私欲與良知的異質性。

「質」是氣質，因氣質有清濁，喜怒哀樂之情遂有過與不及。以氣質論障蔽在〈答陸原靜書〉中表達地甚為清楚：「良知本來自明。氣質不美者，渣滓多，障蔽厚，不易開明。質美者渣滓原少，無多障蔽，略加致知之功，此良知便自瑩徹，些少渣滓如湯中浮雪，如何能作障蔽？」[38]由於氣質有

37　「性一而已，仁義禮智，性之性也；聰明睿知，性之質也；喜怒哀樂，性之情也；私欲客氣，性之蔽也。質有清濁，故情有過不及，而蔽有淺深也。私欲客氣，一病兩痛。」《王陽明全集》，頁68。以私欲、氣稟、客氣互訓，朱子也有類似的說法，如《朱子語類》卷18所載：「又問：『客氣暴怒，害事為多，不知是物欲耶，氣稟耶？』曰：『氣稟物欲亦自相連著。且如人稟得性急，於事上所欲必急，舉此一端，可以類推。』又曰：『氣稟、物欲生來便有，要無不得，只逐旋自去理會消磨。大要只是觀得理分明，便勝得他。』」《朱子全書》第十四冊，頁624。

38　〔明〕王守仁：《王陽明全集》，頁68。

清濁粹駁，障蔽有深淺之分，在道德實踐的根性，故而也有上中下之分：「人之氣質清濁粹駁，有中人以上，中人以下，其於道有生知安行，學知利行，其下者必須人一己百，人十己千，及其成功則一。」[39]無論從私欲、習心、氣稟，大抵都表達了惡是外來的、後天習染所成；至於善則是內在的、本來有之。同時，儘管依氣質稟性而有障蔽深淺，但吾人本然之善卻無有差別。

　　但良知內在、惡屬外在，這種格局之下的說明仍未究竟。因為，惡如果是因氣質形軀而來，則經驗世界中，吾人終不能離於氣質而存，則經驗對治的斷惡修善，又豈有寧日？對此，薛侃即問陽明：

> 侃去花間草，因曰：「天地間何善難培，惡難去？」先生曰：「未培未去耳。」少間，曰：「此等看善惡，皆從軀殼起念，便會錯。」侃未達。曰：「天地生意，花草一般，何曾有善惡之分？子欲觀花，則以花為善，以草為惡；如欲用草時，復以草為善矣。此等善惡，皆由汝心好惡所生，故知是錯。」曰：「然則無善無惡乎？」曰：「無善無惡者理之靜，有善有惡者氣之動。不動於氣，即無善無惡，是謂至善。」……（陽明）曰：「草有妨礙，理亦宜去，去之而已。偶未即去，亦不累心。若著了一分意思，即心體便有貽累，便有許多動氣處。」[40]

經驗世界中善難培、惡難去，陽明說，這是因為吾人從軀殼

---

39 同前註，頁28。
40 同前註，頁29。

起念之故。就文脈來看，「從軀殼起念」或意謂我們皆從一微觀小我的立場以觀事物。相對的善惡二法，亦是源此我執而生。釜底抽薪之計，即是不隨軀殼起念、不動於氣。但「不隨」、「不動」又該如何理解？其工夫又是什麼呢？經驗世界中，軀殼、氣質乃是具體真實之物，要不隨不動，是否意味有某種工夫以消解其實在性？累心、著了意思，即有動氣處，是否意味著不著意思，氣即不動，即不能遮蔽理？

　　綜上所述，陽明固由「心即理」以彰吾人道德根源在於內在良知，但亦承認現實層面有復性工夫之必要。復性工夫在於去惡，「既去惡念，便是善念，便復心之本體」[41]，這是對治的態度。然而，既要去惡，便需覓個根源，從根本下工夫，否則頭出頭沒，不知止於何日。惡雖來自私欲、氣質的障蔽，但吾人所處乃是形而下、氣質的世界，氣質不能去之，只能變化之。故此，陽明亦屢言「變化氣質」，而變化之道除了道德對治之外，另一方法則是不累心、不著意。這不累心、不著意，當然不是指對私欲或氣質的忽略，而是用「廓然太虛」、超然無執的態度對待之。既然將惡的對治工夫，由私欲、氣稟的克治，轉為不累心、不著意，便意味著惡的更根本來源，其實來自於心的膠執；而「善惡」也就有了從「道德」朝向「超道德」意義的轉變。

41　《傳習錄》載：「黃勉叔問：『心無惡念時，此心空空蕩蕩的，不知亦須存個善念否？』先生曰：『既去惡念，便是善念，便復心之本體矣。譬如日光，被雲來遮蔽，雲去，光已復矣。若惡念既去，又要存個善念，即是日光之中添燃一燈。』」同前註，頁99。

（二）本體異化

　　本體現象二分的格局下，把惡交由外來的氣稟或私欲負責，以解釋知行不能合一的問題，是一種方便且合理的解決辦法。不過，如果現象與本體並非截然二分，甚至現象是本體的流行，那麼，原本外在的障蔽，是不是便意謂著其實是源自本體的異化呢？但這豈不如同「自性清淨而有染污」，將陷入理論的矛盾嗎？而在陽明思想中，確實也存在著「本體即流行」的觀點，例如《傳習錄》所載：

> 問：「知譬日，欲譬雲，雲雖能蔽日，亦是天之一氣合有的，欲亦莫非人心合有否？」先生曰：「喜怒哀懼愛惡欲，謂之七情。七者俱是人心合有的，但要認得良知明白。比如日光，亦不可指著方所；一隙通明，皆是日光所在，雖雲霧四塞，太虛中色象可辨，亦是日光不滅處，不可以雲能蔽日，教天不要生雲。七情順其自然之流行，皆是良知之用，不可分別善惡，但不可有所著；七情有著，俱謂之欲，俱為良知之蔽；然才有著時，良知亦自會覺，覺即蔽去，復其體矣！此處能勘得破，方是簡易透徹功夫。」[42]

性情的體用關係，原亦為朱子理氣論所處理的問題之一。依朱子想法，性是超越的，情是經驗的，「蓋性無形影，惟情可見。」[43]「性不可說，情卻可說。」[44]性不可見，但性發而

---

42 同前註，頁 111。
43 《朱子語類》卷 6，《朱子全書》第十五冊，頁 247。
44 《朱子語類》卷 59，《朱子全書》第十六冊，頁 1881。

爲情，故可由情見性。依朱子，四端是情，七情也是情，都是性之所發。但人的情感活動尚有其他不善的思慮，如果這些情也是發自於性，則善之性便有發爲不善之情的可能。故而朱子便有「四端是理之發，七情是氣之發。」[45]的說法，以四端七情分屬理氣來解決這一問題。[46]陽明沒有延續理氣二分以處理不善之情的問題，相反的，他以爲七情乃是人心合有，如順其自然之流行，即是良知之用，也就是良知流行的呈現；反之，如有所著，則爲良知之蔽。

不但七情是人心所有，耳目口鼻等知覺亦屬良知之呈現：

> 這視聽言動皆是汝心：汝心之視，發竅於目；汝心之聽，發竅於耳；汝心之言，發竅於口；汝心之動，發竅於四肢。若無汝心，便無耳目口鼻。所謂汝心，亦不專是那一團血肉。若是那一團血肉，如今已死的人，那一團血肉還在，緣何不能視聽言動？所謂汝心，卻是那能視聽言動的，這個便是性，便是天理。有這個性才能生。這性之生理便謂之仁。這性之生理，發在目便會視，發在耳便會聽，發在口便會言，發在四肢便會動，都只是那天理發生，以其主宰一身，故謂之心。這心之本體，原只是個天理，原無非

---

45 《朱子語類》卷 53，《朱子全書》第十五冊，頁 1776。

46 陳來曾指出朱熹性情說的內在矛盾曰：「不管七情是否配屬四端，人總還有發而不善的情感念慮，這些情是否也發自本然之性？如果說這些情也是四德之性所發，則善之性發爲不善之情，體用便無法一致，這顯然是一個很大的矛盾。……情有善惡，於是，同樣的方法也可以說，從人有種種不善之情推知人也有與之相應的不善之性。所以朱熹這種以情證性的方法缺乏普遍性而陷於矛盾。」氏著：《朱子哲學研究》（上海：華東師範大學出版社，2000 年），頁 210-211。

禮，這個便是汝之真己。這個真己是軀殼的主宰。若
無真己，便無軀殼，真是有之即生，無之即死。汝若
真為那個軀殼的己，必須用著這個真己，便須常常保
守著這個真己的本體，……汝今正是認賊作子，緣何
卻說有為己之心，不能克己？[47]

耳目口鼻四肢是形軀之欲，原能障蔽良知，依朱熹觀點，乃
是克治工夫中至須用力者，《朱子語類》載有數相關說法：

或問：「克己之私有三：氣稟，耳目鼻口之欲，及人
我是也。不知那個是夫子所指者？」曰：「三者皆在
裏。然非禮勿視聽言動，則耳目口鼻之欲較多。」[48]
私欲是耳目鼻口之欲，今才有欲，則昏濁沉墜，即不
高明矣。[49]
只是這一個心，知覺從耳目之欲上去，便是人心；知
覺從義理上去，便是道心。[50]

不過，陽明卻以為耳目口鼻不是對治的對象，而是良知作用
的表現，此說與佛教「性在作用」的說法，頗有相近之處。
《景德傳燈錄》載波羅提說偈曰：「今見作用……在胎為身，
處世名人，在眼曰見，在耳曰聞，在鼻辨香，在口談論，在
手執捉，在足運奔，徧現俱該沙界，收攝在一微塵。識者知
是佛性，不識喚作精魂。」[51]此段波羅提欲向異見王證明佛

47　《王陽明全集》，頁36。
48　《朱子語類》卷41，《朱子全書》第十五冊，頁1450。
49　《朱子語類》卷64，《朱子全書》第十六冊，頁2133。
50　《朱子語類》卷78，《朱子全書》第十六冊，頁2663。
51　〔宋〕道原：《景德傳燈錄》（臺北：新文豐出版公司，1993年）卷3，
　　頁45。

性的存在，告知王曰「今見作用」，眼耳鼻口手足，莫不是佛性的展現，只不過對不識者而言，則以爲是精魂。同樣的，良知的流行，也就表現在耳目口鼻等知覺作用中。不過，學者也指出，陽明並非認爲任何耳目口鼻的作用皆是良知的展現，而是良知得其正時，任何身體展現皆是良知的流行，都是良知的變相。[52]也就是說，良知可以流行、呈現於任何的知覺作用。本體流行不二，本體現象不二，按照陽明的說法，這才是「真己」、是良知本性的表現；反之，則謂之「認賊作子」。按照佛教的說法，一切現象皆是佛性的展現，但對不覺者而言，則未必能當下體認，甚至有悖離佛性的可能，這叫「迷真起妄」或「背覺合塵」。由於一切都是佛性的展開，這妄就不能說是外來的，而是依如來藏而說有生死。同理，依陽明所言，如果現象的一切皆不能外於良知，俱是良知的展現，那麼，會使吾人「認賊作子」、悖離良知的，就不能歸咎於外來。既然如此，那該如何解釋？而一元本體，又如何能生出真己、假己兩種己呢？

如前所述，陽明的良知保障道德行爲，也保障宇宙萬有，兼具有道德本體與存有本體的意義。不過，從存有本體而言，本體到現象的發動過程，陽明並未明確說明，故而一元本體如何生出二元現象，我們只能透過心性意義來觀察之。四句教以一心說明本體的善惡絕待（無善無惡），以及現象界的善惡對待：「無善無惡心之體，有善有惡意之動。」類似說法還見於前引〈花間草〉段對薛侃的回答：「無善無惡者理

---

52 楊儒賓：〈理學論辯中的「作用是性」說〉，《儒家身體觀》（臺北：中研院文哲所，1996 年），頁 306-307。

之靜，有善有惡者氣之動，不動於氣，即無善無惡，是謂至
善。」四句教是陽明居越的晚期之說，對薛侃回答則是江西
之前較早的說法，雖有時間前後之別，但格局並無大異，都
是「向上一元、向下二元」的想法，故可對照發明。[53]

　　依《傳習錄》記載，錢緒山、王龍溪二人皆以「天命之
性」、「至善」來理解「無善無惡」，對心體的理解有其共
識，故而爭論處不在心體，而在「向下二元」的可能性。由
於至善本體，向下開出善惡二元，有其理論困難，所以黃宗
羲便對四句教與〈花間草〉中心意、理氣、動靜的關係綜合
理解之曰：

> 今之解者曰：「心體無善無惡是性，由是而發之為有
> 善有惡之意，由是而有分別其善惡之知，由是而有為
> 善去惡之格物。」層層自內而之外，一切皆是粗機，
> 則良知已落後者，非不慮之本然。……其實，無善無
> 惡者，無善念惡念耳，非謂性無善無惡也。下句意之
> 有善有惡，亦是有善念惡念耳。兩句只完得動靜二
> 字。他日語薛侃曰：「無善無惡者理之靜，有善有惡
> 者氣之動。」即此兩句也。所謂知善知惡，非意動於
> 善惡，從而分別之為知，知亦只是誠意中之好惡，好
> 必於善，惡必於惡，孰是孰非而不容已者，虛靈不昧
> 之性體也。[54]

---

53 本條資料見於《傳習錄・上》，《傳習錄・上》刊於明武宗正德十三年，
　　薛侃則於正德九年入陽明門下，該問答或發生於這段時間。相關記事可
　　參見俞樟華：《王學編年》，長春：吉林大學出版社，2010 年。
54 《明儒學案》卷 10，《黃宗羲全集》第七冊，頁 198。

黃宗羲把意、知皆理解爲好善惡惡之誠意，而非有善念惡念之經驗意念。如此理解仍側重於善的根源，至於惡所從來，則仍交由「氣之動」來說明。氣是形而下的，能遮蔽理、心體。這樣的說法其實只說明了：二元是現象界之事，本體是至善一元，其中無二元對立。「惡」被界定爲形而下之事，其實是迴避了本體一元向下如何開出二元的問題。

四句教雖言「無善無惡心之體，有善有惡意之動」，但遺憾的是，心之體如何動而爲善惡兼具的意，陽明與門人之間並未有明確的討論。如果我們把心視爲本體，而意是本體發動的現象，則本體現象之間，有二種理解的可能。其一是，意是有善有惡的，意是心感物而動才出現的，那麼往上推，就很容易得到心也有善有惡，只不過在未與物感之前，善惡未現罷了。亦即是說，心含藏善惡諸法的可現性，但本身只是含攝，至於善惡的作用，則要依意的發動來決定之。這類於佛教唯識學派的理解，心體只是善惡潛在的狀態，本身非善非惡，沒有現實善惡可言，《成唯識論》稱阿賴耶識爲「無覆無記」，其義大抵近此。準此，太虛大師便曾依唯識義對四句教加以疏解之曰：「無善無惡心之體者，指先業所引之真異熟及異熟生等色心諸法以言。此皆循已定之勢而流行演進，不能自由有所轉移，須待他力以爲之改動。一與能爲改動之他力相値，又不能自由有所趨避者，不異通常謂之『自然』。故無染淨善惡可言，而惟是無覆（非染非淨）、無記（非善非惡）性。」[55]不過，良知心體不能只是被動等待發

---

55 太虛對四句教後三句的解釋是：「有善有惡意之動者，是痴、愛、慢、見、恆續之意根，與依此意根而染淨之前六識，及前六識中能善能惡之

動者，而是吾人道德實踐可能之根據，這立場顯然與唯識學妄心派的不盡相合。然而，良知既然是道德實踐根據，為什麼又說「無善無惡」？為什麼又動而有善有惡？善的本體何以又生出惡的事實？對此，牟宗三先生曾加以疏理，提出一種「曲折地說」的理解，以說明此一問題。牟先生說：

> 然則自心之發動而言，必不是直線地推說，乃是曲折地說。在這曲折地說中，必認定心之體為超越的本心自己，發動而為意是在感性條件下不守自性歧出而著于物或蔽于物，因而成為意。如是，則意自意，而心體自心體，不能因意有善惡，而心體亦有善惡也。若既云如此，則兩者不相干，如何要說是心之發動？此蓋因意究竟亦是屬于心的，此猶波浪究屬于水。意蓋是憑依心體而起的波浪，只因為私欲氣質所影響而逐于物，因此遂脫離了心體而獨自成為意。……所謂「化」，譬如風止，則波浪即無，而仍只是水。[56]

牟先生以心的不守自性、歧出而為意，這頗有佛教真常心系

意根，率身等前五識以為善為惡也。……知善知惡是良知者，良知，即信心相應諸心心所，惟是淨善之性者也。雖未嘗不潛存於流行之異熟中，本來皆有，惟為異熟及痴根所拘礙，隱伏不得現起，惟藉較為自由之意識，時一呈露。以能保持此良知而長養之，則知善、知惡，既猶規矩尺度必得方圓長短，可由之以崇善拒惡、為善除惡也。」釋太虛：〈論王陽明〉，《太虛大師全書》（北京：宗教文化出版社，2004 年）第二十二卷，頁 450-451。照這樣看來，太虛是以阿賴耶識釋「無善無惡心之體」，以末那識、前六識釋「有善有惡之動」。因末那識恒與痴、見、慢、愛四種根本煩惱相應，末那識為第六識所依，第六識能善能惡，能引導眼耳鼻舌身五識。至於良知，則是指心所有法中的善心所，本來含攝於阿賴耶識中，但它可能為末那識的煩惱心所及阿賴耶識中的惡種子所拘礙。

56 牟宗三：《從陸象山到劉蕺山》，頁 269。

「迷真起妄」的味道；同時「水、波、風」等喻亦明顯有《大乘起信論》的痕跡。本體一元（良知至善）、現象二元（蔽於私欲而有善惡），向無疑議。但由本體一元如何建立現象二元，這就很難說明。由於這個問題陽明或王龍溪皆未有明確解釋，因此，牟先生的說法便極有參考價值。

王龍溪屢以無善無惡言至善，如〈天泉證道紀〉：「天命之性，粹然至善，神感神應，其機自不容已，無善可名。惡固本無，善亦不可得而有也。是謂無善無惡。」又如〈與陽和張子問答〉：「性無不善，故知無不良。善與惡，相對待之義，無善無惡是謂至善，至善者心之本體也。」由於陽明語錄中，確實常有善惡兩不著的話頭，故而王龍溪四無之說，並不能謂其無本。而按照牟先生的觀點，王龍溪的四無是「良知教底調適而上遂」，牟先生說：

> ……則就心之體與良知說，我們在實踐上即須如其本性而朗現之。既如其本性而朗現之，即不能著于其有而有此有之「有」相。有此有之「有」相，即是有「相」，有「相」即不能如其無相之有而朗現之。體現此有之工夫上的心既有相，那無相的實體性的有等于潛隱而未顯，而吾人工夫上的心即等于是識心。[57]

又說：

> ……必須是這樣的「無」，這樣的「般若非般若是之謂般若」，這樣的「以不住法住般若」，那才真正是佛，即如來藏自性清淨心才全部朗現而為佛。[58]

---

57 同前註，頁271。
58 同前註，頁272。

依此說法，心之體與良知是無相的，工夫上的心是有相的，這樣的無相，也就是佛教所言的如來藏自性清淨心。前引「曲折地說」明顯來自《大乘起信論》的理論模型，而《大乘起信論》的理論，其實是很典型「言妄顯諸真，妄真同二妄」（《楞嚴經》語）或「依幻說覺，亦名為幻」（《圓覺經》語）的思路。而《大乘起信論》所謂依不生不滅而有生滅之說，乃是對生滅相兩者的共同否定，不落二邊，是謂中道，並不是「不生不滅是謂至生」。如果我們同意《大乘起信論》是一個重要的理論模型，則對照之下，「無善無惡是謂至善」顯然與其思路不相侔，也就是說，依《大乘起信論》，「無善無惡」與「善」兩者不能等同，其差別並不只在無相或有相，而在於覺與不覺。

四、結　論

經由以上討論，我們大致可以確定，陽明的良知學存在兩種理論系統，一是江右時期，所謂「知是知非」；一則是居越之後，所謂「無是無非」。前者針對朱熹格物窮理之說的反動，心即理、致良知於事事物物等說法亦大抵合於孟子學。而「知行合一」、「心外無物」、「灑落」就是即本體即工夫（本體不被私欲隔斷）的表現。後者是對前者的進一步開展，反動之處不在心外求理，而在起意與否。前引向世陵說法已指出，在無善無惡的型態中，反對理障，反對存善念，乃是對孟子學說的顛覆。勞思光也指出，從道德化成而言，以無善無惡言主體，未必有其必要性：

佛教言「無善無惡」，甚為自然，蓋對於否定世界之精神講，此說明有助成遮遣分別相之作用。陽明及其後學則立「良知」以言成德及化成，持肯定世界之精神方向；然則何以須說「無善無惡」？……然順儒學肯定世界之精神方向看，建立「主體性」時是否必須依此「超善惡之限定」一義以顯此主體性之最高自由，則實是一未決之問題，陽明及其後學亦未能扣緊此一關節。證立「無善無惡」義之必要性也。[59]

同時，勞先生也指出，依儒家肯定世界的立場來說，依「至善」以建立主體性的不受限定，較之「無善無惡」要來得自然：

蓋若「否定世界」，則說「無善無惡」以確立「主體性」之「不受限定義」，極為自然；但若「肯定世界」，則依「至善」以建立「主體性」，反較自然，而如此說時，亦未必不能確立「主體性」之「不受限定義」。[60]

然而，本文的目的並不在對這兩種系統加以分割取捨，而是說，如果我們要將這兩種系統視為階段性的開展，理論上的可能性何在？陽明以本體、工夫區分兩者，牟先生則修正其區別在於對治工夫的有無。但如前所述，這兩種系統其實都有悟入的本體，且為善去惡的工夫到達到無善無惡的本體，工夫也不相應。因此，本文以為，陽明除了以良知做為心性本體之外，亦存在著以之做為涵蓋一切的存有本體的想說法。做為存有本體，良知便應上下同流，無所不在。既然是

---

59 勞思光：《新編中國哲學史（三下）》（臺北：三民書局，1990年），頁511。

60 同前註，頁512。

一切的本體，當然就不能有善惡二元的區別割捨，如陽明〈碧霞池夜坐〉所說：「莫謂天機非嗜欲，須知萬物是吾身。無端禮樂紛紛議，誰與青天掃宿塵？」[61]在這個境界中，天機嗜欲不二，禮樂施設乃是無端之舉。從心性修養而言，固然是本體工夫不二，但如果從存有本體來看，其實指的也是本體現象不二。一切存有源自一元本體，這表現在對惡的態度便與前述為善去惡的理論系統不同，而是對惡的涵化，甚至亦無惡可去（「誰與青天掃宿塵」也很容易讓人聯想到惠能的「本來無一物，何處惹塵埃」）。然而，佛教要做到無惡可斷、無善可修，背後有其緣起性空的理論支持之，但儒家並無。依良知教，如果也要達到涵蓋一切、無惡可去的境界，從陽明說法中，較相應的工夫，應該是以天地觀天地或萬物一體。準此，牟先生便指出儒家雖無緣起的說法，但也不能否定此說法。但這如果是達到無善無惡境界的工夫，終究與為善去惡工夫的道德實踐意義有別。

　　同時，如果良知是一切的本體，就必須對經驗現象的存在做一說明。但經驗現象乃是善惡二元，二元現象斷惡修善以歸一元，這很容易理解；但一元本體如何向下建立二元，就有理論上的困難。牟先生以水波喻說明這是「曲折地說」，這種說法顯然來自《大乘起信論》。而《大乘起信論》表達的是，本體現象乃是一體對翻，生滅的當下即是不生不滅，說明了用如來藏不生不滅以對照無善無知的良知，這良知的型態有別於為善去惡理論系統的良知。如果我們同意借用《大

61　〔明〕王守仁：《王陽明全集》，頁 786。

乘起信論》是一種可以接受的方法，那麼《大乘起信論》其實就存在著由「本體／工夫」、「本體／現象」二種區別。依《大乘起信論》，如來藏爲一切法所依，這是存有本體的意義。如來藏不生不滅因無明而對翻爲有生滅的阿黎耶識，這是本體發動而爲現象的過程。不生不滅既與生滅和合爲阿黎耶識，就必須以工夫恢復本來的自性清淨心，故而依不覺而說有始覺，依始覺而熏習修行，一旦打破阿黎耶識生滅和合的妄相，則復顯不生不滅法身的本體。這個復性的修行過程可以說是「即本體即工夫」的意義。同時，依《楞嚴經》、《圓覺經》等理論，皆有「言妄顯諸真、妄真同二妄」的說法，善惡俱遣、真妄俱泯以達到無分別心，在佛教是必然的理論結果，但在儒家有無必要？從肯定世界的立場而言，陽明既然說「有心俱是實，無心俱是幻」，就很難說無善無惡、不起分別在理論發展上是很順暢合理的結果。

第九章 「調適上遂」或「不能歸一」：論龍溪的無知無物

一、良知學之遞進

（一）由「義內」到「無待於外」的理論圓足

《孟子》良知不學不慮、四端人皆有之、以及盡心知性知天等話語，說明了道德自覺乃內在於我的普遍法則；經牟宗三先生之疏解發明，「仁義內在」、「即心見性」[1]等概念可謂孟子義理之法印無疑。而孟子「仁義內在」之概念，固可為陸、王「吾心即理」之張本，故而牟先生又謂：「孟子之犖犖大才確定了內聖了內學之弘規，然自孟子後，除陸象山與王陽明外，很少有能接得上著。」[2]不過如加比對，心學式的良知理論，雖說本乎孟子，但其實又有超乎孟子之處。例如王陽明〈與黃勉之〉所載：

---

1 牟宗三：「孟子堅主仁義內在於人心，可謂『即心見性』，即就心來說性。心就是具有仁、義、禮、智四端的心。」氏著：《中國哲學的特質》（臺北：臺灣學生書局，1990 年），頁 59。
2 牟宗三：《從陸象山劉蕺山》（臺北：臺灣學生書局，1990 年），頁 216。

> 以良知之教涵泳之，覺其徹動徹靜，徹畫徹夜，徹古
> 徹今，徹生徹死，無非此物。不假纖毫思索，不得纖
> 毫助長，亭亭當當，靈靈明明，觸而應，感而通，無
> 所不照，無所不覺，無所不達，千聖同途，萬賢合轍。
> 無他如神，此即為神；無他希天，此即為天；無他順
> 帝，此即為帝。本無不中，本無不公。終日酬酢，不
> 見其有動；終日閒居，不見其有靜。真乾坤之靈體，
> 吾人之妙用也。[3]

這段話雖是陽明門人黃勉之（1490-1540）所說，但經得陽明
認同，應可借以說明良知學所隱含的幾個問題。依此段文字，
良知超越動靜、畫夜、古今、生死等現象，無待於外；[4]所謂
無待於外，有兩種表現：（1）良知不假思索，不假助長；依
其感通，靡不覺照通達。（2）同時，良知雖觸而動、感而通，
但即寂即感，實又無動靜可見；也就是陽明〈答陸原靜書〉
所說的：「有事而感通，固可以言動，然而寂然者未嘗有增

---

3 本段文字是陽明門人黃勉之的話，王陽明肯定之曰：「此節論得已甚分曉。
知此，則知致知之外無餘功矣。知此，則知所謂建諸天地而不悖，質諸鬼
神而無疑，百世以俟聖人而不惑者，非虛語矣。」〔明〕王守仁撰，吳光、
錢明、董平、姚延福編校：《王陽明全集》（上海：上海古籍出版社，2006
年），頁193。黃省曾，字勉之，陽明講道於越，曾執贄為弟子。黃宗羲
《明儒學案》卷 35〈南中王門學案一〉批評「《傳習後錄》有先生所記
數十條，當是採之《問道錄》中，往往失陽明之意。」《黃宗羲全集》第
七冊，頁 676。儘管如此，黃勉之這段話倒是得到陽明的肯定。

4 「無待於外」之說見於〈別黃宗賢歸天臺序〉：「夫己克，而誠固無待乎
其外也。世儒既叛孔、孟之說，昧于《大學》『格致』之訓，而徒務博乎
其外，以求益乎其內，皆入汙以求清，積垢以求明者也，弗可得已。」《王
陽明全集》，頁 233。

也。無事而寂然，固可以言靜，然而感通者未嘗有減也。」[5]
「無待於外」這兩點意思，反映了良知對於客觀知識與情景
條件，需求與否的問題：（1）良知固然不與聞見之知相應，
但如果不假外索、自無所措而不當，則道德行為的完成，除
了良知之外還需客觀規範或經驗知識否？（2）良知如果無分
動靜、寂感一如，雖感而無所動、雖寂而無所靜，則良知發
用，是否還需觸事歷物的情景條件？當觸事歷物之時，良知
固然無不感通；但未觸事歷物之際，良知何在？這兩個問題
回到《孟子》文本，可以發現孟子對此問題意識尚未明確，
亦未見相應的回答。

對照《孟子》相關論述，第一個問題中，孟子顯然較肯
定客觀規範、經驗知識獨立的存在地位，心學則漸有內攝於
良知的傾向。孟子於《盡心·上15》曰：「人之所不學而能
者，其良能也；所不慮而知者，其良知也。孩提之童，無不
知愛其親者；及其長也，無不知敬其兄也。」良知不學不慮，
非關經驗知識，程頤謂之「良知良能，皆無所由；乃出於天，
不繫於人。」然而，對禮制的強調與尊重，屢見於《論語》、
《禮記》，[6]即便孟子本人對禮制也表現相當程度的尊重，《滕

---

5 〈答陸原靜書〉：「寂然感通，可以言動靜，而良知無分於寂然感通也。
動靜者所遇之時，心之本體固無分於動靜也。理無動者也，動即為欲。循
理則雖酬酢萬變而未嘗動也；從欲則雖槁心一念而未嘗靜也。動中有靜，
靜中有動，又何疑乎？有事而感通，固可以言動，然而寂然者未嘗有增也。
無事而寂然，固可以言靜，然而感通者未嘗有減也。動而無動，靜而無靜，
又何疑乎？無前後內外而渾然一體，則至誠無息之疑，不待解矣。」同前
註，頁64。
6 從《論語·八佾》來講，「人而不仁，如禮何？」固已說明內在的道德自
覺，乃是道德行為的必要條件，但並不意謂可以捨客觀規範、經驗知識而

文公・下 7》、《萬章・下 6》、《萬章・下 7》等篇章都載
有孟子與門人對行為合乎禮制與否的討論。儘管良知依主觀
判斷，在權變原則下，對禮制的適用性有選擇的可能，但仍
無改其尊重客觀規範之事實。即便我們稱道德主體為道德行
為的動力因，而客觀規範或知識區為質料因，兩者或有主從
本末之分，但這仍說明客觀知識仍是成就道德行為所必需
者。[7]然而，在理學史中，可以看到外在規範或客觀知識有步
步向內收攝的發展趨勢。朱子（1130-1200）以為道德行為在
良知之外，仍賴客觀知識的配合，而客觀知識有賴後天學習：
「如先酌鄉人與敬弟之類，若不問人，怎生得知？⋯⋯若不
因講問商量，何緣會自從裡面發出？」[8]顧東橋（1476-1545）
同樣認為良知之外，仍有客觀外在之事理，必待學而後能，

不顧，否則《論語》就不會同時載有「克己復禮為仁」（《論語・顏淵》）
以及「恭而無禮則勞，慎而無禮則葸，勇而無禮則亂，直而無禮則絞。」
（《論語・泰伯》）等話語；而《禮記・曲禮》也就不會有「道德仁義，
非禮不成」之語。

7 《滕文公・上 2》載滕定公薨，滕定公委師傅然友向孟子請教喪禮。孟子
告之曰：「不亦善乎！親喪固所自盡也。曾子曰：『生，事之以禮；死，
葬之以禮，祭之以禮，可謂孝矣。』諸侯之禮，吾未之學也；雖然，吾嘗
聞之矣。三年之喪，齊疏之服，饘粥之食，自天子達於庶人，三代共之。」
然友反命，定為三年之喪。」從孟子「葬之以禮，祭之以禮，可謂孝。」
的回答來看，儘管「孩提之童，無不知愛其親者」，但孝順之道，仍有其
客觀規範。而從「吾未學之，吾嘗聞之」的話語來看，此客觀規範顯然必
須經由後天學習乃得，否則然友不必問禮於孟子矣。此外，《滕文公・下
2》孟子另以禮制評斷公孫衍、張儀所行稱不上大丈夫：「是焉得為大丈
夫乎？子未學禮乎？丈夫之冠也，父命之；女子之嫁也，母命之，往送之
門，戒之曰：『往之女家，必敬必戒，無違夫子！』以順為正者，妾婦之
道也。居天下之廣居，立天下之正位，行天下之大道。得志與民由之，不
得志獨行其道。富貴不能淫，貧賤不能移，威武不能屈。此之謂大丈夫。」
這說明衡量行為是否合乎仁義，仍有一定客觀標準可供參考。

8 〔宋〕朱熹：《朱子語類》卷 59，《朱子全書》第十六冊，頁 1879。

故謂：「若夫禮樂名物，古今事變，亦必待學而後有以驗其行事之實。此則可謂定論矣。」[9]不過，按照陽明的說法，夏熱冬寒，溫清定省，「這都是那誠孝的心發出來的條件。却是須有這誠孝的心，然後有這條件發出來。」[10]即便周公制禮作樂，孔子刪述六經，「是知聖人遇此時，方有此事。只怕鏡不明，不怕物來不能照。講求事變，亦是照時事，然學者却須先有個明的工夫。學者惟患此心之未能明，不患事變之不能盡。」[11]有了良知即能臨事而動，無不中矩，陽明〈博約說〉：「天命之性具於吾心，……謂之天理。天理之條理謂之禮。是禮也，其發見於外，則有五常百行，酬酢變化，語默動靜，升降周旋，隆殺厚薄之屬。」[12]禮樂由一心作，由內而外的傾向就至爲明顯。[13]

　　至於第二個問題，孟子的良知的呈現，觸事歷物的「在

9　〔明〕王守仁：《王陽明全集》，頁 52。

10　同前註，頁 3。

11　同前註，頁 12。

12　〈博約說〉：「天命之性具於吾心，其渾然全體之中，而條理節目森然畢具，是故謂之天理。天理之條理謂之禮。是禮也，其發見於外，則有五常百行，酬酢變化，語默動靜，升降周旋，隆殺厚薄之屬；宜之于言而成章，措之于爲而成行，書之于冊而成訓；炳然蔚然，其條理節目之繁，至於不可窮詰，是皆所謂文也。……是所謂體用一源，而顯微無間者也。是故君子之學也，於酬酢變化、語默動靜之間而求盡其條理節目焉，非他也，求盡吾心之天理焉耳矣；於升降周旋、隆殺厚薄之間而求盡其條理節目焉，非他也，求盡吾心之天理焉耳矣。」《王陽明全集》，頁 266-267。

13　龔雋：「依禪師們的意見，規矩本來是根源於自性而又順於自性的，只是由於眾生自性的障蔽，才需要外在禮法的形式加以規約。」氏著：《禪史鈎沉－以問題爲中心的思想史論述》（北京：生活・讀書・新知三聯書店，2006 年），頁 85。拙見以爲，對於良知與禮法的體用關係，心學也表現了類似的態度。

場」經驗顯然是重要的因素。心學則在動靜生滅的現象之外，另發展出非動非靜、超越之體的說法。於《告子‧上 6》，孟子固已指出，惻隱羞惡恭敬是非之心，人所共有；由於仁義禮智非由外鑠，乃內在於我，謂之「仁義內在」。仁義內在的事實，除了「親親」、「敬長」爲證明之外，另一例子當爲《梁惠王‧上 7》齊宣王在孟子點撥下，旋知其舍牛易羊「是乃仁術也」。然而，「親親」、「敬長」正說明血緣情感此一經驗事實係良知之基礎，而齊宣王「見牛未見羊」、及孟子「君子遠庖廚」的說法，亦說明良知有以「道德情感」爲基礎的可能。建立於真實感情的良知，其呈現需要「在場」的經驗條件，並非絕待自在、純粹理性、形而上的觀念。[14]準此，孟子於《公孫丑‧上 6》雖欲指出人乍見孺子入井，未有三念之雜，以證良知之絕待現在；然而，《梁惠王‧上 7》「以羊易牛」之例卻指出，儘管「若隱其無罪而就死地，則

---

14 孟子喜歡用「親親」、「愛親」來界定「仁」，例如《盡心‧上 15》：「親親，仁也；敬長，義也。」《離婁‧上 27》「仁之實，事親是也；義之實，從兄是也。智之實，知斯二者弗去是也；禮之實，節文斯二者是也。」孟子以「親親」、「敬長」（或「從兄」）做爲「仁義」的定義或區分，這與宗族倫理或血緣情感其實不無關係。準此，黃進興亦指出：「首先，儒家倫理基本上是以『道德情感』爲出發點，孟子的『四端說』把此一特色表現得最爲清楚。他認爲『人皆有不忍之心』，而以『乍見孺子將入於井』生動地描述了『怵惕惻隱之心』的產生，據孟子說這種感情之產生『非所以內交於孺子之父母』、『非所以要譽於卿黨朋友』、『非惡其聲而然』，因此，可以肯定爲『道德情感』；更重要的，孟子認爲人之所以爲人就是因爲具有這種感情，而此一感情實爲道德的基礎或開端。⋯⋯值得注意的是，『四端』並非形而上的抽象觀念，乃是具有經驗意義的『道德感』。」氏著：〈所謂「道德自主性」：以西方觀念解釋中國思想之限制的例證〉，《優入聖域：權力、信仰與正當性》（臺北：允晨文化出版，1994 年），頁 11-12。

牛羊何擇焉？」但因目見耳聞、感官經驗所及，齊宣王見牛
未見羊，這頭羊遂無由喚起齊宣王的惻隱之心。換言之，若
離於當下場景（例如「君子遠庖廚」），仍欲求良知必然呈現，
恐怕有其困難；甚至在凶歲的惡緣下，還有陷溺其心的可能。

　　順此推論，現實經驗中，良知的實現與否，攸關外在善
惡因緣，既然如此，便顯其頭出頭沒、若存若亡，未為自在
具足。為了保證良知的充實飽滿，無所虧欠，不假外力，現
成具足；於是，理學家試圖透過理氣格局以彰顯良知的超越
自在：理無動靜、氣有動靜；理無虛欠、氣有蔽隔。周濂溪
《通書·動靜第十六》「動而無靜，靜而無動，物也。動而
無動，靜而無靜，神也。」張載《正蒙·乾稱》「體不偏滯，
乃可謂無方無體。偏滯於陰陽晝夜者，物也。」伊川「所以
開闔者道，開闔便是陰陽。」（《程氏遺書》卷 15）、朱熹
「陰陽非道，所以陰陽者道也。」（《朱子語類》卷 74）陽
明所謂「未扣時原是驚天動地，既扣時也只是寂天寞地。」
以及〈答陸原靜書〉所謂「有事而感通，固可以言動，然而
寂然者未嘗有增也。無事而寂然，固可以言靜，然而感通者
未嘗有減也。」大抵皆有此意。

（二）由「無待於外」到「無是無非」

　　綜上所述，一方面將客觀規範的根源內攝至良知本心，
一方面區分形而下有動靜寂感、形而上無動無靜寂感一如的
體用格局，可以說「內攝於我」、「無待於外」的理論基本
上已完備於陽明良知學。不過，這種理論型態可能衍生另一
問題，即「性善論」朝向「性超越善惡論」的發展。依《告

子‧上 6》：「乃若其情，則可以爲善矣，乃所謂善也。若夫爲不善，非才之罪也。」歸納《孟子》所言，不能盡其才的原因主要來自於「物交物則引之」的感官欲求，以及不良環境的陷溺其心。就心性論而言，「惡」固然可歸咎於後天氣稟的蔽隔，就此或可區分本然善性與後天之惡的異質性。但如果從「性體情用」的角度來說，形而下的善、惡如果都是形而上之性的發用；那麼「人生以上不容說」的形而上之性，便理應超越善惡。再從本體論的角度來看，如果一切善惡染淨現象皆源自一終極本體，皆是同一本體流行之跡，則此本體理當超越善惡之外，乃能言其「動而無動，靜而無靜」。明道「天下善惡皆有理」、五峯「天理人欲同體異用」、陽明「無善無惡心之體」可以說皆是此一傾向之發展。

王龍溪〈滁陽會語〉對陽明「江右以後」與「居越以後」良知思想的敘述，大抵呈現了由「即知即行、知行無二」朝向「知是知非而無是無非」發展進程。[15]然而，如同王龍溪所指出，「無善無惡」四句教或「知是知非、無是無非」之成爲良知教法主流，乃見於陽明居越之後。[16]然而，由於四

---

15 〈滁陽會語〉：「自江右以後，則專提『致良知』三字，……知之真切篤實處即是行，真切是本體，篤實是工夫，知之外更無行；行之明覺精察處即是知，明覺是本體，精察是工夫，行之外更無知。」又謂陽明居越以後的化境曰：「時時知是知非，時時無是無非，開口即得本心，更無假借湊泊，如赤日麗空而萬象自照，如元氣運於四時而萬化自行，亦莫知其所以然也。」。吳震編校整理：《王畿集》（南京：鳳凰出版社，2007 年），頁 33-34。

16 王龍溪：「陽明夫子之學，以良知爲宗，每與門人論學，提四句爲教法：『無善無惡心之體，有善有惡意之動，知善知惡是良知，爲善去惡是格物。』」〈天泉證道紀〉，吳震編校整理：《王畿集》，頁 1。陳來推估：「王龍溪從學始於陽明平濠之後歸越之初，所以四句教的提出當在

句教是陽明晚年的學術總結，何以爲善去惡、知是知非，必以無善無惡、知是知非爲向上一機、爲化境？這部分陽明未及詳言，門人後學對此掌握亦不一。[17]劉蕺山評騖龍溪「直把良知作佛性看，懸空期個悟，終成玩弄光景，雖謂之操戈入室可也。」[18]黃宗羲承師說，謂龍溪「無善無惡心之體」與「至善無惡者心體也」兩說「已不能歸一矣。」並評其四無說曰：「雖云性流行，自見天則，於儒者之矩矱，未免有出入矣。」[19]然而，學界亦以爲，龍溪之學並不存在「不能歸一」的問題，[20]甚至還是陽明學的調適上遂，如牟先生所言：「王龍溪說四無，于陽明學中並非無本。……然自法而言，則只是四句教一教法，四無並不能獨立自成一教法。」[21]

陽明居越之後，而不會早於居越時期。」氏著：《有無之境－王陽明哲學的精神》（北京：北京大學出版社，2006年），頁180。

17 陽明門人後學對四無四有的爭論，錢明曾簡述其發展曰：「陽明歿後，其門人後學曾圍繞著『四句教言』展開過激烈的爭辯，……王龍溪、周海門、管東溟、陶石簣兄弟等堅持並發展了陽明的『四無』思想，錢緒山、鄒東廓、劉師泉、何善山、黃洛村、羅念庵等則堅持並發展了陽明的『四有』思想；而晚明的王學修證論者，爲捍衛陽明學說，又大都步緒山等人後塵，對龍溪等現成派進行了尖銳批評；至於王學批判論者，亦接過緒山等人的『接力棒』，不僅猛擊現成派，而且直斥陽明，以至全盤否定，力促用朱子學取代陽明學。」錢明：〈陽明之教法與王學之裂變〉。引文見俞樟華：《王學編年》（長春：吉林大學出版社，2010年），頁173。

18 〈師說〉，《黃宗羲全集》第七冊，頁16。

19 同前註，頁270。

20 例如彭國翔則以爲：「……龍溪以無善無惡爲至善的說法從三十歲天泉證道到晚年一以貫之，並不存在『其說已不能歸一』的問題。黃宗羲恰恰是不了解，對龍溪而言，『至善』作爲『無善無惡』的內容規定，本來就不與『無善無惡』相悖。」氏著：《良知學的開展－王龍溪與中晚明的陽明學》（北京：生活·讀書·新知三聯書店，2005年），頁220。

21 牟宗三：《從陸象山到劉蕺山》，頁281-282。

以及「只在四無上把境界推至其究竟處，……這亦是良知教底調適而上遂，……。」[22]顯然，龍溪以四無論心意知物，並非人皆認可；可能是「調適上遂」，也可能是「有失矩矱」。

二、良知學的第一義與第二義

（一）仁義內在與義襲外在

如龍溪〈滁陽會語〉所言，陽明江右與居越後的良知教，存在著思想的發展；又依其〈天泉證道紀〉所述陽明教法，四有乃是朝向四無的過渡階段與工夫，兩套工夫即是頓漸之別。[23]不過，考察《傳習錄》上、中卷，其中的頓、漸之教，其實是陽明的心即理與朱子的格物致知之說。而心即理、致良知直下承當的說法，確實也有頓悟徑捷的意味。[24]亦即是說，相較於格物窮理，心即理或致良知本身就具有頓捷的意味，這頓捷的表現在於：悟此良知，「致良知於事事物物」，動容周旋無不中禮，即體即用，也就不落工夫相。準此，江

---

22 同前註，頁 282。

23 王龍溪轉述陽明之說曰：「吾教法原有此兩種：四無之說，爲上根人立教；四有之說，爲中根以下人立教。上根之人，悟得無善無惡心體，便從無處立根基，意與知物，皆從無生，一了百當，即本體便是工夫，易簡直裁，更無剩欠，頓悟之學也。中根以下之人，未嘗悟得本體，未免在有善有惡上立根基，心與知物，皆從有生，須用爲善去惡工夫，隨處對治，使之漸漸入悟，從有以歸於無，復還本體，及其成功，一也。」吳震編校整理：《王畿集》，頁 2。

24 如顧東橋便曾指出「心即理」的說法有禪家頓悟之嫌：「立說太高，用功太捷，……未免墜於佛氏明心見性、定慧頓悟之機，無怪聞者見疑。」〔明〕王守仁：《王陽明全集》，頁 41。

右的良知教在於「好善惡惡」的道德對治，居越後的良知教則在於「善惡不著」的超越對治。

依道德對治角度，良知乃是有定向，能為吾人為善去惡之主宰者，陽明〈大學問〉曰：

> 人惟不知至善之在吾心，心而求之於其外，以為事事物物皆有定理也，而求至善於事事物物之中，是以支離決裂，錯雜紛紜，而莫知有一定之向。今焉既知至善之在吾心，而不假於外求，則志有定向，而無支離決裂、錯雜紛紜之患矣。[25]

〈答顧東橋書〉亦曰：

> 夫良知之於節目時變，猶規矩尺度之於方圓長短也。……故規矩誠立，則不可欺以方圓，而天下之方圓不可勝用矣；尺度誠陳，則不可欺以長短，而天下之長短不可勝用矣；良知誠致，則不可欺以節目時變，而天下之節目時變不可勝應矣。[26]

以規矩喻良知，以方圓長短喻事事物物，則良知之規範意義，顯然可知。同時，良知有好善惡惡之定向，而良知又不能只為獨體的明覺，必然要作用於具體的行為物事，謂之致知；事事物物亦因良知之致而歸於正，謂之格物。合言之，即〈大學問〉「致知必在於格物」：

> 然欲致其良知，亦豈影響恍惚而懸空無實之謂乎？是必實有其事矣，故致知必在於格物。物者，事也。凡意之所發必有其事，意所在之事謂之物。格者，正也。

---

25 同前註，頁 970。
26 同前註，頁 50。

　　　　正其不正以歸於正之謂也。正其不正，去惡之謂也，
　　　　歸於正者，為善之謂也。[27]

陽明於〈答顧東橋書〉另謂：「其虛靈明覺之良知，應感而
動者謂之意；有知而後有意，無知則無意矣。……意之所用，
必有其物，物即事也。」[28]亦即在「好善惡惡」格局下，良
知應物必然會起「正其不正」的規範功能；心體爲至善，由
此而發，心意知物，一皆是良，一皆是正。

　　強調德性之良知與經驗之知兩者的不相應，陽明進而稱
之以「第一義」、「第二義」：

　　　　夫子嘗曰「蓋有不知而作之者，我無是也」，是猶孟
　　　　子「是非之心，人皆有之」之義也。此言正所以明德
　　　　性之良知，非由於聞見耳。若曰「多聞擇其善者而從
　　　　之，多見而識之」，則是專求諸見聞之末，而已落在
　　　　第二義矣，故曰「知之次也」。[29]

「蓋有不知而作之者，我無是也」出自《論語・述而》，原
是孔子說明自己「多聞，從其善而從之，多見而識之」，經
由學習，多聞多見。原意與陽明所謂「非由於聞見」，恰恰
相反。撇開文意上的誤讀，陽明對於德性之知，不由聞見的
強調仍是清楚的。陽明又說：

　　　　孔子云：「吾有知乎哉？無知也。」良知之外，別無
　　　　知矣。故「致良知」是學問大頭腦，是聖人教人第一
　　　　義。今云專求之見聞之末，則是失卻頭腦，而已落在

27 同前註，頁972。
28 同前註，頁47。
29 同前註，頁51。

第二義矣。[30]

這裏引用的是《論語‧子罕 7》，陽明的解讀仍屬創造性的詮釋。他借以說明的仍不出前段引文「正所以明德性之良知，非由於聞見耳。」的意思，所謂德性之良知，當然就是孟子四端之心。德性之知是知的第一義，聞見之知則落在第二義矣，謂之「良知之外，別無知矣」。

　　對於《論語‧子罕 7》，龍溪釋之曰「無知而無不知也，而知識聞見不與焉」，基本上仍承襲陽明「良知之外，別無知矣」的說法，其意仍指良知非聞見之知，卻足以盡天下之節目時變。對此，〈歐陽南野文選序〉的說法更爲清楚：

> 良知本無知，凡可以知知，可以識識，是知識之知，而非良知也。良知本無不知，凡待聞而擇之從之、待見而識之，是聞見之知，而非良知也。是皆不能自信其良知，疑其不足以盡天下之變，而有所待於外也。道本自然，聖人立教，皆助道法耳。良知亦法也。果能自悟，不滯於法，知即良知之知，識即良知之識，聞見即良知之聞見，原未嘗有內外之可分也。[31]

良知非聞見之知，但足以盡天下之變，龍溪謂之「良知本無知」，其實意同前引陽明所謂「夫良知之於節目時變，猶規矩尺度之於方圓長短也。……故規矩誠立，則不可欺以方圓，而天下之方圓不可勝用矣。」對於良知不由學慮而得，龍溪也稱之爲「先天之學」：

> 夫良知之與知識，差若毫釐，究實千里。同一知也，

---

30 同前註，頁 71。
31 吳震編校整理：《王畿集》，頁 348。

> 如是則為良，如是則為識；如是則為德性之知，如是
> 則為聞見之知，不可以不早辨也。良知者，本心之明，
> 不由學慮而得，先天之學也；知識則不能自信其心，
> 未免假於多學臆中之助而已，入於後天矣。[32]

龍溪這裏先天、後天的說法，大抵相當陽明所謂良知的「第
一義」、「第二義」，仍未離於良知屬義內或義襲的格局。

（二）知是知非與無是無非

不過，陽明又另以「無知」界說良知，而有「良知本無
知」之語：

> 無知無不知，本體原是如此。譬如日未嘗有心照物，
> 而自無物不照。無照無不照，原是日的本體。良知本
> 無知，今卻要有知；本無不知，今卻疑有不知，只是
> 信不及耳！[33]

「良知本無知」要強調的是應物無心、無分別意，如同日頭
無心照物，卻因而無物不照。依孟子，良知指的是惻隱、羞
惡、辭讓（恭敬）、是非等具有道德意義的內容；陽明所謂
「良知之外，別無知矣」強調的也是德性之知不由聞見。這
裏「無知無不知」中的「無知」，其意顯不同於「不由聞見」，
而在「無心」或「無分別」，已超出了前述第一義（德性）
與第二義（聞見）的範圍。[34]《傳習錄》這段「良知本無知」

---

32 同前註，頁 130。
33 〔明〕王守仁：《王陽明全集》，頁 109。
34 陳來指出，「無善無惡心之體」所討論的「是一個與社會道德倫理不同
面向（dimension）的問題，指心本來具有純粹的無執著性，指心的這種
對任何東西都不執著的本然狀態是人實現理想的自在境界的內在根源。」
氏著：《有無之境 —— 王陽明哲學的精神》，頁 197。

話語，乃門人黃修易（字勉叔）所錄，從記錄中已見王龍溪參與談話，故而應可判斷爲陽明歸越（1522）之後。從可見資料來看，「無知而無不知」應屬陽明晚期思想。不過，龍溪〈刻陽明先生年譜序〉則把「無知而無不知」視爲陽明連貫性的思想：

> 及居夷三載，動忍增益，始超然有悟於「良知」之旨：無內外，無精粗，一體渾然，是即所謂「未發之中」也。其說雖出於孟某氏，而端緒實原於孔子。其曰：「吾有知乎哉，無知也。蓋有不知而作，我無是也。」言「良知」無知而無不知也。而知識聞見不與焉。此學脈也。[35]

龍溪在這裏對《論語·子罕 7》的解釋仍是「知識聞見不與焉」。不過，〈致知議略〉另有引用，其說解在第一義、第二義之外，似乎又多了一層意思：

> 孔子曰：「吾有知乎哉？無知也。」言良知之外別無知也。鄙夫之空空與聖人之空空，無異。……空空者，道之體也。……心惟空，故能辨是非。世儒不能自信其心，謂空空不足以盡道，必假於多學而識，以助發之，是疑口之不足以辨味而先灘以甜酸，目之不足以別色而先泥以鉛粉，耳之不足以審音而先淆以宮羽，其不至於爽失而眩瞶者，幾希矣！[36]

雖然這則資料闡述的也是「知識聞見不與焉」，但可以發現，在此之外，「無知」還有另一層意義，即「空空者，道之體

---

35 〔明〕王守仁：《王陽明全集》，頁 1360。
36 吳震編校整理：《王畿集》，頁 131-132。

也」。所謂「空空」也就是「渾然虛明」、「不起分別意」
的意思，如〈龍南山居會語〉所載：

> （定宇鄧子）問曰：「良知渾然虛明，無知而無不知。
> 知是知非者，良知自然之用，亦是權法。執以是非為
> 知，失其本矣。」先生曰：「然哉！是非亦是分別相，
> 良知本無知，不起分別之意，方是真是真非。譬之明
> 鏡之鑒物，鏡體本虛，物之妍媸，鑒而不納，過而不
> 留，乃其所照之影。以照為明，奚啻千里？孟氏云：
> 『是非之心，知之端也』，端即是發用之機，其云性
> 善，乃其渾然真體，本無分別。見此方謂之見性，此
> 師門宗旨也。」[37]

綜上所述，龍溪「良知本無知」之要旨可歸納爲幾個概念如
下：（1）良知爲先天之學。（2）良知屬先天，知識屬後天。
良知爲先天之學，所以知識聞見不與焉，不學不慮，不假求
索。（3）因良知不假外求，所以突顯出良知獨立自律的特質，
不落格套，無工夫相。（4）因良知爲先天之學，所以渾然一
體，本無分別。雖無分別，但又能不起分別意中作諸分別；
於分別中而又不起分別意。

如果只從前三點來看，良知便意謂著先驗道德不假知
識，自律而不落後天格套。這與陽明江右時期的良知教實無
太大差異，而龍溪語錄中也不乏道德型態的良知。[38]在此型

---

37 同前註，頁 167。
38 例如〈三山麗澤錄〉所載：「正心，先天之學也；誠意，後天之學也。……
吾人一切世情嗜欲，皆從意生。心本至善，動於意，始有不善。若能在
先天心體上立根，則意所動自無不善，一切世情嗜欲自無所容，致知工
夫自然易簡省力，所謂後天而奉天時也。若在後天動意上立根，未免有

態中，心本至善，因動於意，始有惡之歧出。因此，回歸先天心體就成為保證行為如理的關鍵。一有意念之動、而不守自性之際，「纔動即覺，纔覺即化」謂之「從先天立根」。否則，在經驗層的感性意念中，從後天立根，便「生滅牽擾，未易消融」。而「頻失頻復」亦意謂著工夫不免於失而復、復而失的過程中不斷重複，不能一勞永逸、「自然易簡省力」。

承上所述，只看（1）（2）（3）點，並不能說龍溪與陽明「致良知」教有什麼太大的出入，基本上皆肯定良知第一義與第二義的區隔在於德性之知與聞見之知，在於出自先天的不學不慮與後天的格套規矩。不過，如加上（4）點後，情形就不太一樣。例如龍溪於〈與陽和張子問答〉所言：

> 良知二字，是徹上徹下語。良知知是知非，良知無是無非。知是知非，即所謂規矩，忘是非而得其巧，即所謂悟也。中人上下，可語與不可語，亦在乎此。……棄規矩而談妙悟，自是不善學之病，非良知之教使之然也。[39]

世情嗜欲之雜。纔落牽纏，便費斬截，致知工夫轉覺繁難，欲復先天心體，便有許多費力處。」吳震編校整理：《王畿集》，頁 10。〈陸五臺贈言〉也載有類似的話語曰：「正心，先天之學也；誠意，後天之學也。良知者，不學不慮，存體應用，周萬物而不過其則，所謂『先天而天弗違，後天而奉天時』也。人心之體，本無不善，動於意始有不善。一切世情見解嗜欲，皆從意生。人之根器不同，功夫難易亦因以異。從先天立根，則動無不善，見解嗜欲自無所容，而致知之功易；從後天立根，則不免有世情之雜，生滅牽擾，未易消融，而致知之功難。顏子不遠復，纔動即覺，纔覺即化，便是先天之學。其餘頻失頻復，失則吝，復則無咎，便是後天之學。難易之機，不可以不辨也。」吳震編校整理：《王畿集》，頁 445。

39 同前註，頁 126。

依（1）（2）（3）點，所謂的第一義，乃是指良知可以不依傍規矩、自我作主而知是知非。但加上（4）點後，便如這段話所言，非但不義襲外在規矩，即便知是知非也是「所謂規矩」，仍只不過是爲中下根人設的「權法」。連是非都要一併捨卻，龍溪稱之爲悟、頓、上乘、密旨。依「棄規矩而談妙悟，自是不善學之病。」的說法，「知是知非」顯然是達到「無是無非」的過渡方便。道德境界之上，「無是無非」顯然要更爲究竟，〈半洲劉公墓表〉即載龍溪嘗試爲劉半洲「開權顯實」（此借用天臺宗語）的點撥之語，惜劉半洲不能悟：

> 公歎曰：「『良知即是獨知時』，此師門宗旨。」予曰：「獨知無有不良。良知者善知也。『可欲之謂善』，有諸己方謂之信。信者，信良知也。」公領之曰：「良知知是知非。」予激之曰：「良知無是無非。」未達，予曰：「是非者，善惡之幾、分別之端。知是知非，所謂規矩也；忘規矩而得其巧，雖有分別而不起分別之想，所謂悟也。其機原於一念之微，此性命之根、無爲之靈體，師門密旨也。」公將信而復疑，待其自悟，不以相強也。[40]

依道德對治型態，良知作主是第一義，義襲規矩是第二義。在此，龍溪將「知是知非」與「規矩」加以連結，「知是知非」遂成爲第二義。於是，頓漸、權實、第一義與第二義的指涉，已由德見、聞見轉爲知是知非與無是無非。陽明《文錄續編》中，錢緒山於〈大學問〉文後案語即指出了這種第

---

40 同前註，頁641。

一義、第二義格局的流行趨勢，但錢氏顯不認同：

> 師既沒，音容日遠，吾黨各以己見立說。學者稍見本體，即好為徑超頓悟之說，無復有省身克己之功。謂「一見本體，超聖可以跂足」，視師門誠意格物、為善去惡之旨，皆相鄙以為第二義。簡略事為，言行無顧，甚者蕩滅禮教，猶自以為得聖門之最上乘。[41]

易簡直截、省力頓悟，都是龍溪喜用的語詞。再對照龍溪〈天泉證道紀〉所載，「中根以下之人，⋯⋯須用為善去惡工夫，隨處對治，使之漸漸入悟，從有以歸於無，復還本體。」如果「為善去惡」是為中根以下人設，是第二義，所謂上乘之學，應即是指「心體無善無惡」的思想。亦即是說，這裏的第一義與第二義，已從德性、聞見代換為為善去惡與無善無惡，並以無善無惡為悟入本體之境界。而這種概念的代換，同樣存在於「格物」之中，由「正其不正以歸於正、致知而歸諸正物」[42]轉為「物是無善無惡之物」。

三、良知的發用：格物與無物

（一）心外無物

　　陽明良知教中，有「心外無理」、「心外無物」的說法。

---

41 〔明〕王守仁：《王陽明全集》，頁973。
42 徐階〈陽明先生文錄續編序〉：「格者，正也。正其不正以歸於正也。物者，事也。事各歸於正，而吾良知之所知始無虧缺障蔽，得以極其致矣。舉知而歸諸良，舉致知而歸諸正物，蓋先生之學不汩於俗，亦不入於空如此。」同前註，頁1572。

所謂「心外無理」，指的是良知內在、道德自律；至於「心外無物」，則意謂著經由良知道德化以歸於其正，事物乃具有道德意義，如《傳習錄》所載：

> 身之主宰便是心；心之所發便是意；意之本體便是知；意之所在便是物。如意在於事親，即事親便是一物；意在於事君，即事君便是一物；意在於仁民愛物，即仁民愛物便是一物；意在於視聽言動，即視聽言動便是一物。所以某說無心外之理，無心外之物。[43]

又如：

> 意之所用，必有其物，物即事也。如意用於事親，即事親為一物；意用於治民，即治民為一物；意用於讀書，即讀書為一物；意用於聽訟，即聽訟為一物：凡意之所用無有無物者，有是意即有是物，無是意即無是物矣。[44]

從「有是意即有是物，無是意即無是物」來看，所謂「心外無物」乃指致良知於事事物物，則事物無不中理。

格物、致知、誠意皆攝於正心，在〈大學問〉中有清楚的論述：

> 必其靈明主宰者欲為善而去惡，然後其形體運用者始能為善而去惡也。故欲修其身者，必在於先正其心也。然心之本體則性也。性無不善，則心之本體本無不正也。何從而用其正之之功乎？蓋心之本體本無不正，自其意念發動，而後有不正。故欲正其心者，必

---

43 同前註，頁6。
44 同前註，頁47。

就其意念之所發而正之，凡其發一念而善也，好之真
如好好色；發一念而惡也，惡之真如惡惡臭；則意無
不誠，而心可正矣。……然欲致其良知，亦豈影響恍
惚而懸空無實之謂乎？是必實有其事矣。故致知必在
於格物。物者，事也，凡意之所發必有其事，意所在
之事謂之物。格者，正也，正其不正以歸於正之謂也。
正其不正者，去惡之謂也。歸於正者，為善之謂也。
夫是之謂格。……故曰：「物格而后知至，知至而后
意誠，意誠而后心正，心正而后身修。」蓋其功夫條
理雖有先後次序之可言，而其體之惟一，實無先後次
序之可分。[45]

心之本體既無不正，從先天立根意謂著直探道德驪珠、「一
切俗緣，皆非性體，乃豁然脫落」[46]，而其結果便是：心、
意、知、物皆無不正。準此，更精確的說，「心外無物」其
實應該是「心外無『無理之物』」；亦即良知是道德事物的
根源，道德事物必不能外於良知而成立。故而陽明又謂「心
外無物，心外無事，心外無理，心外無義，心外無善。吾心
之處事物，純乎理而無人偽之雜，謂之善，非在事物有定所
之可求也。處物為義，是吾心之得其宜也，義非在外可襲而
取也。」[47]也就是說，這種意義下的「心外無物」，其要旨
在於「道德物事非義襲外在而得」，牟先生稱之「道德實踐
的攝物歸心心以宰物」。心以宰物、良知自我做主所表現出

45 同前註，頁 971-972。
46 同前註，頁 1291。
47 同前註，頁 156。

來的便是灑落自得，無所依傍：「動容周旋而中禮，從心所欲而不逾，斯乃所謂真灑落矣。」[48]

不過，《傳習錄》另載有一種具本體論意義的「天下無心外之物」：

> 先生遊南鎮，一友指岩中花樹問曰：「天下無心外之物，如此花樹，在深山中自開自落，於我心亦何相關？」先生曰：「你未看此花時，此花與汝心同歸於寂。你來看此花時，則此花顏色一時明白起來。便知此花不在你的心外。」[49]

天地萬物，皆因良知之感知而存在，如同太虛無形含融萬物，一切現象皆是良知的發用流行：

> 良知之虛，便是天之太虛；良知之無，便是太虛之無形。日月風雷山川民物，凡有貌象形色，皆在太虛無形中發用流行，未嘗作得天的障礙。聖人只是順其良知之發用，天地萬物，俱在我良知的發用流行中，何嘗又有一物超于良知之外，能作得障礙？[50]

在道德本體意義之外，良知進一步擴充為存有的本體意義，牟先生稱之「本體宇宙論論的攝物歸心心以成物」。然而，從存有的本體意義而言，既包含一切現象，便無一法可捨，「好善惡惡」的道德意義朝向「無善無惡」的超道德意義便是必然的發展，如陽明所言：「然不知心之本體原無一物，一向著意去好善惡惡，便又多了這分意思，便不是廓然大公。」

---

48 同前註，頁 190。
49 同前註，頁 107-108。
50 同前註，頁 106。

[51] 綜上所述，陽明所謂「心外無物」具有兩種層次，（1）從道德實踐來說，其意實際上是「心外無『無理之物』」，所要突出的是「自律的好善惡惡」與「義襲的好善惡惡」兩種道德模式的差別。（2）從本體論意義來說，所要突出的是「有善惡分別相」與「無善惡分別相」的差別，良知含融萬物，本無揀擇，一旦有善惡分別，便不是廓然大公。

（二）無物之物

陽明「心外無物」的兩義（心以宰物與心以成物）也都為龍溪所承繼。當意在道德實踐時，龍溪謹守的是「致知在格物」的格局，表達方式仍是「致其本體之知，去惡而為善」，如〈與陽和子問答〉所言：

> 致其本體之知，去惡而為善，是謂格物。知者寂之體，物者感之用，意者寂感所乘之機也。毋自欺者，不自欺其良知也。[52]

龍溪〈格物答問原旨〉又有「格物之物，是意之用處」、「如好好色，如惡惡臭即是格物」等說法：

> 格物之物，是意之用處，無意則無物矣。後儒格物之說，未有是意，先有是物，必須以持敬工夫以成其始，及至反身而誠，又須以持敬工夫以成其終。既說誠意，則不須復說持敬，而敬在其中矣。……誠意之好惡，即是物，如好好色，如惡惡臭即是格物。毋自欺也，不自欺其良知也。慎獨即是致知。慎獨工夫在好

　　惡上用，是謂致知在格物。知是寂然之體，物是所感
　　之用，意是寂感相乘之機。非即其物而格之，則無以
　　致其知。致知格物者，誠意之功也。[53]

龍溪的說法可在《傳習錄》〈答顧東橋書〉「有知而後有意，
無知則無意矣」、「凡意之所用無有無物者，有是意即有是
物，無是意即無是物矣。」找到根源。同樣，龍溪〈三山麗
澤錄〉「知外無物，物外無知。如離了悅親信友、獲上治民，
更無明善用力處。亦非外了明善另有獲上治民、悅親信友之
功也。」[54]也可以說是陽明〈答顧東橋書〉「意之所用，必
有其物，物即事也。如意用於事親，即事親爲一物；意用於
治民，即治民爲一物。」的另一種表達。綜言之，上述「即
知即物」式的說法，基本上說明龍溪亦承襲了「致知在格物」、
心以宰物之脈絡。此脈絡中，道德行爲的基礎內在的自律良
知；由於良知超越於經驗聞見，不假學慮，謂之「天則」，
龍溪「良知自有天則，正感正應、不過其則，謂之格物。」[55]
意旨在此。

53　〈格物答問原旨〉，吳震編校整理：《王畿集》，頁 142。此外，「致
　　知」之「知」乃「是非之心、善惡之則」，如〈《大學》首章解義〉所
　　言：「然所以辨別惡善之機，則在於良知。良知者，是非之心，善惡之
　　則。不致其知，則真妄錯雜，雖欲勉強以誠之，不可得而而誠矣。故欲
　　誠其意者，必先致其知。致知云者，非若擴充其知識之謂也，致吾心之
　　良知焉爾。」《王畿集》，頁 177。

54　〈三山麗澤錄〉，《王畿集》，頁 10。良知知是知非，乃本來天則，這
　　說法仍本於陽明之說。如《傳習錄》即載陽明對「自知的是非，便是他
　　本來天則」的說法：「鄙夫自知的是非，便是他本來天則，雖聖人聰明，
　　如何可與增減得一毫？他只不能自信，夫子與之一剖決，便已竭盡無餘
　　了。若夫子與鄙夫言時，留得些子知識在，便是不能竭他的良知，道體
　　即有二了。」《王陽明全集》，頁 112。

55　〈潁賓書院會紀〉，吳震編校整理：《王畿集》，頁 116。

不過，「致知格物」之外，龍溪另有「無物之物」的說法：

> 蓋無心之心則藏密，無意之意則應圓，無知之知則體寂，無物之物則用神。天命之性，粹然至善，神感神應，其機自不容已，無善可名。惡固本無，善亦不可得而有也。是謂無善無惡。[56]

從道德實踐的角度說致知在格物，或者從本體論的角度說天地萬物都是良知的流行發用，皆是將萬物收攝於一心，依此而說「心外無物」。這至少承認了物的實存，但要進一步說物是「無物之物」，似乎就不是那麼好說。由於龍溪對「無物之物」並無明確定義，要加以釐定，仍得由「無善無惡」說起。依龍溪四無教，「心是無善無惡之心，意即是無善無惡之意，知即是無善無惡之知，物即是無善無惡之物。」由於良知含攝萬物，在心物不二的前提下，心是無善無惡的，物也是無善無惡的；再擴大地說，因心體不執善惡、無分別相，所觀照之物亦無分別相，這可以說是對「心以成物」的進一步發揮。

既然覺知主體不起分別，心是無心之心、意是無意之意、知是無知之知，無分別相也就是「去對象化」：「不於一法而生分別，是名為知。」[57]倒過來說，即是「知而無一法可分別」，亦即「知而無知的對象」。準此，無物之物可說是「去對象化的對象」。對此，牟先生曾作說解曰：

> 物無物相即為「無物之物」，無物之物亦至善而純是「知體者見」也。焉有所謂善惡相對之差別相？不但

---

56 〈天泉證道紀〉，吳震編校整理：《王畿集》，頁1。
57 〈與屠坪石〉，吳震編校整理：《王畿集》，頁282。

　　　　無此差別相，即「物」相亦無矣。不著于物即無物相。
　　　　一方它是「知體者見」，一方它是絕對的「如」相。
　　　　當然事親從兄還是事親從兄，乃至草木瓦石還是草木
　　　　瓦石，這還是差別，但這不是有善有惡的差別。[58]

但是，一方面要即於物而不著於物，一方面在無物相中，又
能於事事物物不相錯亂，如何可能？依《老子》「萬物並作，
吾以觀復」、「滌除玄覽」，《莊子·應帝王》「至人之用
心若鏡，不將不迎，應而不藏，故能勝物而不傷。」或者佛
家緣起性空義，可以在觀照中達到「即物而不著於物」的境
界，故而牟先生在《現象與物自身》同意四無說有緣起論的
意味，也引進康德物自身的觀念以解釋「無物之物」：

　　　　儒家對於事物無緣起底說法，但此不能逃，不在說不
　　　　說。當事與物對見聞之知而言，即必須在緣起中。緣
　　　　起繫於見聞之知而有定相，即是現象；緣起繫於知體
　　　　明覺而歸於事物之在其自己，即喪失其緣起義。儒家
　　　　不直就緣起之定相與無定相（如相）而直接翻，而是
　　　　緣起繫於知體明覺而歸於事與物之在其自己，即喪失
　　　　其緣起義。物之在其自己其自身即是一目的，此時即
　　　　不作緣起觀；事之在其自己其自身即是實德，是知體
　　　　之著見，是一個道德意義的「實事」，此時亦不作緣
　　　　起觀。[59]

58　牟宗三：《從陸象山到劉蕺山》，頁 272。
59　牟宗三：《現象與物自身》（臺北：臺灣學生書局，1982 年），頁 446。
　　牟先生將緣起區分為「現象意義有定相的緣起」與「如相無相的實相緣
　　起」的說法是：「只有當事與物轉為認知心底對象時，它們才是現象。
　　它們此時是在時空中，而為概念所決定。……當其一旦被拉扯於條件串

牟先生在此將吾人所見事物分成兩種可能：一是事物不在其自己，事物繫於見聞之知，被拉扯於條件串系，是對象化、現象意義有定相的緣起。一是事物在其自己，事物繫於知體明覺，離於條件串系，歸於在其自己，是如相無相的實相緣起。彭國翔所謂「『無物之物』」也不再是一種 Object，而呈現爲一種非對象化的 Eject（「內生的自在相」，海德格爾語）。」[60]基本上是牟式理解的另一種表達。準此，事事物物依良知而各歸於正，良知乃是超越見聞分別的無知之知，良知之下乃無見聞概念相的物相，故爲無物之物。依牟先生之說，「無知無物」便只是在「致知格物」脈絡下，說明良知覺照之事物，已非見聞現象之事物，而能見事物之在其自己，乃「繫於知體明覺而有道德意義的實事，事因著知體明覺之感應，良知之天理，而爲實而非幻。」[61]如此似乎合理說明了良知何以能「無中生有」（〈滁陽會語〉語）：依有分別之知（即意念層），所感知的對象乃是被時空概念所決定的者（執相），是現象意義的緣起；依無分別之知，所感知的對象則是不被時空概念所決定的對象（無執相），是實

系中，它們即都在緣起中。但既是在條件串系中，它們即是有定相的緣起，即，是現象意義的緣起，而不是空無自性的緣起，即不是如相無相之實相的緣起。」前揭書，頁 446。

60 彭國翔：「……從形式上看，這種物自身意義上的物又不顯物相，只是一種如存在，此即『無物之物』。相對於『無意之意』，『無物之物』也不再是一種 Object，而呈現爲一種非對象化的 Eject（「內生的自在相」，海德格爾語）。作爲道德實踐行爲之『事』來看的物，也不是一般的行爲系列（events），而是『於穆不已』、『純亦不已』的德行本身。並且，這種實德實事又不顯德行相，只是生活世界人倫日用之自然。」氏著：《良知學的開展──王龍溪與中晚明的陽明學》，頁 191。

61 牟宗三：《現象與物自身》，頁 446。

相意義的緣起。質言之，從本體下貫現象而言，因知體明覺、實相緣起，無時空概念之分別相，而歸於事物之在其自己。同時，知體明覺爲純粹至善，事物因繫於知體明覺而爲有道德意義的實事。

　　牟先生之說可謂善解，不過卻仍隱有令人不安之處。因爲：（1）在良知直觀之下，見事物之在其自己，爲實而非幻。但反過來說，對於大多數非上根之人，尚未能以知體明覺直觀事物自身，是否意味著他們的生活世界便可能爲幻而非實呢？嚴灘送別中，龍溪曾謂「有心俱是實，無心俱是幻，是本體上說工夫。」如果有心、無心在這裏意味著本體之悟與不悟，那麼不悟本體，便一切俱幻。若然，則對多數人而言，現存世界、日用倫常，又算什麼呢？（2）「無分別概念」與「道德概念」是否必爲分析命題，其實是可質疑的。例如《老子》，「道生萬物」而「天地不仁」，無執亦無所安立道德意識。即便陽明亦曾言：「七情順其自然之流行，皆是良知之用，不可分別善惡，但不可有所著；七情有著，俱謂之欲，俱爲良知之蔽。」[62]以爲「良知之蔽」來自於「有所著」。這其實就是一種觀照的態度，但是觀照意味著「旁觀」、「不參與」，或者雖參與但如同參與遊戲、幻境，乃能於一切境上不著。於是：不悟本體，現象便是在繫於聞見之知的緣起相，不是物之在其自身；若悟本體，於一切法不起分別，這又可能傾向觀照境界而削弱道德意識。

　　其實龍溪也常說人世間乃是「假合」[63]、「如夢境，如

62　〔明〕王守仁：《王陽明全集》，頁111。
63　〈與李克齋〉：「因此勘破世間原無一物可當情，原無些子放不下。見

幻相，如水上泡、日中影、草頭露，如空裡電，倏忽無常終歸變滅」、「借假修真」[64]。「夢幻泡影露電」是《金剛經》卷末的譬喻，旨在說明「眾緣合則有，眾緣滅則無。」[65]的假合如幻之義。依中觀緣起義，自性空蘊含著緣起有，如見緣起，即無一法可得。所謂在其自己，如果意謂脫離時空條件而獨立自存，恐怕就有「自性見」的可能。緣起即是無自性，故而緣起之外，並無「事物在其自己」的可能。緣起事物，固然不能謂之不有，然其「有」乃是「幻有」，《中觀論・觀業品》即明示：「諸煩惱及業，作者及果報，皆如幻如夢，如焰亦如響。」[66]即便道德行為，亦屬緣起如幻：「知諸法如化，如化人度化眾生，無有實眾生可度。」[67]準此，

在隨緣，緣盡即空，原無留滯。雖兒女骨肉，亦無三四十年聚頭，從未生已前觀之，亦是假合相，況身外長物，可永保乎？」吳震編校整理：《王畿集》，頁 207。又如〈壽史玉陽年兄七十序〉：「夫儒者之學，以盡性為宗。性者，萬劫無漏之真體。祗緣形生以後，假合為身，而凡心乘之，未免有漏。故假修命之術以煉攝之，使滌除凡心，復還無漏之體，所謂借假修真修命，正所以復性也。」《王畿集》，頁 390。

64 〈亡室純懿張氏安人哀辭〉記錄了龍溪與夫人張氏的對話：「人在世間，四大假合而成。如夢境，如幻相，如水上泡，如日中影、草頭露，如空裏電，倏忽無常，終歸變滅，所謂有為法也。惟無為本覺真性，萬劫常存，無有變滅。大修行人作如是觀。借假修真，即有為而證無為，此世出世究竟法也。」吳震編校整理：《王畿集》，頁 650。

65 〔後秦〕鳩摩羅什譯《小品般若波羅經》，疊無竭品第二十八：「眾緣合則有，眾緣滅則無。譬如箜篌音聲，無所從來去無所至，屬眾因緣，有絃、有槽、有棍，有人以手鼓之，眾緣合故則有聲，是聲不從絃出槽出棍山手出，但眾緣合則有聲。而無所從來，眾緣散聲則滅而無至。」《大正藏》第八冊，頁 584c。

66 「如世尊神通，所作變化人，如是變化人，復變作化人。如初變化人，是名為作者；變化人所作，是則名為業。諸煩惱及業，作者及果報，皆如幻如夢，如焰亦如響。」

67 〔印〕龍樹造，〔後秦〕鳩摩羅什譯：《大智度論》卷 84。《大正藏》

當龍溪說「致知在格物」時，他仍謹守道德型態；當他使用的是「無知無物」時，就有可能轉向觀照型態。於是，「無善無惡」亦應依此分為兩義。

四、「無善無惡」的兩層意義

檢視相關文獻，龍溪所謂「無善無惡」當可區分為兩種意義：（1）「無善無惡」所無的是後天起意的善惡是非之分別；依先天良知心體，於善惡對象仍然好善惡惡、於是非仍然知是知非。如〈致知議辯〉所言：「先天是心，後天是意。至善是心之本體。心體本正，纔正心便有正心之病。纔要正心，便已屬於意。」[68]後天起意的善惡分別是依識心而發，屬有為而做手，非無為而自然。纔起意念，即是後天；即便所動為善念，仍屬於意，故謂「纔正心便有正心之病」。順乎先天自然天則，就不須起善惡是非的分別念。準此，這裏所謂「不起意」實際上只是進一步強調順乎天則：「無善無惡」所無的是後天起意的善惡，「好善惡惡」所好惡的則是本於天則之好惡。如此，才能無善無惡又好善惡惡，無是無非又知是知非。這個說法，其實就是陽明所謂「聖人無善無惡，只是無有作好，無有作惡，不動於氣。然遵王之道，會

第二十五冊，頁645c。又，《大智度論》卷82：「為欲度眾生生死，是眾生實不生不死，不起不退。須菩提！眾生無所有故，當知一切法無所有，以是因緣故，般若波羅蜜於五波羅蜜中最上最妙。」《大正藏》第二十五冊，頁633b。

68 吳震編校整理：《王畿集》，頁133。

其有極，便自一循天理，便有個裁成輔相。」[69]意指分別善惡的根源不在於動氣，並不是真的不分善惡。這種說法雖然強調了從先天立根、不從意、氣上說善說惡，但基本上與「致知格物」的思想並沒有太大差別。因此，陽明對於薛侃「畢竟物無善惡」問題的答覆，所強調仍是「只在汝心循理便是善，……世儒惟不知此，舍心逐物，……只做得個義襲而取，終身行不著，習不察。」[70]仍在於義內與義襲之別。

陽明〈答舒國用〉所謂：「和融瑩徹，充塞流行，動容周旋而中禮，從心所欲而不逾，斯乃所謂真灑落矣。是灑落生於天理之常存，天理常存生於戒慎恐懼之無間。」這裏的「動容周旋而中禮」、「灑落生於天理之常存」也就是知善知惡而無工夫相。[71]準此，心體至善，以其不動於氣、不起意，故而無善無惡。雖無善無惡於意，但心體畢竟至善，乃能知善知惡而又灑落中禮，故而牟先生說：「然自法而言，則只是四句教一教法，四無並不能獨自成一套教法。」[72]

（2）在順乎天則之外，「無善無惡」還有另一種可能性，

---

69 〔明〕王守仁：《王陽明全集》，頁29。牟先生亦曰：「『無善無惡心之本體』是就『至善者心之本體』而說。無善無惡是謂至善。然則無善無惡是『無有作好無有作惡』之意。善惡相對的謂詞俱用不上，只是一自然之靈昭明覺停停當當地自持自己，此即為心之自體實相。」《從陸象山到劉蕺山》，頁237-238。

70 〔明〕王守仁：《王陽明全集》，頁29。

71 顧憲成：「陽明〈答舒國用〉有曰：『灑落生於天理之常存，天理常存生於敬畏之無間。』其義精矣，猶屬權說，若分而為二然者。究其實，灑落原非放縱，乃真敬畏；敬畏原非把持，乃真灑落。如必免於如臨如履之懼方稱大休歇，則是灑落必廢敬畏，敬畏必礙灑落。自古聖賢憂勤惕厲汲汲一生，卻成箇大勞攘矣。」氏著：《小心齋劄記》（臺北：廣文書局），頁238-239。

72 牟宗三：《從陸象山到劉蕺山》，頁281。

這裏要強調的不是道德意義的從先天立根，而是現象二分之前的先天立根。現象既未二分，則萬物渾然一體，不可以善惡分。故謂惡不可得，善亦不可得。依於此義，「無對治」便不是「攝惡歸善、一是皆善」式道德意義上的無對治，而是「無善無惡，本來無物」式觀照意義上的無對治，如龍溪〈與存齋徐子問答〉所言：

> 致知正是去垢工夫，不落想像推測。……『非樹非臺』，不是說了便休，然須認得本來無物宗旨，自無塵埃可惹。終日行持，只復此無物之體。若此之外加一毫幫補湊泊，祗益虛妄而已。[73]

「非樹非臺」、「本來無物」當然是來自惠能「菩提本無樹，明鏡亦非臺；本來無一物，何處惹塵埃。」之偈。依此說法，雖說「致知正是去垢工夫」，但真正的去垢工夫卻是體認「自無塵埃」，無垢可去。對此觀點，〈答中淮吳子問〉龍溪闡述曰：

> 先師「無善無惡」之旨，善與惡對，性本無惡，善亦不可得而名，無善無惡是為至善。非慮其滯於一偏，而混言之也。孟子論性，莫詳於公都子之問。世之言性者紛紛不同，性無善無不善，似指本體而言；性可以為善為不善，似指作用而言；有性善，有性不善，似指流末而言。……而諸子之議，乃謂性本無善無不善，既可以言善，亦可以言惡，有善有惡，亦可以言善惡混，而性善之論若有時而窮，大都認情為性，不

---

73 吳震編校整理：《王畿集》，頁146。

> 得孟子立言之本旨。先師「性無善無惡」之說，正所
> 以破諸子之執見，而歸於大同，不得已之苦心也。[74]

依龍溪這段文字的區分，「無善無不善」是性之本體，「可
以爲善爲不善」是性之作用。那麼「無善無惡」便意味著不
可以善惡說本體，無論說善說惡，都未見本體。一旦起善惡
見，便落入作用。準此，龍溪〈與存齋徐子問答〉所謂「認
得本來無物宗旨」、「復此無物之體」便意味著善不可著，
惡不可去；一切法無取無捨，一體同觀。僧璨（?-606）〈信
心銘〉「纔有是非，紛然失心。二由一有，一亦莫守。一心
不生，萬法無咎。」[75]可謂此觀點之註腳。

　　陽明與門人對話中，確實也可看到「一心不生，萬法無
咎」的態度。例如《傳習錄》載黃勉叔問：「心無惡念時，
此心空空蕩蕩的，不知亦須存個善念否？」陽明回答：「既
去惡念，便是善念，便復心之本體矣。譬如日光，被雲來遮
蔽，雲去，光已復矣。若惡念既去，又要存個善念，即是日
光之中添燃一燈。」[76]對於這段話，向世陵以爲這是「強調
心本體的無物，反對理障，反對存善念，表明了王守仁對孟
子以來的存心養性說的某種顛覆。」[77]其實，向先生的推論
快了一些，因爲這段話表達的是，惡來自本體的不守自性，

74　吳震編校整理：《王畿集》，頁 69-70。

75　僧璨鑑智〈信心銘〉：「迷生寂亂，悟無好惡。一切二邊，良由斟酌。
　　夢幻空花，何勞把捉。得失是非，一時放却。眼若不睡，諸夢自除。心
　　若不異，萬法一如。」〔宋〕普濟著，蘇淵雷點校：《五燈會元》（北
　　京：中華書局，2002 年），頁 49。

76　〔明〕王守仁：《王陽明全集》，頁 99。

77　向世陵：《理氣性心之間 —— 宋明理學的分系與四系》（長沙：湖南大
　　學，2006 年），頁 396。

只要回歸自性，惡即不有。至於心本體的自性是什麼？這有兩種可能。如果心體至善，惡來自心體的歧出，惡念既去，歧出的現象消除，當然就如陽明所言「既去惡念，便是善念，便復心之本體矣。」那麼「惡念既去，又要存個善念，即是日光之中添燃一燈。」便沒有所謂「反對理障，反對存善念」的問題。但陽明的心體，確實仍存在另一種可能性。

《傳習錄》載陽明曰：

> 初時若不著實用意去好善惡惡，如何能為善去惡？這著實用意便是誠意。然不知心之本體原無一物，一向著意去好善惡惡，便又多了這分意思，便不是廓然大公。[78]

所謂廓然大公是：

> 有只是你自有，良知本體原來無有，本體只是太虛。太虛之中，日月星辰，風雨露雷，陰霾饐氣，何物不有？而又何一物得為太虛之障？人心本體亦復如是。太虛無形，一過而化，亦何費纖毫氣力？德洪功夫須要如此，便是合得本體功夫。[79]

以無善無惡論性之本體曰：

> 性之本體原是無善無惡的，發用上也原是可以為善，可以為不善的，其流弊也原是一定善一定惡的。譬如眼有喜時的眼，有怒時的眼，直視就是看的眼，微視就是覷的眼。總而言之，只是這個眼，若見得怒時眼，就說未嘗有喜的眼，見得看時眼，就說未嘗有覷的

78　〔明〕王守仁：《王陽明全集》，頁 34。
79　同前註，頁 1306。

眼，皆是執定，就知是錯。[80]

按照這個說法，心體或性體的不守自性，就非如上述「心體至善，歧出而有惡」的情形。而是：心體無善無惡，因不守自性，動而有善有惡。欲對治惡念，當然可以善念來格之正之，但釜底抽薪之計，其實在觀惡念乃無本之歧出；甚至善也是歧出，也應當被消解。於是，「纔動即覺，纔覺即化」就不是攝惡歸善，而是善惡一體同化，同歸無善無惡之本體。在此意義下，即便仍要稱無善無惡心體為至善，此「至善」已非道德之意義。[81]換言之，龍溪〈松原晤語〉謂「從頓入者，即本體為功夫」乃「所謂性之也」[82]，這「性之」之「性」就有兩種意義，可能是至善之性，也可能是無善無惡之性。

回到〈天泉證道紀〉，龍溪記陽明兩種教法曰：

> 四無之說，為上根人立教；四有之說，為中根以下人立教。上根之人，悟得無善無惡心體，便從無處立根基，意與知物，皆從無生，一了百當，即本體便是工夫，易簡直截，更無剩欠，頓悟之學也。中根以下之人，未嘗悟得本體，未免在有善有惡上立根基，心與

---

80 同前註，頁 115。

81 陳來便以「道德理性主義」與「境界的有無合一」區分這兩種思想：「江西時的致良知思想還只是純粹的道德理性主義，歸根到底還是『有』的境界，四句教的提出，才實現了境界的有無合一。」氏著：《有無之境——王陽明哲學的精神》，頁 304。

82 〈松原晤語〉：「夫聖賢之學，致知雖一而所入不同。從頓入者，即本體為功夫，天機常運，終日兢業保任，不離性體，雖有欲念，一覺便化，不致為累，所謂性之也。從漸入者，用功夫以復本體，終日掃蕩欲根，袪除雜念，以順其天機，不使為累，所謂反之也。若其必以去欲為主，求復其性，則頓與漸未嘗異也。」吳震編校整理：《王畿集》，頁 42-43。

> 知物，皆從有生，須用為善去惡工夫，隨處對治，使
> 之漸漸入悟，從有以歸於無，復還本體。及其成功，
> 一也。世間上根人不易得，只得就中根以下立教，通
> 此一路。[83]

龍溪以本體之悟與未悟、有善有惡與無善無惡為區別，將四
句教分為上根及中根以下兩種教法。牟先生以「必悟得本體
乃能致良知」為理由，[84]以上下根性的區分不在悟與未悟，
而在「對治的有無」，並將這段話改寫為：

> 上根之人頓悟得無善無惡心體，便從無處立根基，一
> 體而化，無所對治。意與知物皆從無生。……中根以
> 下之中雖亦悟得本體，然因有所對治，不免在有善有
> 惡上著眼或下手，因而在有立根即立足，是以心與知
> 物皆從有生。[85]

不過，承前所述，依陽明江右「致知在格物」的良知教型態，
灑落生於天理之常存，其實也談不上對治相。從「攝惡歸善、
一是皆善」來說，這是道德型態的無對治；從「無善無惡，
本來無物」來說，這則是觀照型態的無對治。同時，龍溪良
知教中的第一義與第二義，已從德性、聞見代換為為善去惡
與無善無惡，並以無善無惡為本體悟境。因此，上下根的差

---

83 吳震編校整理：《王畿集》，頁 2。

84 牟宗三：「如果四有句是屬于中根以下之人，則如果他們『未嘗悟得本
體』，則他們如何能致良知？而且與『致知乎存心悟』這句話亦相矛
盾！是以四有四無俱須悟得本體（悟得良知即是悟得心之本體），上下
根之分不在悟得與未悟，而在有無對治。」氏著：《從陸象山到蕺山》，
頁 279-280。

85 牟宗三：《從陸象山到蕺山》，頁 280。

別便不在對治的有無，而在於悟境，亦即本體型態的差異。換言之，龍溪以爲良知教更重要的部分，恐怕就在於這善惡不著的化境。所以龍溪〈滁陽會語〉明言「致良知工夫原爲未悟者設，爲有欲者設。」所謂「爲未悟者設」，應該就是指未悟萬化自行、本無善惡。儘管龍溪也強調良知非外在義襲、假借湊泊，但向上一著、良知化境終不在此。

五、結　論

陽明良知教之成立，原本旨在突顯「即心即理」與「即物窮理」的理論差異，亦即仁義內在，而非依傍格套，此即陽明第一義與第二義之區分所在。不過，依龍溪，第一義與第二義則有從義內、義襲，轉向知是知非與無是無非、有善有惡與無善無惡的傾向。當然，從「致良知」的脈絡，也可以說良知無是無非、無善無惡，但這是從不動於氣、不動於意，不從後天層次分善惡而言。龍溪所謂「從先天立根，不從後天立根」，仍屬道德層次。在這個意義上，可以說知是非而無是非、知善惡而無善惡。準此，「無善無惡，是謂至善」便意味著：不落後天用意之善惡，純依先天之良知，純是至善心體之流行。從這個角度來看，所謂「從無處立根基」不過是說無掉後天起意的善惡分別，並不能說龍溪與陽明的良知學有太大的差異。不過，如果從「無物之物」、「不於一法而生分別，是名爲知。」來看，所無掉要就不只是道德上善惡意念，還擴大爲現象的二元分別。

因此，龍溪四無頓教就可以區分爲「攝惡歸善」的道德

型態與「本無善惡」的觀照型態兩義。前者基本上就是陽明致良知的教法，依良知本體，不落格套，自然灑脫，動容周旋無不中禮，同樣達到即本體即工夫。至於漸教，「未嘗悟得本體，未免在有善有惡上立根基」、「須用為善去惡工夫，隨處對治，使之漸漸入悟。」至於觀照型態，無惡可治，無善可修，本無善惡，萬物自化。不過，依漸教修法，再怎麼對治所達到的也應該是道德型態；為善去惡的工夫與觀照型態的本體並不相應。故而如果我們認為觀照境界要高於道德境界的話，那麼第一義與第二義，就會從道德工夫的頓與漸，移轉到道德或觀照本體型態的差別。龍溪所謂「中根以下之人，未嘗悟得本體，未免在有善有惡上立根基」，其原型應為荷澤神會「經云佛為中下根人說迷悟法。上根之人，不即如此。經云菩提無去來今，故無有得者。」[86]上根之人無迷悟，本體現象不二，但前提是必須契入般若無分別智。[87]

　　再從「知是知非」的譬喻來看，陽明最常的用喻有二：一是規矩尺度以定長短方圓，二是明鏡照物而妍媸自辨。做為權衡是非善惡之標準，規度尺度基本上是較無問題的譬喻。明鏡在佛、道思想中，則皆具有「不執」的重要意義，使用此喻，便不免引人有相關聯想。例如在陽明使用中，明鏡除了「明誠相生，是故良知常覺常照。常覺常照，則如明鏡之懸，而物之來者自不能遁其妍媸矣。」的「惺惺」之意，

---

86 楊曾文編校：《神會和尚禪話錄》（北京：中華書局，2004 年），頁 94。

87 陳來：「陽明所有關於無善無惡的思想可以歸結為《金剛經》的『應無所住而生其心』，以及《壇經》的『無念、無相、無住』。」氏著：《有無之境－王陽明哲學的精神》，頁 208。

還特別借以強調「妍者妍，媸者媸，一過而不留，即是無所住處。」[88]而在龍溪的用法中，基本上少見規矩尺度的用例，[89]明鏡之喻則相對要多，例如〈艮止精一之旨〉、〈意識解〉、〈與屠石坪〉都可以看到「體本虛而妍媸自辨」的類似說法。

儘管明鏡照物也是「知是知非」，不過在般若思想中，鏡像有其特別意義。《大般若經》「諸法如幻」十喻中，「鏡中像」即為其一。[90]而般若經中的鏡喻指在說明諸法如幻，「非有亦非無，亦復非有無」。[91]同時，依無分別智，乃能「般若無見，無事不見」。[92]雖然話語的相似，未必即說明

---

88 「聖人致知之功至誠無息，其良知之體皎如明鏡，略無纖翳。妍媸之來，隨物見形，而明鏡曾無留染。所謂情順萬事而無情也。無所住而生其心，佛氏曾有是言，未為非也。明鏡之應物，妍者妍，媸者媸，一照而皆真，即是生其心處。妍者妍，媸者媸，一過而不留，即是無所住處。」《王陽明全集》，頁 70。

89 〈答吳悟齋〉龍溪引用陽明規矩之喻曰：「文公謂：『天下之物，方圓輕重長短皆有定理，必外之物格，而後內之知至。』先師則謂事物之理皆不外於一念之良知，規矩在我，而天下之方圓不可勝用，無權度則無輕重長短之理矣。」引用此喻，其旨仍在說明良知內在而非義襲。吳震編校整理：《王畿集》，頁 254。

90 〔後秦〕鳩摩羅什譯《摩訶般若波羅蜜經》：「解了諸法：如幻、如焰、如水中月、如虛空、如響、如揵闥婆、如夢、如影、如鏡中像、如化。」《大正藏》第八冊，頁 217a。〔唐〕玄奘譯《大般若波羅蜜多經》：「於諸法門勝解觀察：如幻、如陽焰、如夢、如水月、如響、如空花、如像、如光影、如變化事、如尋香城，雖皆無實而現似有。」《大正藏》第五冊，頁 1c。

91 《大智度論》卷 6：「諸法從因緣生無自性如鏡中像。如偈說：『若法因緣生，是法性實空，若此法不空，不從因緣有。譬如鏡中像，非鏡亦非面，亦非持鏡人，非自非無因。非有亦非無，亦復非有無，此語不受，如是名中道。』以是故說諸法如鏡中像。」《大正藏》第二十五冊，頁 105a。

92 大珠慧海〈頓悟入道要門〉：「無有知者，為自性無形，本無分別，是名無有知者；無不知者，於無分別體中，具有恒沙之用，能分別一切，

概念爲相同，但從上述分析，龍溪良知「無知無物」思想中，存在著觀照境界應可無疑。然而，觀照境界中，對道德實踐而言，就未必爲相應的態度。依般若思想，要於一切境上不起分別，必然要觀其如幻如化，乃能不起欣厭、不起憎愛；即便不做夢幻想，龍溪仍以明鏡鑒形、虛谷響答以喻無心之應：

> 蓋能忘分別之意，以無心應世，魔即是佛。纔起分別之心，非背即觸，佛縱成魔。譬之虛谷之答響，明鏡之鑒形，響有高下，形有妍媸，分別熾然，而谷與鏡未嘗有心以應之也。良知知是知非，而實無是無非。知是非者，不壞分別之相，無是非者，無心之應也。[93]

依這段話，知是知非而又無是無非的具體表現即是，雖不壞分別，但又無心應之。但其問題亦如王時槐所指出：

> 後先生看《大乘止觀》，謂「性空如鏡，妍來妍見，媸來媸見」，因省曰：「然則性亦空寂，隨物善惡乎？此說大害道。乃知孟子性善之說，終是穩當。向使性中本無仁義，則惻隱羞惡從何處說來？」[94]

明鏡鑒影，妍仍是妍，媸仍是媸。在於隨物善惡，而非好善惡惡、格物正物。再回到《梁惠王上·7》「見牛未見羊」、「君子遠庖廚」的說法，對象的在不在場，攸關著良知的召喚現起；於是，要擴充良知的發用範圍，應該是「見牛如見

即無事不知，是名無不知者。般若偈云：般若無知，無事不知；般若無見，無事不見。」

93 〈從心篇壽平泉陸公〉，吳震編校整理：《王畿集》，頁 395。本條資料承鍾彩鈞教授於 2013 年 10 月 24 日「明清的類型與流變學術研討會」示知，特此誌謝。

94 《明儒學案》卷 20，《黃宗羲全集》第七冊，頁 540。

羊」，眼前雖無物，然物又如在眼前，而非「去對象化的對象」。從這個角度來看，可以說，「無知無物」確有超出陽明「致知格物」、以及孟子良知理論原有格局之處。

第十章　濂溪而後我重來：熊十力哲學所突顯的儒學本體論之難題

一、踵繼理學的近代典範：熊十力與其本體論

　　明亡之後，宋明理學的發展漸告衰微。[1]民國以來，儒學更面對西方文化入侵、傳統價值崩潰等挑戰；部分知識分子以接續文化生命爲己任，對這些學者，學界稱之爲新儒家。[2]

---

1 牟宗三：「明亡，蕺山絕食而死，此學亦隨而音歇響絕。此後，中國之民族生命與文化生命陷於劫運，直迄至今日而猶未已。噫！亦可傷矣！」氏著：《從陸象山到劉蕺山》，頁 541。儘管康熙年間，程朱理學被定爲官方思想，表面上似未衰竭，但若對照梁啓超所說：「故當晚明心學已衰之後，盛清考證學未盛以前，朱學不能不說是中間極有力的樞紐，然而依草附木者流亦出乎其間，故清代初期朱派人獨多而流品亦最雜。……清初程朱之盛，只怕不但是學術界的不幸，還是程朱的不幸哩。」氏著：《中國近三百年學術史》（臺北：華正書局，1994 年），頁 115-116。則牟先生「音歇響絕」之評確實點出此間民族文化生命之厄。
2 新儒家的代表人物，基本上如林安梧所言：「當代新儒家主要指的是民國以來熊十力、張君勱、梁漱溟等學者，以及熊氏弟子唐君毅、牟宗三以及徐復觀等學者，……。」氏著：《當代新儒家哲學史論》（臺北：明文書局，1996 年），頁 3。但，新儒家人物的認定並不僅限於此，如果把「新儒家」的概念視爲「現代儒家」的話，也許還要包括馮友蘭、賀麟、方東美、錢穆等人，參見胡軍：《中國儒學史·現代卷》（北京：北京大學出版社，2011 年），頁 1-2。

新儒家諸多學者中，熊十力融合唯識、理學、大《易》哲學，
建構其「翕闢成變」、「體用不二」的思想體系。論理論建
構之宏大，以熊氏思想爲近代儒學代表，當允爲的論。因此，
熊十力之高足牟宗三，便以爲繼孔孟慧命、往聖絕學者，唯
熊十力乃能之。[3]此外，熊氏本人曾有「濂溪而後我重來」[4]之
豪語，本書以濂溪爲首章，今論熊氏哲學殿之末章，對照此
語，對本書而言尤有特別意義。至於熊氏對宋明儒學的承繼，
學者又以爲其接軌處在陽明學，而陽明學對熊氏思想的影響
又特別表現在其「體用不二」說，如丁爲祥所言：「無論從
一方面看，王陽明都是熊十力真正的思想先驅。熊十力早年
對本體的透悟，即是通過王陽明的萬物一體之仁實現的；其
體用不二的架構，也是對王陽明體用關係直接繼承的產物；
而他反求實證的見體之路，也可以說就是王陽明知行合一的
現代表達。」[5]前文在陽明、龍溪良知學的討論中，曾述及心

3 牟宗三：「惟大開大合者，能通華族慧命而不隔。在以往孔孟能之，王船
　　山能之，在今日，則熊師能之。何以說在今日，唯熊師能之？說起來，令
　　人感慨萬端。吾豈獨尊吾師哉？」氏著：〈我與熊十力先生〉，《生命的
　　學問》（臺北：三民書局，1991 年），頁 151。牟先生數處表達類似觀點：
　　「中國學問隨明亡而亡，至今已有三百餘年，現在首先能與中國文化生命
　　智慧接起來的是梁漱溟先生，發揚光大的是熊十力先生。」氏著：《人文
　　講習錄》，《牟宗三先生全集（28）》（臺北：聯經出版公司，2003 年），
　　頁 13。牟先生又曰：「自明朝一亡，乾嘉學問形成後，中國學統便斷絕
　　了。……恢復這生命的學問、恢復儒家這中國的老傳統、大漢聲光、大
　　漢威儀，把從堯、舜、禹、湯、文、武一直傳下來的漢家傳統重建起來，
　　這是熊先生的功勞，是熊先生開始把這傳統恢復過來的，……。」氏著：
　　《時代與感受》，《牟宗三先生全集（23）》（臺北：聯經出版公司，2003
　　年），頁 293。
4 熊十力：「數荆湖過客，濂溪而後我重來。」引見郭齊勇：《天地間一個
　　讀書人 —— 熊十力傳》（臺北：業強出版社，1994 年），頁 35。
5 丁爲祥：《熊十力學術思想評傳》（北京：北京圖書館出版社，1999 年），

學式的良知理論，雖說本乎孟子，但其實又有超乎孟子之處。
這超乎處在於，一方面將客觀規範、經驗知識內攝於良知；[6]
一方面更將良知理解爲一超越動靜、晝夜、古今、生死等現
象，無待於外、不增不減的道德本體。爲了不使良知的發用
受到在場經驗或感性因素所影響，[7]這樣的理論發展可謂有其
必要。這二點基本上也都爲熊氏所承繼發揚，例如他在《新

頁 201。類似觀點，亦見李澤厚所言：「熊十力哲學最『吃緊』處，是他
將傳統儒家哲學，其中主要是宋明理學（又特別是陸王心學）所突出的內
聖極致的孔顏樂處給予本體論的新論證，即把宋明理學的倫理學和人生觀
翻轉爲宇宙觀和本體論。這個論證便是強調『本體現象不二，道器不二，
天人不二，心物不二，理欲不二，動靜不二，知行不二，德慧知識不二，
成己成物不二』總起來說，便是『體用不二』。」氏著：《中國思想史論》
（合肥：安徽文藝出版社，1999 年），頁 1095。楊國榮亦言：「而熊十
力所說的儒學，主要也就是王學：『儒者之學，唯有陽明善承孔孟。』（《十
力語要》卷二）『陽明之學，確是儒家正脈』（同上，卷三）熊氏在建構其
新唯識論體系時，事實上也多方面地受到王學的影響，這種影響首先表現
在其體用不二說上。」氏著：《王學通論 —— 從王陽明到熊十力》（上海：
華東師範大學出版社，2009 年），頁 211。

6 關於良知之外，客觀規範、經驗知識是否具有獨立地位，朱子顯然持肯定
意見，所以才會強調「格物窮理」。而王浚川亦明白反對不假見聞之知，
如〈石龍書院學辯〉曰：「赤子生而幽閉之，不接覩於人間，壯而出之，
不辯牛馬矣，而況君臣、父子、夫婦、長幼、朋友之節度乎？而況萬事萬
物，幾微變化，不可以常理執乎？」〔明〕王廷相：《王氏家藏集》卷
33，《王廷相集（二）》，頁 604。又如《雅述・上》所言：「故神者在
內之靈，見聞者在外之資。物理不見不聞，雖聖哲亦不能索而知之。使嬰
兒孩提之時，即閉之幽室，不接物焉，長而出之，則日用之物不能辯矣，
而況天地之高遠，鬼神之幽冥，天下古今事變，杳無端倪，可得而知之乎？
夫神性雖靈，必藉見聞思慮而知。積知之久，以類貫通，而上天下地，入
於至細至精，而無不達矣，雖至聖賢莫不由此。」《王廷相集（三）》，
頁 836。此外，《傳習錄》亦載有顧東橋與王陽明的相關辯駁。

7 《梁惠王・上 7》載齊宣王在孟子點撥下，旋知其舍牛易羊「是乃仁術也」，
這說明建立於真實感情的良知，其呈現需要「在場」的經驗條件，並非絕
待自在、純粹理性、形而上的觀念。此外，「親親」、「敬長」正說明血
緣情感此一經驗事實係良知之基礎。

唯識論（語體文本）》便有「知識論所由興，本以不獲見體，而始討論及此。」[8]之言，這幾乎是把本體論視為科學之根本，甚至是客觀知識之保證：

> 性智者，即是真的自己底覺悟。此中真的自己一詞，即謂本體。在宇宙論中，賅萬有而言其本原，則云本體。……他元是自明自覺，虛靈無礙，圓滿無缺，雖寂寞無形，而秩然眾理已畢具，能為一切知識底根源的。量智，是思量和推度，或明辨事物之理則，及於所行所歷，簡擇得失等等的作用故，故說名量智，亦名理智。此智，元是性智的發用，而卒別於性智者，因為性智作用，依官能而發現，即官能假之以自用。易言之，官能可假性智作用以成為官能之作用，迷以逐物，而妄見有外，由此成習。而習之既成，則且潛伏不測之淵，常乘機現起，益以障礙性用，而使其成為官能作用。則習與官能作用，恆叶合為一，以追逐境物，極虛妄分別之能事，外馳而不反，是則謂之量智。[9]

熊氏將發自本體之智稱為「性智」，發自官能、向外馳逐的分別之智則為「量智」。但量智元為性智所發用，不過因迷以逐物而外馳不反，反而有障礙性用之弊。一旦自反，則良知本體為學問頭腦，一切知識，莫非良知之用：

> 陽明嘗曰：為學須得個頭腦。致良知是學問大頭腦。

8　熊十力：《新唯識論（語體文本）》，《熊十力全集（三）》（武漢：湖北教育出版社，2001年），頁9。
9　同前註，頁15-16。

> 如不能致良知，而言即物窮理，則是徒事知識，而失卻頭腦，謂之支離可也。今已識得良知本體，而有致之之功，則頭腦已得，於是而依本體之明，去量度事物，悉得其理。則一切知識，即是良知之發用。何至有支離之患哉？良知無知而無不知。（非預儲有對於某種事物的知識，曰無知。而一切知識，要依良知得起。若無良知本體，即無明辨作用，如何得有對於事物之經驗而成其知識乎？故曰良知是一切知識之源，所以說為無不知。）如事親而量度冬溫夏清，與晨昏定省之宜，此格物也。即良知之發用也。入科學試驗室，而量度物象所起變化，是否合於吾之所設臆，此格物也。即良知之發用也。……總之，以致知立本，而從事格物，則一切知識，莫非良知之用。夫何支離之有乎？[10]

熊氏雖然保留地肯定格物之必要性（量度多溫夏清之宜、量度物象之變化），但最終仍以良知為一切知識之源，並以良知為知識之判準，他稱之「格物而本乎致良知」。[11]

此外，由於現象乃是生滅變化，必然需要不生不滅的本體，以保證變動不居之現象得為真實。熊氏曰：

> 如果承認變動不居的宇宙是實有的，而不承認宇宙有

---

10 熊十力：《讀經示要》，《熊十力全集（三）》，頁 668-669。

11 熊十力：「夫唯孔子，格物而本乎致良知。（良知是人之所本有，須將良知推擴出來，用在事物上，便是格物，而知識由此而成。吾人若無良知，便與木石無異，何能格物？何有知識？故良知是知識之本也。）陽明亦得孔子之旨，嘗曰：良知作得主時，則一切知識莫非良知之發用，知識亦是良知也。」氏著：《明心篇》，《熊十力全集（七）》，頁 262。

他的本體，那麼，這個宇宙便同電光石火一般絕無根據，人生在實際上說便等若空華了。……猶復須知，各部分的現象變動不居，易言之，即是剎那剎那、故故不留、新新而起。孰發現是，孰流行是，孰主宰是？……當知是事自有真源。譬如臨洋海岸，諦觀眾漚，故故不留、新新而起，應知一一漚，各各皆由大海水為其真源。尼父川上之嘆，睹逝水而認真常，神悟天啟，非上聖其能若是哉？如只認變動不居的萬有為實在，而不承有其本體，便如孩兒臨洋岸，只認其眾漚為實有，而不知一一漚皆由大海水現為之。此在孩兒固不足怪，成年人而持此見，非愚痴之極乎？[12]

熊氏以為，生滅變化的現象背後，必然有不生不滅的本體，但本體又非獨立於現象之外，而是內在於現象之中，以保證現象為真實。故而熊氏指出《新唯識論》之旨即在「體用不二」；所謂不二，即是不將本體、現象折成二片：

> 《新論》於本體論方面，則以體用不二為宗極。佛家生滅不生滅折成二片，西哲則實體與現象終欠圓融，《新論》確救其失。於宇宙論方面，以翕闢成變為樞要。西洋唯心唯物，其短長茲不及論，非心非物，不窮變化之原，余尤惡其矯亂。《新論》翕闢義，蓋以流行有象謂之物，流行中有主宰謂之心，自是實際理地。[13]

因本體現象不二，故而體用本不二、心物本不二、能質本不

---

12 熊十力：《新唯識論（語體文本）》，《熊十力全集（三）》，頁 92-93。
13 熊十力：《新唯識論（刪定本）》，《熊十力全集（六）》頁 19-20。

二、吾人生命與宇宙大生命本不二。[14]

　　綜上所述，熊十力「體用不二」可以說是朱子「儒者以理爲不生不滅」[15]、陽明「天下無心外之物」[16]等說法更爲極致的發揮。由於熊氏好言萬化大原、宇宙本體，其學說中的不二之義，就不能止於道德實踐的聖人化境，更突出了本體論上的意義。但如此一來，熊氏必然會更明確地面對一個問題：本體爲萬善之原，則體以顯用之中，何以竟有惡之發生？此外，《新唯識論》雖使用了諸多唯識學的名相，但其理論性格毋寧更接近真常心系。因此，《新唯識學》書成之後，便招來支那內學院師友乃至學界的批評。呂澂於書札中指出：「尊論完全從性覺（與性寂相反）立說，與中土一切僞經、僞論同一鼻孔出氣，安得據以衡量佛法？」[17]即指熊氏之說近於佛教性覺系統。印順亦對《新唯識論》評曰：

　　　又如《新論》即體即用的玄學，雖或依據理學者的成

14　熊十力：〈贅語〉，《新唯識論（刪定本）》，《熊十力全集（六）》，頁 3-4。

15　〔宋〕朱熹：「儒者以理爲不生不滅，釋氏以神識爲不生不滅。」《朱子語類》卷 126，《朱子全書》第十八冊，頁 3936。

16　《傳習錄》卷 3 載：「先生遊南鎮，一友指岩中花樹問曰：『天下無心外之物，如此花樹，在深山中自開自落，於我心亦何相關？』先生曰：『你未看此花時，此花與汝心同歸於寂。你來看此花時，則此花顏色一時明白起來。便知此花不在你的心外。』」〔明〕王守仁撰，吳光、錢明、董平、姚延福編校：《王陽明全集》（上海：世紀出版集團、上海古出版社，2006 年），頁 107-108。對此，牟先生釋曰：「『依於神心』是存有論的，縱貫的；『依於有限心』是認識的，橫列的。」又曰：「……良知下之『致知正物』則是道德實踐的攝物歸心心以宰物之縱貫的，擴大說，則是本體宇宙論的攝物歸心心以成物之縱貫的。」氏著：《從陸象山到劉蕺山》，頁 228、232-233。熊氏則以宇宙現象皆本體本心所顯。

17　呂澂：〈呂澂復熊十力〉，《熊十力全集（八）》，頁 424。

說，但這種思想，從何得來！我們知道：《新論》所說的「舉體為用，即用為體」；「稱體起用，即用顯體」；「全性起修，全修在性」；「小大無礙」；「主伴互融」；「一多相涉」等；以及「海漚」、「冰水」、「藥丸」等比喻，在台、賢學者，甚至北朝地論學者，早已成為公式了。《新論》果真無所取於台、賢嗎？台、賢果真不出大空大有嗎？真常唯心論，在印度與婆羅門教合化的，在中國與儒道混融的，我從佛家本義的立場，是不能完全贊同；然而，這在印度是久已有之，在中國的台、賢更發揮到頂點。《新論》近於此系，也大量的融攝，然而不但默然的不加說明，還故意的抹煞，似乎有所不可！[18]

如果《新唯識論》的理論模型與佛教真常心系、甚至印度婆羅門教確然有相近之處，那麼不可避免，《新唯識論》甚至宋明理學都將面對真常心系、亦即性覺或本覺思想的理論難題。

熊、呂二人所謂「性覺」思想，指的是《楞嚴》、《圓覺》、《起信》等真常心系的經論，[19]近代日本批判佛教學者謂之「本覺」思想。為了統一用語，底下以「本覺」概稱之。「本覺」一詞，見於《大乘起信論》「所言覺義者，謂心體離念。離念相者，等虛空界，無所不遍，法界一相，即是如來平等法身。依此法身，說名本覺。何以故？本覺義者，

---

18 印順：〈評熊十力的《新唯識論》〉，《熊十力全集（附卷上）》，頁225-226。

19 熊十力〈致呂澂〉：「力則以為今所謂偽經如《楞嚴》、《圓覺》等等，是否中土所偽，猶難遽斷。偽論如《起信》，其中義理，是否無本於梵方大乘，尤復難言。」《熊十力全集（八）》，頁425。

對始覺義說。以始覺者，即同本覺。」[20]然而，《起信論》的真偽，近代以來迭有論爭。該論爭肇始於二十世紀 20 年代日人望月信亨、村上專精、松文本三郎等學者，質疑《起信論》乃中國人所偽作。稍後中國佛學界亦展開激烈辯論，歐陽竟無、章太炎、太虛、梁啓超、王恩洋、唐大圓等人都是其中代表人物。基本上支那內學院一派以唯識觀點批評《起信論》的理論合理性，武昌佛學院一派則試圖調停會通《起信論》與唯識學的義理關係。爭論的主要文章，由武昌印經處於 1932 年結集刊印爲《大乘起信論研究》。而熊十力的《新唯識論》文言本恰好也出版於同一年。如果我們同意《新唯識論》乃是近於真常心系之思想，再連結支那內學院對《起信論》以及《新唯識論》的相關批判，那麼，《起信論》的「由真起妄」、「真如無明互熏」的理論問題，同樣也會出現在《新唯識論》中。

　　《起信論》的論爭之後，學界對本覺思想的質疑並未停歇。二十世紀 80 年代，日本袴谷憲昭、松本史朗兩位學者掀起對本覺思想的批判運動，質疑本覺思想並非佛教，而是根植於婆羅門宗教的「梵我合一」思想。拙文在此並不討論本覺思想的純正性問題，而是藉由上述對本覺思想（包含如來藏佛典、婆羅門哲學）的批判，說明本覺思想在面對無明、妄、惡的來源等問題時，並不能給予正面的答案，只能用幻妄、遊戲等說法以解釋無明染心的無住性，並訴諸「唯證乃知」的宗教境界。然而，由於《新唯識論》、甚至宋明理學，

20　〔印〕馬鳴造，〔梁〕真諦譯：《大乘起信論》，《大正藏》第三十二冊，頁 576b。

皆強調宇宙本體的創造性、真實性，必然不能適合這種解決模式，這使得理學在這個問題上，較諸佛教將面對更難以回答的理論困難。

二、熊氏「翕闢成變」、「體用不二」之思想要旨

熊十力《新唯識論（語體文本）》（1944 年）對「唯識」二字的定義是：

> 識者，心之異名。唯者，顯其殊特。即萬化之原而名以本心，是最殊特。言其勝用，則宰物而不為物役，亦足徵殊特。《新論》究萬殊而歸一本，要在反之此心，是故以唯識彰名。[21]

熊氏所謂識，也就是心，亦即萬化之原，本體是也。不過，這裏的心乃是先乎形氣的「本心」，而非物化之後、與物相對的「習心」。[22]本體絕待自存、遍現爲一切物；爲一切物之實體，體物又不物於物。[23]對於本體的圓滿超越，熊氏《新

---

21 熊十力：〈新唯識論全部印行記〉，《新唯識論（語體文本）》，《熊十力全集（三）》，頁 3-4。

22 熊十力：「習心者，原於形氣之靈。由本心之發用，不能不憑官能以顯，而官能即得假借之，以成爲官能之靈明，故云形氣之靈，非謂形氣爲本原，而靈明是其發現也。形氣之靈發而成乎習，習成而復與形氣之靈叶合爲一，以追逐境物，是謂習心。故習心，物化者也，與凡物皆相待相需，非能超物而爲御物之主也，此後起之妄也。本心無對，先形氣而自存。先者，謂其超越乎形氣也，非時間義。自存者，非依他而存故，本絕待故。是其至無而妙有也，則常遍現爲一切物，而遂憑物以顯。」氏著：《新唯識論（語體文本）》，《熊十力全集（三）》，頁 19-20。

23 熊十力：「是其至無而妙有也，則常遍現爲一切物，而遂憑物以顯。由本無形相，說爲至無。其成用也，即遍現爲一切物，而遂憑之以顯，是

唯識論（語體文本）》以六義申述如下：

> 一、本體是備萬理、含萬德、肇萬化、法爾清淨本
> 然。……清淨者，沒有染污，即沒有所謂惡之謂。……
> 二、本體是絕對的，若有所待，便不名為一切行的本
> 體了。三、本體是幽隱的，無形相的，即是沒有空間
> 性的。四、本體是恒久的，無始無終的，即是沒有時
> 間性的。五、本體是全的，圓滿無缺的，不可剖割的。
> 六、若說本體是不變易的，便已涵著變易了，若說本
> 體是變易的，便已涵著不變易了，他是很難說的。[24]

本體雖清淨、無待、無形相、無始終、整全而不變易，然其
做為天下母，又恒轉而能變；欲成其變，又分化顯現為翕、
闢兩種勢用。熊氏對「翕闢成變」的具體說法是：

> 本體現為大用，必有一翕一闢。而所謂翕者，只是闢
> 的勢用所運用之具。這方面的動向，是與其本體相反
> 的。至所謂闢者，才是稱體起用。此中稱字，甚吃緊，
> 謂此用是不失其本體的德性。譬如冰，畢竟不失水
> 性，故云稱也。闢卻是和翕反，而流行無礙，能運用
> 翕，且為翕之主宰的。然翕雖成物，其實亦不必果成
> 為固定的死東西，只是詐現為質礙的物，只是一種迹
> 象而已。[25]

宇宙本體欲顯發其自己，必分化而凝聚成物，此謂之翕。但

謂至無而妙有。故本心夐然無待，體物而不物於物者也。」同前註，頁
20-21。
24 同前註，熊十力：《新唯識論（語體文本）》，《熊十力全集（三）》，
頁94。
25 同前註，《熊十力全集（三）》，頁105。

此本體恒轉不已，不肯物化於翕，故顯其闢之勢用，使闢主宰於翕、而翕隨闢而轉。對此，熊氏又曰：

> 我們要知道，實體顯現為分殊的用或一切行的時候，一方面，決定有一種收攝凝聚的勢用，即所謂翕。這種收凝的翕，其端緒雖很微細，很深隱，而由微至著，由隱至顯，便成為一切物或物界了。然當其翕而成物時，另一方面，決定有一種剛健而無所不勝的勢用，即所謂闢。這個闢，是與翕同時俱現的，亦即是運行於翕或一切物之中，而主宰乎一切物的。闢不是超脫於一切物之外的大神，卻也不妨叫他做神，因為他很微妙的緣故。[26]

此外，所謂「翕」、「闢」又分別指物、心：

> 前面已經說過，所謂闢者，亦名為宇宙的心。我們又不妨把闢名為宇宙精神。這個宇宙精神的發現，是不能無所憑藉的。必須一方面極端收凝，而成為物即所謂翕，以為顯發精神即所謂闢之資具，而精神則是運行乎翕之中，而為其主宰的。因此，應說翕以顯闢，闢以運翕。蓋翕的方面，唯主受，闢的方面，唯主施。受是順承的意思，謂其順承乎闢也。施是主動的意思，謂其行於翕而為之主也。須知，翕便成物，此翕也就是如其所成功的樣子，只堪為精神所憑藉之資具。若無此翕，則宇宙精神無憑以顯。如果精神要顯發他自己，他就必須分化。而分化又必須構成一切

---

26 同前註，頁 108。

　　物，他才散著於一切物，而有其各別的據點，否則無
　　以遂其分化了。[27]

由於熊氏批評唯識學將生滅與不生不滅截成二片，真如、種
子各不相干，遂不能即用顯體，而於用之外，別有獨存之體。
熊氏既力主體用不二，本體即流行，流行即本體，則現象必
然直接由本體所生起。扼要地說，熊氏思想要旨在於：本體
恆轉，雖恆轉而不能浮散，故必攝聚，雖動而翕，乃若不守
恆轉之自性（文言文本稱爲「乖其本」）。雖不守自性而攝
聚成物，但必然不能物化於物，故雖翕而動，以闢運翕、主
宰於翕。如果闢主宰翕、翕承於闢的話，謂之「稱體起用」、
道心。反之，若翕而逐物以物化，則謂之人心。[28]

　　熊氏體用不二的哲學，固然旨在說明一切現象莫非本體
之流行，從這個角度，熊氏稱之「舉體成用」。但依本體而
起之現象，畢竟有逐物而物化的可能，爲了保證現象不物化

---

27 同前註，頁 112。
28 熊十力：「蓋恆轉者，至靜而動，至神而無，未始有物也。然其神完而
　　動以不匱，斯法爾有所攝聚。不攝聚，則一味浮散，其力用無所集中，
　　唯是莽蕩空虛而已。大化流行，豈其如是。故攝聚者，真實之動，自然
　　不容已之勢也。攝聚乃名翕，翕便有物幻成，所以現似物質宇宙。而恆
　　轉至是乃若不守自性也。實則恆轉者，真實而不可渝，純白而無染，剛
　　健而不撓。豈果化於物而不守自性者乎？其動而翕也，因以成物，而即
　　憑之，以顯發其自性力。……夫本體若不現爲用，則直是空無而已，豈
　　得名爲體耶？體現爲用，則不可浮游無據。故其動而翕也，則盛用其力
　　以成物。而本體畢竟恆如其性，決定不物化者，乃自成其物，而憑之以
　　顯發其自性力已耳。」同前註，頁 371-372。熊氏又曰：「道者由義，萬
　　物由之而成，故以道名。即道即心，故名道心。人心者，則形而後有者
　　也。凡血氣之倫，以其一身，交乎萬物，而有心知出焉。此其心知，則
　　以聽役乎身，而逐物以與物化者也，故謂之人心。人心者，言其非天然
　　本有也，非真性也，故謂形而後有。道心則吾人之真性，天然本有，不
　　由後起。」同前註，頁 373-374。

而役於物，必須依於本體以貞定之，故又說「攝用歸體」。
而為了明全體起用、全用在體不二之旨，熊氏又仿佛教用語，
將「攝用歸體」、「舉體成用」分別以真、俗二諦名之：

> 尤復應知：攝用歸體，心物俱泯，一真無待；（依此
> 立真諦。心物即翕闢之異名，後倣此。）舉體成用，
> 心物俱現，萬有紛若。（依此立俗諦。舉體成用，舉
> 字吃緊。舉者，全舉之也，譬如大海水舉其全體現作
> 眾漚，非大海水在眾漚之外。本體全成為大用，即是全
> 體現作眾漚，非大海水在眾漚之外。本體全成為大
> 用，即是全體現作翕闢，亦非本體在翕闢大用之外。
> 易言之，即本體不在心物或萬有之外。）由舉體成用
> 言之，絕對即是相對；由攝用歸體言之，相對即是絕
> 對。[29]

從真諦言，心物俱泯，亦即非翕非闢，不立一法；從俗諦言，
翕闢互用，諸法宛然。依俗諦，而不執於有；依真諦，而不
著於無，如熊氏所言：「人生論中，中外哲人鮮不有天人隔
截之患。二三子如細玩《新論》舉體成用與攝用歸體義，則
一一微塵各得天之全體以成，而況於人乎？」[30]舉體成用與
攝用歸體並舉，意味著真俗二諦不可偏廢。如果從佛教的語
義傳統來看，真諦（或第一義諦）才是真實了義，[31]那麼也

29　熊十力：〈為諸生授新唯識論開講詞〉，《熊十力全集（五）》，頁542。
30　同前註，頁543。
31　〔印〕龍樹造，青目釋，〔姚秦〕鳩摩羅什譯：《中論‧觀四諦品》：
　　「世俗諦者，一切法性空，而世間顛倒故生虛妄法，於世間是實。諸賢
　　聖真知顛倒性，故知一切法皆空無生。於聖人是第一義諦名為實。諸佛
　　依是二諦為眾生說法，若人不能如實分別二諦，則於甚深佛法不知實義。」
　　《大正藏》第三十冊，頁32c。

許「攝用歸體」的意義應更爲究竟，故於《新唯識論》屢言「實證相應」、「實證本體」。[32]

然而，熊氏在稍後的《原儒》（1956 年），卻以爲「證會本體」會有過份強調本體之優越，而將本體從吾人自身推向外去之弊：

> 孔子之學要在於用而識體，即於萬變萬動而逢其原。夫萬變逢原即萬變而皆不失其正，是乃稱體起用。此與攝用歸體，意義迥別。姑略言之。攝用歸體，將只求證會本體，皈依本體，將對本體起優越感，而於無意中忘卻本體是吾人自性，不悟本體無窮德用，即是吾人自性德用。……而確已將本體從吾人自身推向外去，……。[33]

並以爲攝用歸體，乃是「爲不悟一源者說，此是一種方便，然終必歸諸體用不二。」[34]爲了更強調現象即是本體的流行、實體的功用，熊氏在《乾坤衍》（1961 年）更指出究竟的「體用不二」在於「攝用歸體」：

> 孔子洞見體用不二，即實體不是離開現象而獨在。……若真見實體不是離開現象而獨在者，便不可

---

32 熊十力：「是實證相應的，名爲性智。……性智者，即是真的自己底覺悟。此中真的自己一詞，即謂本體。在宇宙論中，賅萬有而言其本原，則云本體。」氏著：《新唯識論（語體文本）》，《熊十力全集（三）》頁 15。又謂：「因爲哲學所以站腳得住者，只以本體論是科學所奪不去的。我們正以未得證體，才研究知識論。」頁 17。「因爲我人的生命，與宇宙的大生命原來不二；所以，我們憑著性智的自明自識才能實證本體，才自信理不待外求，才自覺生活有無窮無盡的寶藏。」頁 22。

33 熊十力：《原儒》，《熊十力全集（六）》，頁 352。

34 同前註，頁 355。

偏向實體上說真實，偏向現象上說變異，因其將實體現象剖作兩重世界故也。學者真正了解實體不是離開現象而獨在，當然要肯定現象真實。肯定現象真實，即是以現象為主，實體元是現象的自體，所以現象真實不虛。反之，如偏向實體上說真實，偏向現象上說變異，則不獨有體用剖作二界之大過，而且以實體為主更有佛家攝用歸體、攝相歸性、攝俗歸真巨迷。[35]

又謂：

> 孔子攝體歸用，此在學術思想界確是根本重要的創見。攝體歸用，元是反對哲學家妄想有超越現象而獨存的實體。於是正確闡明實體是現象的真實自體，易言之實體是萬物各各的內在根源。……攝用歸體者，如佛氏之歸於寂滅，老氏之返於虛無，有種種惡影響。攝體歸用者，則萬物皆有內在根源。既是真實不虛，自然變異日新，萬物所以不倦於創造也。……攝體歸用，即是將實體收歸萬物，方知萬物真實。哲學家往往將萬物的真實自體，推出於萬物以外去，遂成大顛倒。印度佛家觀萬物皆如幻如化，欲導眾生以投入不生不滅之實體。可謂怪極。[36]

綜上所述，熊氏體用不二哲學，其實仍不出於「即超越即內在」的理學格局。而熊氏之肯定萬物真實、斥佛教捨生滅現象而投入不生不滅本體，這也很容易讓人聯想到理學家對佛教、以及氣學家對理學的批評，尤其接近先天型氣學的說法。

---

35 熊十力：《乾坤衍》，《熊十力全集（七）》，頁546-547。
36 同前註，頁548。

[37]準此，熊氏體用不二哲學，可以視爲是理學中「一本」思想的進一步發揮。[38]

再加考察熊氏哲學與理學之思想脈絡，所謂雖翕而闢、雖闢而翕，如果用理學的傳統術語來說，其實就是「動而無動、靜而無靜」，如周濂溪所言：「動而無靜，靜而無動，物也。動而無動，靜而無靜，神也。動而無動，靜而無靜，非不動不靜也。物則不通，神妙萬物。」[39]而熊氏文言文本所謂「健以自勝不肯化於翕」，[40]大抵也就是朱子注言「神則不離於形，而不囿於形矣」。至於熊氏以「神」來稱呼「闢」，當然也是來自傳統的理學術語。

此外，無動無靜，而又即動即靜，這是理學家對本體很

---

37 參見本書第四章〈離氣無理：氣學對理學之反動及其論人性中的惡〉。

38 熊氏每斥佛教有宗有二重本體之過：「無奈他們有宗把能和現分成二界，不可融而爲一，易言之，即是體用截成兩片。」氏著：《新唯識論（文言文本）》，《熊十力全集（二）》，頁 247。所謂二重本體，即體用兩截，理學中謂之「二本」：「伊川言義理之性只是就氣質中指其本然之善而爲之名。易言之，乃就氣質所以凝成之理而言之耳。故義理之性即是氣質之性，非有二也。明儒多有譏伊川之言爲二本者，此未得伊川意。……正以此性既非離氣質而別爲一物。」《新唯識論（文言文本）》，《熊十力全集（二）》，頁 64-65。

39 《通書‧動靜第十六》，〔宋〕周敦頤著，陳克明點校：《周敦頤集》（北京：中華書局，1990 年），頁 26。

40 這段話，在文言文本的敘述是：「一翕一闢之謂變。原夫恒轉之動也，相續不已。動而不已者，元非浮游無據，故恒攝聚。惟恒攝聚，乃不期而幻成無量動點，勢若凝固，名之爲翕。翕則疑於動而乖其本也。然俱時由翕故，常有力焉，健以自勝不肯化於翕。以恒轉畢竟常如其性故。唯然，故知其有似主宰用，乃以運乎翕之中而顯其至健，有戰勝之象焉。即此運乎翕之中而顯其至健者，名之爲闢。一翕一闢，若將故反之而以成乎變也。夫翕凝而近質，依此假說色法。夫闢健而至坤，依此假說心法。以故色無實事，心無實事，只有此變。」《新唯識論（文言文本）》，《熊十力全集（二）》，頁 41-42。

典型的論述，但氣學論者每批評此超越性質近於佛家不生不滅之說，本書第四章已有討論。羅整菴〈答歐陽少司成崇一〉甚至亦嘗借《華嚴經》偈「佛身充滿於法界，普現一切群生前，隨緣赴感靡不周，而恒處此菩提座。」批評以良知造化天地萬物，乃暗合於佛教思想。[41]熊氏雖然主張本體不能二重，必體用不二乃爲了義；但巧合的是，熊氏於《新唯識論（文言文本）》也借用了「隨緣赴感靡不周，而恒處此菩提座。」但他借用此偈，意在說明本體雖內而遍外、雖主乎一身，實則遍周法界：

> 真見體者，反諸內心。自他無間，徵物我之同源；動靜一如，泯時空之分段。（此心卻是流行不息，而又湛寂不亂。於其流行不息，假以動名。於其湛寂不亂，假以靜名。即動即靜，無流轉相，時間無可安立。即靜即動，復無方所，空間不得安立。）至微而顯，至近而神；沖漠無朕，而萬象森然；不起於坐，而遍周法界；（華嚴偈云：「隨緣赴感靡不周，而常處此菩提坐。」此喻心雖近主乎一身，而實遍全宇宙而無有不周也，故假以明至近而神之義。）是故體萬物而不

---

41 羅整菴〈答歐陽少司成崇一〉：「來書所云：『視聽思慮必交於天地萬物，無有一處安著不得，而置之度外者』，只是認取此心之靈，感通之妙，原不曾透到萬物各正處，未免昏却理字，終無以自別於弄精魂者爾。頗記佛書有云：『佛身充滿於法界，普現一切群生前，隨緣赴感靡不周，而恒處此菩提座。』非所謂『視聽思慮必交於天地萬物』者耶？此之睽而彼之合，無他，良由純粹精之未易識，不肯虛心易氣以求之爾。」〔明〕羅欽順著，閻韜點校：《困知記》（北京：中華書局，2013年），頁161。

遺者，即唯此心。[42]

而「翕以顯闢，闢以運翕」、體用不二的思維模式如果表現在理氣關係上，熊氏以為「理和氣是不可截然分為二片的」：

> 理之一詞，是體和用之通稱，氣之一詞。但從用上立名。……理之一詞，何以是體用之通稱呢？因為就體而言，此體元是寂然無相，而現似翕闢萬象，即眾理燦然已具。故此體，亦名為理。……就用而言，翕闢妙用，詐現眾理，即此眾相秩然有則，靈通無滯，亦名為理，即相即理故，或相即是理故。前所云理，當體受稱，是謂一本實含萬殊。後所云理，依用立名，是謂萬殊還歸一本。[43]

由於理氣二者乃是一本含萬殊、萬殊歸一本，故而熊氏反對氣本論者以「理為氣之條理」的說法，而主「理之流行，可云為氣」：

> 宋儒說理不離乎氣，亦不雜乎氣，是直以理氣為兩物，但以不離不雜，明其關係耳。此說已甚誤。明儒則或以氣為實在的物事，而以理為氣之條理，則理且無實，益成謬論。後之談理氣者，其支離又不可究詰。余以為理者，斥理立名，至真至實。理之流行，斯名為用，亦可云氣。故氣者，理之顯現。而理者，氣之本體也。焉得判之為二乎？[44]

如依熊說，理氣是一事，且理之流行為氣、顯現為翕闢萬象，

---

42 熊十力：《新唯識論（文言文本）》，《熊十力全集（二）》，頁11。
43 《新唯識論（語體文本）》，《熊十力全集（三）》，頁246-247。
44 同前註，頁367。

其實就意味著理能生氣。儘管如此能成立體用不二之說，但同時也面臨一個問題：現象乃是善惡雜染，這問題在朱子理氣論中，乃是透過氣之蔽隔，以說明惡之由來。但為避免善惡同源，理氣不能為一，只能不離不雜。然而，熊氏乃以理氣是一，對於惡的由來，又該如何解釋？

三、能、習之辨及坤陰之迷闇失主

熊氏《新唯識論》中以為，佛家區分能、習二者，其意近於中國傳統天人之辨。他論「能、習之辨」曰：「功能者，天事。習氣者，人能也。以人混天，即以後起同所本有，而吾儕始將人類從無始來，拘執形氣，乃淪溺現實生活中，凡所遺留的一切壞習，認為天性。因此，無從自識性真，而人乃無復性之可能，此真人道之大患也。」[45]這大抵即是熊氏對現象惡之由來的解釋，基本上與《孟子・告子上 6》「若夫為不善，非才之罪也。」態度亦基本相近。熊氏的能、習之辨，大概是《新唯識論》裏對惡的來源最詳盡的解釋。能、習對舉，他略為「功能即活力，習氣但為資具」、「功能唯無漏，習氣亦有漏」、「功能不斷，習氣可斷」三義，其細論如下：

> 一曰，功能即活力，習氣但為資具。功能是宇宙的本
> 體，亦即是吾人的本性。人之生也，形氣限之。這句
> 老話表示人生有物化的危險，很難超脫，固非全屬無

---

45 同前註，頁 260。

稽之談。殊不知，從人生的本性來說，畢竟是不墮於
形氣的，是夐然超脫的。因為本性上毫無障染，毫無
滯礙，毫無虧欠，所以可形容之，而說為吾人固有的
活力。這種活力是精剛勇悍能主宰形氣，而不拘於形氣
的。[46]

二曰，功能唯無漏，習氣亦有漏。純淨義，升舉義，
都是無漏義。雜染義，沉墜義，都是有漏義。功能是
法爾神用不測之全體，吾人稟之以有生，故謂之性，
亦云性海。性海元是光明晃曜，無有障染，故說功能
唯無漏性。……惟夫習氣者，從吾人有生以來，經無
量劫，一切作業，餘勢等流。萬緒千條，輾轉和集，
如惡叉聚。其性不一，有漏無漏，蟄然殊類。無漏習
氣，亦名淨習。有漏習氣，亦名染習。夫習所以有染
淨異性者，揆厥所由，則以吾人一切作業有染淨之殊
故。染業者，如自作意至動發諸業，壹是皆狥形軀之
私而起者。……染即是惡。須知，惡本無根。吾人本
性無染，何故流於惡耶？只狥形骸之私，便成乎惡，
王陽明先生所謂「隨順軀殼起念」是也。人之生也，
形氣限之，有了形骸，便一切為此身打算，即凡思慮
行為，舉不越此一身之計。千條萬緒之染業皆由引
起。……淨業者，如自作意至動發諸業，壹是皆循理
而動，未嘗拘於形骸之私者。此業亦不虛作，必皆有
餘勢潛存，名無漏習。一切淨業，皆是循理而動。淨

---

46 同前註，頁 261。

> 即是善。循理者，即凡意身等業，壹皆順從乎天性本
> 然之善，而動以不迷者也。《中庸》所謂率性是也。
> 率性即不役於小己形骸之私。[47]

熊氏論染習的根本，仍歸咎佛家所謂貪、嗔、癡三毒；並將
此三毒之現起，歸於「受拘形骸」、「物交物」：

> ……染習三者，曰貪、曰嗔、曰癡。是三為一切染業
> 本，舊稱此為三毒。……要之，此三都非本來清淨性
> 海中所固有，只因拘於形骸而始有的。易言之，即吾
> 人的生命，纏錮於物質中，而吾人只是頑然一物，所
> 以無端而起種種惑相。物交物，故染著生；物相排拒，
> 故憎恚生；物本拘礙，故迷闇生。總之，吾人受拘形
> 骸，或淪溺物質生活中，才有一切惑業，成為惑習。
> 惑習潛存，復乘機現起而為新的業，則惑益增盛。此
> 人生所以陷於物化之慘，無由復其性也。

熊氏所謂「拘於形骸之私」、「受拘形骸」，其義或略等於
佛教所謂我執、薩迦耶見。此外，熊氏又述第三點曰：

> 三曰，功能不斷，習氣可斷。功能者，體萬物而非物，
> 本無定在，故乃無所不在。窮其始則無始，究其終則
> 無終，既無始無終，便是恒常。故說功能永無斷
> 絕。……習氣者，本非法爾固具，唯是有生以後，種
> 種造作之餘勢，無間染淨，無分新舊，輾轉叢聚，成
> 為一團勢力，浮虛幻化，流轉宛如。……要之，淨習
> 若遇染為之障，便近於斷。染習若遇淨力強勝，以為

---

47 同前註，頁 264-266。

> 對治，亦無弗斷。故習氣畢竟與功能不似也，功能則
> 決不可計為斷故。……雖人生限於形氣，故所習不能
> 有淨而無染，此為險陷可懼。然吾人果能反身而誠，
> 則捨闇趣明，當下即是。本分原無虧損，染污終是客
> 塵。墮退固不由人，戰勝還憑自己。[48]

上述功能、習氣之說，乃熊氏對善惡的解釋，他自認如此解
釋「最圓滿」、「掃盡枝葉，直從善惡根源處解決」。[49]熊
氏之說，沿用佛家術語，固無庸疑；其理論也明顯帶有「無
始時來界，一切法等依，由此有諸趣，及涅槃證得」（《阿
毗達磨大乘經》）[50]、「如來之藏是善不善因，能遍興造一
切趣生」（《楞伽經》）[51]的佛家理論痕跡。上述說法固將
惡之來源歸於後天習染，不過一、二義也分別說到：（1）從
人生的本性來說，畢竟是不墮於形氣的，是夐然超脫的。（2）
人之生也，形氣限之，有了形骸，便一切為此身打算。這二
點合而觀之，就會出現一個未解的問題：人生本性，不墮形

---

48 同前註，頁 270-273。
49 熊氏自評曰：「《新論》解決善惡問題最圓滿，評者不了。善惡問題，
　中外古今紛無定論。《新論》掃盡枝葉，直從善惡根源處解決，惜乎評
　者不能了悟！《新論》語體本中卷言功能無漏，即孟子性善義也。習氣
　與形骸俱始，則有染有淨，其云染習，即攝荀卿性惡義；其云淨習，即
　荀卿善者為也之旨。人生真性本來純善，其有惡者，則囿于形骸之小己
　而起染習也。……人雖皆有真性，然有生以後限於形氣，迷執小己，則
　染習于是起，惡于是作，而本具真性障蔽深固，不得顯發，至此則染習
　乃為一身之主，而真性若不存焉。」氏著：〈摧惑顯宗記〉，《熊十力
　全集（五）》，頁 523-524。
50 〔印〕無著造，〔唐〕玄奘譯：《攝大乘論》，《大正藏》第三十一冊，
　頁 133b。
51 〔劉宋〕求那跋陀羅譯：《楞伽阿跋多羅寶經》，《大正藏》第十六冊，
　頁 510b。

氣；何以竟而有生、竟為形氣所限？這差不多就是《楞嚴經》卷四富樓那所問：「若復世間，一切根塵，陰處界等，皆如來藏，清淨本然，云何忽生山河大地，諸有為相？」[52]以及《圓覺經》金剛藏菩薩所問：「若諸眾生本來成佛，何故復有一切無明？」[53]這問題佛教只能用「如幻」來解釋，但熊氏甚至整個宋明理學系統，都要肯定經驗世界的實存性，這問題對他們而言，恐怕就會更為困難。

　　例如熊氏在《原儒》中對本體的主動性、創造性論述曰：

> 本體流行，燦者萬物。自萬物而言，固皆承本體之流行而各有其生；自本體而言，則是真實之動力鼓動萬物。如大洋水，鼓眾漚然。真實動力鼓動萬物，本無有作意，無有選擇，故萬物之發展至不齊。[54]

這比喻很容易讓人聯想到《大乘起信論》「如大海水，因風波動，水相風相不捨離，而水非動性。若風止滅，動相滅，濕性不壞故。如是眾生自性清淨心，因無明風動，心與無明俱無形相，不相捨離。而心非動性，若無明滅，相續則滅，智性不壞故。」[55]在《起信論》中，水（喻自性清淨心）因風（喻無明）而被動而現起波相（喻一切法）；一切法因無明妄想而有，這與熊氏本體具「真實動力鼓動萬物」顯然迥

52　〔唐〕般剌蜜帝譯：《大佛頂如來密因修證了義諸菩薩萬行首楞嚴經》，《大正藏》第十九冊，頁119c。

53　〔唐〕佛陀多羅譯：《大方廣圓覺修多羅了義經》，《大正藏》第十七冊，頁915b。

54　熊十力：《原儒》，《熊十力全集（六）》，頁321。

55　〔印〕馬鳴造，〔梁〕真諦譯：《大乘起信論》，《大正藏》第三十二冊，576c。

異。熊氏雖因如此而能言現實世界爲實存不妄，但如此也面臨一個難題：如果一切法都是本體真實動力所鼓動，合理推論，惡是否也來自本體之鼓動呢？熊氏當然不會接受這個結果，但他的論點卻在在指向這個可能。

熊氏在《體用論》（1958 年）中又借《周易》之說以明其「翕闢成變」之思想曰：

> 乾陽即精神之稱。精神遍在散殊的一切物質中為其統御，猶心為吾身五官百體之統御者也。精神與物質本非兩體，不可剖析。實體變為功用，即此功用之內部起分化，而為翕闢兩方面。闢，為精神。翕，為物質。質則散殊，精乃大一。翕闢以相反而歸統一，完成全體之發展。《易・大傳》所以德盛之歎也。余持全體分化之論，實宗主《大易》，非余一己之臆說也。《易》明乾元，分化為乾坤。乾坤雖分，而實互相含。乾坤不可剖作兩體，更不可於此兩方面任意而取其一，如唯心、唯物諸戲論。[56]

依《新唯識論》能、習之辨，有形骸則有習氣，有習氣則有染淨。《體用論》將物質歸於翕、歸於坤，則惡之來源就當來自坤卦；《乾坤衍》（1961）熊氏即謂「坤卦言坤，『先迷，失道』。與佛氏『無明』之論可相通。（佛說『無明』，即是一種迷闇勢力。）此與乾道『大明』，極端相反。」[57]於是，本體變動而成功用，逐判爲乾坤、爲翕闢、爲心物、爲染淨、爲善惡。對此，蕭唐剛質疑曰：

---

56 熊十力：《體用論》，《熊十力全集（七）》，頁 109-110。
57 熊十力：《乾坤衍》，《熊十力全集（七）》，頁 618。

先生之謂，（謂體用論。）言實體變動而成功用，取譬於大海水變動而成眾漚，以明體用不二。用則有翕闢兩方面，準《易》之乾坤。翕，為質、為力。闢，為生命、為心靈。翕則化成物，而闢反之。翕勢不自舉，闢主動開物。闢為陽明，翕為陰闇。如上大義皆見《體用論》，有符乾坤之旨。然今復有疑不能不請決者：先生之學宗《易》。乾為心靈，陽明、剛健，無有不善。坤為物質，是陰闇性，其動也迷，本來無善。尊論翕闢猶承乾坤，殆有善惡二元之意歟？[58]

蕭唐剛的質疑是，乾為陽明，無有不善；坤為陰闇，本來無善。如此，豈不有善惡二元之嫌？對此，熊氏的回答是：

余答之曰：吾子之解，似是而實非也。乾坤同一乾元實體，譬如眾漚同一大海水，不得言二元。乾坤兩方面，雖有相反之性，而乾實統御坤，相反所以相成，正是全體流行之妙，而可言二元乎？[59]

熊氏雖否定二元之說，但蕭唐剛的問題其實還隱含另一個問題，即乾坤如為同一實體所顯，便意味著陽明、陰闇乃一本體，這就有善惡同源的可能。對此，熊氏的說法是：

蕭生之疑已解，但人之有作惡犯罪、甚至喪失良知或本性者，畢竟不少。善惡之矛盾何在，今不得不一言。……夫仁心之存乎人者，剛健，炤明，生生而能愛，不為小己之私欲所縛，常流通於天地萬物而無間隔。此乃根於實體之德性，而為一切德行之源泉也。

---

58 熊十力：《明心篇》，《熊十力全集（七）》，頁 270-271。
59 同前註，頁 271。

> 人皆有是心，而不幸甚易為形氣的獨立體所錮蔽。獨
> 立體既成，便自有權能，故其錮蔽仁心也甚易，而仁
> 心之發露頗難。[60]

又謂：

> 綜上所說，善惡矛盾之所在本不難尋。本體不能祇有
> 陽明的性質，而無陰闇的性質，故本體法爾有內在的
> 矛盾，否則無可變動成用。……然乾陽畢竟統御坤
> 陰，坤陰畢竟順承乾陽，矛盾終於化除而保合太和。[61]

熊氏雖透過「乾坤同一乾元實體」以釋蕭唐剛「善惡二元本
體」之疑，但如此一來，一元本體就會兼具善惡二性。這個
問題，用熊氏本人的說法，謂之「本體法爾有內在的矛盾」，
也就是「善惡互相違，本乎乾之陽明與坤之陰闇兩相反也。」
[62]亦即是說，本體流行，不能無形氣以顯；但只要有形氣，
就可能隨之有所蔽錮，則善固來自本體，惡也是來自本體。
如此一來，惡又如何可能有終除的一天呢？

　　此間矛盾，《乾坤衍》的說法更為明確：

> 《乾卦》說「統天」，是乾統御坤，陽統御坤，生命
> 心靈統御物質。《坤卦》說「順承天」，是坤順以承
> 乾，陰順以承陽，物質順承生命心靈。坤化成物，物
> 成而發展偏勝，生命為物質所錮閉而不得顯。然生命
> 力默運乎物質，終能改造閉塞重濁的物為生機體，而
> 生命遂出現。從宇宙發展說來，乾陽統坤陰，而坤陰

---

60 同前註，頁273。
61 同前註，頁279。
62 同前註，頁285。

　　順承乾陽；生命力統物質，而物質順承生命力。是天
　　則之不可違。[63]

乾陽統坤陰，生命力統物質，乃天則不可違。故曰「人之能
自立者，必不『隨順軀殼起念』。故曰乾統坤、坤承乾，是
人生自強所必不可違之天則也。」[64]然熊氏又以坤陰可能侵
奪乾主立，以造無量罪惡：

　　《易》之言坤，義分近遠。遠者指輕微與流動之物質，
　　及物質承乾主導而化成無量物質宇宙，通稱為
　　坤。……近者，如植物之形榦、動物之軀體，乃至人
　　類之身軀，皆由坤或物質承乾之轉化與改造，以凝成
　　無數之各各獨立體，所謂生機體也。……故生機體是
　　生命力所利用之優良工具。否則生命無所憑藉，將何
　　由顯發其德用乎？然復須知，生機體之為功於生命
　　者，固以其為獨立體有特殊勢用，足為生命所仗托
　　也。而有可慮者，生機體亦可能妨害生命則亦以其為
　　獨立體有特殊勢用故，往往盲目妄動，侵奪性靈之主
　　位。性靈者，乾道也，是主乎身軀者也。身軀，物質
　　也，是乃坤陰也。（坤性陰闇，故云坤陰）人皆執此
　　坤陰之身軀以為自我，所謂小己是也。人之有私欲、
　　私意、私見，造無量罪惡而不自覺，試求其故，無非
　　陽明所云「隨順軀殼起念」而已。軀殼，坤陰也。迷
　　闇之動，其發也剛猛，至乎滔天之罪。而凶人晏然，

<hr>

63 熊十力：《乾坤衍》，《熊十力全集（七）》，頁638。
64 同前註，頁650。

莫知悔悟。蓋為坤陰之所役使，無由自反耳。[65]
乾統御坤、坤順承乾，坤卻又有可能迷道不以乾為主、反而
錮閉乾。此間雖有矛盾，但熊氏顯然以此矛盾不為可厭、終
有化除之一日，並對此解釋十分滿意：

> 人之生也，稟受乾坤相反之兩性，其內部生活本不能
> 無矛盾。然矛盾非可厭之物也。人物每由矛盾推動乎
> 中，卒乃照見內伏之一團黑闇，而發憤圖強，化除矛
> 盾。上造乎廣大智慧、剛健自勝之最高境地，而人道
> 乃至尊矣。夫人之所以能臻此最高境地者，非無有內
> 在根據而能然也。人生稟受坤陰以有身軀，稟受乾陽
> 以有生命。生命者，身軀之主也。身軀有柔闇等性，
> 而生命則有至剛、至健、大生、大明等性。故柔闇之
> 坤陰必以乾陽為其主，柔闇之身軀必以生命為其主。
> 生命以其剛健主導乎身軀，身軀守柔順以隨從生命力
> 而與之合德，是為乾道帥坤，坤道得有主而不迷。畢
> 竟乾坤合一，矛盾化除。乾變坤化之妙，如是如是。
> 豈非譎怪至極者哉！要之，學者如解乾坤之義，必不
> 肯妄執矛盾以觀測人生。人能不「隨順軀殼起念」，
> 常存養乾道，擴充性、靈。則乾道恒統御乎坤陰，而
> 坤與乾同功。性靈恒主宰乎身軀，而身與性合德。何
> 有矛盾可言乎？[66]

熊氏說法，基本上同於孟子從其大體、不從小體之說。但由

於熊氏以爲「宇宙自有眞源，萬有非忽然而起。」[67]強調宇宙萬象背後有其本體，較諸孟子也就不得不面對本體論的困難。因爲，熊氏以坤陰爲迷闇、爲形軀、爲我執，而以乾帥坤，坤道得主而不迷；但依「人稟受乾坤相反兩性」之說，就很可能推向人具善惡二性、或者善惡混。而人性又來自本體所賦，不就意謂本體並非純粹至善，乃是善惡同一根源嗎？

四、染淨同依：本覺思想的本體論難題

熊氏以爲，藉由本體分爲乾坤相反兩性，可以說明宇宙變動之所由；並透過坤迷失道、終復乾以帥坤，善惡矛盾庶幾化解。然而，這樣的說法，其實隱有善惡同源的本體論問題。對照熊氏早年的「同源說」，此問題或更顯著。《尊聞錄》載熊氏的同源說是：

> 大抵同源云者，雖已承有萬物公共的大源，而他畢竟不是外於萬物而別爲空洞獨立之一物。他是遍爲萬物實體，無有一物得遺之以成其爲物者，萬物皆以他而成其爲萬物，我固萬物之一，即亦以他而成其爲我。所以，我與一切人和物，雖若殊形，而語及實性則是渾然一體。無奈人生來便把形骸執著了，易言之，即起我執了。……遂不能返會到本來一體上去。若是除去計我之執，這內外彼此等疆界，便一齊打破，立時了悟本來一體，並無奇怪。即如前舉海漚爲喻，……

---

67 熊十力：《體用論》，《熊十力全集（七）》，頁14。

> 若是不執漚相，便於無量漚而洞見舉體是大海水，了
> 無內外彼此可以分割。這豈不是正見麼？[68]

海漚之喻廣見於熊氏各期之說；不過，其喻意則有些微的差異，可以指現象與本體當下不二，也可以指現象本體將來可以證會為不二。其間差異，借用熊氏另一常見的水冰之喻以說明之。熊氏曰：「此義深微，強為取譬，如冰由水成，而冰卻不失水之濕潤等德性，故應說冰之起，恰恰是與其本來的水，相稱而起，以其未失水性故。今以冰喻用，以水喻體。」[69]冰由水起，水在冰中，濕性相同，以喻稱體起用、體用不二。然而水相流液、冰相堅凝，終有差別：「翕便成物，故與其本體有乖反的趨勢。（譬如冰，以流液的水為本質，而冰相堅凝，卻與其本質相反了。）」[70]因此，冰相終非水相的本性。欲使冰相會歸本然流相，終須冰解凍釋，此即所謂「攝用歸體」：「攝者，攝入。譬如睹冰而不存冰相，直會入水，即唯是水而已。」[71]依此說，水冰固然無二，但冰相

---

68 熊十力：《尊聞錄》，《熊十力全集（一）》，頁 570-571。不過，熊氏原先並不從同源說，後則反之，而承認萬物有一公共的大源。早先反對的原因是：「在人情計度，則以為說到同源，好像是外於萬物而別建立一個公共的大源，叫他做宇宙實體，我與一切人和物都從他分賦而出生，如大海中幻起許許多多的浮漚一般。（每一浮漚是大海水所分賦的，所以浮漚自己不實，乃外藉大海水而暫時幻現者。）所以，我底生命不是我元來自具自足。舊稿外憑藉虛之說，蓋即此意。如上所說，如若道那般話竟是麼，則已墮入邪見，不可救藥了。」《尊聞錄》，《熊十力全集（一）》，頁 570。此外，依《尊聞錄》所載，這些對話發生於熊氏寓杭州西湖法相寺之際；郭齊勇考證，時為 1927 年。郭齊勇：《天地間一個讀書人》（臺北：業強出版社，1994 年），頁 51-52。
69 熊十力：《原儒》，《熊十力全集（六）》，頁 352。
70 熊十力：《新唯識論（語體文本）》，《熊十力全集（三）》，頁 114。
71 熊十力：《體用論》，《熊十力全集（七）》，頁 19。

終非本來面目，需要解消以會入水。對照海漚喻，雖然熊氏一再強調大海浮漚全中見分、分中見全、渾一整體，但準之乾坤明闇之說，浮漚當然代表軀殼、我執，終須化除，「返會到本來一體」（《尊聞錄》語）。那麼，海漚喻就只能說明萬物本來一體、可能返會本來一體、但現前終非一體；而浮漚也就不是真實的存在狀態。同時，現前非一體，乃因我執、軀殼起念；而依《原儒》說：「自本體而言，則是真實之動力鼓動萬物。如大洋水，鼓眾漚然。」浮漚乃是大海所鼓動，則我執豈不意味亦來自本體使然？這在本體論上豈不意味善惡同源、而人性論上則意味吾人具有內在本然之惡嗎？

　　這問題如梁漱溟所指出，本體論上以惡或無明來自坤陰，正是熊氏理論的失敗處：

> 熊先生自矜創獲，其實並不高明，曾不出乎「心為形役」那句老話。甚至毋寧說是個失敗。何言乎失敗？熊先生以乾陽坤陰說明人生善惡之所從來，雖自稱非二元論，卻明明說本體性質複雜非一，豈不坐實了人生之有其惡的一面？惡非實有，你坐實了它，寧非失敗？[72]

又說：

> 佛氏之教，豈有他哉，唯在破除我執妄情而已；然而有我無我，其間深淺層次甚多甚多。先應知道「分別我執」而外，更有「俱生我執」在。我執與生俱來，曾無間斷之時。非獨人醒時意識中有我，就在悶絕位

---

72 梁漱溟：〈讀熊著各書書後〉，《熊十力哲學評論集粹》，《熊十力全集（附卷上）》，頁 757。

> 中亡失知覺，我執猶自隱隱恒轉不捨。又非獨於人有
> 之，一切有生之物可以說都有我執在。眾生設無我
> 執，也就沒有眾生了。……正不知道為什麼忽爾失其
> 圓滿自足，而向外取足，內外於是而分；我執就發生
> 在這裏。我執、法執、能取、所取是俱時而有的。蓋
> 於內執我而向外貪取，原為不可分先後之一。說「無
> 明」，說「惑妄」，也即總指此一事而說。無明非實
> 有物，祇是說一時失其明而已。惑妄寧有所據，祇是
> 一時迷惑而已。熊先生卻坐實了它，要根究其所從
> 來，且自矜創獲，焉得不失敗。[73]

梁氏以為，無明染污本非實有，其發生只在於一念不覺。由
於染污本非實有，故不能給予根源或本體上的說明，只能透
過工夫解消，這就是梁氏所謂「惡起於局，善本乎通」：

> 總結一句話，惡起於局，善本乎通。人之有惡為後天
> 之事，人之有善，卻本乎先天。蓋人之自為局限者固
> 出於意識分，而情同一體之通卻非因後天分別乃有
> 之。——後天分別是產生不出通來的。通的可能性先
> 天存在，祇須你不妄起分別，其性自顯。[74]

無明無始而有終，不能究其所來，這也是《楞嚴經》、《圓
覺經》等真常心佛典論無明由來的說法。然而，如來藏自性
清淨，何以一念不覺而有染污呢？又，眾生本來是佛，何以
又墮為眾生？如果如來藏清淨心乃是一切法所依，則「既稱
為妄，云何有因？」恐怕就不是能令人釋疑的答案。然而，

---

73 同前註，頁 759。
74 同前註，頁 762。

如來藏如果是本體，則真如緣起古來即有「真妄別體」、「真前妄後」、「悟後卻迷」三大難。[75]近代佛教史上，歐陽竟無、王恩洋等人亦曾對《起信論》提出「以體為用，體性既淆，用性亦失，過即無邊。」[76]及「無明不能熏長正智，正智不能熏無明」、「善染不並存，漏無漏不兩立」[77]等質疑。

　　由於本覺思想隱有上述問題，呂澂與熊十力乃有性寂、性覺之辨，呂澂並以性寂為佛法正義：

> 前函揭櫫性寂與性覺兩詞，乃直截指出西方佛說與中土偽說根本不同之辨。一在根據自性涅槃（即性寂），一在根據自性菩提（即性覺）。由前立論，乃重視所緣境界依；由後立論，乃重視因緣種子依。能所異位，功行全殊。一則革新，一則返本，故謂之相反也。說相反而獨以性覺為偽者，由西方教義證之，心性本淨一義，為佛學本源，性寂乃心性本淨之正解。性覺亦從心性本淨來，而望文生義，聖義無徵，訛傳而已。……中土偽書起由《起信》而《占察》，而《金

---

75 「真妄別體」意指真妄二元論。「真前妄後」則意謂真如在先，無明在後，依真而起妄。「悟後卻迷」則指修顯真如成佛之後，是否仍可能入迷而還作眾生。真如緣起三大難，詳見〔日〕湯次了榮著，豐子愷譯：《大乘起信論新釋》（臺北：天華出版公司，1991 年），頁 236-244。此外，《大乘起信論》曰：「真如本一，而有無量無邊無明。從本已來，自性差別，厚薄不同故，過恆河沙等上煩惱，依無明起差別。」真如本一，依無明厚薄而山河大地起千差萬別，史上亦有所謂「無明厚薄有無論」，前揭書，頁 244-253。《大乘起信論》「真如本一」、「依無明起差別」很容易讓人聯想到理學中的理氣論。

76 歐陽漸：〈抉擇五法談正智〉，張曼濤主編：《大乘起信論與楞嚴經考辨》，張曼濤主編：《現代佛教學術叢刊（35）》（臺北：大乘文化出版社，1978 年），頁 6。

77 王恩洋，〈大乘起信論料簡〉，同前註，頁 86-87。

剛三昧》，而《圓覺》，而《楞嚴》，一脈相承，無
不從此訛傳而出。流毒所至，混同能所，致趨淨而無
門。不辨轉依，遂終安於墮落。[78]

呂澂指出，性覺思想之弊，在於「混同能所」、「不辨轉依」，
其實也就是歐陽竟無、王恩洋等人所批評的體用混淆、真如
無明互熏的問題。由於性覺思想乃中土所好，呂澂除了以爲
熊氏思想「完全從性覺立說，與中土一切僞經、僞論同一鼻
孔出氣，安得據以衡量佛法？」[79]也指出理學與真常心佛學
的關係曰：「在理學的代表人物裏，或則和禪師們有關係（如
周濂溪、謝上蔡之和東林常摠等往還），或則對禪學思想有
深刻研究（如程明道出入於老釋數十年，朱晦庵喜讀大慧等
語錄），他們受到禪宗的影響都很顯然。因之爲理學中心的
程朱一派，對宇宙本體的方面，用無極、太極以及理氣等來
作解釋，就和禪家經常提到的由真如生滅兩門生一切法的說
法相通。」[80]既然理學與真常心系佛學有思想上關係，理學
當然也會面對本體論上染淨同依的問題。而熊氏哲學與傳統
理學雖無不以本體爲純粹至善，但本體生起一切法，包含染
淨善惡，就必然將面臨善惡同源的問題。對於這個問題，佛
教或印度傳統思想可透過緣生無性、幻有不二以解決此矛
盾，但儒家由於旨在肯定經驗世界之實存意義，本體論上的
矛盾，理論上恐怕就很難解決。

---

78 呂澂：〈呂澂復熊十力〉，《熊十力哲學論文書札》，《熊十力全集（八）》，
   頁 428-429。
79 同前註，頁 424。
80 呂澂：《中國佛學源流略講》（北京：中華書局 1998 年），頁 394。

五、「不二論」在「實說型態」中的困難

　　呂澂與熊十力書信中，曾指出本體論、宇宙論乃西歐學人的學術範疇，不必強以儒佛之學牽合之，對此，兩人曾有激烈辯論。熊氏以爲，如將真如理解爲萬法實體，就不能不說佛家有所謂本體論。[81]不過，呂澂則以爲宇宙本體論乃「俗見」：「西人談小乘佛者，常謂其不涉宇宙本體，卻不以爲不能想象。又自佛學見地言，本體等論，不謂之俗見，難道還稱真見？」[82]對於佛教的非本體論性質，印順講得更清楚：「佛法說涅槃、說空寂，不是以此爲宇宙本體，以滿足玄學者的求知欲，是深入緣起本性而自證的。」[83]同時，也以爲本體論乃是情見戲論的產物：「但依佛法看來，作爲萬化根源而能給予宇宙以說明的本體，不管是向內的，向外的，一切都是情見戲論的產物 —— 神之變形。」[84]至於有本體論傾

81　呂澂：「俗見不足爲學，尊論卻曲意順從。如玄哲學、本體論、宇宙論等云云，不過西歐學人據其所有者分判，逾此範圍，寧即無學可以自存，而必推孔、佛之言入其陷阱？此發軔即錯者也。」〈呂澂致熊十力〉，《熊十力論文書札》，《熊十力全集（八）》，頁 427。對此，熊十力反駁曰：「本體論一詞，不容不立，準上談宇宙論一詞而可知。從來哲學家談本體論者，其自明所見，盡有各不相同，然而都以窮究宇宙本體爲學。（如說宇宙本體一詞是從俗，試依佛說，則云真如爲萬法實體，此語有過否？宇宙即萬法之都稱，實體亦本體之異語。）則本體一詞，如何用不得？」〈致呂澂〉，《熊十力論文書札》，《熊十力全集（八）》，頁 433。
82　同前註，頁 444-445。
83　印順：〈評熊十力的《新唯識論》〉，《熊十力哲學評論集粹》，《熊十力全集（附卷上）》，頁 215。
84　同前註，頁 216。

向的真常唯心論，在印度與婆羅門教合化、在中國與儒道融合，印順當然也不能認同：

> 以本體的生起來說：《起信論》以眾生心為本體，說「能攝一切法，能生一切法」。《華嚴》家據《華嚴經》的性起品，說「性起」。性起品說一切眾生皆具如來智慧德相，即如來藏說。佛家的如來藏說，除少數極端的神我化而外，大抵以如來藏為心性本淨與稱性功德 —— 智慧德相 —— 不二，為一切淨法的根源；雜染，由於無始來的客塵所染，隱覆真心而幻現的。……《新論》果真無所取於台、賢嗎？台、賢果真不出大空大有嗎？真常唯心論，在印度與婆羅門教合化的，在中國與儒道混融的，我從佛家本義的立場，是不能完全贊同；然而，這在印度是久已有之，在中國的台、賢更發揮到頂點。《新論》近於此系，也大量的融攝，然而不但默然的不加說明，還故意的抹煞，似乎有所不可！[85]

對於如來藏思想的批判，當代日本的「批判佛教」可說力道更為強烈。批判佛教的代表人物為駒澤大學的袴谷憲昭、松本史朗二位教授。袴谷憲昭《本覺思想批判》一書將本覺思想總結為三個特徵，其中與本體論相關者為：

> 本覺思想有一絕對的前提，即是諸法皆被含攝於「單一的本覺」之中。這種思想隱含著「場所」（topos）的意義，而「場所思想」通常與其所在的本土固有（土

---

85 同前註，頁 225-226。

著）思想相結合。在印度的土著思想是以「梵」
（Brahman）或「我」（ātman）為根基的婆羅門哲學，
而在中國的本土固有思想則是指老莊思想。[86]

松本史朗則以 dhātu（界）為場所、基體，並設計了一套「基
體論」（dhātu-vāda）。以下引文中，L 代表 locus（界），S
代表 super-locus（諸法）：

> （1）L 是 S 的基體（locus）。（2）故 L 生出 S（原
> 因）。（3）L 是單一，S 是多。（4）L 是實在，S 是
> 非實在。（5）L 是 S 的本質。（6）S 是非實在的，
> 但因它是從 L 生出來的，以 L 為本質，所以具有一定
> 程度的實在性，或具有實在性的基礎。[87]

dhātu-vāda 的結構，乃是一種由單一實在基體（dhātu）生出
多元 dharma 的理論，松本史朗也稱之為「發生論性質的一元
論」、「根源實在論」。而這種思想，乃是源自《奧義書》
中的神我論，正好是釋尊緣起論的悖反。[88]

　　批判佛教以為如來藏思想並非佛教，甚至漢語系佛教亦
為偽佛教，由於論點爭議太大，即便袴谷、松本的老師高崎
直道亦未能認同。[89]不過，高崎卻也曾指出，dhātu 原義為放

86　〔日〕袴谷憲昭：《本覺思想批判》（東京：大藏出版社，1989 年），
　　頁 9-10。轉引自唐忠毛：《佛教本覺思想論爭的現代性考察》（上海：
　　上海古籍出版社，2006 年），頁 66-67。
87　〔日〕松本史朗著，肖平、楊金萍譯：《緣起與空 —— 如來藏思想批判》
　　（北京：中國人民大學出版社，2006 年），頁 5。
88　同前註，頁 6-7。
89　高崎直道：「如來藏思想有許多地方與以奧義書和吠檀多哲學為代表的
　　印度主流思想是相通的。這正是我自己經常論證的論點，幾乎沒理由感
　　到震驚。但另一方面它又正好能推斷出，這樣一種思考方式之所以是非
　　佛教的，僅僅是因為它與印度主流思想相似。在這一點上，我不能苟同

東西的場所、基座、地基，依處，亦即能在上面放東西、或容納東西的場所。依印度式思維，虛空是存在的全部領域，且虛空會透入個個物質之中，類似於梵（Brahman）與我（ātman）的關係。就此意而言，即是萬物的根源。然而，高崎也指出，這種思想藏有一種危險性，略有不慎，就可能成為與印度教同樣的梵（Brahman）之實在觀念。[90]

　　印順也指出，如來藏思想「在外表上，與印度的吠檀多哲學，大梵（法身）小我（眾生界），是非常類似的。」[91]然而，《楞伽經》謂：「我說如來藏，不同外道所說之我。大慧！有時說空、無相、無願、如、實際、法性、法身、涅槃，離自性，不生不滅，本來寂靜，自性涅槃，如是等句說如來藏已。如來應供等正覺為斷愚夫畏無我句故，說離妄想無所有境界如來藏門。」[92]印順亦藉此說明，如來藏思想乃是為了「攝化計我外道，而實際與大乘法空性，是一脈相通的。」[93]在方便說法的前提下，如來藏思想必然不能等同外道神我，而真如生萬法也就只能以《中觀論》「以有空義故，一切法得成」的緣生空義理解之。亦即是說，真如生萬法的本體論意義或者體用義，都只是虛說。此虛說之義亦如牟宗三論天臺宗所言：

於他們的觀點。」〔美〕史奈森主編，龔雋等譯：《修剪菩提樹：批判佛教的風暴》（上海：上海古籍出版社，2004年），頁315。

90 〔日〕高崎直道等著，李世傑譯：《如來藏思想》，《世界佛學名著譯叢（68）》（臺北：華宇出版社，1987年），頁28-33。

91 印順：《成佛之道（增注版）》（臺北：正聞出版社，1994年），頁386。

92 〔劉宋〕求那跋陀羅譯：《楞伽阿跋多羅寶經》，《大正藏》第十六冊，頁489b。

93 同前註，頁384。

就天臺宗說，一念三千之不思議境不是因著有一個「體」而要去積極地肯定的，乃是只順著煩惱心遍而實然地如此說，其當然而必然之理想地說者仍是就此不思議境而當下寂滅之。寂滅之，即是在圓頓止觀中如實知「即空即假即中」而證實相。實相不空懸，即在三千中。……三千不可亦不必離，不可亦不必壞，但可即之而可寂。如此，則仍是「流轉還滅」下之體用。實亦無所謂體用，體用皆虛說。[94]

又論華嚴宗曰：

就華嚴宗說，「不變隨緣，隨緣不變」是實然地說。在此實然地說下，吾人不能說如來藏心是體，而隨緣流轉是其用。……縱使唯一真心轉，性起具德，一時炳然，或隱映互現，而吾人仍不能說此真心為一創生的實體能創生此緣起事之大用。此體用仍是「緣起性空，流轉還滅，染淨對翻，生滅不生滅對翻」下之靜態的虛繫無碍之體用。……在此虛繫無碍的圓融狀態下，實無體用可說。體用皆是過渡中的詞語。亦是虛說的詞語。此如來真心實非創生緣起之實體也。[95]

如來藏的本體義、體用義既為虛說，固可免於批判佛教學者所斥「如來藏非佛教」的危機，本覺（或性覺）當然也就非混同婆羅門教、《奧義書》具有創生意義之神我外道思想。準此，佛家講圓教當然也是非創生性的、乃是透過解心無染以達到無明法性不二。至於儒家，如牟先生所言：「它不能

---

94 牟宗三：《心體與性體（一）》（臺北：正中書局，1989 年），頁 641。
95 同前註，頁 642-643。

只由般若智或玄智之橫的作用來表明，它須通過仁體創生性
這一豎立的宗骨來表明。因此，它必須是縱貫縱講，而不是
縱者橫講。」[96]又謂：

> 依此無限智心之潤澤一切，調適一切，通過道德的實
> 踐而體現之，這體現之之極必是以天地萬物為一體，
> 為一體即是無一物能外此無限智心之潤澤。以天地萬
> 物為一體之生命，即是神聖之生命，此在儒家，名曰
> 聖人或大人或仁者。……依此，此普遍而無限的智心
> 乃一存有論的原理，或亦曰本體宇宙論的原，乃使一
> 切存在為真實而有價值意義的存在並能引起宇宙生
> 化而至生生不息之境者。[97]

牟先生縱貫縱講式的圓教、本體創生引起宇宙生生不息，基
本上也就是熊十力《原儒》所謂「本體流行，燦者萬物。自
萬物而言，固皆承本體之流行而各有其生；自本體而言，則
是真實之動力鼓動萬物。」然而，其間就有一問題：在本體
能動能主宰的前提下，現象是實存而非幻妄。但現象之善固
為實存，惡當然也是實存；善固為本體所引發，但惡又是誰
引發的呢？此間問題，詳如前述。

　　此外，既以如來藏思想的體用創生義為虛說，就會出現
一個結果：與其說理學、或熊氏思想與佛學有相契處，倒不
如說是與《奧義書》、吠檀多等承認大梵創造的印度思想為
相近。[98]《奧義書》、吠檀多以「梵」為宇宙精神、萬物本

---

96 牟宗三：《圓善論》（臺北：學生書局，1985年），頁306。
97 同前註，頁307。
98 黃心川：「印度吠檀多對中國哲學思想無疑地有過直接和間接的影

源、創造者，個體生命乃由梵而來，本質無二，謂之「梵我不二」。[99]一切現象雖分受梵，卻不是完整的梵；因此，梵內在一切，卻又超越一切。[100]雖說梵與現象本質不二，但梵為絕對唯一、沒有侷限，現象卻千差萬別而有侷限；兩者雖說不二，但總是有所差別。於是，在以梵為絕對唯一、真實存在的前提下，現象就可能是（1）幻相。（2）真實，但受制限。（3）真實，但待進化。於是，所謂「不二」在思想史上就有「幻相不二論」、「制限不二論」、「真實不二論」等不同理解。

所謂「幻相不二論」，是由喬荼波陀（Gaudapada, 788?-800?）、商羯羅（Sankara, 788-820 或 700-750）所主張。喬荼波陀以為，梵通過「摩耶」（幻力）以變現世界，所以世界乃是幻相。[101]商羯羅《示教千則》則以清水污泡譬喻之：「泡既與水同一，又與水相異。因為泡若離開水便無法存在；

響。……至於對後期儒學特別是宋明理學某些道學家的影響也值得進行探討。」黃心川：〈序〉，江亦麗：《商羯羅》（臺北：東大圖書公司，1997 年），頁 21-22。

99　根據《大森林奧義書》第一章第四梵書，梵先成為原人，再一分為二，成為男女，由此產生人類。接著又變成公牛母牛，產生群牛。依次變成公馬母馬、公驢母驢、公羊母羊，於是創造了動物、眾天神、種姓，乃至一切。黃寶生譯：《奧義書》（北京：商務印書館，2010 年），頁 26-32。

100　《大森林奧義書》：「他進入一切，乃至指甲尖，就像剃刀藏在刀鞘中，火藏在火盆中。人們看不見他，因為呼吸的氣息，說話的語言，觀看的眼睛，聽取的耳朵，思考的思想，這些只是他的種種行為的名稱，並不是完整的他。如果一一沉思這些，並不能知道他，因為只具備其中之一，並不是完整的他。」同前註，頁 28。

101　如喬荼波陀《聖教論》所言：「此因摩耶起差別，無生絕非有差別；若是真正有差別，有死亦將變不死。」〔印度〕喬荼波陀著，巫白慧譯釋：《聖教論》（北京：商務印書館，1999 年），頁 122。

但水又是至清，與本性爲污穢的泡是不同的。」[102]清水污泡喻與熊氏海漚之喻頗有異曲同工之妙。商羯羅以爲，阿特曼展開爲名色（質料因）。然而，梵是無限的，不受時空因果限制，與經驗現象不同，故以世界爲虛幻不實。這種不二論，可以稱之「幻相不二論」。

然而，如果世界乃是幻相，人的存在是否也是幻相？則宗教修行、倫理道德又有何意義？因此，商羯羅之後，羅摩努闍（Ramanuja, 1017-1137）以爲，梵寓居於經驗界的存有之中，就會被世界的個體物所制限，但仍無損其真實性。而透過巴克提（Bhakti, 虔信），即可與造物者合一，使靈魂解脫。[103]此爲吠檀多制限不二論。之後，奧羅賓多・高士（Aurobindo Ghose, 1872-1950）批評商羯羅的不二說不是真正的不二論：

> 真實底「一元論」，真誠底「不二論」，承認萬事萬物皆爲唯一「大梵」者，不試行剖判「牠」的存在爲相矛盾之二元，一永恒底「真理」和一永恒的「虛妄」，「梵」與「非梵」「自我」與「非自我」，一真「自我」與一不真卻長存底「摩耶」。若使唯有「自我」存在是真實，則一切皆是「自我」也應是真實。若是

---

102 《示教千則》散文篇：「這個名色（原本）是未展開的，由這個阿特曼將它展開，成爲虛空。於是被稱爲虛空的這個元素，照著這個方法即猶如清水生出污泡那樣，從最高阿特曼那裏產生出來。泡既與水同一，又與水相異。因爲泡若離開水便無法存在；但水又是至清，與本性爲污穢的泡是不同的。」孫晶：《印度吠檀多不二論哲學》（北京：東方出版社，2002年），頁477。

103 江亦麗：《商羯羅》（臺北：東大圖書公司，1997年），頁171-186。

這「自我」，「上帝」，或「大梵」不是一無能為之境界，不是一有拘限之權能，不是一有界際底人格，而是自體覺知底「大全」，則在其中必有這顯示的某些好底、內在底理由；要發現這理由，我們必從一假定出發，即假定有些能性，有些智慧，有些有體之真理，在此一切顯示之萬事萬物中存。世界的乖戾和顯似底惡，應當在它們的範疇中加以承認，卻不能接受其為我輩之征服者。[104]

奧氏以為，宇宙間只有一個主宰，宇宙間之惡、無明、痛苦的現象，「皆只他的代表和變化而已」。[105]宇宙現象是梵所創造真實存在，雖然現象個體為有限之存在，卻可透過心思轉化，逐步上升至梵。因此，人生是有意義的，謂之「神聖人生」；而這種不二論則稱為「真實不二論」。

由於奧氏為一元論者，現象界的惡也由此本體負責，為此本體的變化。對照之下，熊十力以為一元本體中，具有坤迷陰闇之作用，乾陽坤陰，翕闢成變；大海現為浮漚，浮漚打破我執，會返本體。較諸奧羅賓多的真實不二論，兩者理論氣質毋寧十分相近。由於奧氏承認惡的現象存在的合理性，這也很容易讓人聯想到程明道的「天下善惡皆天理」、乃至氣本論中性具善惡論的傾向。綜上所述，本覺思想中固有無始無明從何而來的問題，但畢竟可透過解心無染、唯證相應以說明無明虛妄性。如果我們同意如來藏思想、甚至佛

---

104 〔印度〕室利・阿羅頻多撰，徐梵澄譯：《神聖人生論》（北京：商務印書館，1984 年），頁 33。
105 同前註，頁 34。

教理論乃是虛說型態，那麼實說型態就無法用此方式解釋之。面對惡的問題，也許吠檀多「真實不二」是實說型態最可借鏡的模型。而這個模型說明了，在一元論或不二論的前提下，一切現象來自共同根源，當然也包含了惡法。由於本體絕對唯一，就無法將惡交由無明、摩耶、或者氣來解釋；因此，除非承認本體或天道流行有善有惡，否則很難解釋惡的由來；但如此一來，就很難維持天道本體善的純粹性了。

總結：本體（境界）一元，現象二元

一、總持諸義

　　佛教華嚴宗嘗有「六相圓融」之說，即對於一件事物，可由「總、別、同、異、成、壞」六個角度觀察之，這也就是法藏《華嚴金獅子章》所釋：「師子是總相，五根差別是別相，共從一緣起是同相，眼耳等不相濫是異相，諸根合會是成相，諸根各住自位是壞相。」[1]諸法如是，學術研究亦如是，總是可由諸多角度切入觀察，相互涉入。本書之作，即是試圖從各種可能角度，考察理學脈絡中，善的本體論建立的必要；而在善的本體論建構過程中，面對惡之經驗現象，其解釋又如何可能。

　　以生言性、自然人性論是先秦漢代流行的主要說法。在元氣論中，萬物稟氣而生，氣有陰陽，人性亦有善惡；透過稟氣厚薄、陽善陰惡，以解釋善惡行為之所以可能。不過，元氣論的理論困難在於，如果人性善惡皆受命於氣，賢愚善惡皆是氣化所決定，那麼道德實踐的動力與目的何在，就值

1　〔唐〕法藏著，方立天校釋：《華嚴金師子章校釋》（北京：中華書局，1987年），頁114。

得懷疑了。同時，如果只是就經驗實然而言性，而經驗現象必然要受外在條件所決定，就很難成立道德主體必然爲無待自在。依《孟子·公孫丑上 6》，儘管怵惕惻隱之心「非所以內交於孺子之父母」、「非所以要譽於鄉黨朋友」、「非惡其聲而然」；又依《孟子·盡心上 15》，以爲良知良能不學不慮，似乎皆指出道德本體的超越絕對性。然而，《孟子·梁惠王上 7》中，良知之發用與否，又似乎受限於「在場」條件。齊宣王不忍牛之觳觫，故以羊易牛。然若不忍其觳觫，則牛羊不應有分別取捨。孟子分析其因在於「見牛未見羊」、「見其生，不忍見其死；聞其聲，不忍食其肉。」爲避免不忍下嚥，孟子告之「君子遠庖廚」。不過，如果良知的發用，有賴於在場經驗，就表示良知的作用有其動靜生滅。如果良知絕待自在、不假外求，那麼無論良知呈露與否，必然始終現在。於是，在動靜生滅的現象之上，必然有一超越動靜生滅、無動無靜不生不滅之良知；至於良知之不呈露，則歸咎於氣裏之蔽錮。這基本上就是宋代以來理氣論的兩層格局：理無形而氣有迹；氣有動靜，理則動而無動、靜而無靜。這兩層格局一方面保證了本體絕對至善，一方面也交代了惡之來源。

　　不過，理學家基本上都承認天道或天理爲終極本體，既然本體是一，形而下的氣從何而來、又何以能違理，這就不無問題。同時，既然承認本體是一，理氣就不能爲二、而只能是一。既然理氣是一、即理即氣，則惡又由誰來負責呢？是否即由此唯一本體呢？若然，則又引生另一問題。此本體除了是道德本體，也是宇宙本體，負責一切的創造生化。但

經驗現象善惡雜染，逆推上去，這本體是否也兼具善惡？或非善非惡、無善無惡呢？即便我們仍要稱之爲善，此善是否仍意同道德之善？或者更是宇宙本體義的超越之善呢？如果此本體之善，果爲一超越意義的無善無惡之善，則無善無惡又何以動而爲有善有惡呢？而此無善無惡之本體，如要直接作用於經驗世界，必然就會呈現「不觸事而知、不歷緣而照」即寂即感、寂感一如的境界；而此境界，顯然已超乎孟子原本的良知理論。而即便我們承認有不動於意、脫落善惡之相之可能，但經驗中之善，總是需要透過形氣感性以實現之，其中又如何檢驗、保證此經驗之善必爲天理之形著、本心之發用無謬呢？

　　以上述問題爲思考脈絡，經前面篇章之考察，可以發現，周濂溪《太極圖說》中，以「太極動而生陽，靜而生陰，一動一靜，互爲其根。」成立一化生萬物之宇宙論，但何以「五性感動善惡分」，濂溪本人並無確解。牟宗三、唐君毅等學者以爲，《太極圖說》與《通書》乃濂溪體用表裏之作，太極即誠體；牟先生更並以爲濂溪言太極、誠體乃是「即存有即活動」的縱貫型態。但如將兩書對照合觀，《通書》「誠無爲，幾善惡」一語則更突顯其道德形上學的難題。因爲，太極、誠體既是活動者、創造者，則何以在其活動創造下，竟有惡之發生，毋寧是一極難回答的問題。牟先生雖將惡歸咎於氣化或感於物之不順誠體（這其實也是朱子的處理方式），但此氣或感性從何而來，則未見進一步說明。但太極誠體如爲造化流行者，合理推論，當然也是由此創造者所發生，這個推論在熊十力「體用不二」、「翕闢成變」思想中

可以得到印證。依熊十力之說，實體變動而成功用，變動過程中產生翕、闢兩種勢能。闢為陽明、為乾，翕為陰闇，為坤。坤之迷闇，使人從軀殼上起意，而有種種罪惡之造作。這幾乎是把惡的來源歸於坤陰，而坤陰又來自本體之功用；依此說法，不但說明惡有其本體根源，而此本體遂為善惡同源，而非如熊氏所定義之「清淨本然」、「沒有染污」。

　　為解決此善惡同源之難題，朱子嚴分理氣，「太極者，本然之妙也；動靜者，所乘之機也。」透過理氣二分的方式，一方面保證本體純善，一方面也避免「論性不論氣，不備。」對惡的來源也有所交代。牟先生以為朱子的理論屬於「存有而不活動」的橫攝型態，從朱子的「人馬喻」似乎也坐實這一觀點。無獨有偶的是，印度數論派也有「盲人跛人合」之喻，這與朱子人馬喻有異曲同工之妙。而數論派「神我自性」相合說，也與朱子理氣相合說有類似處。數論派以為，神我、自性相合產生萬物，但在此過程中，神我乃是絕對的不活動者。因神我與自性相遇，使自性原有三德（喜、憂、闇）打破平衡，但神我只是「觀看者」。就此義而言，也許近於朱子「理不造作」的說法。然而，朱子以為，理必然要實現於經驗世界中，經驗界一切現象皆是理氣相合以生。這就使得朱子的理顯出某種意義的活動性，而非全然地不活動；這就不同於數論派神我的絕對不參與。因此，本書將「理掛搭在氣之上」之說稱為「消極參與」。此外，朱子又以故又有「天地之性在氣質中穿過」，亦即理「穿過氣中」、「袞在氣中」，對此，本書稱之為「積極參與」。與此參與型態較接近的理論模型，其實是《大乘起信論》「真妄和合」之說。朱子本

人甚至也承認「儒者以理爲不生不滅」，只不過儒家的不生不滅者，必然要作用於經驗世界中，有別於佛家的「有體無用」。朱子之說，不啻暗示其理氣論與《大乘起信論》「不生不滅與生滅和合」有相近處。而這恰好也是後世氣學者對朱子理氣論的批評，如王浚川批評理學乃是「四大之外，別有真性」，戴東原亦批評「實從釋氏所云『徧見俱該法界，收攝在一微塵』者此類得之。」。

　　嚴分理氣之格局，既仍不免於「本然之性超乎形氣之外」之病，故另有一以「理氣只是一」、「理在氣中」、「理只是氣流行之理」的思路，這就是所謂氣學或氣本論的論點。考察氣本論的發展脈絡，氣學思想當發軔於張橫渠，後世氣學理論大多能在橫渠論點中尋得根源。不過，橫渠又是理學重要代表之一，故而橫渠的氣學向度、乃至其對惡之由來的解釋，便有其討論的必要。學界對橫渠學說的理解向度，基本上可分爲「理氣相即」、「理氣不二」、「唯物論」。前者仍是採理氣二分而言理氣相即；次者則言理氣是一，兩者關係爲流行的存在、存在的流行；後者則純以經驗質料目之。橫渠立論旨在「知虛空即氣，則有無、隱顯、神化、性命通一無二，顧聚散、出入、形不形，能推本所從來」，不使本體現象、天人體用判然殊絕爲二。亦即是說，現象雖有生滅變化之異，但皆是實然存在而不爲幻妄。無論是從理氣相即、或理氣不二，都能成立這個論點；如果將此理內攝於氣化流行之中，當然就會趨向氣本論的思路。而在氣本思路中，我們同意當聚散變化乃是本體的「客形」，則本體當超越此動靜對立相，也就是「太虛無形」。亦即是說，如果我們承認

氣的超越面，就當如唐君毅所言「高看此氣」、「更視其義同于一形上之真實存在」，這也就是學者謂氣學當有「神聖氣本論」、「先天型氣學」之說。然而，若不「高看」，僅視理爲氣流行變化之「生生而條理」，則氣就有可能只是自然的物質實體，這就是所謂的「唯物說」。由前述可知，橫渠學說存在理氣論、氣本論這兩種理解可能，從他論惡之來源，尤能見此兩種思想向度。橫渠區分「天地之性」與「氣質之性」，並以兩者彼此消長而互爲賓主，義理勝則氣質爲之賓而聽命於德，這種說法無異於理氣論。但由於橫渠反對「虛能生氣」，而主「太虛即氣」，一切現象皆是氣的動靜聚散而成，則氣之精粗，皆有精粗之理，就很難藉氣質之性以作爲惡的來源。由於氣的交感，而有物我之對偶象，感物而發爲欲，甚至隨氣之偏或氣之蔽塞而有惡之情事。但順氣本思路，很可能達到「氣異理異」的結果、甚至進一步推到本體具善惡二性，這就大異於理學的「理同氣異」傳統。因此，在討論橫渠理論向度後，本書乃接續討論氣學對理學之反動及氣學論人性之惡。

　　氣學家由於反對將理獨立於氣之外，以爲「本然之性超乎形氣之外」其病同於佛家「四大之外，別有真性」，因此，遂將理收攝於氣之中，由氣化流行以見理。但由於氣化現象善惡雜染，逆推上去，本體或源自本體的人性就未必爲善。於是，氣學家中遂有主張「性有善惡論」及「性善論」兩派論點。持性有善惡論者以王浚川、吳蘇原爲代表。他們認爲性成於氣，形氣既成乃有性可言；但氣有厚薄清濁之別，人性就不能無善惡之異。然而，他們也同意一氣未分之前，有

共同之理，此理無所謂善惡，那麼，何以竟動而分出善惡，這仍是本體論上未解之問題。同時，如果本體既動，必然有善有惡，則要達到無惡境界，只能回到元氣未判之初。這就等於要氣無分判、無動靜、無聚散。但如此一來，經驗世界的實存性、合理性也就將成問題。至於氣學家主性善論者，則仍可再區分為「先天型」、「後天型」兩型；前者可以羅整菴、劉蕺山為代表，後者則以顏習齋、戴東原為代表。先天型氣學基本上仍承認理不僅是氣化流行之條理，而具有超越的形上義，而理氣既不容分、又有形上形下之區別，學者或以為這是推高一層的「化境」。然而，如果理氣是一、且是形而上之理下貫的體用化境，在此化境如何還能有惡之發生，就很耐人尋味。理既具創生義，而又有惡之發生，則理是否該為此惡之現象負責，這也就成其問題。至於劉蕺山嚴分意、念，其實仍不無朱子理氣二分的味道。儘管蕺山試圖以「妄依真立」的方式維持理氣一元，但獨體至善，可能動而靜（如其自性而真），也可能動而動（不守自性而妄）；「歸真」者是獨體，「起妄」者其實也是獨體。在即氣即理的前提下，獨體就很難維持其至善性、而完全不為惡之來源負責。至於後天型的氣學者，所面對的理論困難則與持「性有善惡論」者如出一轍。習齋的引蔽習染、或東原的私與欲，都將惡歸咎於後天外來；但在天命、氣質一本的前提下，無論是習齋的二氣四德，或東原的自然之中有必然，氣化流行理應一皆是善，其流行交感，何以竟分善惡？這無論如何都是很難解釋清楚的。

在牟宗三判教中，程明道、胡五峯屬於圓教一系。所謂

圓教，指天人不二、又指本體論或存有論上保住一切法。由於明道有「天下善惡皆天理」，五峯也有「天理人欲同體異用」之說，牟先生以爲這就有詭譎相即之意。由上述明道、五峯的說法，兩人似乎都有一元論的傾向；不過，如果檢視明道、五峯對惡之來源的解釋，其實仍要借用二本或回到理氣、性情二元的格局。在這問題上，「詭譎相即」之意就弱化不少。此外，依牟先生觀點，明道「善惡皆天理」並不是說那第一義的天理還有善有惡，惡仍是指氣質上之偏雜，其自然之勢則自有善惡美醜之不同。至於五峯「天理人欲同體異用」，牟先生以爲五峯此處言「同體」乃是「同一事體」，而非「同一本體」。亦即同一件事，依其表現可能爲天理，也可能爲人欲。「同一事體」這一詞，也見於牟先生對天臺宗荊溪湛然「以體同故，依而復即」的說解；不過，湛然「以體同故」指的是法性、無明體同相即，而「法性」、「無明」確實是用來解釋宇宙一切法的根源的存有論概念，依此脈絡，天臺宗乃有所謂「性惡」思想。準此，五峯「同體異用」，朱子從本體論上推出「性無善惡」，就不能說朱子的質疑全然爲謬。這種一元論解釋宇宙現象之發生，就很容易推出本體兼具善惡。以天臺宗對《大乘起信論》理論的詮釋說明之，則自性清淨心法爾有無明種子，如水含動性；但無明本身也不能「他住」（離法性外，別有煩惱），故而眾生現前介爾陰妄心，若能無明無住，則當下圓頓中道，即俗而真，全事即理，無對偶相，生滅即是不生不滅，而無節節向上、歷九法界修證悟入一真法界的過程。對照之下，天臺宗這種由般若空義轉出宇宙創生論，很難在明道五峯思想上看到類似的

思路。因此，儘管牟先生稱二人乃是儒家圓教系統，但面對惡之現象，某種程度仍要借助氣來解釋之。此外，明道的圓頓化境其實較近於華嚴宗的真心迴轉，但華嚴宗所屬的如來藏思想又有「自性清淨而有染污」的問題。佛教可透過「緣起性空」虛化本體創生之義，但儒家卻不能如此，則此內在矛盾對道德形上本體而言，恐怕難以化解。

　　如果只從心性論而言，將惡歸咎後天外力、氣稟蔽隔，這尚不至於有理論矛盾。然而，在心學發展過程中，即可見得心學論「義內」有逐步將客觀規範收攝於一心的傾向。本書論述陽明責朱子為告子「義外」，即可略見其一二。此外，陽明也喜言良知無物不有、為造化精靈、無一物在良知之外等說法，則良知在道德本體，又另有存有本體之意義。既為存有本體，惡就只能說是本體的異化使然。依道德本體，當言知善知惡；依存有本體，一切涵化，乃有無善無惡之傾向。陽明江右時期以「心即理」、「致良知」為頓教，並以朱子格物之說漸。居越之後，另以無善無惡、無是無非為頓悟、為實法，早年的致良知工夫則反而成為漸修、權法。陽明晚年以有相無相區分良知頓漸之說，亦為弟子龍溪所承襲。然而，如本書所言，孟子言良知原本發用仍肯定「在場」經驗之重要性，而理學家肯定超越本體，乃是為了保證良知主體無論呈露與否，始終現在。而欲擴充良知的發用範圍，應該是「見牛如見羊」；亦即眼前雖無物，然物又如在眼前。然而，依龍溪「無物之物」之說，反而由道德型態趨向觀照型態；易言之，即「去對象化的對象」是也。這固然可以說是陽明四無說的進一步發展，但相對於陽明較早期「致知格物、

「知善知惡」說法而言，又可謂一理論轉向，同時「不於一法而生分別，是名為知。」的觀照型態也超出了及孟子良知理論的原有格局。

二、難解與無記

牟宗三於《心體與性體》嘗指出，道德理性具有三義：截斷眾流、涵蓋乾坤、隨波逐浪。他說：

> ……必須把一切外對象的牽連斬斷，始能顯出意志底自律，照儒家說，始能顯出性體心體底主宰性。這是「截斷眾流」句，就是本節開頭所謂的關于道德理性底第一義。其次，這為定然地真實的性體心體不只是人的性，不只是成就嚴整而純正的道德行為，而且直透至形而上的宇宙論的意義，而為天地之性，而為宇宙萬物底實體本體，為寂感真幾、生化之理，這是「涵蓋乾坤」句，是道德理性底第二義。最後，這道德理性的性體心體不只是在截眾流上只顯為定然命令之純形式義，只顯為道德法則之普遍性與必然性，而且還要在具體生活上通過實踐的體現工夫，所謂「盡性」，作具體而真實表現，這就是「隨波逐浪」句，是道德理性底第三義。[2]

牟先生所指出的道德理性三義中，「截斷眾流」意指把一切外在對象的牽連斬斷，以顯出意志的自律，或者性體心體的

---

2 牟宗三：《心體與性體（一）》（臺北：正中書局，1989 年），頁 138。

主宰性。此性體心體不只成就道德行為，又為宇宙萬物的實
體本體，為寂感真幾、生化之理，這是所謂「涵蓋乾坤」。
同時，此性體心體又可以踐仁盡性之工夫，具體真實地表現
於日常生活，這就是「隨波逐浪」。如用很簡單的形式表達
牟先生的概念，這三句話的意思便是：道德實踐有其超越根
據，此超越根據可以具體呈現（或活動）於經驗生活之中，
而此超越根據同時又是宇宙生化之本體。「截斷眾流、涵蓋
乾坤、隨波逐浪」這三句話其實出自禪宗雲門宗。晚唐文偃
禪師（864-949）有「函蓋乾坤、目機銖兩、不涉萬緣」之語，
門人德山緣密離其語為「函蓋乾坤、截斷眾流、隨波逐浪」，
[3] 並分別作頌語解釋。[4] 雲門三句第一句是指法界全體，[5] 後二

3　《五燈會元》載德山緣密曰：「我有三句語示汝諸人：一句函蓋乾坤，一
　　句截斷眾流，一句隨波逐浪。」〔宋〕普濟：《五燈會元》卷 15，《卍
　　新纂續藏經》第八十冊，頁 308a。又，《五家宗旨纂要》卷下亦載：「雲
　　門示眾云：『函蓋乾坤、目機銖兩、不涉萬緣，作麼生承當？』眾無語。
　　自代云：『一鏃破三關。』後德山圓明密禪師遂離其語為三句：函蓋乾坤
　　句、截斷眾流句、隨波逐浪句。」〔清〕性統編：《五家宗旨纂要》卷下，
　　《卍新纂續藏經》第六十五冊，頁 279c。
4　函蓋乾坤句的頌語是：「乾坤并萬象，地獄及天堂；物物皆真現，頭頭總
　　不傷。」截斷眾流句是：「堆山積嶽來，一一盡塵埃；更擬論玄妙，冰消
　　瓦解摧。」隨波逐浪句則是：「辯口利舌問，高低總不虧；還如應病藥，
　　診候在臨時。」〔宋〕賾藏主編集，蕭萐父、呂有祥點校：《古尊宿語錄》
　　（北京：中華書局，1994 年）卷 18，頁 337。
5　〔清〕性統編《五家宗旨纂要》對函蓋乾坤句的解釋是：「本真本空，一
　　色一味；凡有語句，無不包羅。不待躊躇，全該妙體；以事明理，體中玄
　　也。」看來是對法界本體的描述。〔清〕性統編：《五家宗旨纂要》卷下，
　　《卍新纂續藏經》第六十五冊，頁 279c。杜繼文也說：「從字面上看，
　　『函蓋乾坤』是形容某種至大無外、包容天地、一切具足的本體；就禪宗
　　史考察，這本體或指心，或指智，或指理（道），由此形成多種不同的哲
　　學體系。」杜繼文、魏道儒：《中國禪宗通史》（南京：江蘇人民出版社，
　　2007 年），頁 376。

句則是引導門人、契入法界全體的手段與方法。[6]牟先生用以
描述道德理性，顯然是在原文句上的重新理解。

　　牟先生所揭櫫的道德理性三義，大抵也就是宋明理學傳
統對天道天理的定義。天理為道德根據，也是存有根據。此
道德根據本應、也本可隨時呈露，但因外在或後天因素，使
此道德根據或有蔽錮而不能顯。然透過踐仁盡性等逆覺體證
工夫，此道德根據終無所蔽而能自作主宰。就此三義而言，
「涵蓋乾坤」、「隨波逐浪」都有「稱體起用，即用顯體」
的意味，這可以說是道德的一元本體論。當然，要做到即體
即用，也可能指一種工夫之後、純是天理的不二化境。然而，
由於道德本體不假外在，求則得之，一念自返，返即本心。
就頓返自性言，似乎又不需一歷時性的工夫，因此又有「全
性起修，全修在性」的意味。而於體用不二、性修不二、跡
本圓融的境界，存在世界也就是一價值世界、意義世界，這
大概也就是牟先生認為之儒家圓教義：「此普遍而無限的智
心乃是一存有論的原理，或亦曰本體宇宙論的原理，乃使一
切存在為真實而有價值意義的存在並能引起宇宙生化而至生
生不息者。若把此無限智心撤掉了，則一切存在終歸于虛幻

6　《五家宗旨纂要》對截斷眾流句的解釋是：「本非解會，排遣將來；不消
　　一字，萬機頓息。言思路絕，諸見不存。玄中玄也。」隨波逐流句則是：
　　「許他相見，順機接引；應物無心，因語識人；從苗辨地，不須揀擇；方
　　便隨宜，句中玄也。」從「言思路絕」、「順機接引」等句子來看，都是
　　指截斷妄念、接引後人的手段。《卍新纂續藏經》第六十五冊，頁279c。
　　對這二句，杜繼文的看法是：「『截斷眾流、隨波逐浪』當指他用以教化
　　的方法：前一句是制止學者不得照舊繼續思維下去，必須改變思維方式；
　　後一句是要求適應學者的水平，按不同情況加以引導。」《中國禪宗通史》，
　　頁377。

而不實，因而亦就是說，終歸于無。此終歸于無是價值地說，非經驗地說。」[7]從聖人果地而言，以存有本體與道德本體無二，理論十分適然而順暢；然而，如果從因地而言，經驗現實未必皆合於價值意義，則此本體之宇宙創生，何以竟有歧出，這就不太好講。

　　回到牟先生所揭櫫之三義，就「涵蓋乾坤」、「隨波逐浪」而言，一切現象皆是流行之本體，在此二義中，「不二」圓頓之義顯得合理而順暢，一如程明道所謂「天人本無二，不必言合。」然而，如果考慮「截斷眾流」這一點，從「不二」之中，就顯出某種程度的「二之」之義。因為「截斷眾流」意指「必須把一切外對象的牽連斬斷」，暗示了某些感性現象是不合理的、與理性對立的、必須捨除的。既要隨波逐浪，又要截斷眾流，就顯得有些矛盾。然而，熟令之流？熟令之波翻浪湧？豈不是那個涵蓋乾坤者？若然，這個能創造、能主宰的絕對、唯一、至善的本體，就必然得為善惡現象負責。但如此一來，其理論難題如印順所言：

> 真常唯心論者，在從心而物，從善而惡的解說中，包含有同一性質的難題。……此難，是極為徹底的。這等於責難上帝：上帝是全能的，一切是上帝造的，為什麼世界一塌糊，甚至有人根本反對上帝，想取消教會，上帝也還是毫無辦法！[8]

即便透過乾、坤（如熊氏），或理、氣（如傳統理學家）對

---

7 牟宗三：《圓善論》，頁 307。

8 印順：〈評熊十力的《新唯識論》〉，《熊十力哲學評論集粹》，《熊十力全集（附卷上）》，頁 246。

舉，以解說惡之由來、並保證理的純粹至善，能證明仍是心
為物陷、理弱氣強，而非本體為盡善之造化者：

> 假使說心為物陷，這必是心的微弱渺小，心的本身不
> 夠健全，不能幻想此心為盡善的、自由的、能主宰物！
> 在坎陷階段 —— 如奴隸社會中的奴隸 —— 充滿缺陷、
> 不自由，不能抹煞事實而說他還是盡善的，自由主宰
> 的！唯心論者，並不能答覆此鐵的事實。[9]

這問題不僅是儒家的問題，也是佛教真常心系、乃至一切承
認造物者的宗教的問題。如《勝鬘經》載勝鬘夫人所問佛：
「世尊！然有煩惱，有煩惱染心。自性清淨心而有染者，難
可了知。」[10]煩惱與染心相應、不與自性清淨心相應，何以
自性清淨而有染污？依此經說，「汝及成就大法菩薩摩訶薩
乃能聽受，諸餘聲聞，唯信佛語。」[11]唯大成就者乃能了知，
其餘僅能信仰。

　　不過，對此問題，牟先生以為「在康德哲學裏是很容易
答覆的」：

> 這種問題在以前的確是很難理解，所以勝鬘夫人經說
> 它是「難可了知」；但現在我們可以採用一些新名辭
> 來說明，則較易理解。這個問題，在康德哲學裏是很
> 容易答覆的。依康德所說，我們的意志（will）不是
> 神聖意志（Holly will），而我們的格言（maxim）與

9　同前註。
10　〔劉宋〕求那跋陀羅譯：《勝鬘師子吼一乘大方便方廣經》，簡稱《勝
　　鬘經》，《大正藏》第十二冊，頁222b。
11　同前註，頁222c。

道德法則（moral law）亦常不能相合，這是為什麼呢？
這乃是因為我們有感性（sensibility）；由於我們有感
性，所以常為物欲所牽引，因而有無明，有昏沉，這
即表示人是有限的存在，所以人的意志不是神聖的意
志。至於上帝則無感性，上帝的意志是神聖的，上帝
是毫無阻礙的。

在此，康德所說的「感性」，照儒家講，則是人的私
欲，如王陽明所說的「隨軀殼起念」。我們平常都順
著我們的軀殼起念，而非順著良知起念。本來我們若
順著良知起心動念，則無一念昏沉的無明，亦不會有
「平地起土堆」的情形；可是我們有軀殼，我們有感
性私欲，所以才有無明昏沉。這種問題只能如此說
明，也只能分析至此。假定有人追問：人為什麼有感
性、有私欲呢？這種問題是不成其為問題的，否則真
是「難可了知」了。[12]

依牟先生之說，我們平常都是順著軀殼起念，而非順著良知
起念，這顯非一本境界，而是二元格局。何以一本境地，竟
分二元？曰：來自感性。至於人何以有感性、有私欲，牟先
生認為不能再追問了；但理學家其實或多或少也有所答。所
謂感性、私欲，用理學的話，來自於氣；用熊十力的話，來
自坤陰。至於氣從何？坤陰從何來？終究來自唯一的本體。
如再加以追問，就不免有善惡同源之矛盾。

　而在佛教真常系心中，無明從何而來、自性清淨而有染

---

12 牟宗三：《中國哲學十九講》（臺北：學生書局，1989 年），頁 295-296。

污，確實也有解釋上的困難，如釋恒清所言：「事實上，歷代古德，甚至現代佛學者，對此問題亦甚感困惑，也提出不同的說法。然而，這些說法不是不能算是答案，就是又引發新的問題。」[13] 又謂：「佛教與其他宗教一樣，對『辯護神論（theodicy）』－惡由善生，惡性之根源等問題，可能沒有令人滿意的理論性解答。對某些宗教而言，這些問題可能發生信仰危機，但是對佛教而言，它們卻可在實證上產生積極的作用。譬如禪宗就有『大疑大悟』的主張。」[14] 其實，惡之來源問題的困難，對真常心或如來藏思想而言，並非全無信仰危機。由於此一問題對如來藏思想而言，無異於神我論宗教所面對之處境。於是，其解決方式有二，一是否認如來藏思想的合理性，如支那內學院呂澂性寂性覺之辨，或如日本批判佛教對本覺思想之否定。一則是虛化如來藏的創生意含，虛化之後，如來藏便只是爲那些畏於無我的凡夫施設的方便說法，其義仍爲本性空寂性。如來藏既非神我外道，面對此一問題，其態度當然就可如原始佛教般保持「無記」、或訴諸宗教體證。[15] 然而，儒家本體論向以其天命流行之創生義，以別於佛教空寂，當然不能虛化其本體創生意義，這使得儒家面對此一問題上，確實只能如牟先生所說，「這種

---

13 釋恒清：〈大乘起信論的心性論〉，臺大哲學系主編：《中國人性論》（臺北：東大圖書公司，1990 年），頁 191。
14 同前註。引文見於該文附註 36。
15 釋恒清：「無明（或惡）的起源，在原始佛教本屬於『無記』性質的問題。原始阿含典籍對它並沒有任何哲學性的探討。原因是：一方面原始佛教較偏重宗教解脫（Soteriology），而不強調理性思辯。另一方面佛教非一神教，沒有一個全能，全知，全善神祇的一元創造論。因此，它不必探討類似『辯護神論』（theodicy）的問題。」同前註，頁 188。

問題是不成其爲問題的，否則真是『難可了知』了。」綜上所述，宋明儒學無論何種理論型態，其實都同意本體乃是絕對唯一，但對於現象善惡雜染，必然以二元格局較易解釋。現象雖有二元，最終也以絕對的一元爲究竟境界。至於一元本體，何以向下開出二元現象，這在儒學中毋寧是個很難回答的問題。從境界來說，固然可以說即本體即現象、即存在即活動；但考慮到惡之存在事實，爲了不使至善本體負此惡之負責，又不得不退一步藉二元格局以理爲氣所拘蔽，甚至將本體理解爲潔淨無造作。此外，爲了保證道德根源不受經驗條件之侷限，此本體必然要超越於動靜生滅。既超越於動靜生滅，就可能走向佛教「不生不滅」、「非動非靜」、甚至「非善非惡」、「無善無惡」的格局。從惡的來源、以及善的超越性兩個角度，本書的討論或許有助於釐清宋明以來儒學理論型態發展變化的原因。

徵引書目

一、古籍文獻

〔漢〕司馬遷撰（145B.C.?-92 B.C.?）：《史記》，北京：中華書局，1963 年。

〔漢〕班固撰（32-92）：《漢書》，北京：中華書局，1964年。

〔漢〕許慎撰（58-147），〔清〕段玉裁注：《說文解字注》，上海：上海古籍出版社，1981 年。

〔漢〕趙岐注（108?-201），〔宋〕孫奭疏：《孟子注疏》（十三經注疏），北京：北京大學出版社，2000 年。

〔漢〕鄭玄注（127-200），〔唐〕孔穎達疏：《禮記正義》（十三經注疏），北京：北京大學出版社，2000 年。

〔漢〕荀悅撰（148-209），〔明〕黃省曾注，孫啓治校補：《申鑒注校補》，北京：中華書局，2012 年。

〔唐〕魏徵等撰（580-643）：《隋書》，北京：中華書局，1982 年。

〔宋〕周敦頤著（1017-1073），陳克明點校：《周敦頤集》，北京：中華書局，1990 年。

〔宋〕周濂溪：《周濂溪集》，上海：商務印書館，1936 年。

〔宋〕張載著（1020-1078），章錫琛點校，《張載集》，北京：中華書局，2006 年。

〔宋〕程顥（1032-1085）、程頤著（1033-1107），王孝魚點校：《二程集》，北京：中華書局，2006。

〔宋〕胡宏著（1105-1161），吳仁華點校：《胡宏集》，北京：中華書局，2009 年。

〔宋〕朱熹撰（1130-1200），朱傑人、嚴佐之、劉永翔主編：《朱子全書》，上海：上海古籍出版社，合肥：安徽教育出版社，2002 年。

〔宋〕朱熹：《四書章句集注》，臺北：大安出版社，2005 年。

〔宋〕朱熹、呂祖謙撰，張京華輯校：《近思錄集釋》，長沙：獄麓書社，2009 年。

〔宋〕陸九淵著（1139-1193），鍾哲點校：《陸九淵集》，北京：中華書局，2008 年。

〔宋〕陳淳著（1159-1223），熊國禎、高流水點校：《北溪字義》，北京：中華書局，2011 年。

〔元〕脫脫：《宋史》，北京：中華書局，1977 年。

〔明〕曹端著（1376-1434），王秉倫點校：《曹端集》，北京：中華書局，2003 年。

〔明〕羅欽順著（1465-1547），閻韜點校：《困知記》，北京：中華書局，2013 年。

〔明〕羅欽順：《整菴存稿》，《四庫全書珍本》，臺北：臺灣商務印書館。

〔明〕王守仁撰（1472-1529），吳光、錢明、董平、姚延福

編校：《王陽明全集》，上海：世紀出版集團、上海古
籍出版社，2006 年。

〔明〕王廷相著（1474-1544），王孝魚點校：《王廷相集》，
北京：中華書局，2009 年。

〔明〕吳廷翰著（1491-1559），容肇祖點校：《吳廷翰集》，
北京：中華書局，1984 年。

〔明〕周汝登（1547-1629）：《聖學宗傳》，《續修四庫全
書》第 513 冊，上海：上海古籍出版社，2002 年。

〔明〕劉宗周著（1578-1645），吳光主編：《劉宗周全集》，
杭州：浙江古籍出版社，2007 年。

〔清〕孫奇逢（1585-1675）：《理學宗傳》，《續修四庫全
書》第 514 冊，上海：上海古籍出版社，2002 年。

〔清〕黃宗羲（1610-1695）：《明儒學案》，沈善洪主編：
《黃宗羲全集》（七）、（八），杭州：浙江古籍出版
社，2005 年。

〔清〕黃宗羲、全祖望：《宋元學案》，沈善洪主編：《黃
宗羲全集》（三）、（四）、（五）、（六），杭州：
浙江古籍出版社，2005 年。

〔清〕黃宗羲：《南雷詩文集（上）》，沈善洪主編：《黃
宗羲全集》（十），杭州：浙江古籍出版社，2005 年。

〔清〕王夫之（1619-1692）：《船山全書》，船山全書編輯
委員會編校，長沙：嶽麓書社，1998 年。

〔清〕顏元著（1635-1704），王星賢，張芥塵，郭征點校：
《顏元集》，北京：中華書局，2009 年。

〔清〕張廷玉（1672-1755）等撰：《明史》，北京：中華書

局，1974 年。

〔清〕戴震著（1724-1777），何文光整理：《孟子字義疏證》，
　　北京：中華書局，2008 年。

〔清〕焦循撰（1763-1820），沈文倬點校：《孟子正義》，
　　北京：中華書局，1987 年。

〔清〕阮元（1764-1849），鄧經元點校：《揅經室集》，北
　　京：中華書局，1993 年。

〔清〕王聘珍撰，王文錦點校：《大戴禮記・解詁》，北京：
　　中華書局，1983 年。

〔清〕陳立撰（1809-1869），吳則虞點校：《白虎通義疏證》，
　　北京：中華書局，1994 年。

〔清〕王先謙撰（1842-1917），沈嘯寰、王星賢點校：《荀
　　子集解》，北京：中華書局，1988 年。

〔清〕孫詒讓撰（1848-1908），孫啓治點校：《墨子閒詁》，
　　北京：中華書局，2001 年。

二、佛典類

〔印〕龍樹造，〔後秦〕鳩摩羅什譯：《大智度論》，《大
　　正藏》第二十五冊。（CBETA）

〔後秦〕鳩摩羅什譯：《小品般若波羅經》，《大正藏》第八
　　冊。（CBETA）

〔印〕龍樹造，青目釋，〔姚秦〕鳩摩羅什譯：《中論》，
　　《大正藏》第三十冊。（CBETA）

〔印〕提婆造，〔後魏〕菩提流支譯：《提婆菩薩釋楞伽經
　　中外道小乘涅槃論》，《大正藏》第三十二冊。（CBETA）

〔劉宋〕求那跋陀羅譯：《楞伽阿跋多羅寶經》，《大正藏》
　　第十六冊。（CBETA）

〔劉宋〕求那跋陀羅譯：《勝鬘師子吼一乘大方便方廣經》，
　　《大正藏》第十二冊。（CBETA）

〔印〕馬鳴造，〔梁〕真諦譯：《大乘起信論》。《大正藏》
　　第三十二冊。（CBETA）

〔陳〕真諦譯：《金七十論》，《大正藏》第五十四冊。（CBETA）

〔唐〕佛陀多羅譯：《大方廣圓覺修多羅了義經》，《大正
　　藏》第十七冊。（CBETA）

〔印〕無著造，〔唐〕玄奘譯（602-664）：《攝大乘論》，
　　《大正藏》第三十一冊。（CBETA）

〔唐〕法藏（643-712）：《大乘起信論義記》，《大正藏》
　　第四十四冊。（CBETA）

〔唐〕法藏：《華嚴經義海百門》，《大正藏》第四十五冊。
　　（CBETA）

〔唐〕法藏著，方立天校釋：《華嚴金師子章校釋》，北京：
　　中華書局，1987年。

〔唐〕般刺蜜帝譯：《大佛頂如來密因修證了義諸菩薩萬行
　　首楞嚴經》，《大正藏》第十九冊。（CBETA）

〔唐〕湛然（711-782）：《金剛錍》，《大正藏》第四十六
　　冊。（CBETA）

〔唐〕宗密（784-841）：《註華嚴法界觀門》，《大正藏》
　　第四十五冊。（CBETA）

〔唐〕宗密：《圓覺經大疏釋義鈔卷》，《卍新纂續藏經》
　　第九冊。（CBETA）

〔宋〕道原：《景德傳燈錄》，臺北：新文豐出版公司，1993
　　年。

〔宋〕普濟：《五燈會元》，《卍新纂續藏經》第八十冊。
　　（CBETA）

〔宋〕普濟著，蘇淵雷點校：《五燈會元》，北京：中華書
　　局，2002年。

〔宋〕賾藏主編集，蕭萐父、呂有祥點校：《古尊宿語錄》，
　　北京：中華書局，1994年。

〔元〕宗寶編：《六祖大師法寶壇經》，《大正藏》第48冊。

〔清〕性統編：《五家宗旨纂要》，《卍新纂續藏經》第六
　　十五冊。（CBETA）

三、外文（譯）著

〔日〕松本史朗著，肖平、楊金萍譯：《緣起與空 —— 如來
　　藏思想批判》，北京：中國人民大學出版社，2006年。

〔日〕高崎直道等著，李世傑譯：《如來藏思想》，《世界
　　佛學名著譯叢（68）》，臺北：華宇出版社，1987年。

〔日〕湯次了榮著，豐子愷譯：《大乘起信論新釋》，臺北：
　　天華出版公司，1991年。

〔印〕室利・阿羅頻多撰，徐梵澄譯：《神聖人生論》，北
　　京：商務印書館，1984年。

〔印〕喬荼波陀著，巫白慧譯釋：《聖教論》，北京：商務
　　印書館，1999年。

〔古希臘〕柏拉圖著，王曉朝譯：《柏拉圖全集》，北京：
　　人民出版社，2002年。

〔美〕史奈森主編，龔雋等譯：《修剪菩提樹：批判佛教的風暴》，上海：上海古籍出版社，2004 年。

〔美〕葛艾儒著，羅立剛譯：《張載的思想》，上海：上海古籍出版社，2010 年。

〔英〕葛瑞漢著，〔中〕程德祥等譯：《二程兄弟的新儒學》，鄭州：大象出版社，2004 年。

〔義〕多瑪斯・阿奎那原著，陳家華、周克勤翻譯：《神學大全》，臺南：碧岳學社、中華道明會，2008 年。

〔義〕多瑪斯・阿奎那著，呂穆迪譯述：《論萬事》，臺北：臺灣商務印書館，2010 年。

〔德〕韋伯著，康樂，簡惠美譯：《宗教社會學》，桂林：廣西師範大學出版社，2005 年。

〔德〕萊布尼茲著，朱雁冰譯，《神義學》，北京：生活・讀書・新知三聯書店，2007 年。

〔德〕康德：《純然理性界限內的宗教》，李秋零主編：《康德著作全集（6）》，北京：中國人民大學出版社，2007 年。

〔德〕韋伯著，康樂，簡惠美譯：《宗教社會學》，桂林：廣西師範大學出版社，2005 年。

S.Radhakrishnan,*Indian Philoshophy*, Oxford University Press, 1996, vol.2.

四、近人專著

丁爲祥：《熊十力學術思想評傳》，北京：北京圖書館出版社，1999 年。

方東美：《中國大乘佛學》，臺北：黎明文化公司，1984 年。

方東美：《新儒家哲學十八講》，臺北：黎明文化事業公司，1989 年。

方東美著，孫智燊譯：《中國哲學精神及其發展》，臺北：黎明文化公司，2005 年）。

王立新：《胡宏》，臺北：東大圖書公司，1996 年。

王俊彥：《王廷相與明代氣學》，臺北：秀威資訊科技，2005 年。

牟宗三：《才性與玄理》，臺北：臺灣學生書局，1989 年。

牟宗三：《中國哲學十九講》，臺北：臺灣學生書局，1989 年。

牟宗三：《中國哲學的特質》，臺北：臺灣學生書局，1990 年。

牟宗三：《心體與性體（一）》，臺北：正中書局，1989 年。

牟宗三：《心體與性體（二）》，臺北：正中書局，1989 年。

牟宗三：《心體與性體（三）》，臺北：正中書局，1991 年。

牟宗三：《四因說演講錄》，臺北：鵝湖出版社，1997 年。

牟宗三：《生命的學問》，臺北：三民書局，1991 年。

牟宗三：《佛性與般若》，臺北：臺灣學生書局，1989 年。

牟宗三：《周易哲學演講錄》，上海：華東師範大學，2004 年。

牟宗三：《從陸象山到劉蕺山》，臺北：臺灣學生書局，1990 年。

牟宗三：《現象與物自身》，臺北：臺灣學生書局，1982 年。

牟宗三：《圓善論》，臺北：臺灣學生書局，1985 年。

牟宗三講，盧雪崑整理：《四因說講演錄》，臺北：鵝湖出版社，1997 年。

牟宗三：《時代與感受》，《牟宗三先生全集（23）》，臺北：聯經出版公司，2003 年。

牟宗三：《人文講習錄》，《牟宗三先生全集（28）》，臺北：聯經出版公司，2003 年。

向世陵：《理氣性心之間 ── 宋明理學的分系與四系》，長
　　沙：湖南大學出版社，2006 年。

向世陵：《善惡之上：胡宏·性學·理學》，北京：中國廣
　　播電視出版社，2000 年。

朱健民：《張載思想研究》，臺北：文津出版社，1989 年。

朱漢民、陳谷嘉：《湖湘學派源流》，湖南：湖南教育出版
　　社，1992 年。

任繼愈主編：《中國哲學史》，北京：人民出版社，2003 年。

李明輝主編：《孟子思想的哲學探討》，臺北：中研院文哲
　　所，1995 年。

李圃主編，古文字詁林編纂委員會編纂：《古文字詁林》第
　　七冊，上海：上海教育出版社，1999 年。

李零：《郭店楚簡校讀記（增訂本）》，北京：中國人民大
　　學出版社，2007 年。

李澤厚：《中國思想史論》，合肥：安徽文藝出版社，1999 年。

李曉春：《張載哲學與中國古代思維方式研究》，北京：中
　　華書局，2012 年。

李曉春：《宋代性二元論研究》，北京：中國社會科學出版
　　社，2006 年。

江亦麗：《商羯羅》，臺北：東大圖書公司，1997 年。

呂澂：《中國佛學源流略講》，北京：中華書局 1998 年。

杜繼文、魏道儒：《中國禪宗通史》，南京：江蘇人民出版
　　社，2007 年。

吳震編校整理：《王畿集》，南京：鳳凰出版社，2007 年。

吳學國：《存在·自我·神性：印度哲學與宗教思想研究》，

北京：中國社會科學出版社，2006 年。

汪子嵩、范明生、陳村富、姚介厚著：《希臘哲學史》，北京：人民出版社，1997 年。

汪榮寶撰，陳仲夫點校：《法言義疏》，北京：中華書局，1987 年。

林安梧：《當代新儒家哲學史論》，臺北：明文書局，1996 年。

林樂昌：《正蒙合校集釋》，北京：中華書局，2012 年。

金景芳：《金景芳儒學論集》，成都：四川大學出版社，2010 年。

周群振：《儒學探源》，臺北：鵝湖出版社，1986 年。

胡軍：《中國儒學史・現代卷》，北京：北京大學出版社，2011 年。

胡發貴：《羅欽順評傳》，南京：南京大學出版社，2002 年。

肖萐父、李錦全：《中國哲學史》，北京：人民出版社，1991 年。

姜國柱：《儒家人生論》，北京：國防大學出版社，1997 年。

侯外廬主編：《中國思想史》，北京：人民出版社，1980 年。

侯外廬、邱漢生、張豈之主編：《宋明理學史》，北京：人民出版社，1997 年。

姚衛群：《古印度六派哲學經典》，北京：商務印書館，2003 年。

俞樟華：《王學編年》，長春：吉林大學出版社，2010 年。

徐洪興：《思想的轉型 —— 理學發生過程研究》，上海：上海人民出版社，1996 年。

徐復觀：《中國人性論史》，臺北：臺灣商務印書館，1994 年。

徐儒宗編校：《羅洪先集》，南京：鳳凰出版社，2007 年。

唐忠毛：《佛教本覺思想論爭的現代性考察》，上海：上海古籍出版社，2006 年。

唐君毅：《中國哲學原論‧原性篇》，臺北：臺灣學生書局，
　　1989 年。

唐君毅：《中國哲學原論‧原教篇》，臺北：臺灣學生書局，
　　2004 年。

唐君毅：《哲學論集》，臺北：臺灣學生書局，1990 年。

孫晶：《印度吠檀多不二論哲學》，北京：東方出版社，2002 年。

范良光：《易傳的道德的形上學》，臺北：臺灣商務印書館，
　　1990 年。

梁紹輝：《周敦頤評傳》，南京：南京大學出版社，1994 年。

梁啓超：《中國近三百年學術史》，臺北：華正書局，1994 年。

梁漱溟：《人心與人生》，上海：上海人民出版社，2005 年。

梁濤：《郭店竹簡與思孟學派》，北京：中國人民大學出版
　　社，2008 年。

張立文：《朱熹與退溪思想比較研究》，臺北：文津出版社，
　　1995 年。

張岱年：《張岱年全集》，石家庄：河北人民出版社，1996 年。

張岱年：《中國哲學大綱》，南京：江蘇教育出版社，2005 年。

張君勱：《新儒家思想史》，北京：中國人民大學出版社，
　　2006 年。

張曼濤主編：《大乘起信論與楞嚴經考辨》，《現代佛教學
　　術叢刊（35）》，臺北：大乘文化出版社，1978 年。

許維遹：《呂氏春秋集釋》，北京：中華書局，2010 年。

勞思光：《新編中國哲學史（三上）》，臺北：三民書局，
　　1990。

勞思光：《新編中國哲學史（三下）》，臺北：三民書局，

1990 年。

傅武光：《中國思想史論集》，臺北：文津出版社，1990 年。

傅斯年：《性命古訓辨正》，桂林：廣西師範大學，2006 年。

傅偉勳：《從創造的詮釋學到大乘佛學》，臺北：東大圖書公司，1990 年。

虞萬里校點：《馬一浮集（一）》，杭州：浙江古籍出版社、浙江教育出版社，1996 年。

黃秀磯：《張載》，臺北：東大圖書公司，2007 年。

黃秋韻：《先秦儒家道德基礎之研究 —— 兼論「惡」的問題》，輔仁大學哲學研究所博士論文，2001 年。

黃俊傑：《孟學思想史論（卷一）》，臺北：東大圖書公司，1991 年。

黃建興：《優入聖域：權力、信仰與正當性》，臺北：允晨文化出版，1994 年。

黃暉撰：《論衡校釋》，北京：中華書局，1990 年。

黃維潤：《中西哲學論惡之比較研究》，輔仁大學哲學研究所博士論文，1984 年。

黃寶生譯：《奧義書》，北京：商務印書館，2010 年。

曾亦：《本體與工夫：湖湘學派研究》，上海：上海人民出版社，2007 年。

曾春海：《朱熹哲學論叢》，臺北：文津出版社，2001 年。

馮友蘭：《中國哲學史》，上海：華東師範大學出版社，2000 年。

馮友蘭：：《中國哲學史新編（五）》，《三松堂全集（十）》，鄭州：河南人民出版社，2001 年。

馮達文、郭齊勇主編：《新編中國哲學史》，北京：人民出

版社，2004 年。

彭國翔：《良知學的開展 —— 王龍溪與中晚明的陽明學》，
　　北京：生活・讀書・新知三聯書店，2005 年。

楊祖漢：《當代儒學思辨錄》，臺北：鵝湖出版社，1998 年。

楊國榮：《王學通論 —— 從王陽明到熊十力》，上海：華東
　　師範大學出版社，2009 年。

楊曾文編校：《神會和尚禪話錄》，北京：中華書局，2004 年。

楊惠南：《印度哲學史》，臺北：東大圖書公司，1995 年。

楊儒賓：《儒家身體觀》，臺北：中研院文哲所，1996 年。

楊儒賓：《異議的意義 —— 近世東亞的反理學思潮》，臺北：
　　國立臺灣大學出版中心，2012 年。

楊儒賓、祝平次編：《儒學的氣論與工夫論》，臺北：國立
　　臺灣大學出版中心，2012 年。

楊澤波：《孟子評傳》，南京：南京大學出版社，2000 年。

楊澤波：《牟宗三三系論論衡》，上海：復旦大學出版社，
　　2006 年。

黎翔鳳撰，梁運華整理：《管子校注》，北京：中華書局，
　　2004 年。

郭齊勇：《天地間一個讀書人 —— 熊十力傳》，臺北：業強
　　出版社，1994 年。

郭曉東：《識仁與定性 —— 工夫論視域下的程明道哲學研
　　究》，上海：復旦大學出版社，2006 年。

劉又銘：《理在氣中：羅欽順、王廷相、顧炎武、戴震氣本
　　論研究》，臺中：五南圖書公司，2000 年。

劉文典：《淮南鴻烈集解》，北京：中華書局，2006 年。

錢明編校整理：《徐愛、錢德洪、董澐集》，南京：鳳凰出版社，2007 年。

陳立驤：《宋明儒學新論》，高雄：復文出版，2005 年。

陳郁夫：《周敦頤》，臺北：東大圖書公司，1990 年。

陳來：《朱子哲學研究》，上海：華東師範大學出版社，2000 年。

陳來：《竹帛《五行》與簡帛研究》，北京：生活・讀書・新知三聯書店，2009 年。

陳來：《宋明理學》，上海：華東師範大學出版社，2003 年。

陳來：《有無之境 ── 王陽明哲學的精神》，北京：北京大學出版社，2006 年。

陳來等著：《中國儒學史・宋元卷》，北京：北京大學出版社，2011 年。

陳奇猷校注：《韓非子集釋》，臺北：華正書局，1987 年。

陳政煬：《張載思想的哲學詮釋》，臺北：文史哲出版社，2007 年。

陳祺助：《胡五峯之心性論研究》，《中國學術思想研究輯刊》三編第十六冊，臺北：花木蘭文化出版社，2009 年。

陳榮捷：《近思錄詳註集評》，臺北：臺灣學生書局，1999 年。

謝大寧：《儒家圓教底再詮釋》，臺北：臺灣學生書局，1996 年。

蔡元培：《中國倫理學史》，北京：東方出版社，1996 年。

蔡仁厚：《宋明理學南宋篇》，臺北：臺灣學生書局，1983 年。

蔡仁厚：《中國哲學史》，臺北：臺灣學生書局，2009 年。

蕭萐父主編：《熊十力全集》，武漢：湖北教育出版社，2001 年。

鄧克銘：《理氣與心性：明儒羅欽順研究》，臺北：里仁書局，2010 年。

鄭吉雄：《易圖象與易詮釋》，上海：華東師範大學出版社，
　　2007 年。

釋太虛：《太虛大師全書》，北京：宗教文化出版社，2004 年。

釋印順：《大乘起信論講記》，臺北：正聞出版社，1988 年。

釋印順：《成佛之道（增注版）》，臺北：正聞出版社，1994 年。

釋印順：《攝大乘論講記》，臺北：正聞出版社，1988 年。

蘇子敬：《胡五峯《知言》哲學課題之研究 ── 以『內聖外
　　王』概念展開之》，《中國學術思想研究輯刊》三編第
　　十六冊，臺北：花木蘭文化出版社，2009 年。

蘇輿撰，鍾哲點校：《春秋繁露義證》，北京：中華書局，
　　1992 年。

龔杰：《張載評傳》，南京：南京大學出版社，2011 年。

龔雋：《禪史鈎沉 ── 以問題為中心的思想史論述》，北京：
　　生活・讀書・新知三聯書店，2006 年。

五、單篇論文

方祖猷：〈天泉證道・嚴灘問答・南浦請益－有關王陽明晚
　　年宗說的三年大事〉，《寧波大學學報》（人文科學版），
　　第十卷第三期，1997 年。

王博：〈論「仁內義外」〉，《中國哲學史》2004 年第 2 期。

古清美：〈劉宗周實踐工夫探微〉，鍾彩鈞主編：《劉蕺山
　　思想學術論集》，臺北：中央研究院中國文哲研究所籌
　　備處，1998 年。

牟宗三主講，盧雪崑整理：《孟子演講錄（四）》，《鵝湖
　　月刊》第 30 卷第 3 期，總號第 351。

李明輝：〈朱子論惡之根源〉，鍾彩鈞主編：《國際朱子學會議論文集》，臺北：中央研究院中國文哲研究所籌備處，1993 年。

李瑞全：〈胡五峯哲學圓教之規模〉，《當代儒學研究》第八期，2010 年 6 月。

李景林：〈倫理原則與心性本體 —— 儒家『仁內義外』與『仁義內在』說的內在一致性〉，《中國哲學史》2006 年第 4 期。

周群振：〈儒家圓極的教旨與體態抒義〉，收入《當代新儒學論文集》，臺北：文津出版社，1991 年。

周芳敏：〈以「理本論」、「心本論」、「氣本論」分系宋明理學之商榷〉，《漢學研究》第 27 卷第 4 期，2009 年 12 月。

林永勝：〈惡之來源、個體化與下手工夫 —— 有關張載變化氣質說的幾個思考〉，《漢學研究》第 28 卷第 3 期，2010 年。

袞爾鉅：〈理學和心學考辨 —— 兼論確認「氣學」〉，《甘肅社會科學》49 期，1988 年 5 月。

袞爾鉅：〈試探二程對明代氣一元論的影響〉，《中州學刊》1988 年第 6 期。

袞爾鉅：〈羅欽順開端明代氣學〉，《哲學研究》1988 年第 8 期。

曾振宇：〈「理氣一物」：羅欽順對程朱哲學的「接著講」〉，《山東大學學報》（哲學社會科學版）2011 年第 2 期。

楊惠南：〈從「法性即無明」到「性惡」〉，《佛學研究中心學報》第一期，臺灣大學佛學研究中心，1996 年。

劉又銘：〈明清儒家自然氣本論的哲學典範〉，《國立政治
　　大學哲學學報》第二十二期，2009 年 7 月。

劉又銘：〈宋明清氣本論研究的若干問題〉，楊儒賓、祝平
　　次編：《儒家的氣論與工夫論》，臺北：國立臺灣大學
　　出版中心，2012 年。

劉述先：〈朱熹的思想究竟是一元論或二元論？〉，《中國
　　文哲研究集刊》創刊號，1991 年 3 月。

郭畑：〈性善論對性無善惡論的一種回應－南宋早期的性善
　　之『善』不與惡對論〉，《學術論壇》2011 年第 5 期。

陳榮灼：〈圓善與圓教〉，《當代新儒學論文集‧內聖篇》，
　　臺北：文津出版社，1991 年。

龐樸：〈試析仁義內外之辨〉，《文史哲》，2006 年第 5 期
　　（總期數第 206 期）。

釋性廣：〈有關惡之形上論述的比較 ── 西方哲學、神學與
　　佛教哲學論「惡」之問題〉，《玄奘佛學研究》第二期，
　　2005 年 1 月。

釋恒清：〈大乘起信論的心性論〉，臺大哲學系主編：《中
　　國人性論》，臺北：東大圖書公司，1990 年。

Wing-Tsit Chan（陳榮捷），*The Neo-Confucian Solution of the
　　Problem of Evil*,《中央研究院歷史語言研究所集刊》第
　　28 本，1957 年 5 月。